企业大模型实战

核心技术与行业赋能

惠润海 王延飞 ◎ 编著

电子工业出版社
Publishing House of Electronics Industry
北京·BEIJING

内 容 简 介

本书系统化探讨大模型在企业场景中的技术与应用，全面覆盖大模型兴起的技术背景、发展趋势，以及提示词工程、智能体、模型微调、推理等关键应用技术。书中重点介绍了 LangChain 等开发框架，并深度剖析医疗、教育、智能驾驶、科研等行业应用案例，展现大模型赋能产业升级的巨大潜力。本书遵从理论到实践的路径，致力于为企业构建可扩展、高性能的大模型应用体系提供完整方法论和技术解决方案，适合作为企业智能化升级的参考读物。

未经许可，不得以任何方式复制或抄袭本书之部分或全部内容。
版权所有，侵权必究。

图书在版编目（CIP）数据

企业大模型实战：核心技术与行业赋能 / 惠润海，王延飞编著. -- 北京：电子工业出版社，2025.7.
ISBN 978-7-121-50663-5

Ⅰ．F272.7

中国国家版本馆 CIP 数据核字第 2025ES5270 号

责任编辑：陈晓猛
印　　刷：河北鑫兆源印刷有限公司
装　　订：河北鑫兆源印刷有限公司
出版发行：电子工业出版社
　　　　　北京市海淀区万寿路 173 信箱　　邮编：100036
开　　本：787×980　1/16　　印张：21.5　　字数：481.6 千字
版　　次：2025 年 7 月第 1 版
印　　次：2025 年 7 月第 1 次印刷
定　　价：118.00 元

凡所购买电子工业出版社图书有缺损问题，请向购买书店调换。若书店售缺，请与本社发行部联系，联系及邮购电话：(010) 88254888，88258888。
质量投诉请发邮件至 zlts@phei.com.cn，盗版侵权举报请发邮件至 dbqq@phei.com.cn。
本书咨询联系方式：faq@phei.com.cn。

序

当ChatGPT的对话能力颠覆了人们的认知、DeepSeek的推理震撼了世界时，我们正亲历着人工智能发展史上最具革命性的篇章。在这场以"大模型"为标志的技术浪潮中，企业如何把握机遇构建智能竞争力，学术界与产业界又如何协同推动技术落地，成为关乎数字化转型成败的核心命题。《企业大模型实战：核心技术与行业赋能》的适时问世，为这些时代之问提供了系统性的解题思路。

作为深耕智能系统研究二十载的科研工作者，我见证了神经网络从实验室走向产业应用的艰难历程。本书最令我激赏之处，在于其构建了"技术纵深—开发实践—行业赋能"的三维知识体系。从提示词工程的精妙设计到智能体架构的创新实现，从模型微调的技术攻坚到服务化部署的工程实践，本书庖丁解牛般将前沿技术拆解为可落地的操作指南。更难能可贵的是，本书介绍了LangChain开发框架等工具链，有效弥合了理论研究与产业应用之间的"最后一公里"鸿沟。

作为郑州大学智能学科建设的参与者，我深切体会到产教融合对技术落地的重要性。我们正以"国产芯片"为支点，践行"国产算力筑基，大模型赋能百业"的发展路径。本书展现的技术纵深与产业视野，与郑州大学"芯片—算法—场景"三位一体的科研战略高度契合。本书第10~13章展示的四大行业赋能案例，正是产学研协同创新的最佳体现。医疗领域的辅助诊断系统通过知识图谱与大模型的融合，将误诊率降低至人类专家水平；教育场景中的自适应学习引擎，彰显着因材施教理念的技术实现路径；智能驾驶系统的决策优化模型，揭示了"感知—认知—决策"的技术闭环奥秘；而科研加速器的构建思路，则为破解"创新生产率悖论"提供了全新方案。这些鲜活的实践案例，恰与郑州大学"顶天立地"的科研战略形成强烈共鸣。

当前，全球产业格局正经历百年未有之变局。大模型技术既不是追逐热点的概念炒作，更非取代人类的"技术奇点"，而是企业实现运营智能化、服务个性化、决策科学化的战略工具。本书作者以其深厚的工程积淀，在理论与实践的结合处找到了绝佳平衡点：既深入剖析模型微调的策略，也详解大模型知识库的构建规范；既讲解智能体的感知、决策和行动过程，也给出大模型服务化部署流程。这种"左手算法，右手场景"的写作特色，正是当下产业智能化进程中尚显稀缺的跨界智慧。

值此书稿付梓之际，我欣喜地看到中国科技从业者在大模型应用领域的创新突破。期待本书能成为万千企业驶向智能蓝海的航海图，更愿学术界与产业界以此为纽带，共同培育数字中国的创新沃土。

是为序。

加拿大工程院院士、郑州大学副校长
郑州大学计算机与人工智能学院、软件学院院长
2025年夏于郑州大学柳园

前言

自 2022 年 11 月 OpenAI 推出 ChatGPT 以来，全球人工智能（AI）发展迎来里程碑式转折。这一技术突破不仅展现了生成式大模型的潜力，更点燃了全球科技界对通用人工智能的探索热情。2023 年，中国人工智能发展进入全新阶段，科技领军企业、顶尖科研机构与创新型企业共同开启"大模型元年"，在算法研发、算力基建、场景落地等维度展开系统性创新。2024 年，随着国家"人工智能+"行动计划的推进，北京、上海、深圳等 20 余个城市相继出台专项政策，形成技术与产业的"双轮驱动"格局。值得关注的是，行业已从初期技术验证转向深度应用探索——以深度求索（DeepSeek）2025 年年初发布的 R1 推理大模型为例，其通过软硬件创新将推理成本降至行业均值的 10%，标志着 AI 创新的主战场正在从暴力计算转向精密系统设计，从单一模型能力比拼转向"性能—成本—应用"三位一体的生态化竞争新格局。

产业演进轨迹揭示出明确趋势：基础大模型领域或将呈现"寡头"格局，但应用层将爆发"长尾创新"。红杉资本在其 2024 年度生成式 AI 报告中指出，全球 83% 的 AI 投资已流向行业解决方案，医疗诊断、供应链优化、数字金融等场景的商业化进程显著提速。这要求从业者兼具技术洞察与产业认知——在智慧城市领域，某头部企业通过时空大模型将交通调度效率提升 40%；在工业质检场景中，多模态模型使缺陷检测准确率突破 99.5%。这些案例印证了大模型价值正从"技术优越性"向"经济可行性"迁移。

技术革命的纵深发展催生系统性变革。《2024 年中国 AI 大模型场景探索及产业应用调研报告》揭示了几个演进方向：在技术层面，预测大模型、决策大模型与具身智能推动机器认知升级；在竞争格局上，企业需要在通用底座与垂直精专之间明确战略定位；在应用维度，AI 正从辅助工具升级为决策中枢，深度渗透金融风控、临床诊疗等核心环节；基础科学反哺效应显现，如微分方程求解器革新提升模型训练稳定性；终端侧通过知识蒸馏实现模型压缩，催生边缘智能新业态；开源生态建设加速，国内开发者社区越来越活跃。

本书立足全球技术演进与应用实践，深入解析大模型技术体系及其产业落地方法论。通过解构行业案例，揭示从模型选型、数据治理到价值验证的全链路实施要点。本书既探讨 Transformer 等核心架构的工程化改进，也剖析教育、医疗、智能驾驶、科研等行业的融合创新模式。在智能化浪潮席卷全球的当下，期待本书能为从业者提供兼具理论深度与实践价值的参考，助力中国企业在人工智能时代提升核心竞争力。

本书主要内容

全书共 13 章，其中前 9 章主要聚焦于大模型的核心技术，包括对 OpenAI 的 GPT 和深度求索 DeepSeek 等模型的详细解析。这部分内容涵盖了模型训练、数据处理、微调与部署等关键环节，使读者能够系统掌握大模型的基本原理和技术要点，为实际应用打下坚实的理论基础。在理论讲解中，特别注重由浅入深、循序渐进，通过丰富的图示和直观的代码实例，帮助读者深入理解各类技术要点。

第 10~13 章则关注大模型在各行业中的最佳应用实践。通过对医疗、教育、智能驾驶、科研等行业的深度案例分析，读者将深入了解大模型在不同应用场景中的实际运作方式，特别是如何结合行业需求，利用大模型技术构建高效、可扩展的解决方案。这部分不仅提供了详细的理论分析，还包含了大量的代码示例和项目实战演练，让读者在学习过程中掌握从理论到实践的全面技能，帮助读者在实际工作中更高效地应用所学知识。

本书主要特点

核心技术深入解析：通过对 DeepSeek、GPT 等大模型的详细解析，帮助读者全面掌握大模型的核心技术。每个技术点均结合实例，力求从技术原理到实际操作，使读者获得对大模型技术体系的全面认知。

行业最佳实践指导：选取医疗、教育、智能驾驶和科研等行业的典型应用场景，展示大模型技术在真实业务中的成功实践，让读者更清晰地了解如何将大模型的前沿技术转化为行业应用。

理论结合实践：本书特别注重理论与实践相结合，通过实际项目中的代码示例和工具使用指南，帮助读者将理论知识转化为实际操作能力，从而更好地解决实际工作中的技术问题。

阅读建议

本书从大模型的发展历史、核心技术、实用工具到行业应用，内容层层递进，适合不同基础和需求的读者循序渐进地学习。以下是针对不同读者的推荐阅读路径：

对 AI 与大模型技术有基本了解的读者

建议先快速浏览人工智能与大模型的发展史（第 1~4 章），通过对人工智能的起源与演进、机器学习的崛起、深度学习革命和大模型的兴起与发展进行回顾，巩固已有知识，并更好地理解大模型技术的由来。之后，可以重点学习大模型的核心技术章节，如提示词工程（第 5 章）、智能体应用（第 6 章）等，以深入掌握大模型在技术层面的应用方法。

对大模型技术开发和项目实现感兴趣的读者

模型微调与定制化（第 7 章）、大模型推理与服务化（第 8 章）、大模型应用开发框架 LangChain（第 9 章）等章节包含大量技术细节和实战演练，通过阅读这些章节，读者可以掌握开发和实现大模型应用的系统化方法。

从事特定行业的读者

医疗健康（第 10 章）、教育革新（第 11 章）、智能驾驶（第 12 章）、科研探索（第 13 章）等章节以实际应用为导向，通过真实案例和实践经验展示大模型在不同行业中的具体应用场景，有助于读者在自己的行业中实践大模型技术。

希望了解大模型技术全貌的读者

建议按照章节顺序逐章细读。本书从大模型的发展历史、核心技术、工具使用到行业赋能，内容连贯，结构清晰，适合希望全面了解大模型技术与应用的读者。按顺序阅读不仅能加深对技术体系的理解，还可系统性地掌握在不同行业中有效应用大模型技术的方法。

无论读者的背景如何，书中的实例代码和案例分析均为提升技术理解提供了直观的参考。在学习过程中，建议读者结合代码示例亲自尝试，并通过在线资源或开源项目进一步实践，以达到理论结合实践的最佳学习效果。

资源下载

使用微信扫描下方的二维码，关注后回复"大模型应用实践"，即可获得本书相关资源（源码）。

致谢

在编写本书的过程中，我们不仅参考了大量的前沿研究成果，还对多个开源项目进行了深入分析。在此，向所有为技术创新做出贡献的研究者和开发者表示诚挚的感谢！

最后，希望本书能为广大读者带来启发和帮助，如有不足之处，敬请批评指正。

惠润海、王延飞

2025 年 6 月

目　　录

第 1 章　人工智能的起源与演进 1

　　1.1　日常生活中的人工智能 1
　　1.2　从图灵测试到专家系统 2
　　1.3　神经网络的初步探索 4
　　1.4　本章小结 5

第 2 章　机器学习的崛起 6

　　2.1　机器学习的定义与核心思想 6
　　2.2　机器学习方法 7
　　　　2.2.1　有监督学习 7
　　　　2.2.2　无监督学习 10
　　　　2.2.3　强化学习 12
　　2.3　机器学习的常用算法 15
　　　　2.3.1　有监督学习的常用算法 15
　　　　2.3.2　无监督学习的常用算法 17
　　　　2.3.3　强化学习的常用算法 19
　　　　2.3.4　如何选择最佳机器学习算法 21
　　2.4　机器学习在 IBM Watson 中的应用 25
　　2.5　本章小结 26

第 3 章　深度学习的革命 27

　　3.1　深度学习的发展历程 27
　　3.2　深度神经网络基础 34

　　　　3.2.1　神经元 34
　　　　3.2.2　单层神经网络 35
　　　　3.2.3　多层神经网络 35
　　3.3　关键技术突破：RNN、CNN、GAN 38
　　　　3.3.1　RNN：循环神经网络 38
　　　　3.3.2　CNN：卷积神经网络 40
　　　　3.3.3　GAN：生成对抗网络 42
　　　　3.3.4　RNN、CNN 和 GAN 的优缺点对比 43
　　3.4　ImageNet 挑战赛 43
　　3.5　经典 AI 与现代 AI 的分野 45
　　　　3.5.1　IBM 深蓝：经典 AI 的巅峰 45
　　　　3.5.2　AlphaGo：现代 AI 的典范 46
　　3.6　本章小结 47

第 4 章　大模型的兴起与发展 48

　　4.1　大模型的崛起 48
　　4.2　大模型的分类 51
　　4.3　大模型的特点 52
　　　　4.3.1　参数规模大 52
　　　　4.3.2　算力消耗大 54
　　　　4.3.3　数据 Token 化 55
　　　　4.3.4　泛化能力 58
　　4.4　Transformer 60
　　　　4.4.1　Transformer 的特点 60
　　　　4.4.2　Transformer 的架构设计 63
　　　　4.4.3　Transformer 的发展历程 70
　　　　4.4.4　Transformer 的应用场景 71
　　4.5　GPT 系列模型 73
　　4.6　DeepSeek 系列模型 78
　　　　4.6.1　DeepSeek 的发展历程 78
　　　　4.6.2　DeepSeek 的技术创新 79
　　4.7　大模型发展趋势：技术与应用的双向推进 84
　　4.8　本章小结 86

第 5 章　提示词工程：大模型的沟通话术 88

5.1　提示词的重要性 89
5.2　大模型提示词的工作流程 90
5.2.1　提示词工程的工作机制 90
5.2.2　提示词工程的工作流程 92
5.3　大模型提示词编写技术及最佳实践 93
5.3.1　角色设定与指令注入 93
5.3.2　问题拆解与分层设计 94
5.3.3　编程思维与 Few-Shot 设计 95
5.3.4　高级提示词设计技巧 96
5.4　巧用万能 Prompt 97
5.5　使用 CO-STAR 框架编写提示词 99
5.5.1　CO-STAR 框架的使用方法 100
5.5.2　CO-STAR 框架的代码案例 101
5.6　推理大模型的提示词设计 103
5.7　本章小结 107

第 6 章　智能体应用 108

6.1　智能体：大模型落地的"最后一公里" 108
6.2　ReAct Agent 实现智能体与环境交互 113
6.2.1　ReAct Agent 的特点 113
6.2.2　ReAct Agent 的架构组成 114
6.2.3　ReAct Agent 的工作流程 115
6.3　智能体生态：构建智能体发展的基础 116
6.4　智能体与具身智能 118
6.5　斯坦福小镇模拟人类行为 120
6.5.1　技术架构与实现 122
6.5.2　智能体设计与行为生成 123
6.6　本章小结 125

第 7 章　模型微调与定制化 126

7.1　为什么需要微调 126
7.2　大模型微调技术路线 128

7.3 检索增强生成和微调 132
7.3.1 企业级 RAG 系统设计 135
7.3.2 企业级微调系统设计 139
7.4 大模型的高效微调 143
7.4.1 Hugging Face 的三大创新 144
7.4.2 LoRA：参数高效微调的技术突破 145
7.4.3 实战：高效微调 Llama 模型 147
7.5 本章小结 151

第 8 章 大模型推理与服务化 152
8.1 什么是大模型推理 152
8.2 大模型推理引擎 154
8.2.1 TensorRT-LLM 155
8.2.2 vLLM 157
8.2.3 LMDeploy 162
8.2.4 Hugging Face TGI 165
8.3 大模型的推理优化 168
8.3.1 大模型推理的优化手段 170
8.3.2 提升大模型数学推理能力 171
8.4 大模型推理评估 177
8.5 KServe：基于 Kubernetes 的标准化模型推理平台 180
8.5.1 KServe 架构解析 181
8.5.2 KServe 的关键技术优势 184
8.5.3 Kserve 推理服务的发布流程 186
8.5.4 实战：KServe 快速发布推理服务 188
8.6 本章小结 195

第 9 章 大模型应用开发框架 LangChain 196
9.1 为什么需要 LangChain 196
9.2 LangChain 的架构设计 198
9.3 LangChain 的关键概念 201
9.4 实战：LangChain API 207
9.5 LangGraph Agent：赋予大模型执行力的智能体框架 218
9.6 实战：基于 LangChain 构建智能知识库问答系统 224

9.7 本章小结 239

第 10 章 医疗健康：大模型助力健康革命 **240**

  10.1 医疗健康行业概览 241

    10.1.1 医疗健康行业面临的主要挑战 242

    10.1.2 医疗健康数据的特点与价值 243

    10.1.3 医疗健康行业的智能化转型 245

  10.2 AI 重塑医疗服务价值链 247

    10.2.1 AI 医疗的关键能力 247

    10.2.2 AI 医疗自动化的不同阶段 249

    10.2.3 AI 赋能诊前、诊中、诊后环节 250

  10.3 大模型在医疗健康行业的核心应用场景 252

    10.3.1 辅助诊断：提升诊断效率与准确性 252

    10.3.2 药物研发：加速新药发现与优化 255

    10.3.3 健康管理与公共卫生：构建智能健康防线 256

  10.4 大模型技术在医疗健康行业的创新实践 257

    10.4.1 Google 医疗 AI 模型 Med-Gemini 257

    10.4.2 清华大学智能体医院 261

  10.5 本章小结 267

第 11 章 教育革新：大模型重塑学习体验 **269**

  11.1 教育技术的发展：机遇与挑战 270

    11.1.1 传统教育技术的局限 270

    11.1.2 大模型带来的机遇 271

    11.1.3 教育技术发展面临的挑战 272

  11.2 大模型赋能教育：个性化学习与教学辅助 274

    11.2.1 大模型在个性化学习中的应用：千人千面，因材施教 276

    11.2.2 大模型在教学辅助中的应用：解放教师，提质增效 279

  11.3 教育领域的大模型技术创新案例 281

    11.3.1 EduChat 的核心功能 281

    11.3.2 EduChat 的构建过程 283

    11.3.3 EduChat 效果验证 286

  11.4 大模型在教育中的应用前景 287

  11.5 本章小结 288

第 12 章　智能驾驶：大模型推动未来出行 ... 290

12.1　智能驾驶：一个空间机器人的时代 ... 291
12.2　智能驾驶与大模型 ... 292
12.2.1　智能驾驶中的大模型技术 ... 292
12.2.2　大模型成为智能驾驶技术突破的核心力量 ... 297
12.3　智能驾驶案例：特斯拉 FSD 系统 ... 298
12.3.1　特斯拉 FSD 系统的技术基石：端到端神经网络架构 ... 298
12.3.2　视觉感知核心：BEV+Transformer ... 299
12.3.3　深度学习与强化学习在特斯拉 FSD 系统中的深度应用 ... 300
12.3.4　大模型驱动的技术飞跃：特斯拉 FSD 系统的进化之路 ... 301
12.3.5　迈向完全自动驾驶：FSD 的挑战 ... 304
12.4　本章小结 ... 305

第 13 章　科研探索：大模型加速科学发现 ... 306

13.1　科研领域的创新需求与挑战 ... 307
13.1.1　数据洪流：机遇与挑战并存 ... 307
13.1.2　跨学科研究的瓶颈 ... 308
13.1.3　科研效率亟待提升 ... 310
13.2　大模型技术在科研数据分析与模拟中的应用 ... 310
13.2.1　天文学：大模型助力天文图像分析 ... 311
13.2.2　化学：大模型赋能下的分子与材料探索 ... 312
13.2.3　生物学：大模型加速生命科学的理解与设计 ... 316
13.2.4　数学：大模型推动算法的自我进化 ... 317
13.2.5　地球科学：大模型洞悉地球系统的奥秘 ... 319
13.2.6　神经科学：大模型揭示大脑的秘密 ... 321
13.3　AI For Science 的代表：AlphaFold ... 322
13.3.1　AlphaFold 的技术突破 ... 323
13.3.2　AlphaFold 2 的工作流程 ... 323
13.3.3　AlphaFold 2 的应用领域 ... 326
13.3.4　AlphaFold 3：进一步的突破与挑战 ... 326
13.4　本章小结 ... 327

结语 ... 329

第 1 章
人工智能的起源与演进

对智能本质的探索和重塑,始终是人类文明进步的核心动力。人工智能(Artificial Intelligence,AI)作为 20 世纪最具颠覆性的科学领域之一,其发展历程折射了人类对认知奥秘的不懈追寻。图灵于 1950 年提出的图灵测试和 1956 年的达特茅斯会议,为人工智能奠定了重要的理论基础,并推动了早期专家系统的发展。然而,专家系统存在局限性,促使神经网络研究兴起,后者通过学习数据自动提取特征,具有自我学习和适应新信息的能力,尤其在处理图像、语音和文本数据方面表现出色,并为后续深度学习以及当前以大模型为代表的新一代人工智能技术奠定了坚实的基础,并深刻地影响着技术创新和社会变革的进程。

1.1 日常生活中的人工智能

人工智能的广泛应用已成为现代社会的一个显著特征。它不仅融入了日常生活,还极大地提升了人类的生活质量。从智能手机的语音助手到精准的推荐系统,AI 技术的身影无处不在。通过语音识别技术,人类能够与设备进行流畅的对话,而图像识别技术则在社交媒体和安防系统中发挥着重要作用。自动驾驶汽车正逐步重塑出行方式,智能家居设备的普及也让日常生活变得更加便捷。

以小米的"小爱同学"为例,这款智能助手已经成为小米生态系统中的重要一环。它利用语音识别技术，可以轻松控制智能家居设备、播放音乐、查询天气、设置日程等。此外，"小爱同学"还支持语音购物，与小米的智能产品实现了无缝对接。在电商领域，淘宝和天猫运用深度学习和推荐算法，根据用户的浏览历史、购买行为和搜索记录，为用户提供个性化的商品推荐。这些系统还能实时根据用户的兴趣和行为调整推荐内容，以提升用户体验。

特斯拉的自动驾驶系统则是另一个典型的例子，它通过摄像头和雷达捕捉数据，结合深度学习算法，实现了部分自动驾驶功能，不仅提高了驾驶安全性，也让驾驶变得更加轻松。

正如谷歌公司首席执行官 Sundar Pichai 所言："AI is one of the most important things humanity is working on.It is more profound than electricity or fire（AI 是人类目前正在研究的最重要的事物之一，它比电力或火更深远）。"这句话充分体现了人工智能对未来社会的巨大影响力。

1.2 从图灵测试到专家系统

人类对人工智能的研究可以追溯到 20 世纪 50 年代，英国数学家和逻辑学家艾伦·图灵在这一时期发表了具有里程碑意义的论文《计算机器与智能》（*Computing Machinery and Intelligence*）。在这篇论文中，图灵不仅提出了"机器能思考吗"这一深刻的问题，而且还提出了一个名为"图灵测试"的实验，用来评估机器是否具备人类水平的智能。

"图灵测试"的核心思想是，如果一台机器在文本交流中能够使一个人类评判者无法区分其回答是来自机器还是另一个人类，那么这台机器就可以被认为具有智能。这个测试并不关注机器的思考过程，而是关注机器的行为和输出是否与人类的智能行为不可区分。

图灵的这篇论文为后来的人工智能研究奠定了几个关键的理论基础。

（1）智能的定义："图灵测试"提供了一个操作性的定义，即智能可以通过行为来衡量，而不是通过内在的思考过程。

（2）将对话作为评估手段："图灵测试"通过对话的形式来评估机器的智能，这推动了后来的自然语言处理和聊天机器人技术的发展。

（3）模仿游戏："图灵测试"中的"模仿游戏"概念，即机器模仿人类的行为，成为后来人工智能研究中模仿学习和行为克隆等技术的灵感来源。

自"图灵测试"被提出以来，人工智能的发展经历了多次繁荣与低谷，但图灵的愿景和理念一直指引着研究人员探索机器智能的边界。"图灵测试"并非没有争议，但它确实为人工智能的发展提供了一个早期目标和研究方向。随着时间的推移，人工智能研究已经扩展到包括机器学习、深度学习、自然语言处理、计算机视觉等多个子领域，而"图灵测试"仍然是衡量机器智能的一个经典参考对象。

1956年的达特茅斯人工智能夏季研讨会是一个划时代的事件，它不仅是人工智能作为一个学术术语的诞生地，也是人工智能作为一个独立研究领域的起点。由约翰·麦卡锡（John McCarthy）、马文·明斯基（Marvin Minsky）、克劳德·香农（Claude Shannon）等科学巨匠组织的这次会议，吸引了当时最杰出的头脑，共同探讨如何让机器拥有类似人类的智能。

在这次历史性的会议上，参与者们不仅提出了"人工智能"这一术语，而且还确立了人工智能研究的初步目标和研究方向。他们探讨了机器学习、自然语言理解、自动化推理、神经网络等多个领域，这些讨论为后来人工智能的发展奠定了坚实的基础。会议的成果激发了全球范围内对人工智能研究的兴趣，使得人工智能研究逐渐成为计算机科学中一个不可或缺的分支。

在20世纪70年代和80年代，专家系统成为人工智能发展的重要方向。这些系统通过模拟人类专家的决策过程来解决特定领域的问题。基于规则和知识库，专家系统在医学诊断（如MYCIN）、地质勘探等领域取得了显著成果。它们依赖预先定义的规则和条件，能够处理复杂但限定明确的问题。专家系统是一类模拟人类专家知识和推理过程的计算机程序，它们基于以下特点在特定领域里取得了显著成就，如图1-1所示。

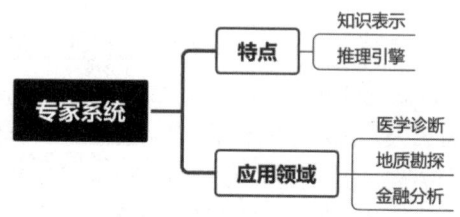

图1-1 基于规则的专家系统

（1）知识表示：专家系统通过构建复杂的知识库，将专家的知识编码成一系列规则和事实，使得机器能够模仿专家的思考过程。

（2）推理引擎：这些系统包含了推理引擎，用于处理输入信息，并根据知识库中的规则进行逻辑推理，得出结论或建议。

专家系统主要的应用领域如下。

（1）医学诊断：例如MYCIN系统，它是第一个用于细菌感染诊断的专家系统，能够分析患者的症状和实验室数据，提出抗生素治疗方案。

（2）地质勘探：专家系统被用于分析地质数据，预测油气资源的位置，提高了勘探的准确性和效率。

（3）金融分析：在金融领域，专家系统用于信贷风险评估、市场分析和投资组合管理。

尽管专家系统在特定领域内取得了成功，但其也存在一些局限性，比如知识的获取和维护成本高昂、难以处理模糊和不确定性问题，以及缺乏通用性等。这些挑战促使人工智能研究人员继续探索更为先进和灵活的技术，如机器学习、数据挖掘和深度学习等。

1.3 神经网络的初步探索

在 20 世纪 70 年代和 80 年代，专家系统取得了显著成就，但也暴露出一些缺陷。专家系统依赖预先定义的规则和知识库，这使得更新和扩展系统变得困难。此外，获取专家知识并将其转化为计算机可用的规则是一个复杂且耗时的过程。由于缺乏自我学习能力，专家系统在面对动态变化和未预见的问题时显得无能为力，也无法基于新的数据进行改进，这限制了专家系统的应用范围和长期有效性。

神经网络通过训练数据进行学习，能够从大量的实例中自动提取规律和特征，克服了专家系统的固定规则的局限。神经网络的自我学习能力使其能够不断优化和适应新信息，而其对复杂和高维数据（如图像、语音和文本数据）的处理能力，使其在这些领域表现出色。神经网络采用的反向传播算法允许通过梯度下降法优化网络权重，从而提高模型在不同数据集上的泛化能力，使其在动态和复杂环境中表现更好。

神经网络的概念源于对生物神经系统的模拟。早期的神经网络模型如感知器（Perceptron），由弗兰克·罗森布拉特（Frank Rosenblatt）于 1957 年提出，这是一种单层神经网络。单层神经网络的工作原理是将每个输入特征乘以其对应的权重，然后将所有乘积相加，再加上偏置项的权重，得到一个加权和。这个加权和会被送入激活函数进行处理，激活函数引入非线性因素，使得模型能够执行分类或回归等任务。常用的激活函数包括阶跃函数、Sigmoid 函数和 ReLU 函数等。

一个典型的单层神经网络由输入层、权重和输出层组成，如图 1-2 所示。

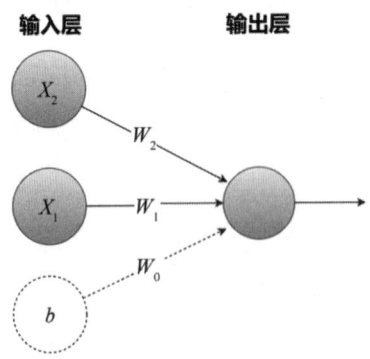

图 1-2　单层神经网络

输入层负责接收来自外部环境的输入信号，这些信号通常代表了数据的不同特征。图 1-2 中包含两个主要的输入特征 X_1 和 X_2，它们可以是任何数值型数据，例如图像的像素值、房屋的面积或温度等。此外，还有一个特殊的输入——偏置项 b。偏置项是一个固定的输入值，它的作用是为模型提供额外的自由度,使得模型可以更好地拟合数据,避免模型只能穿过原点的限制。每个输入都通过一个权重连接到输出层,权重代表了对应输入特征对输出结果的重要程度。图1-2中的W_1、W_2和W_0分别对应X_1、X_2和偏置项的权重。输出层负责对加权后的输入进行求和,并将求和结果通过一个激活函数进行处理,最终输出模型的预测结果。单层神经网络模型主要用于解决线性可分的二分类问题,其核心思想是通过调整权重(学习过程),使得模型能够找到一个最佳的线性决策边界,将不同的类别有效地分隔开。

单层神经网络能够解决一些基本的模式识别问题,比如对简单线性可分数据的分类。感知器通过调整权重,根据输入数据进行学习,从而输出正确的结果。然而,由于计算能力的限制和算法的局限性,这些早期的神经网络在处理复杂问题时表现不佳。

1.4 本章小结

本章系统性地回顾了人工智能的起源与发展历程,深入剖析了"图灵测试"与达特茅斯会议在奠定人工智能理论基础方面的里程碑意义。通过对专家系统的探讨,本章揭示了其在特定领域取得的显著成就,同时指出了其固有的局限性,这些局限性为后续神经网络研究的兴起提供了重要契机。

随着神经网络技术的快速发展,人工智能实现了从基于固定规则的逻辑推理向自主学习的重大跨越。神经网络通过多层次的特征提取与自我优化,在图像识别、语音处理、自然语言理解等复杂任务中展现了卓越的性能,成为推动人工智能技术进步的核心驱动力之一。

在实践层面,人工智能技术已深度融入日常生活,成为提升社会效率与生活质量的关键力量,如智能语音助手"小爱同学"、淘宝个性化推荐系统、特斯拉自动驾驶技术等,生动展示了人工智能如何通过数据驱动与智能决策,为用户提供更加便捷、高效的体验。

本章的内容可以概括为以下几点:

(1)"图灵测试"与达特茅斯会议为人工智能研究提供了理论框架与研究范式,标志着人工智能作为一门独立学科的诞生。

(2)专家系统在医疗诊断、金融分析等领域取得了显著成果,但其依赖人工规则的知识表示方式限制了其泛化能力与适应性。

(3)神经网络通过模拟人脑的学习机制,能够自动提取特征,适应新信息,尤其在处理复杂数据方面表现出色,实现了从数据中自动提取特征的能力,为处理高维度、非结构化数据提供了全新的解决方案。

(4)人工智能技术已广泛应用于日常生活,从智能家居到智慧城市,人工智能技术正在重塑社会生活的方方面面,极大地提升了人类的生活质量,推动了经济、科技与文化的全面进步。

第 2 章
机器学习的崛起

　　机器学习（Machine Learning, ML）是人工智能的重要分支，能够通过分析数据自动构建模型，无须手工定义规则。其核心思想包括数据驱动、模型构建、学习算法、迭代优化和泛化能力。机器学习方法分为有监督学习、无监督学习和强化学习。有监督学习利用标注数据来建立模型；无监督学习发现数据中的隐藏模式；强化学习通过与环境交互来学习最优策略。机器学习算法包括有监督学习中的分类和回归算法、无监督学习中的聚类和关联分析算法，以及强化学习中的基于值、策略和模型的算法。

　　IBM Watson 是早期机器学习应用的代表，在医疗领域应用广泛，通过自然语言处理和机器学习技术辅助癌症诊断、基因分析、药物研发和个性化健康管理，但面临数据隐私、质量问题和辅助决策的挑战。

2.1　机器学习的定义与核心思想

　　机器学习旨在通过从数据中自动学习来构建模型，以解决现实世界中的各种问题。与传统的编程方法不同，机器学习通过识别数据中的模式、趋势和关系，自动生成预测或决策模型，而不需要手工定义规则。这一过程通常包括数据的收集与处理，以及模型训练、验证和优化等步骤。

　　机器学习的核心思想是通过算法从数据中学习规律，以改善对新数据的预测或决策能力。具体来说，机器学习的核心思想主要包括以下几个方面。

　　（1）数据驱动：机器学习依赖大量数据，通过分析数据之间的关联性，挖掘出有价值的信息。数据是机器学习的基石，高质量的数据有助于提高学习效果。

（2）模型构建：机器学习通过构建模型来描述数据之间的关系。模型可以是数学公式、决策树、神经网络等形式。一个好的模型能够准确地描述数据特征，提高预测和决策的准确性。

（3）学习算法：机器学习算法是指导计算机从数据中学习的核心。常见的学习算法包括有监督学习、无监督学习、半监督学习和强化学习等。这些算法使计算机能够自动调整模型参数，以优化模型性能。

（4）迭代优化：机器学习过程是一个迭代优化的过程。计算机通过不断调整模型参数，使模型在训练数据上的表现越来越好。这个过程涉及损失函数、梯度下降等概念。

（5）泛化能力：机器学习的目标是使模型在面对未知数据时，仍具有较好的预测和决策能力。这就要求模型具有一定的泛化能力，能够在不同场景下稳定发挥。

机器学习使计算机具备从数据中自动学习和提取知识的能力，从而实现智能化的决策和预测。随着大数据、云计算等技术的发展，机器学习在各个领域的应用越来越广泛，为人类社会带来了巨大的变革。

2.2 机器学习方法

随着人工智能技术的发展，机器学习已经成为推动技术进步的核心力量。机器学习可根据其学习方式和数据输入的不同，分为有监督学习、无监督学习和强化学习三大方法。这些方法在各自的领域中发挥着不同的作用，适用于不同的应用场景。

2.2.1 有监督学习

有监督学习（Supervised Learning，SL）是一种利用标注数据进行训练的机器学习方法，其目的是通过输入特征和目标标签的映射关系，建立模型并应用于新的数据预测。此类学习方式被称为"有监督"，因为数据的输入和输出都是已知的，算法在训练时受这些标签的"监督"。

有监督学习的处理过程：

首先收集和标注数据，然后进行数据预处理。接着选择并构建合适的模型，将预处理后的数据用于模型训练。训练完成后，使用测试数据评估模型性能，必要时对模型进行优化，最后将优化后的模型部署到实际应用中，以处理新的数据。

有监督学习模型可用于构建和推进许多业务应用，包括：

（1）图像和物体识别：有监督学习算法可用于定位、隔离和分类视频或图像中的对象，其在应用于各种计算机视觉技术和图像分析时非常有用。

（2）预测分析：有监督学习模型的一个广泛用例是创建预测分析系统，提供对各种业务数据点的深入见解。这使企业能够根据给定的输出变量预测某些结果，帮助企业领导者证明决策的合理性或基于企业的利益对决策进行调整。

（3）客户情绪分析：使用监督式机器学习算法，企业可以从大量数据（包括背景、情感和意图）中提取和分类重要信息，而几乎无须人工干预。这在与客户互动时非常有用，可用于分析客户情绪、改善品牌形象。

（4）垃圾邮件检测：垃圾邮件检测是有监督学习模型的另一个例子。使用监督分类算法，企业可以训练数据库来识别新数据中的模式或异常，可以有效地检测垃圾邮件和非垃圾邮件。

有监督学习的处理过程示例如图 2-1 所示。

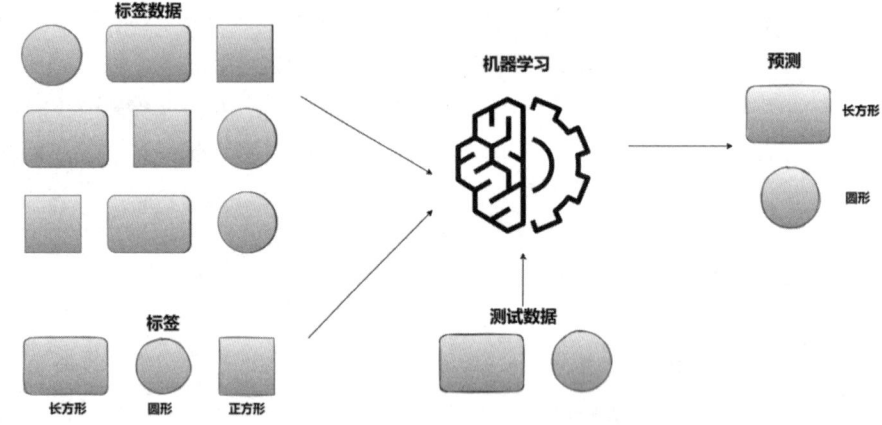

图 2-1　有监督学习的处理过程示例

有监督学习是机器学习中最早发展起来的一种学习方法，经过几十年的演进，已经在多个领域取得了显著成果。有监督学习的发展历程如表 2-1 所示。

表 2-1　有监督学习的发展历程

年份	事件	背景及影响
1986	决策树（Decision Tree）算法的提出	决策树作为一种分类和回归的算法，递归地将数据集划分为不同的类别，直至所有数据被归类。这种算法具有很强的可解释性，且易于实现，广泛应用于数据挖掘与知识发现领域。代表性的论文是 Quin lan 的 ID3，它为决策树的构建和剪枝策略提供了理论基础
1990	神经网络技术用于手写识别	1990 年，神经网络（特别是卷积神经网络）被用于手写数字识别，标志着深度学习在计算机视觉中的初步应用。Yann LeCun 的研究论文 *Gradient-Based Learning Applied to Document Recognition* 展示了卷积神经网络的潜力，并为后来的深度学习发展奠定了基础。此时的卷积神经网络仍在初期阶段，但已展现出超越传统算法的性能

续表

年份	事件	背景及影响
1992	K-最近邻法（K-Nearest Neighbor，KNN）用于回归	K-最近邻法最初作为分类算法被广泛应用，1992年它被引入回归问题，成为一种非参数的统计方法。KNN的核心思想是根据样本的邻居点来预测未知点的输出，适用于高维数据和非线性问题。相关论文探讨了如何通过KNN进行回归，以及其在实际应用中的优势与限制
1993	缩放共轭梯度法（Scaled Conjugate Gradient，SCG）的提出	1993年，缩放共轭梯度法被提出，它是一种加速神经网络学习过程的优化方法。相比传统的梯度下降法，SCG通过有效减少计算量和提高收敛速度，显著提高了神经网络的训练效率。这一方法被广泛应用于神经网络的训练，尤其是在深度神经网络兴起之前的中等规模网络中
1995	支持向量机（Support Vector Machine，SVM）的提出	支持向量机由Vladimir Vapnik等人提出，它是一种强大的分类工具，特别擅长处理高维空间中的分类问题。SVM的核心思想是通过寻找最大边界的超平面来将数据分开，从而避免过拟合，提高分类的准确度。SVM的提出极大地推动了有监督学习在模式识别和生物信息学等领域的应用
2006	多重监督学习算法的比较	2006年，Caruana和Niculescu-Mizil发表了对多种监督学习算法进行系统比较的论文 An Empirical Comparison of Supervised Learning Algorithms。这篇论文对多个监督学习算法（包括决策树、SVM、KNN、神经网络等）进行了详细的实验对比，分析了它们在不同数据集和任务中的优缺点。这篇论文为后来算法选择和调参提供了宝贵的经验
2012	AlexNet的提出	2012年，AlexNet的提出标志着深度学习在计算机视觉中的爆发。AlexNet是一个基于卷积神经网络（CNN）的深度学习模型，它在ImageNet图像识别竞赛中大幅度提高了图像分类的精度，展示了深度学习技术在图像处理中的巨大潜力。该模型由Geoffrey Hinton的学生Alex Krizhevsky设计，并由Geoffrey Hinton本人指导，论文 ImageNet Classification with Deep Convolutional Neural Network 成为深度学习领域的经典之作，推动了深度学习的广泛应用

有监督学习经历了从基础理论的提出到深度学习革命的跨越式发展。从最初的决策树、神经网络、SVM到现代的深度学习模型，有监督学习算法在不断演化中应对了日益复杂的应用需

求。每一次技术突破都带来了实际应用的重大飞跃，并为新的挑战提供了解决方案。随着计算能力的提升和数据的积累，有监督学习在人工智能和大模型领域得到了广泛应用。通过这些重要的研究工作，有监督学习已逐渐成为各种实际应用的核心技术，如图像分类、语音识别、自然语言处理等，并继续推动各个领域的创新发展。

2.2.2 无监督学习

无监督学习（Unsupervised Learning，UL）是一种无须标注数据的机器学习方法，主要用于发现数据中的隐藏模式或特征。与有监督学习不同，无监督学习的输入数据没有明确的标签，算法会自动在数据中找到相似点或规律，以执行聚类或降维等任务。由于不需要标注数据，无监督学习在处理大量数据、探索数据结构方面具有独特的优势。

无监督学习的处理过程：

首先收集和准备数据，然后对数据进行预处理。接着选择合适的无监督学习算法，例如聚类算法或降维算法，将预处理后的数据输入模型进行训练。训练结束后，分析算法找到的模式或结构，最后将结果应用到实际问题中。无监督学习的处理过程示例如图 2-2 所示。

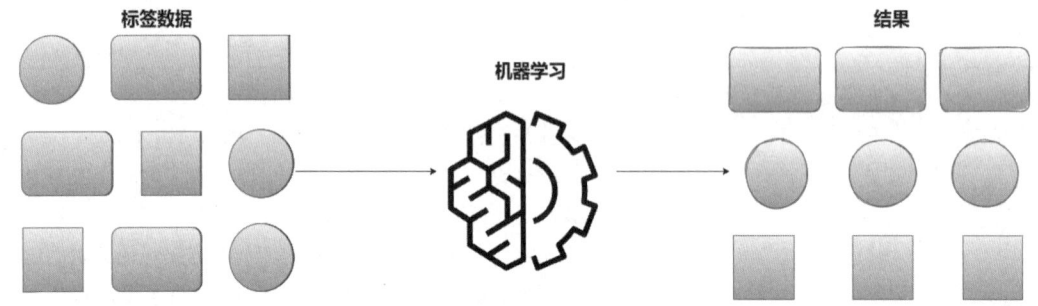

图 2-2　无监督学习的处理过程示例

无监督学习在许多领域中得到了广泛的应用，常见的应用场景包括：

（1）市场细分：企业利用聚类算法将客户分为不同群体，从而制定更有针对性的营销策略。例如，将客户按照消费习惯、收入水平等特征分组，有助于企业实现精准推广。

（2）异常检测：在金融和网络安全领域，无监督学习常用于识别异常模式和行为。例如，通过分析交易数据，识别潜在的欺诈行为；在网络流量中发现异常以检测可能的网络攻击。

（3）推荐系统：推荐系统可以通过无监督学习（如协同过滤）分析用户偏好，进而为用户推荐相关内容。例如，分析用户浏览记录，推荐相似的商品或内容，提升用户体验。

（4）数据降维：高维数据通常难以处理和理解，通过无监督学习的降维算法（如 PCA 或 t-SNE），可以将数据简化为更少的维度，保留关键特征。这不仅减小了计算量，还方便可视化和分析数据的核心结构。

（5）图像和文本聚类：无监督学习在图像和文本处理领域应用广泛。例如，图片聚类可用于图像分类，自动整理相似的图片；在自然语言处理中，无监督学习可用于话题建模，将大量文本文档划分为不同主题，方便信息检索和整理。

（6）基因分析：在生物信息学中，无监督学习被广泛用于基因数据分析。例如，通过聚类分析，科学家可以将基因数据分为不同的类别，以发现可能的遗传病相关群体和分子结构的差异。

（7）社交网络分析：无监督学习还可以用于社交网络分析，通过将社交关系进行聚类，识别出具有相似兴趣或行为的用户群体，从而优化广告投放策略或提供定制化服务。

无监督学习作为一种关键的机器学习方法，也经历了持续的研究与发展。无监督学习的发展历程如表 2-2 所示。

表 2-2 无监督学习的发展历程

年份	事件	背景及影响
1982	自组织映射（Self-Organizing Maps，SOM）的提出	自组织映射由 Teuvo Kohonen 提出，是一种无监督神经网络，用于将高维数据映射到低维空间，同时保留其拓扑结构。SOM 为无监督学习在数据可视化和降维领域提供了创新思路，被广泛应用于文本挖掘、模式识别等领域
1990	K 均值聚类（K-Means）算法的提出	K 均值聚类是一种简单高效的无监督学习算法，用于将数据分组到 K 个聚类中。其核心是通过最小化每个数据点与其所属聚类中心的距离来迭代优化。K 均值聚类算法奠定了聚类分析的基础，是探索数据结构的基础工具之一
1999	t-SNE（t-distributed Stochastic Neighbor Embedding）算法的提出	t-SNE 算法由 Geoffrey Hinton 及其学生 Laurens Van Der Maaten 提出，是一种用于高维数据降维和可视化的无监督学习方法。t-SNE 通过保持局部相似性结构，将高维数据转换为低维空间，广泛应用于生物信息学、图像处理和文本分析中的可视化任务
2006	受限玻尔兹曼机（Restricted Boltzmann Machine，RBM）的提出	由 Geoffrey Hinton 等人提出的受限玻尔兹曼机是一种无监督学习模型，能够捕获数据的概率分布。RBM 的引入为深度学习的发展开辟了新方向，是深度置信网络（DBN）的重要组成部分，成为早期深度学习训练的基础工具之一

续表

年份	事件	背景及影响
2012	语义相似性学习的提出	Word2Vec 由 Tomas Mikolov 等人提出，核心在于通过分析词语在文本中的关系来学习语义相似性，是一种基于无监督学习的词嵌入方法。它通过无监督的方式从大规模文本中学习词语的语义相似性，并将其表示为向量，极大地推动了自然语言处理技术的发展，为语义搜索、机器翻译等任务提供了基础技术支持
2014	生成对抗网络（Generative Adversarial Network，GAN）的引入	生成对抗网络由 Ian Goodfellow 提出，是一种新颖的生成模型，通过生成器和判别器的对抗学习实现了数据的生成。GAN 迅速成为生成模型的核心方法，广泛应用于图像生成、风格迁移等任务。杨立昆在 2016 年的研讨会上称其为"机器学习过去二十年最酷的想法"

无监督学习的持续发展见证了算法从简单到复杂、从理论到实践的演进。SOM、K 均值聚类算法奠定了基础，而 RBM、Word2Vec 和 GAN 等模型开辟了新的研究方向。无监督学习不仅在数据探索和结构挖掘中表现优异，更通过生成模型引领了数据生成的创新浪潮。随着大规模数据和更强计算能力的涌现，无监督学习将在未来不断推动人工智能的发展和实际应用。无监督学习的研究不仅推动了聚类和降维技术的进步，还为生成模型、自然语言处理等领域的发展提供了强大的工具。

2.2.3 强化学习

强化学习（Reinforcement Learning，RL）是一种通过与环境交互获取反馈并不断调整策略以最大化累积奖励的机器学习方法。强化学习的核心思想是让智能体（Agent）在不同状态下采取行动，通过反馈信号（奖励或惩罚）调整策略，从而在很长的时期内获得最大的奖励。这种方法在游戏、机器人控制、自动驾驶等领域有着广泛的应用。

强化学习的处理过程：

首先定义智能体的状态、行动、奖励和策略，然后通过与环境的不断交互来获取经验。接着使用经验更新策略，以最大化未来累积奖励。随着训练的深入，智能体在面对类似环境时的决策能力会不断提升。强化学习的处理过程示例如图 2-3 所示。

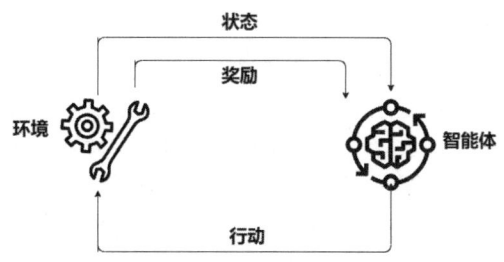

图 2-3 强化学习的处理过程示例

强化学习的常见应用场景包括：

（1）游戏 AI：在游戏领域，强化学习被广泛用于开发智能体，以学习并掌握复杂的策略。例如，AlphaGo 使用深度强化学习和蒙特卡罗树搜索来下围棋，通过自我对弈不断优化策略，从而在围棋领域超越了人类顶尖玩家。

（2）机器人控制：机器人控制是强化学习的理想应用场景。机器人可以通过强化学习在动态、不确定的环境中完成复杂任务。例如，学习如何行走、抓取物体，甚至实现自主导航等。通过与环境的交互，机器人能够逐步调整自身动作策略，以适应环境并完成任务。

（3）自动驾驶：强化学习也在自动驾驶中发挥了关键作用。自动驾驶系统通过在虚拟环境中进行模拟训练，学习如何在复杂的道路场景中进行驾驶。例如，Waymo 等公司利用强化学习训练自动驾驶系统，以提高其在突发情况和多变路况下的决策能力。

（4）推荐系统：在推荐系统中，强化学习模型基于用户的实时反馈来动态调整推荐策略，以提升用户的满意度和参与度。例如，Netflix 和亚马逊的推荐引擎会使用强化学习来更精准地预测用户的兴趣，从而提供更个性化的内容推荐。

强化学习的发展伴随着多个关键算法的提出，这些算法推动了强化学习从理论到实际应用的进步。强化学习的发展历程如表 2-3 所示。

表 2-3 强化学习的发展历程

年份	事件	背景及影响
1989	Q 学习（Q-Learning）算法的提出	Q 学习算法由 Chris Watkins 提出，是一种无模型（model-free）的强化学习算法，通过更新 Q 值表找到最优动作策略。Q 学习算法解决了环境动态模型未知时的强化学习问题，成为强化学习的经典算法之一
1996	DeepBlue（深蓝）击败象棋冠军	IBM 的 DeepBlue 利用强化学习算法和其他技术成功击败世界象棋冠军加里·卡斯帕罗夫，展示了强化学习在复杂博弈问题中的潜力。这一事件引发了人们对人工智能与强化学习的广泛关注

续表

年份	事件	背景及影响
2013	深度 Q 网络（DeepQ-Network，DQN）的提出	DeepMind 团队提出深度 Q 网络，首次将深度学习与强化学习结合，实现了智能体在多种 Atari 游戏中超越人类表现。DQN 开启了深度强化学习（DeepRL）的新时代
2016	AlphaGo 击败李世石	AlphaGo 结合蒙特卡罗树搜索（MCTS）与深度强化学习技术，在围棋这一复杂博弈问题上击败世界冠军李世石，成为强化学习史上的里程碑，证明了强化学习在复杂决策任务中的潜力
2017	PPO（Proximal Policy Optimization）算法的提出	PPO 算法由 OpenAI 提出，作为一种高效的策略优化方法，显著提高了强化学习在连续控制任务中的性能和稳定性，广泛应用于机器人控制、游戏和其他领域
2020	MuZero 算法的提出	DeepMind 提出了 MuZero 算法，该算法能够在无须提前了解环境动态模型的情况下，通过学习环境动态和策略，实现卓越的决策表现，进一步推动了强化学习在通用智能方向的进展

强化学习的发展从经典算法（如 Q 学习）的提出，到深度强化学习的兴起，再到现代通用算法（如 MuZero）的突破，反映了从理论研究到实际应用的演进。强化学习不仅在游戏 AI 中取得了令人瞩目的成就，还在机器人控制、自动驾驶等领域展现了广泛的应用前景。随着算法和计算资源的不断提升，强化学习将在未来继续推动人工智能技术的边界拓宽。强化学习的研究已经在多个领域展现了巨大的潜力，并且随着算法的不断优化，强化学习在复杂环境中的表现也在逐步提升。

有监督学习、无监督学习和强化学习各有优势，如表 2-4 所示。

表 2-4 无监督学习、有监督学习和强化学习的对比

特性	有监督学习	无监督学习	强化学习
数据依赖	需要标注数据	不需要标注数据	不需要标注数据，需要与环境交互
目标	学习输入与输出的映射关系	发现数据的隐藏模式或结构	学习最优决策策略
典型任务	分类、回归	聚类、降维、生成	动态控制、序列决策
算法复杂度	中等	较低	高
应用场景	医疗、金融、电子商务	数据探索、图像生成、异常检测	游戏 AI、自动驾驶、资源分配
主要挑战	依赖大量标注数据，泛化能力有限	模型结果解释性差，效果评估困难	训练不稳定，计算资源需求高

（1）有监督学习适用于结构化、标注齐全的数据场景，解决分类和回归问题，广泛应用于医疗诊断、金融欺诈检测等领域。

（2）无监督学习更多应用于在数据未标注的情况下，通过模式发现和数据分析解决问题的场景，常用于聚类、降维、图像生成和异常检测等任务。

（3）强化学习在动态环境中，通过交互和奖励机制学习最优策略，特别适用于序列决策和动态控制，如游戏 AI、机器人控制和自动驾驶。

理解这些方法的核心思想和应用场景，可以更好地选择合适的算法来解决实际问题。随着人工智能的不断发展，机器学习方法也在不断演进。当前，越来越多的研究者开始关注多种方法的融合，以应对更复杂的任务。例如，半监督学习是一种结合了有监督学习和无监督学习优势的方法，适用于标记数据较少的场景。它利用少量标记数据和大量未标记数据来提升模型性能和泛化能力。典型应用包括文本分类、图像识别和语音识别，尤其适用于标记成本高昂的领域。深度强化学习（Deep Reinforcement Learning，DRL）结合了深度学习和强化学习的优点，使得模型在高维、复杂环境中能够更高效地做出决策。它使用深度神经网络来处理复杂的状态空间，在自动驾驶、机器人控制、游戏 AI 等需要连续决策和反馈的场景中表现出色。深度强化学习的典型案例包括 AlphaGo 和自动驾驶领域中的路径规划。DRL 通过学习复杂策略来最大化长期回报，其核心在于对环境的状态特征进行高效表示，从而实现智能体在复杂环境中的适应与优化。

2.3　机器学习的常用算法

机器学习是一门应用广泛的技术，涵盖了大量不同的算法，每种算法都有其特点和适用场景。本节详细探讨这些算法及其应用。

2.3.1　有监督学习的常用算法

有监督学习算法分为分类算法和回归算法两类，分别用于离散和连续数据的预测，有监督学习的常用算法如表 2-5 所示。

表 2-5　有监督学习的常用算法

算法类型	算法名称	算法特点	典型应用
分类算法	K-最近邻法	非参数，基于距离度量；简单易用，但处理大数据集效率较低	垃圾邮件检测、图像识别、医疗诊断
	朴素贝叶斯分类	基于贝叶斯定理，假设特征相互独立；计算效率高，适合处理大量数据	文本分类

续表

算法类型	算法名称	算法特点	典型应用
分类算法	决策树	通过递归分割数据并生成树结构；直观易懂	分类问题
	随机森林	构建多棵决策树；提高准确率，减少过拟合风险	分类问题
	支持向量机（SVM）	通过在高维空间中寻找分离超平面来分离数据；在高维空间表现优异，适合小规模数据集	手写数字识别
	逻辑回归	学习样本的线性组合来估计类别概率；计算效率高，适合线性可分数据，用于二分类问题	信用卡欺诈检测
回归算法	线性回归	通过最小化预测值与实际值的差异来拟合直线；适合线性关系数据，但对复杂关系的建模能力有限	房价预测、股票市场预测、气象预报
	支持向量回归（SVR）	SVM 的扩展版本，通过最大化间隔来处理回归任务；处理复杂数据时表现优异	回归问题
	高斯过程回归（GPR）	使用高斯过程建模，提供概率分布预测结果；适合非线性数据，但处理大规模数据时开销大	回归问题

1. 分类算法

分类算法旨在根据输入数据的特征，将其归入预定的类别中。

（1）K-最近邻法：一种非参数的分类算法，其核心思想是"物以类聚"。KNN 通过计算数据点之间的距离（如欧氏距离），找到与目标点最近的 K 个邻居，然后根据这些邻居的类别进行投票来决定目标点的类别。KNN 的优点是简单直观，适合小规模数据集；缺点是对大数据集的处理效率低，且处理高维数据的表现较差。例如，在电影推荐系统中，KNN 可以根据用户的历史观影记录，找到与其兴趣相似的其他用户，从而推荐他们喜欢的电影。

（2）朴素贝叶斯分类：基于贝叶斯定理，假设特征之间相互独立。尽管这一假设在现实中往往不成立，但朴素贝叶斯分类在文本分类任务中表现优异。其优点是计算效率高，适合处理高维数据（如文本数据）；缺点是特征独立性假设可能导致模型性能下降。例如，在垃圾邮件过滤中，朴素贝叶斯分类可以根据邮件中的关键词（如"免费""优惠"）来判断邮件是否为垃圾邮件。

（3）决策树与随机森林：决策树通过递归将数据分割成更小的子集来生成树状结构。每个节点代表一个特征，分支代表特征的取值，叶子节点代表分类结果。决策树的优点是直观易懂，适合解释性要求高的场景；缺点是容易过拟合，对噪声数据敏感。随机森林通过构建多棵决策树，并结合它们的预测结果（如投票或平均）来提高模型的准确性和健壮性。其优点是减少过拟合风险，适合处理高维数据；缺点是训练时间较长，模型解释性较差。例如，在医疗诊断中，决策树可以根据患者的症状（如发烧、咳嗽）判断其是否患有某种疾病；而随机森林可以结合多个决策树的预测结果来提高诊断的准确性。

（4）支持向量机：通过在高维空间中寻找一个分离超平面，将不同类别的数据点分开。SVM特别适合处理线性可分的数据集，但也可以通过核函数（Kernel Function）处理非线性数据。其优点是在高维空间中表现优异，适合小规模数据集；缺点是对大规模数据集的计算成本较高。例如，在手写数字识别中，SVM可以通过学习数字图像的像素特征，将不同的数字进行分类。

（5）逻辑回归：尽管名字中有"回归"，但逻辑回归实际上是一种用于二分类问题的算法。它通过学习样本的线性组合来估计类别概率。其优点是计算效率高，适合线性可分的数据；缺点是对非线性数据的建模能力有限。例如，在信用卡欺诈检测中，逻辑回归可以根据用户的消费行为（如消费金额、地点）预测交易是否为欺诈。

2. 回归算法

回归算法用于预测连续数值。

（1）线性回归：线性回归通过最小化预测值与实际值之间的差异（如均方误差）来拟合一条直线。它假设因变量与自变量之间存在线性关系。其优点是简单直观，计算效率高；缺点是对非线性数据的建模能力有限。例如，在房价预测中，线性回归可以根据房屋的面积、位置等特征预测其价格。

（2）支持向量回归：SVR是SVM的扩展版本，适用于回归问题。它通过最大化间隔来处理回归任务，适合处理复杂数据。其优点是在高维空间中表现优异，适合非线性数据；缺点是对大规模数据集的计算成本较高。例如，在股票价格预测中，SVR可以根据历史股价数据预测未来的价格走势。

（3）高斯过程回归：GPR使用高斯过程对数据进行建模，能够提供概率分布预测结果，适合处理非线性数据。其优点是能够量化预测的不确定性，适合小规模数据集；缺点是对大规模数据集的计算成本较高。例如，在气象预报中，GPR可以根据历史气象数据预测未来的温度，并提供预测的不确定性范围。

2.3.2 无监督学习的常用算法

无监督学习不依赖标注数据，而是通过发现数据中的模式或结构来进行学习。无监督学习算法主要包括聚类算法和关联分析算法两类，如表2-6所示。

表 2-6　无监督学习的常用算法

算法类型	算法名称	算法特点	典型应用
聚类算法	K-Means 聚类	通过最小化样本到聚类中心的距离对数据进行分组；简单高效，但需要预先确定聚类数目，易受异常值影响	客户分群、市场细分、图像分割
	层次聚类	通过构建树状结构对数据进行逐层分组；适合处理层次结构数据，但计算复杂度较高，不适合大规模数据集	生物分类、文档聚类
	谱聚类	利用图论中的谱分解方法对数据进行聚类；适合非线性分布的数据，尤其在处理复杂结构的聚类任务中表现优异	图像分割、社交网络分析
	高斯混合模型（GMM）	假设数据由多个高斯分布组成，利用 EM 算法估计参数；适合处理具有复杂分布的数据	语音识别、医学图像分析
关联分析算法	Apriori 算法	通过发现频繁项集来生成关联规则	零售商品推荐、购物车分析
	Eclat 算法	与 Apriori 算法类似，但使用深度优先搜索代替广度优先搜索；更适合处理高维数据集	交易数据分析、生物信息学

1. 聚类算法

聚类算法通过将相似的样本进行分组，从未标注的数据中发现数据的潜在模式和结构。

（1）K-Means 聚类：K-Means 聚类是最常见的聚类算法之一，其核心思想是通过最小化样本到聚类中心的距离来将数据划分为 K 个簇。K-Means 聚类的优点是简单高效，适合处理大规模数据集；缺点是需要提前确定聚类数目（K 值），且对初始聚类中心的选择敏感，容易受到异常值的影响。例如，在客户分群中，K-Means 聚类可以根据客户的购买行为将客户分为不同的群体，帮助企业制定个性化的营销策略。

（2）层次聚类：层次聚类通过构建树状结构，将数据逐层分组，适合处理层次结构的数据。其优点是不需要提前指定聚类数目，且结果直观易懂；缺点是计算复杂度较高，不适合大规模数据集。例如，在生物信息学中，层次聚类可以用于基因表达数据的分析，帮助研究人员发现基因之间的相似性。

（3）谱聚类：利用图论中的谱分解方法对数据进行聚类，适合非线性分布的数据。其核心思想是将数据转化为图结构，并通过图的拉普拉斯矩阵（Laplacian Matrix）进行降维和聚类。谱聚类的优点是在处理复杂结构的数据时表现优异；缺点是对参数选择敏感，计算复杂度较高。例如，在图像分割中，谱聚类可以根据像素的相似性将图像划分为不同的区域，从而实现目标检测或背景分离。

（4）高斯混合模型：GMM 假设数据由多个高斯分布组成，并通过期望最大化算法（Expectation-Maximization，EM）估计每个高斯分布的参数。GMM 的优点是能够处理具有复杂分布的数据，并提供概率化的聚类结果；缺点是对初始参数敏感，且计算复杂度较高。例如，在语音识别中，GMM 可用于建模不同语音特征的分布，从而实现语音识别或语音分类。

2. 关联分析算法

关联分析算法用于发现数据集中的频繁项集和关联规则，通常应用于零售、推荐系统等场景。

（1）Apriori 算法：Apriori 是关联分析中最经典的算法，其核心思想是通过发现频繁项集来生成关联规则。Apriori 算法通过逐层搜索和剪枝策略，逐步生成频繁项集，并从中提取出有意义的关联规则。其优点是简单易懂，适合处理稀疏数据集；缺点是对大规模数据集的计算效率较低。例如，在购物车分析中，Apriori 可以发现"购买啤酒的人通常也会购买薯片"这样的关联规则，从而帮助零售商优化商品摆放或促销策略。

（2）Eclat 算法：与 Apriori 算法类似，但使用深度优先搜索代替广度优先搜索，从而减少了搜索空间和计算复杂度。Eclat 算法的优点是适合处理高维数据集，且计算效率较高；缺点是对内存的需求较大。例如，在推荐系统中，Eclat 算法可以根据用户的历史行为发现频繁项集，从而为用户推荐相关的商品或内容。

2.3.3　强化学习的常用算法

强化学习通过与环境交互来学习最佳策略，旨在通过试错获得最大化的长期回报，其应用包括自动驾驶、游戏 AI、机器人控制等。强化学习的常用算法如表 2-7 所示。

表 2-7　强化学习的常用算法

算法类型	算法名称	算法特点	典型应用
基于值的强化学习	Q-学习	离线学习，通过更新 Q 值寻找最优策略；适合离散状态空间和动作空间	游戏 AI、路径规划
	SARSA	基于状态—动作对进行更新；更适合策略迭代问题	机器人控制
	深度 Q 网络	结合深度学习与 Q-学习，处理高维状态空间	游戏 AI
基于策略的强化学习	策略梯度方法（PG）	直接优化策略，通过梯度上升找到最优策略；适合连续动作空间	机器人控制、连续动作游戏
	深度确定性策略梯度（DDPG）	将深度学习与确定性策略梯度结合；适合连续控制问题	机器人控制、自动驾驶

续表

算法类型	算法名称	算法特点	典型应用
基于策略的强化学习	近端策略优化（PPO）	通过限制每次更新的幅度来保证策略的稳定性；强化学习领域的标准算法之一	机器人控制、游戏AI
基于模型的强化学习	信任区域策略优化（TRPO）	通过限制策略更新幅度来提高策略稳定性；适合具有复杂动态环境的任务	机器人控制、复杂环境下的决策问题
	优势动作评论算法（A3C）	并行化的策略优化算法，通过异步更新加快训练速度	游戏AI、机器人控制

1. 基于值的强化学习算法

基于值的算法通过学习状态—动作对的价值函数来优化决策，主要算法包括：

（1）Q-学习：一种离线学习算法，通过更新 Q 值（即状态—动作对的价值）来寻找最优策略。Q-学习的特点是离线学习，即它可以在不与环境交互的情况下更新 Q 值。Q-学习适合处理离散的状态空间和动作空间。例如，在一个简单的迷宫游戏中，Q-学习可以通过不断试错来找到从起点到终点的最短路径。

（2）SARSA：SARSA 的名字来源于其更新公式中的五个元素：当前状态（State）、当前动作（Action）、获得的奖励（Reward）、下一个状态（State）和下一个动作（Action）。SARSA 更适合策略迭代问题，即在策略不断变化的情况下进行学习。例如，在一个环境动态变化的游戏中，SARSA 可以更好地适应环境的变化。

（3）深度 Q 网络：结合了深度学习与 Q-学习的优势，能够处理高维状态空间，如游戏画面。通过神经网络来近似 Q 值函数，从而解决了传统 Q-学习在高维状态空间中难以应用的问题。例如，在 Atari 开发的游戏中，DQN 可以直接从游戏画面中学习到如何玩好游戏，而不需要人工设计特征。

2. 基于策略的强化学习算法

基于策略的强化学习算法直接学习策略函数，适合处理连续动作空间，主要算法包括：

（1）策略梯度方法：通过直接优化策略函数来找到最优策略。与基于值的方法不同，策略梯度方法通过梯度上升来最大化期望回报。这类方法广泛应用于复杂决策问题，如机器人控制。例如，在机器人行走任务中，策略梯度方法可以直接优化机器人的步态策略，使其能够稳定行走。

（2）深度确定性策略梯度：将深度学习与确定性策略梯度结合，适合处理连续控制问题。深度确定性策略梯度也是一种"演员—评论家"（Actor-Critic）算法，其中"演员"负责选择动作，而"评论家"负责评估动作的价值。例如，在自动驾驶中，DDPG 可以用来控制车辆的转向和油门,使其在复杂的道路环境中安全行驶。

(3)近端策略优化:OpenAI 于 2017 年提出的一种无模型强化学习算法。PPO 通过限制每次策略更新的幅度来保证策略的稳定性,从而避免了训练过程中策略的剧烈波动。PPO 已经成为强化学习领域的标准算法,广泛应用于各种复杂任务。例如,在机器人抓取任务中,PPO 可以稳定地优化抓取策略,使机器人能够高效地抓取不同形状的物体。

3. 基于模型的强化学习算法

基于模型的强化学习算法通过学习环境的动态模型来指导策略选择,主要算法包括:

(1)信任区域策略优化:通过限制策略更新幅度来提高策略稳定性,TRPO 特别适合处理复杂动态环境,如机器人控制任务。例如,在机器人手臂控制任务中,TRPO 可以确保策略在每次更新时不会发生剧烈变化,从而避免机器人手臂失控。

(2)优势动作评论算法:一种并行化的策略优化算法,通过异步更新加快训练速度。A3C 结合了策略梯度方法和值函数方法的优点,能够在多个环境中同时进行训练。例如,在多个机器人同时学习的场景中,A3C 可以显著加快训练速度,使机器人更快地掌握复杂任务。

不同的任务类型、数据特性和资源限制会影响算法选择。对于分类任务,逻辑回归、支持向量机和随机森林是常见选择;对于回归任务,线性回归、SVR 和 GPR 应用广泛;对于无监督任务,K-Means 聚类是普遍的选择;而在复杂的决策场景中,强化学习算法则成为主流。选择合适的算法还需要结合数据预处理、特征工程、模型评估与优化等步骤,确保模型的泛化能力和性能达到最优状态。

2.3.4 如何选择最佳机器学习算法

在机器学习项目中,算法选择是模型开发的关键一步,直接影响到模型的效果、训练效率和推理速度。以 scikit-learn 为例,从数据规模、问题类型、特征类型等多个角度出发,详细解析如何选择最佳机器学习算法,开发更具实用价值的模型,如图 2-4 所示。

在选择算法之前,首先要明确所面对的问题类型。将算法分为分类问题、回归问题、聚类问题和降维问题四大类,不同类型的问题对应不同的算法选择策略:

(1)分类问题:目标是将数据分配到预定义的类别中,比如垃圾邮件识别、图像分类等。

(2)回归问题:目标是预测一个连续数值,如房价预测、温度预测等。

(3)聚类问题:在无监督学习中,数据没有标签,需要根据相似性进行分组,例如客户分群。

(4)降维问题:当数据维度过高时,需要在减少维度的情况下保留数据的主要信息,例如图像压缩和可视化。

图 2-4 如何选择最佳机器学习算法

1. 分类问题的算法选择

对于分类问题，主要从以下几方面考虑：

1）样本数量

如果样本量较大（如超过 10 万个），通常建议选择计算效率较高的算法，以减少训练时间。

支持向量机适合小样本、特征维度较高的场景，但在大样本情况下计算复杂度高，往往不可行。这时可以考虑更高效的近邻算法。

逻辑回归：当样本量较大且问题近似线性可分时，逻辑回归是一个计算高效的选择。

2）特征类型的考量

对于特征类型，主要从文本数据和数量预测两方面来考量：

（1）文本数据：若数据是文本类型，且为二分类问题，那么朴素贝叶斯分类器往往能提供不错的表现，尤其在处理高维稀疏数据时。

（2）数量预测：若涉及数量级的预测，则可考虑组合分类器（如 RandomForest 或 GradientBoosting）。

3）线性与非线性问题

问题又可以分为线性问题和非线性问题：

（1）线性问题：当数据接近线性可分时，线性 SVM 或逻辑回归是常用选择。

（2）非线性问题：对于复杂的非线性数据，可以采用核 SVM 或随机森林。核 SVM 适用于中等规模的数据，但若数据量过大，则通常需要采用随机森林等集成方法。

注意：核 SVM（Kernel SVM）的全称为核支持向量机，是机器学习领域中的一个重要模型，尤其适用于处理非线性可分的问题。

2. 回归问题的算法选择

对于回归问题，主要从以下几方面考虑：

1）特征数量与重要性

特征可以分为少量关键特征和大量特征：

（1）少量关键特征：当数据中只有少量的关键特征可以影响结果时，Lasso 回归是一种合适的选择，因为它具有特征选择的作用，有助于提高模型的可解释性。

（2）大量特征：对于多维特征的回归问题，可以采用岭回归或其他带正则化的回归模型来防止过拟合。

2）样本数量

样本数量可以分为小样本和大样本。

（1）小样本：对于样本数量较少的数据，可以使用线性核 SVD，简单高效。

（2）大样本（如超过 10 万个样本）：当样本数量较大时，通常需要结合效率更高的组合回归器（如 RandomForest 或 GradientBoosting）。

3）非线性与弹性需求

对于非线性关系明显的数据，可考虑核回归方法，例如支持向量回归（SVR）。如果数据量较大，则可使用集成方法来捕捉复杂模式。

3. 聚类问题的算法选择

在无监督学习中，聚类任务有助于发现数据中的潜在结构。常见的聚类算法有 K-Means 聚类、GMM（高斯混合模型）等。建议根据以下因素来选择聚类算法。

1）样本数量

根据数量的不同，样本可以分为小样本和大样本。

（1）小样本：K-Means 聚类对于小规模数据是一个高效的聚类算法，因为它的计算复杂度较低。

（2）大样本：MiniBatchKMeans 是用于处理大规模数据的改进版本，使用小批量数据进行聚类，极大提高了计算效率。

2）类的数量已知与否

根据类的数量已知与否，数量可以分已知类的数量和未知类的数量。

（1）已知类的数量：如果对类的数量有先验知识，则可使用 K-Means 聚类。

（2）未知类的数量：当类的数量未知或希望算法自动确定簇的数量时，可以使用 MeanShift 或 VB-GMM（变分贝叶斯高斯混合模型），前者通过密度估计动态调整簇的数量，后者则适合非确定数量的聚类。

3）分布假设

高斯分布：如果数据符合高斯分布，则可以使用 GMM。它比 K-Means 更具柔性，可以捕捉数据的不同分布形状。

4．降维问题的算法选择

当特征数量较多且希望简化模型时，通过降维技术可以提取数据的主要信息并减少计算复杂度。常见的降维方法有 PCA（主成分分析）、Isomap、LLE 等。

1）样本数量

在样本数量少的情况下，使用 PCA（基于特征的 SVD）是一种简单高效的选择，可以快速将高维数据降维到 2~3 维。对于样本量少、特征复杂且呈现非线性结构的数据，Isomap 或局部线性嵌入（LLE）是更合适的选择。

2）线性与非线性需求

降维可以分为线性降维和非线性降维：

（1）线性降维：PCA 适用于数据的线性降维，可以保留数据的最大方差信息。

（2）非线性降维：Isomap 和 LLE 可以保留复杂的非线性结构，更适合流形学习任务。

5．实际应用中的优化策略

在实际应用中，选择算法往往只是第一步，接下来还需要通过交叉验证和超参数调优等手段来优化模型。以下是一些常见的优化策略：

（1）数据预处理：算法对数据的敏感性不同，数据预处理往往是提升算法效果的关键。对于 K-Means 聚类或 SVM 等算法，数据标准化（如归一化或 Z-score 标准化）是必要的预处理步骤。

（2）模型评价：在训练过程中，需要使用交叉验证、精度、召回率等指标对模型进行评价，以确保模型的健壮性与泛化能力。

（3）集成学习：对于大多数分类或回归任务，如果单一模型的表现不佳，则可以通过集成方法（如 Bagging、Boosting）来提高模型的稳定性和准确性。

（4）调优方法：模型参数的设置直接影响效果。可以使用网格搜索（Grid Search）或随机搜索（Random Search）来寻找最佳参数组合。

（5）特征选择：对于高维数据，特征选择可以极大减少计算量。使用 PCA、Lasso 等方法去除不重要的特征，能够提升模型的可解释性并降低过拟合风险。

2.4 机器学习在 IBM Watson 中的应用

IBM Watson 是由 IBM 开发的一款认知计算系统，其核心能力在于自然语言处理、知识表示、推理学习和人机交互。自 2011 年在《危险边缘》电视节目中击败人类冠军以来，IBM Watson 凭借其强大的机器学习技术和认知计算能力，已在医疗、金融、教育等多个领域发挥重要作用，特别是在从大量非结构化数据中提取关键信息、为用户提供科学决策支持方面表现卓越。IBM Watson 系统的工作流程如图 2-5 所示。

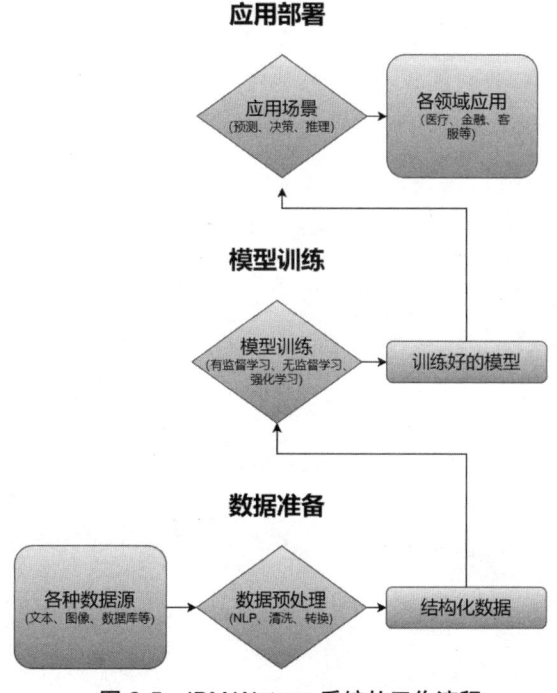

图 2-5　IBM Watson 系统的工作流程

尽管 IBM Watson 在医疗领域表现出色，但也面临一些挑战。首先是医疗数据的隐私与安全问题，尤其是在跨机构的数据共享时，需要特别关注数据的加密和匿名化处理。其次，机器学习模型的性能依赖数据质量，医疗数据往往存在不完整和不一致的问题，这可能会影响模型的准确性。最后，IBM Watson 生成的建议需要与医生的专业知识相结合，医生仍需对建议进行判断和筛选，智能体的辅助作用无法完全替代人类的专业决策。

2.5　本章小结

本章主要介绍了机器学习的基本概念、核心思想、方法和常用算法。机器学习作为人工智能的一个重要分支，其核心思想包括数据驱动、模型构建、学习算法、迭代优化和泛化能力。机器学习方法分为有监督学习、无监督学习和强化学习，每种方法都有其独特的应用场景。有监督学习利用标注数据建立模型，无监督学习发现数据中的隐藏模式，强化学习通过与环境交互学习最优策略。常用的机器学习算法包括有监督学习中的分类和回归算法、无监督学习中的聚类和关联分析算法，以及强化学习中的基于值、策略和模型的算法。此外，本章还介绍了 IBM Watson 在医疗领域的应用，以及面临的挑战。

第 3 章 深度学习的革命

深度学习作为机器学习的重要分支，在其基础上，通过构建多层神经网络，能够处理更复杂的数据结构，实现对数据的深层次特征提取。深度学习在图像识别、语音识别、自然语言处理等领域取得了显著成果，并推动了人工智能技术的进一步发展。

3.1 深度学习的发展历程

深度学习的起源可以追溯到 20 世纪 50 年代，其基础是简单的神经网络模型。随着时间的推移，计算能力的指数级提升、数据资源的快速增长，以及算法研究的不断进步，深度学习经历了起步、低潮、复兴与爆发等阶段。以下将深度学习的发展历程划分为几个关键阶段。

20 世纪 50～80 年代：早期探索与挑战

20 世纪 50 年代至 80 年代，深度学习的研究主要集中于神经网络的基本原理与初步模型构建。1958 年，Frank Rosenblatt 提出了感知器模型，这是一个简单的单层神经网络，能够通过权重更新实现二分类。然而，Marvin Minsky 和 Seymour Papert 在 1969 年出版的著作《*Perceptrons:An Introduction to Computational Geometry,Expanded Edition*》中指出，感知器无法解决非线性问题，如 XOR（异或）问题。

XOR（异或）问题是一个经典的分类问题，通常用于展示人工神经网络的能力。XOR 函数的输入是两个二进制值（0 或 1），输出如下：

（1）当两个输入相同时，输出为 0。

（2）当两个输入不同时，输出为 1。

XOR 问题是一个非线性可分问题，这意味着我们无法通过一条直线将输出为 0 和 1 的样本分开。因此，单层感知机（没有隐藏层的神经网络）无法解决 XOR 问题。要解决 XOR 问题，我们至少需要使用一个隐藏层的神经网络。XOR 问题的输入和输出如表 3-1 所示。

表 3-1　XOR 问题的输入和输出

输入 1	输入 2	输出
0	0	0
0	1	1
1	0	1

直到 20 世纪 80 年代，研究人员开始探索多层感知器的可能性，并试图解决多层网络的训练问题。1986 年，David Rumelhart、Geoffrey Hinton 和 Ronald Williams 在论文 *Learning representations by back-propagating errors* 中重新引入了反向传播算法，该算法通过链式法则有效地更新神经网络的权重，成为多层神经网络的训练基石。这一突破标志着神经网络研究的首次复兴，为后续深度学习的研究奠定了理论基础。

20 世纪 90 年代：深度学习的黎明

20 世纪 90 年代，随着计算能力的提高和研究人员对神经网络新架构的不断探索，深度学习逐渐展现出更大的潜力。这一时期的核心突破是卷积神经网络的引入。

1998 年，Yann LeCun 等人提出了 LeNet-5 模型。这是一个基于卷积神经网络的架构，能够有效地处理手写数字识别问题，如图 3-1 所示。从左到右依次为：输入层（28×28 像素的灰度图像）、卷积层 C1（使用 6 个卷积核生成 6 个 28×28 的特征图）、池化层 S2（进行下采样，生成 6 个 14×14 的特征图）、卷积层 C3（使用 16 个卷积核生成 16 个 10×10 的特征图）、池化层 S4（再次进行下采样，生成 16 个 5×5 的特征图），以及全连接层 F5（120 个神经元）、F6（84 个神经元）和输出层（10 个神经元，对应 10 个类别）。LeNet-5 模型通过卷积层提取图像局部特征，通过池化层降低特征图尺寸，最后通过全连接层进行分类。

LeNet-5 模型通过卷积操作提取空间特征，结合下采样池化层进行特征降维，大幅度提升了卷积神经网络的分类能力。这一研究首次展示了卷积神经网络在图像处理任务中的巨大潜力，为后续视觉领域的研究提供了理论框架。

与此同时，受限制玻尔兹曼机（Restricted Boltzmann Machine，RBM）在概率生成模型的研究中崭露头角。2000 年，Geoffrey Hinton 对 RBM 进行了深入研究，为后来的深度生成模型的提出奠定了理论基础。

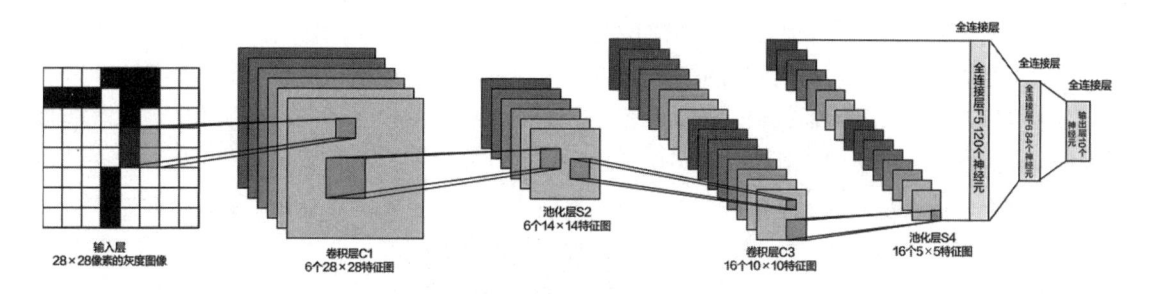

图 3-1　LeNet-5 模型[1]

21 世纪：深度学习的复兴

进入 21 世纪，随着计算机硬件性能的提升和数据量的爆炸式增长，深度学习在理论与应用层面取得了重大突破，迎来了其发展的黄金时期。2006 年，被誉为"深度学习之父"的 Hinton 教授及其团队提出了深度置信网络（Deep Belief Network，DBN），这一突破性成果被视为深度学习"复兴"的关键阶段。

DBN 的核心创新在于采用了一种逐层贪婪预训练的策略，有效地解决了深层神经网络训练过程中普遍存在的梯度消失问题。具体来说，DBN 利用受限制玻尔兹曼机对网络的每一层进行无监督学习。

玻尔兹曼机是一种基于能量模型的神经网络，如图 3-2 所示。它由一层可见层（图中表示为 v）和一层隐藏层（图中表示为 h）组成。层内的神经元之间没有连接，层间的神经元则完全连接。这意味着每个可见神经元都与每个隐藏神经元相连。连接的强度由权重（图中表示为 w）表示。

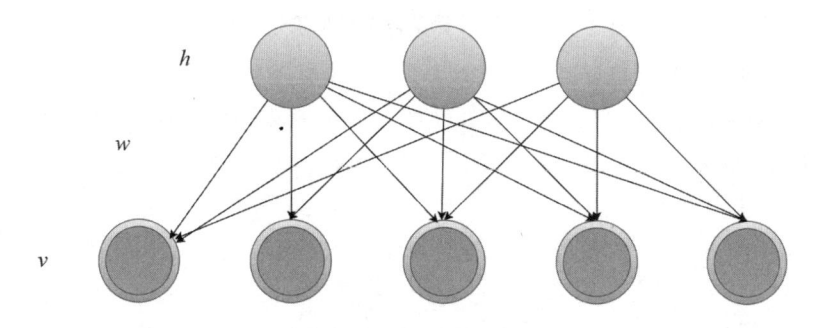

图 3-2　玻尔兹曼机[2]

想象一下，你面前有一堆开关（可见层），你可以拨动它们（代表输入数据）。在你看不到

1　参考：《D2L.ai——Interactive Deep Learning Book with Multi-Framework Code，Math，and Discussions》。
2　参考：Restricted Boltzmann Machine and Deep Belief Network——Tutorial and Survey。

的地方，还有另一堆开关（隐藏层），它们的状态受到你拨动的开关的影响。这些看不到的开关之间的相互作用，以及它们如何响应你拨动的开关，就由权重 w 来决定。玻尔兹曼机的目标是学习这些权重，使它能够捕捉输入数据的概率分布。这种无监督学习方式使得深层神经网络能够自动学习到输入数据的特征表示，从而降低了后续有监督学习的难度。

深度置信网络是由多个受限玻尔兹曼机堆叠而成的概率生成模型。RBM 是玻尔兹曼机的一个变体，它限制了同一层神经元之间的连接，使得训练更加高效。

现在，我们把刚才的例子升级一下。你仍然面对一堆开关（可见层），但这次在你看不到的地方有两层开关（两个隐藏层 h^1 和 h^2）。你拨动第一层开关（v），会影响第一层隐藏开关（h^1），而第一层隐藏开关的状态又会影响第二层隐藏开关（h^2）。这就是具有两个隐藏层的深度置信网络，如图 3-3 所示。

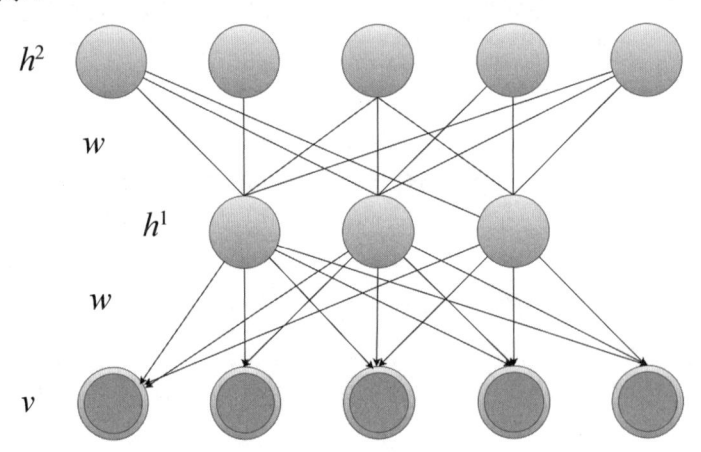

图 3-3　具有两个隐藏层的深度置信网络[1]

DBN 的训练通常采用逐层贪婪算法。首先，训练第一个 RBM（v 和 h^1），使其能够捕捉输入数据的特征。然后，将第一个 RBM 的隐藏层（h^1）的激活值作为第二个 RBM 的输入，训练第二个 RBM（h^1 和 h^2），使其能够学习更高级的特征。这个过程可以重复进行，堆叠更多的 RBM，形成更深的 DBN。

这样整个网络在无监督学习的阶段就能逐渐学习到更高层次的特征表示。预训练完成后，DBN 再通过有监督学习进行全局微调，调整网络参数，以提高网络的分类性能。DBN 的顶部通常还会添加一个分类器（例如，Softmax 层），用于完成分类任务。例如，在图像识别任务中，DBN 可以学习图像的特征，然后通过分类器将图像分类到不同的类别中。

DBN 的出现，为深度学习研究打开了新的大门。它不仅有效解决了深度网络难以训练的问

---

[1] 参考：*Restricted Boltzmann Machine and Deep Belief Network——Tutorial and Survey*。

题，还为后续深度学习技术的发展奠定了基础。在此基础上，研究人员相继提出了卷积神经网络、循环神经网络等众多深度学习模型，进一步推动了人工智能技术的发展。

值得一提的是，DBN 在多个领域取得了显著的成果，如计算机视觉、语音识别、自然语言处理等。2024 年，诺贝尔物理学奖授予了约翰·霍普菲尔德（John Hopfield）和杰弗里·辛顿（Geoffrey Hinton），以表彰他们在使用人工神经网络进行机器学习方面的基础性发现和发明。

此外，自编码器在此期间被广泛应用于特征提取和降维任务。

自编码器作为一种无监督学习的神经网络模型，用于学习未标记数据的有效编码，在深度学习的发展历程中占据了重要地位。自动编码器通过学习两个函数来工作：

- 编码函数：将输入数据映射为编码表示。
- 解码函数：将编码表示映射为原始输入数据。

它们在 21 世纪初期的深度学习复兴期间被广泛应用于特征提取和降维任务，成为数据处理和机器学习领域的重要工具。

自编码器的基本原理是通过一个编码器将输入数据映射到一个低维的潜在表征，然后通过一个解码器从潜在表征中还原出原始输入数据，如图 3-4 所示。

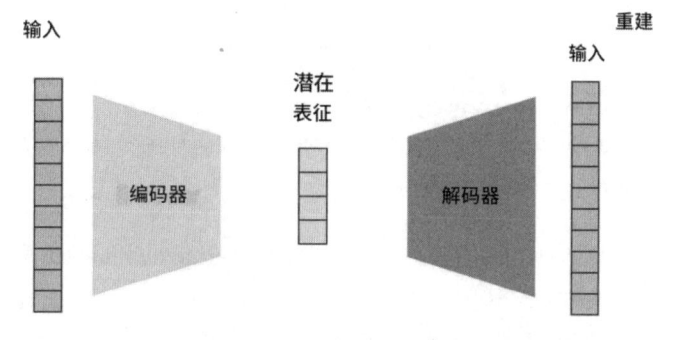

图 3-4　自编码器[1]

这种结构使得自编码器能够在不依赖标签信息的情况下学习到数据的有效特征，因此在图像压缩、数据降噪、异常检测等领域展现了巨大的应用价值。

21 世纪 10 年代：深度学习的爆发

21 世纪 10 年代，深度学习从理论研究迅速走向应用实践，并在计算机视觉、语音识别、自然语言处理等领域取得了前所未有的突破。以 2012 年为转折点，深度学习进入"爆发式增长"阶段。

1　参考：*SC-VAE——Sparse Coding-based Variational Autoencoder with Learned ISTA*。

2012 年，Alex Krizhevsky、Ilya Sutskever 和 Geoffrey Hinton 团队在 ImageNet 图像识别竞赛中提出了 AlexNet，通过卷积神经网络大幅提升了图像分类的精度。AlexNet 采用 ReLU 激活函数替代传统的 Sigmoid 函数，加速了网络的收敛速度。此外，该模型利用 Dropout 正则化有效缓解了过拟合问题，并通过 GPU 并行计算显著提高了训练效率。AlexNet 的成功首次证明了深度学习模型在大规模数据处理中的优势，激发了学术界和工业界对深度学习的广泛兴趣。AlexNet 的架构如图 3-5 所示。

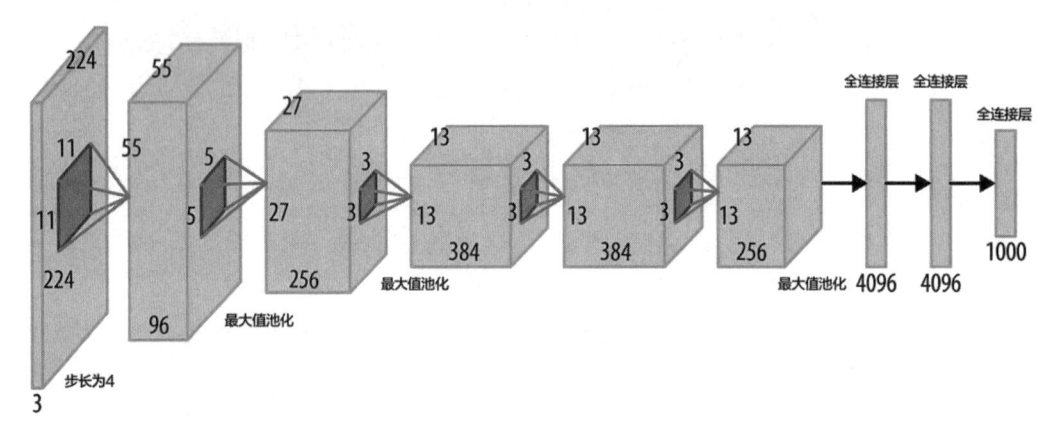

图 3-5　AlexNet的架构[1]

注意：在 Alex Krizhevsky、Ilya Sutskever 和 Geoffrey Hinton 发表论文 *ImageNet Classification with Deep Neural Networks* 两年后，他和其他几位研究人员的观点才被证明是正确的。这篇论文以惊人的影响力打破了传统观念，为计算机视觉领域创造了全新的环境。

自那一年之后，越来越多的神经网络被提出。2014 年，Karen Simonyan 和 Andrew Zisserman 提出的 VGGNet 通过更深的网络结构（如 16 层、19 层网络），验证了网络深度对特征提取的重要性。而由 Google 团队开发的 Inception 模型则采用了模块化设计，利用多尺度卷积核实现了更高效的特征提取，并显著减少了计算开销。其官方数据模型在分类任务中的准确率达到 57.1%，而在 top 1-5 的准确率达到了 80.2%。这对于传统的机器学习分类算法来说已经是非常卓越的表现了。

2015 年，由微软亚洲研究院的 Kaiming He、Xiangyu Zhang、Shaoqing Ren 和 Jian Sun 提出 ResNet，通过引入残差连接解决了深层网络训练中的梯度消失问题，使得网络的层数可以达到前所未有的深度，如图 3-6 所示。

---

[1] 参考：《D2L.ai——Interactive Deep Learning Book with Multi-Framework Code，Math，and Discussions》。

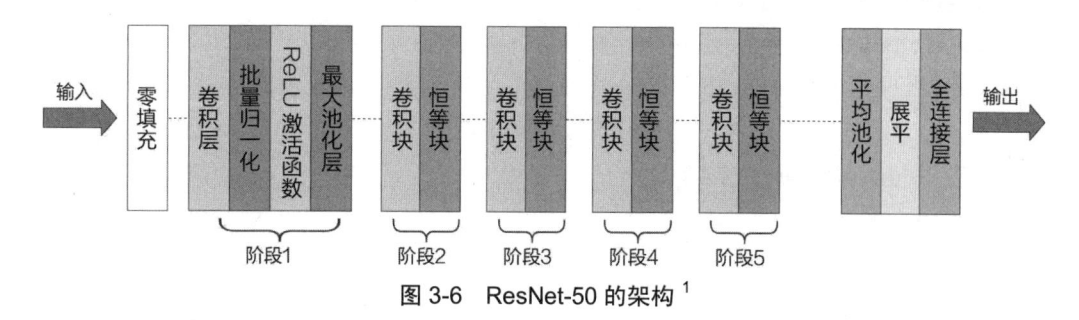

图 3-6　ResNet-50 的架构[1]

ResNet-50 是一种经典的深度卷积神经网络架构，其核心设计在于残差学习机制。初始阶段包括零填充（Zero Padding）和卷积层（CONV），用于提取输入图像的初级特征，随后通过批量归一化（Batch Norm）和 ReLU 激活函数对特征进行标准化和非线性化处理。最大池化层（Max Pool）进一步下采样特征图，减少计算量并增强对位置变化的健壮性。这些操作共同构成了网络的前端特征提取部分。

网络的核心部分由多个卷积块（Conv Block）和恒等块（ID Block）组成。卷积块通过多层卷积、归一化和激活函数的组合提取高级特征，而恒等块则通过跳跃连接实现残差学习，允许梯度直接传播，缓解梯度消失问题并支持深层网络的训练。这些块的堆叠使网络能够逐步学习复杂的特征表示，同时保持训练的稳定性。

最后，网络通过全局平均池化（Avg Pool）将特征图压缩为固定维度的向量，再经过展平（Flattening）操作转换为一维数据，输入全连接层（FC）执行最终的分类任务。这种设计不仅减少了参数数量，还提高了模型的泛化能力，使其在图像分类等任务中表现出色。整体架构结合了卷积、池化、归一化、残差连接等技术，展现了深度学习模型的高效性和健壮性。

ResNet-50 通过引入残差学习和跳跃连接，成功解决了深层神经网络训练中的梯度消失和退化问题，这些问题一直困扰着更深层网络的训练。传统的深度神经网络随着层数增加，容易导致训练困难或性能退化，而 ResNet-50 通过将输入信号与输出信号直接相加的方式，引入残差学习机制，使得信息能够在深层网络中更顺畅地传递，避免了训练过程中的梯度消失问题。这一创新设计使得 ResNet-50 能够有效地训练数百甚至上千层的网络，极大提高了深度网络的训练能力与稳定性。

这些创新技术为深度学习的发展奠定了坚实基础，并催生了更多复杂模型（如 Transformer），推动了计算机视觉、自然语言处理等领域的跨越式发展。

不仅如此，这些创新技术也促进了深度学习在实际应用中的迅猛发展，像自动驾驶、机器翻译、个性化推荐等行业应用逐步成熟，进一步推动了人工智能技术的普及与商业化。自动驾驶技术的发展依赖深度学习在感知系统中的应用，而机器翻译则通过大规模的预训练语言模型

1　参考：维基百科。

实现了多语言间的准确转化。个性化推荐系统则借助深度学习在大数据环境中的强大分析能力，为用户提供了更加精准的内容推荐。

3.2 深度神经网络基础

3.2.1 神经元

神经元是深度神经网络（Deep Neural Network，DNN）的基本计算单元，类似于生物神经元。神经元接收多个输入，这些输入通过权重进行加权，然后与偏置相加，该结果通过激活函数（如Sigmoid函数）进行处理，激活函数的输出作为神经元的最终输出。如图3-7所示。

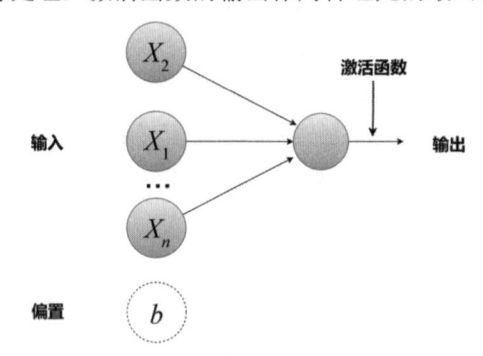

图3-7 深度神经网络的数据处理过程

这一过程模拟了大脑中神经元的行为，是人工神经网络中信息处理的基础。具体来说：

（1）输入：每个神经元接收来自前一层的多个输入信号，这些信号可以是原始数据或其他神经元的输出。

（2）权重：每个输入信号会有一个与之对应的权重，权重值表示该输入在神经元计算中的重要性。

（3）偏置：偏置是为了调整神经元的输出，使模型更加灵活，避免过于依赖输入的权重。

（4）激活函数：激活函数是用于引入非线性操作的函数，使神经网络能够学习和表示复杂的模式。常见的激活函数包括Sigmoid函数、ReLU函数等。

（5）输出：激活函数处理后的结果就是神经元的输出，该输出将传递到下一层神经元。

在神经网络中，激活函数决定了输入信号如何被处理，并对网络的非线性建模起到关键作用。以下是一些常见的激活函数：

（1）Sigmoid函数：其输出值在0到1之间，常用于处理二分类问题。Sigmoid函数能够将输入映射到[0，1]之间，但容易导致梯度消失问题，尤其在深层网络中。

（2）ReLU（Rectified Linear Unit）函数：ReLU函数的输出值与输入值相同，但当输入值为负时输出为0。由于ReLU函数计算简单，且在正值区域内具有恒定的梯度，因此有助于缓解梯度消失问题。它在现代深度学习模型中被广泛应用，但可能会导致"神经元死亡"（即一些神经元在训练过程中永久输出0）。

（3）Tanh函数（双曲正切函数）：Tanh函数的输出范围为[-1, 1]，与Sigmoid函数相比，它在0点处对称，常用于处理对称数据或序列数据的任务。Tanh函数与Sigmoid函数一样，也存在梯度消失问题，但它的输出范围更适合处理具有正负极性的数值数据。在分类任务中，Tanh函数逐渐取代Sigmoid函数作为标准的激活函数，其具有很多神经网络所钟爱的特征。它是完全可微分的，反对称，对称中心在原点。为了解决学习缓慢和/或梯度消失问题，可以使用这个函数更加平缓的变体（log-log、softsign等）。

不同的激活函数适合处理不同的任务，Sigmoid函数通常用于输出层处理二分类问题，而ReLU函数因其高效计算特点成为许多卷积神经网络的首选。Tanh函数则在一些需要处理对称数据或序列数据的任务中有良好的表现。在实际应用中，激活函数的选择通常会根据具体的任务需求和网络结构进行调整，有时也会结合多个激活函数来实现更好的模型性能。

3.2.2 单层神经网络

单层神经网络是由许多简单的神经元连接在一起构成的。单层神经网络的主要结构包括输入层和输出层，处理的是线性分类任务。其基本操作是将输入信号通过线性变换生成输出。在早期的AI研究中，感知器是最经典的单层神经网络模型，由Frank Rosenblatt于1958年提出。

虽然单层神经网络在早期的AI研究中起到了重要作用，但它的局限性促使研究人员探索更为复杂的模型。单层神经网络无法处理非线性可分问题，这在实际应用中成为一个很大的瓶颈。例如，在分类复杂图像或语音信号时，单层神经网络的表达能力不足。

因此，科学家提出了多层神经网络，引入了隐藏层，从而增加了网络的非线性建模能力。通过将多个单层神经网络串联，形成深度网络结构，可以处理更复杂的任务。

3.2.3 多层神经网络

1. 多层神经网络的特点

多层神经网络作为深度学习领域的基础模型，由多个隐藏层组成，每个隐藏层包含若干神经元，这些神经元通过权重连接形成复杂的网络结构，从而在数据传递过程中逐层提取并抽象出输入数据的高级特征,使得网络能够捕捉到数据中的深层次规律和复杂关系;随着层数的增加,多层神经网络的表达能力显著提升,能够应对更加复杂的模式识别和预测任务,其在图像识别、语音处理、自然语言处理等多个领域都展现出强大的性能。

1)前馈神经网络

前馈神经网络(Feedforward Neural Network,FNN)是最简单的多层神经网络,信息从输入层传递到输出层,且不包含反馈环路。每一层的神经元只与前一层和后一层相连,信息在网络中单向传播。前馈神经网络广泛应用于分类、回归等任务中。

2)反向传播算法

反向传播算法是训练多层神经网络的关键算法。它通过计算输出与目标之间的误差(即损失函数),并利用梯度下降法调整网络中的权重和偏置,使得损失函数逐渐减小。反向传播算法通过链式法则,逐层计算梯度,使得网络能够自我调整,从而达到更好的学习效果。

3)非线性变换与特征学习

多层神经网络的核心优势在于其通过逐层的非线性变换,能够自动学习数据中的复杂特征。在图像识别任务中,较低层的神经元通常学习到边缘或颜色等简单特征,而较高层的神经元可以学习到更抽象的对象表示,如面部特征或物体轮廓。正是这种逐层的特征学习,使得多层神经网络在图像识别、语音处理、文本处理等任务中展现出超凡的性能。

4)深度学习中的层数与参数量

随着深度学习的发展,神经网络的层数和参数量越来越大,带来了更强的学习能力。例如,经典的 LeNet-5 模型只有 5 层,而 AlexNet 模型则包含 8 层。此后,更深层的网络如 VGGNet(16~19 层)、GoogLeNet(22 层)和 ResNet(50~152 层)相继出现,显著提高了模型的准确率。

5)正则化与优化技术

在多层神经网络的训练过程中,容易出现过拟合问题,即模型在训练数据上表现良好,但在新数据上表现较差。为此,研究人员提出了各种正则化技术,如 L2 正则化、Dropout(随机丢弃神经元)、数据增强等,以提升模型的泛化能力。此外,优化技术如 Adam 优化器、RMSProp 等加速了模型的收敛过程,提高了训练效率。

2. 多层神经网络的工作原理

一个典型的多层神经网络如图 3-8 所示。

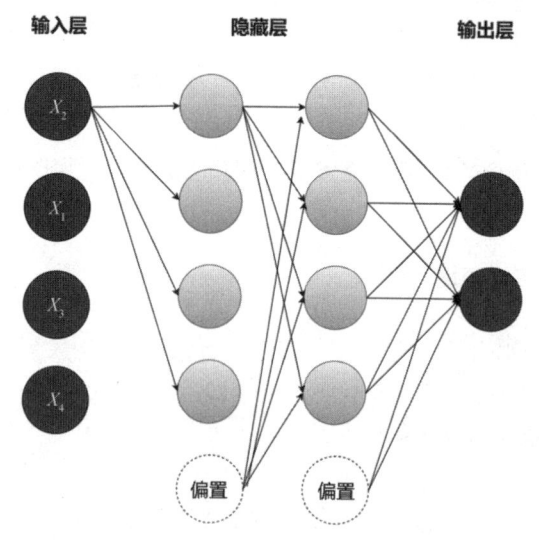

图 3-8 多层神经网络

多层神经网络是一种经典的前馈神经网络,通过逐层的信息处理逐步提取和转换输入数据的特征。每一层的神经元通过加权和非线性变换完成计算,最终输出预测结果。以下从输入层、隐藏层和输出层三个部分解析多层神经网络的工作原理。

(1)输入层:负责接收输入数据。这些数据通常是从数据集中提取的特征向量。输入层中的每个神经元对应输入特征的一个维度。例如,若输入数据包含 n 个特征,则输入层由 n 个神经元组成。输入层的主要作用是将原始数据传递给后续的隐藏层,神经元本身不执行任何计算操作。

(2)隐藏层:多层神经网络的核心部分负责对输入数据进行非线性变换和特征提取。隐藏层由多个相互连接的神经元组成,每个神经元接收来自前一层所有神经元的输入,并通过加权和与非线性激活函数生成输出。

隐藏层中的每个神经元首先计算其输入的加权和。具体公式如下:

$$z = \sum_{i=1}^{n} w_i x_i + b \tag{3-1}$$

在式(3-1)中,w_i 是第 i 个输入值,x_i 是对应的权重,b 是偏置项,n 是输入连接的总数。加权和通过将每个输入值与其权重相乘并求和,再加上偏置,得到净输入 z。随后,z 被传递到激活函数中,生成神经元的输出。这一过程通过线性组合和非线性变换,使神经网络能够提取特征并学习复杂的模式。

(3)输出层:输出层是多层神经网络的最后一层,负责生成最终的预测结果。输出层的神经元数量取决于任务类型。通常回归任务使用 1 个神经元，输出连续值；二分类任务使用 1 个神经元，配合 Sigmoid 激活函数，输出概率值；多分类任务使用与类别数量相同的神经元，配合 Softmax 激活函数，输出每个类别的概率分布。

这种结构的多层神经网络通过多个隐藏层处理输入数据，适用于解决复杂的非线性问题，是深度学习的核心架构之一。

3. 多层神经网络的应用领域

多层神经网络广泛应用于多个领域，例如：

（1）图像识别：在 ImageNet 等图像识别竞赛中，AlexNet、VGGNet 等基于多层卷积神经网络的模型表现突出。这些模型通过多层卷积操作从图像数据中提取高级特征，显著提升了图像分类的准确率。

（2）语音识别：多层神经网络在语音识别中发挥了重要作用，能够从语音信号中提取有效特征，实现高效的语音到文本的转换。该领域的模型通常分为声学模型和语言模型两部分：声学模型负责从语音信号中提取特征，而语言模型则处理语法和语义信息。两者的结合使得语音识别系统能够更准确地完成语音到文本的转换，广泛应用于语音助手、实时翻译等场景。

（3）自然语言处理：在文本分类、机器翻译、情感分析等任务中，多层神经网络通过词嵌入技术将文本转换为连续的向量表示，从而捕捉上下文信息。这种技术显著提升了 NLP 模型的性能，使得聊天机器人等应用能够更准确地理解用户意图并生成恰当的回应。

3.3 关键技术突破：RNN、CNN、GAN

深度学习的技术突破，尤其是循环神经网络（RNN）、卷积神经网络（CNN）和生成对抗网络（GAN），推动了人工智能在多个领域的发展。

3.3.1 RNN：循环神经网络

1. 循环神经网络的特点

循环神经网络是用于处理序列数据的深度学习模型，具有循环结构，能够记住之前的输入信息，使得网络可以捕捉时间依赖性。循环神经网络的应用范围包括自然语言处理、时间序列分析、语音识别等，特别适合处理连续的、时间相关的数据。循环神经网络的核心在于它能够利用内部的循环结构记忆并传递信息，使网络具有上下文感知能力。

传统的前馈神经网络在处理序列数据时存在局限性，无法保留输入之间的关系信息。而循环神经网络通过隐藏状态循环，使得当前的输出不仅依赖当前输入，还依赖之前的状态。

循环神经网络由神经元组成，神经元是协同工作以执行复杂任务的数据处理节点。神经元分为输入层、输出层和隐藏层。输入层接收要处理的信息，输出层提供结果。数据处理、分析和预测在隐藏层中进行。

2. 循环神经网络的工作原理

一个典型的循环神经网络如图 3-9 所示。

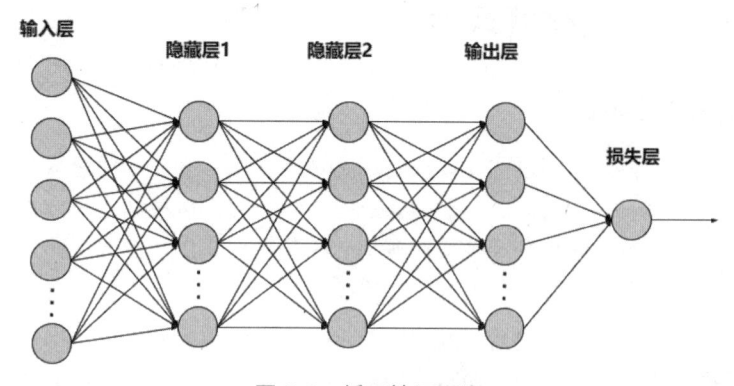

图 3-9 循环神经网络

循环神经网络的工作原理是将收到的顺序数据逐步传递给隐藏层。但是，循环神经网络还有一个自循环的工作流程：隐藏层可以在短期记忆组件中记住之前的输入并使用这些输入进行未来的预测，即使用当前输入和存储的记忆来预测下一个序列。

例如，考虑以下序列：Apple is red。你想让循环神经网络在接收输入序列 Apple is 时预测 red。当隐藏层处理 Apple 一词时，会在记忆中存储一份副本。随后，当收到 is 一词时，它会从记忆中调取 Apple，并根据上下文理解完整序列：Apple is。然后，它可以预测 red 以提高准确性。

3. 循环神经网络应用领域

循环神经网络的特性在处理自然语言、语音、金融时间序列等具有时间或顺序依赖的数据时极为关键。然而，循环神经网络在处理长序列时容易出现梯度消失问题，信息随着时间步长增加逐渐丢失。为了解决这个问题，长短期记忆网络（Long Short-Term Memory，LSTM）和门控循环单元（Gated Recurrent Unit，GRU）作为循环神经网络的改进版，通过引入记忆单元和门控机制来有效地保持长时间依赖，缓解了梯度消失问题。

循环神经网络及其改进模型广泛应用于自然语言处理、语音识别、机器翻译、文本生成等领域。在机器翻译中，循环神经网络用于将输入句子编码为上下文向量，再解码为目标语言句子。在语音识别中,循环神经网络通过捕捉音频数据的时间序列特征来提高识别的准确性。例如,Google 的语音识别系统就使用了循环神经网络和 LSTM 的架构。

循环神经网络的优势在于能够处理时间序列数据,捕捉数据中的时间依赖关系,并在自然语言处理和语音识别中表现出色。然而,循环神经网络在处理长序列时的梯度消失问题仍然是其主要限制。虽然 LSTM 和 GRU 改进了这一问题,但其复杂性仍然较高,训练时间仍然较长,计算资源消耗也相对较大。

3.3.2 CNN:卷积神经网络

1. 卷积神经网络的特点

卷积神经网络是一种擅长处理图像数据的深度学习模型。卷积神经网络通过局部感知和权重共享的方式,有效提取图像的局部特征,如边缘、角点等。这种结构使得卷积神经网络在图像处理领域表现尤为出色。卷积神经网络的典型结构包括卷积层、池化层和全连接层,通过堆叠卷积和池化层来逐步提取图像的高级特征,并最终通过全连接层执行分类或回归任务。

将图像数据输入卷积神经网络后,卷积层会利用图像像素值对图像数据进行处理。生成的过滤器在整个图像上进行卷积操作,使网络能够识别和学习图像特征并将其转换为矩阵形式。在每个层对输入向量执行批量归一化以确保所有输入向量都标准化,从而在网络中实现正则化。重复执行卷积操作直到网络达到更高的准确性,以及最大限度地提取特征。每次卷积操作都会导致图像子采样,并且输入的维度会根据选择的填充值和步幅而改变。每个卷积层之后是激活层(ReLU)和池化层,分别引入非线性和辅助下采样。经过最后的卷积操作后,输入矩阵被转换成特征向量,即扁平层。这个特征向量作为下一层(全连接层)的输入,其中所有特征都被集体传输到该网络中。在训练过程中,随机节点的丢弃有助于减少这一层的过拟合现象。最后,由网络预测出的原始数值通过 Softmax 激活函数转换为概率值。

2. 卷积神经网络的工作原理

一个典型的卷积神经网络的结构和处理流程如图 3-10 所示。

首先,输入层(Input)接收一张斑马的灰度图像作为输入。接着,经过多个卷积层(Convolution)和 ReLU 激活函数的组合,卷积神经网络能够自动学习和提取出图像中的各种特征,例如边缘、纹理等。然后,通过池化层(Pooling)对特征图进行下采样操作,进一步压缩数据的规模并提高特征的健壮性。接下来是扁平层(Flatten Layer),它将多维度的特征图展平为一个一维向量,方便后续的全连接层(Fully Connected Layer)进行处理。在全连接层中,每个神经元都与其他所有神经元相连接,共同完成对输入特征的整合与分类任务。最后,Softmax 激活函数被应用于输出层(Output),将全连接层的输出转化为概率分布形式,从而得到各个类别的预测概率值。在整个过程中，卷积神经网络通过对原始图像数据进行逐层抽象和学习，实现了从低级视觉特征到高级语义概念的逐步映射，最终实现对目标物体的准确识别和分类。

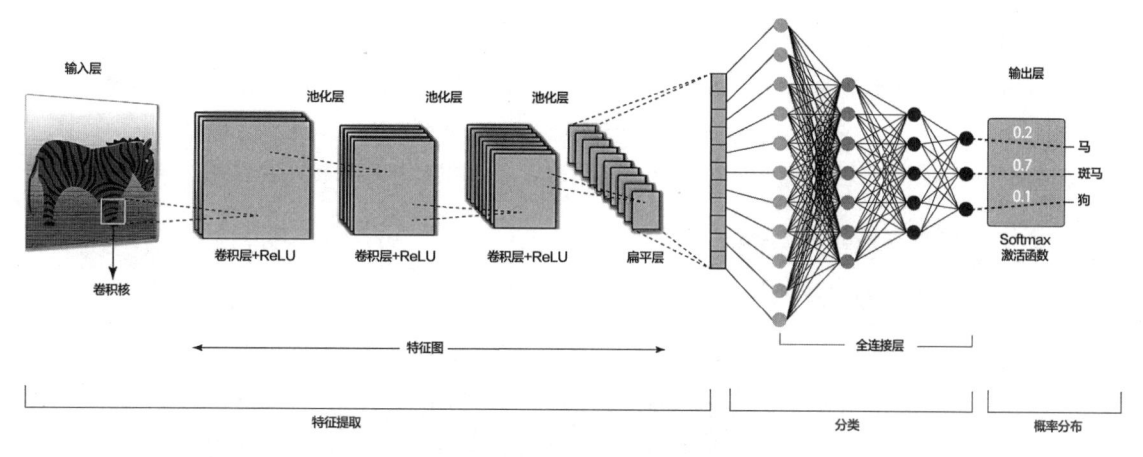

图 3-10　卷积神经网络的结构和处理流程[1]

传统的全连接神经网络在处理图像时，需要将图像展平成一维向量，这破坏了图像的空间结构，并导致网络参数急剧增加，难以有效处理高分辨率图像。而卷积神经网络通过卷积操作保持了图像的二维结构，减少了参数数量，通过池化操作有效降维并提取关键特征，这使得卷积神经网络在图像识别、目标检测、图像分割等任务中表现尤为出色。例如，AlexNet 在 2012 年 ImageNet 竞赛中展现出卷积神经网络的强大能力，使得卷积神经网络迅速成为主流的计算机视觉方法。

3. 卷积神经网络的应用领域

卷积神经网络广泛应用于图像分类、目标检测、图像分割、医学图像分析等领域。例如，VGG、ResNet 等经典模型在图像分类任务中表现优异，YOLO、FasterR-CNN 等目标检测模型在自动驾驶、监控领域得到了广泛应用。此外，卷积神经网络还被用于人脸识别、手写字识别、病变图像检测等多个领域。

卷积神经网络通过局部连接和权重共享的方式减少了网络参数，提高了计算效率，并且能够自动提取图像的多层次特征，适用于各种计算机视觉任务。然而，卷积神经网络在处理非图像数据时效果较差，且对大量标注数据的依赖性较强，训练大规模网络时计算资源消耗较大。

1　参考：*Facial Sentiment Analysis Using Convolutional Neural Network and Fuzzy Systems*。

3.3.3 GAN：生成对抗网络

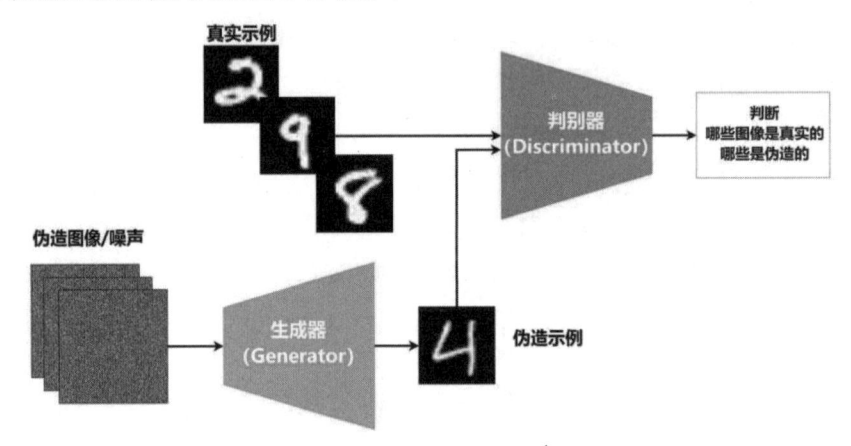

1. 生成对抗网络的特点

生成对抗网络是由生成器（Generator）和判别器（Discriminator）组成的深度学习模型，通过两个网络的对抗训练，生成器试图生成逼真的数据，而判别器负责区分生成数据和真实数据。GAN 的关键创新在于生成器和判别器之间的博弈，使得生成器逐步提高生成数据的质量。

2. 生成对抗网络的工作原理

一个典型的生成对抗网络如图 3-11 所示。

图 3-11　生成对抗网络[1]

具体而言，左侧的黑色方块代表真实示例，包括数字"2""9"和"8"。这些真实示例进入判别器，判别器的作用是判断输入的图像是真实的还是伪造的。与此同时，底部的灰色方块代表伪造图像/噪声，这些噪声进入生成器。生成器的功能是将噪声转换为伪造的示例，例如图 3-11 中生成的数字"4"。随后，这些伪造的示例也会进入判别器，供其判断哪些图像是真实的，哪些是伪造的。通过这样的对抗训练机制，生成器逐渐学会生成更加逼真的图像，而判别器也在不断提高自己的鉴别能力。

3. 生成对抗网络的应用领域

传统的生成模型通常依赖显式的概率分布假设，而生成对抗网络通过对抗学习直接从数据中学习生成分布，解决了生成模型难以生成高质量数据的问题。生成对抗网络不仅在图像生成上取得了突破，还被广泛应用于数据增强、图像修复、风格迁移等任务中。生成对抗网络可以

---

[1] 参考：IBM Developer.Generative Adversarial Networks Explained。

生成与真实样本高度相似的虚拟数据，这为数据不足的问题提供了解决方案。

例如，生成对抗网络能够将模糊的图像转换为高清图像，或将不同风格的图像相互转换，如照片到油画的风格迁移。例如，CycleGAN 通过无监督学习实现了图像风格迁移，DeepFake 等应用则利用生成对抗网络生成逼真的人脸图像和视频，Pix2Pix 模型能够将素描转换为真实图片，SRGAN 能够生成超高分辨率图像。在医学图像修复中，生成对抗网络可用于自动填补缺失区域，提高图像的诊断价值。此外，生成对抗网络还被应用于视频生成、音乐生成、文本生成等多个领域。

生成对抗网络的主要优势在于其强大的生成能力，能够生成高质量的图像、视频和音频数据，尤其是在无监督学习的情况下，仍能完成高质量生成任务。然而，生成对抗网络训练过程容易不稳定，生成器和判别器之间的对抗可能导致模式崩塌（modecollapse），即生成器只能生成单一类型的样本。此外，生成对抗网络的训练时间较长，对计算资源要求较高。

3.3.4　RNN、CNN 和 GAN 的优缺点对比

RNN、CNN 和 GAN 作为深度学习领域的重要技术，各自在不同任务中发挥着重要作用。下面简要对比了 RNN、CNN 和 GAN 优缺点，如表 3-2 所示。

表 3-2　RNN、CNN 和 GAN 的优缺点对比

类别	优点	缺点
RNN	1.能够处理序列数据，具有时间记忆能力 2.适合执行自然语言处理、语音识别等时序任务 3.参数共享，降低了模型复杂度	1.容易出现梯度消失和梯度爆炸问题 2.计算成本较高 3.处理长序列数据时性能下降
CNN	1.自动提取图像特征，减少预处理需求 2.局部感知和参数共享减少了参数数量 3.在图像分类、目标检测等领域表现优异	1.对序列数据的处理能力有限 2.对训练数据的规模和质量有较高要求 3.可能忽略图像的全局上下文信息
GAN	1.能够生成高质量、高分辨率的合成数据 2.无须大量标注数据即可训练 3.在图像生成、修复和风格迁移等方面表现突出	1.训练过程不稳定，容易导致模式崩塌 2.需要大量的计算资源 3.调参困难，模型难以收敛

每个网络类型都有其更深入的技术细节和应用范围。在实际应用中，这些网络可以根据具体需求进行定制和优化。

3.4　ImageNet 挑战赛

随着计算机视觉和人工智能的发展，深度学习逐渐成为实现复杂模式识别和预测任务的主流技术。深度学习的应用不仅涵盖了图像识别，还拓展到自然语言处理、语音识别等多个领域。

而在这一过程中，ImageNet 挑战赛（ImageNet Large Scale Visual Recognition Challenge，ILSVRC）起到了至关重要的推动作用。

ImageNet 挑战赛是由李飞飞教授和她在普林斯顿大学的团队于 2009 年发起的。该挑战赛的初衷是利用大规模图像数据集，推动图像识别技术的突破。在此之前，虽然计算机视觉已有一定发展，但普遍受限于数据集的规模和模型的识别能力。当时的模型普遍依赖人工设计特征，识别精度和泛化能力较差，难以满足实际应用的需求。

ImageNet 数据集包含超过 1000 万张经过标注的图像，涵盖了上千个物体类别，如表 3-3 所示。

表 3-3　图像分类标注（1000 个物体类别）[1]

年份	图像训练集（每类）	图像验证集（每类）
ILSVRC 2010	1261406（668～3047）	50000（50）
ILSVRC 2011	1229413（384～1300）	50000（50）
ILSVRC 2012～2014	1281167（732～1300）	50000（50）

这一数据集的规模和标注质量在当时极为罕见，提供了深度学习模型训练所需的大规模监督数据，为挑战赛的开展奠定了基础。ImageNet 挑战赛旨在评估模型在图像分类、物体检测等任务上的表现，通过年复一年的比拼，促使参与者不断优化算法，推动技术进步。

2012 年是 ImageNet 挑战赛的转折点，也是深度学习领域的重要里程碑。在这一年，Geoffrey Hinton 教授和他的学生 Alex Krizhevsky、Ilya Sutskever 团队首次将深度卷积神经网络应用于 ImageNet 挑战赛，并取得了惊人的成果。他们设计的 AlexNet 模型在图像分类任务中将错误率降低了近一半，以显著的优势获得了冠军，彻底改写了计算机视觉领域的技术格局。AlexNet 模型的成功归功于其创新的卷积神经网络结构。卷积神经网络能够通过卷积和池化操作提取图像的空间特征，避免了传统机器学习方法中人工设计特征的烦琐步骤。

AlexNet 模型的结构由多层卷积层和池化层堆叠而成，再加上若干全连接层，实现了对图像特征的深度提取和分类。这一设计展示了深度学习在处理图像数据上的潜力，确立了卷积神经网络作为视觉识别任务主流方法的地位。

ImageNet 数据集的出现解决了深度学习对大规模监督数据的需求问题。大量标注图像的使用使得模型可以通过"端到端"的方式学习特征，而不再需要人为干预。这种方式加速了算法的改进，也大大提升了深度学习模型的泛化能力。ImageNet 挑战赛的成功证明了数据规模在深度学习模型训练中的重要性，为之后各类大规模数据集的建立提供了借鉴。

ImageNet 挑战赛不仅推动了卷积神经网络的发展，还间接影响了循环神经网络和生成对抗网络等其他深度学习技术的应用。ImageNet 挑战赛的出现揭开了深度学习革命的序幕。通过推

---

[1] 参考：*ImageNet Large Scale Visual Recognition Challenge*。

动卷积神经网络技术的突破，它促使深度学习成为处理图像数据的主流方法，并引发了之后 ResNet、Transformer 和生成对抗网络等技术的不断创新。深度学习的成功不仅来自算法的进步，还依赖大规模数据集的支持和硬件资源的不断提升。ImageNet 挑战赛的影响远远超出了计算机视觉领域，为人工智能的发展奠定了坚实的基础。

3.5 经典 AI 与现代 AI 的分野

人工智能的发展历程中，IBM 的 DeepBlue（深蓝）和谷歌的 AlphaGo 是两个具有重要里程碑意义的系统，分别代表了经典 AI 和现代 AI 的不同发展阶段。这两者不仅在技术上展现了 AI 的突破，更凸显了人工智能在思维方式、能力范围上的演进。

3.5.1 IBM 深蓝：经典 AI 的巅峰

1997 年，IBM 的深蓝计算机击败了国际象棋世界冠军加里·卡斯帕罗夫，这是人工智能发展史上的一个重大时刻。深蓝的胜利展示了经典 AI 在处理结构化问题时的强大能力，但其本质上仍然基于规则系统和强大的计算能力。这标志着经典 AI 系统的巅峰时期。

深蓝的技术特点在于其依赖预先定义的规则系统和强大的计算能力，通过穷举搜索和评估函数快速分析棋局并选择最优策略，同时凭借强大的硬件支持在数秒内完成数百万次计算，远超人类棋手的速度，如图 3-12 所示。

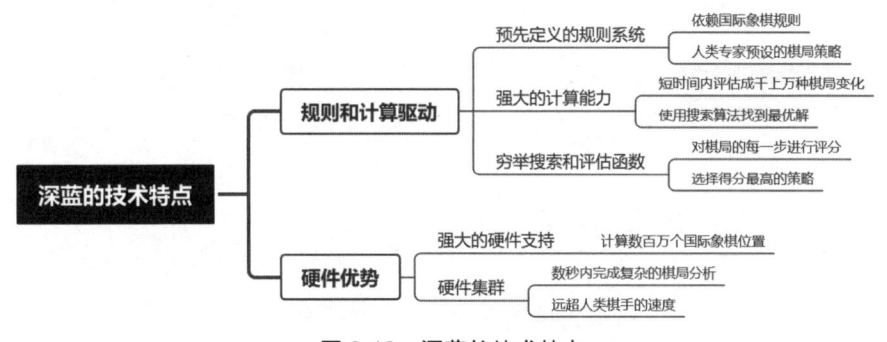

图 3-12 深蓝的技术特点

规则和计算驱动：深蓝依赖预先定义的规则系统。它使用了大量的国际象棋规则和人类专家预设的棋局策略，再加上深蓝强大的计算能力，能够在短时间内评估成千上万种棋局变化，并通过搜索算法找到最优解。这种方法依赖穷举搜索和评估函数，对棋局的每一步进行评分，并选择得分最高的策略。

硬件优势：深蓝拥有强大的硬件支持，能够以惊人的速度计算数百万个国际象棋位置。其背后的硬件集群让深蓝可以在数秒内完成复杂的棋局分析，而这是人类棋手无法企及的速度。

尽管深蓝展示了其在国际象棋这样一个高度结构化的游戏中表现出的超强能力，但它并没有"学习"或"自我改进"的能力。深蓝的成功依赖人类专家提前输入的规则和策略，且它的决策仅限于预定的范围内。

深蓝代表的是经典 AI 方法的极致，即基于明确规则和大量计算能力的人工智能。这种方法在处理结构化、规则明确的任务时非常有效，但当面对更为复杂和开放的环境时，经典 AI 显得力不从心。例如，在面对充满不确定性和变化的任务时，规则系统往往无法应对，这也限制了经典 AI 的应用范围。

3.5.2　AlphaGo：现代 AI 的典范

与深蓝不同，2016 年谷歌 DeepMind 开发的 AlphaGo 展现了现代 AI 的另一种能力。AlphaGo 在复杂的围棋比赛中击败了世界冠军李世石，展示了现代 AI 处理高维度、非结构化问题时的强大能力。这一成功标志着 AI 从经典规则系统向数据驱动、学习导向的转变。

AlphaGo 的技术特点在于结合深度学习、强化学习和蒙特卡罗树搜索，通过自我对弈和海量数据学习实现自适应优化，并在决策中展现出创新性和迁移学习能力，超越了传统规则驱动的 AI 系统，如图 3-13 所示。

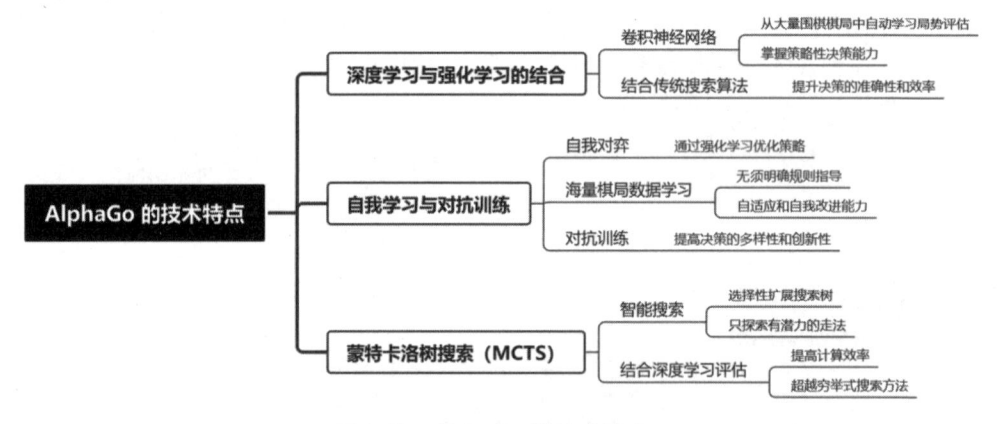

图 3-13　AlphaGo 的技术特点

深度学习与强化学习的结合：AlphaGo 不仅依赖传统的搜索算法，还结合了深度学习和强化学习技术。通过卷积神经网络，AlphaGo 能够从大量的围棋棋局中自动学习如何评估局势，并逐渐掌握了在围棋盘上进行策略性决策的能力。

自我学习与对抗训练：AlphaGo 通过自我对弈不断提高自己的水平，利用强化学习算法对其策略进行优化。与深蓝依赖人类专家预设的规则不同，AlphaGo 通过学习海量的棋局数据和对抗训练，能够在没有明确规则指导的情况下做出最佳决策。它的成功不仅来自对围棋的深刻理解，还依赖自适应和自我改进的能力。

蒙特卡罗树搜索：AlphaGo 结合了蒙特卡罗树搜索（Monte Carlo Tree Search，MCTS）与深度学习评估，使得它在评估未来走法时更加智能。与深蓝穷举式的搜索方法不同，MCTS 让 AlphaGo 能够有选择地扩展搜索树，只探索有潜力的走法，大幅提高了计算效率。

AlphaGo 的表现中最令人印象深刻的一步棋便是它选择在关键时刻放弃明显的优势棋子，这在传统围棋中被认为是不合常理的。然而，这种"匪夷所思"的行为实际上是基于 AlphaGo 对整体棋局的深刻理解和策略性评估。这种表现展示了现代 AI 系统的迁移学习能力——即在新的场景中借鉴在其他领域学到的策略，从而做出创新性的决策。

深蓝与 AlphaGo 之间的差异展示了经典 AI 与现代 AI 的根本区别：

（1）规则驱动和学习驱动：深蓝依赖预设规则和明确的逻辑进行决策。AlphaGo 则依靠数据驱动，通过学习和自我优化来处理问题。AlphaGo 能够在无明确规则指导的复杂环境中做出决策，展示了现代 AI 的自适应能力。

（2）固定策略和动态策略：深蓝使用的是固定策略，其能力范围由人类专家定义和限制。AlphaGo 通过不断学习和自我对弈，能够动态调整策略，从而适应不同的对手和局势。现代 AI 不仅能够"学习"，还能在环境变化时"进化"。

（3）计算能力的差异：虽然深蓝和 AlphaGo 都依赖强大的计算能力，但深蓝的计算更多用于穷举搜索，而 AlphaGo 则通过深度学习网络的优化，在计算效率和智能决策上更为灵活。

AlphaGo 的成功不仅展示了现代 AI 的强大能力，还揭示了深度学习和强化学习在解决复杂问题时的潜力。这种转变从根本上改变了 AI 的应用方式，现代 AI 能够从数据中学习，并不断改进其表现，这使得它在医学诊断、自动驾驶、自然语言处理等领域拥有广泛的应用前景。未来，现代 AI 的发展方向将更加强调模型的自适应能力和迁移学习能力，让 AI 不仅能在特定任务中表现出色，还能够在更广泛的场景中应用其学到的知识。这种从"规则系统"到"学习系统"的转变，标志着 AI 从工具向智能体的演进，为人类社会的进步带来了更多可能性。

3.6 本章小结

本章详细回顾了深度学习的发展历程，从 20 世纪 50 年代的早期探索到 21 世纪初的深度学习革命，再到近年来的技术突破。重点介绍了深度神经网络的基本组成单元——神经元，以及单层神经网络、多层神经网络的结构与功能。随后，详细梳理了深度学习的关键技术突破，包括循环神经网络、卷积神经网络和生成对抗网络，并对比了它们的特点与应用领域。最后，通过 IBM 的深蓝和谷歌的 AlphaGo，展示了经典 AI 与现代 AI 的区别，经典 AI 通过规则和计算在特定问题中表现优异，而现代 AI 通过学习与自我优化，在更复杂和开放的环境中展现出了更大的潜力。

第 4 章
大模型的兴起与发展

随着计算能力的持续提升与数据规模的指数级增长，人工智能领域的研究正从传统机器学习算法逐步迈向更复杂且更强大的模型架构，因此"大模型"的概念成为近年来人工智能发展的重要趋势之一。特别是在自然语言处理领域，大模型标志着人工智能发展的一个全新纪元。它不仅突破了传统模型在能力和应用范围上的局限性，也为多个行业带来了颠覆性的变革。相比早期依赖人工特征提取和规则设定的模型，大模型以大规模数据和复杂的神经网络架构为核心，通过海量训练实现自我优化，具备更强的泛化能力和更广泛的应用潜力。

以 ChatGPT 为代表的大模型的问世，使得人类实现通用人工智能（Artificial General Intelligence，AGI）的路径比以往任何时候都更为清晰。人工智能的发展已然成为不可逆的历史趋势，而非一时的科技潮流。在人工智能的驱动下，人类社会正在从以数据和信息为核心的信息社会，向以知识和智慧为中心的认知社会加速迈进。这场以"认知革命"为核心的深远变革正在开启，生成式人工智能技术的出现仅仅是这一历史进程的开端。未来，我们将见证认知科学与人工智能的深度融合，这将重塑人类社会的知识创造方式、生产力结构及思维范式。

4.1 大模型的崛起

语言模型（Language Model，LM）是自然语言处理中一种用于估算词序列概率分布的统计模型。我们通常期望通过给定的文本输入，生成相应的文本输出，如文本翻译、文本分类或文本生成等任务。实现这一目标需要解决两个核心问题。

（1）输入序列问题：文本输入本质上是符号信号，而计算机只能处理数值数据。因此，我们需要将文本中的字符通过适当的编码转换为数值形式，才能作为神经网络的输入。

（2）输出序列问题：尽管神经网络的输出通常是数值类型的（例如分类问题中的 0 或 1，回归问题中的连续数值），但我们需要将其映射回对应的字符或词元，以生成符合任务要求的文本。

对于第一个问题，解决方案有很多种。例如，最常见的方式是通过编码技术将文本字符转换为数值。以字符级的独热编码（One-Hot Encoding）为例，假设我们的符号体系仅包含字母 'a' 'b' 和句号 '.'，输入序列为 'ab.b'，我们可以用独热编码将每个字符转换为一个向量。假设我们在编码中还引入开始符号（[START]）和结束符号（[END]），则可以为每个字符进行映射，代码如下：

```
// 将文本中的字符转换为数值形式
[START]: [0, 0, 0, 0]
a: [1, 0, 0, 0]
b: [0, 1, 0, 0]
.: [0, 0, 1, 0]
[END]: [0, 0, 0, 1]
```

通过这种编码方式，输入序列 'ab.b' 可以表示为：[[0, 0, 0, 0], [1, 0, 0, 0], [0, 1, 0, 0], [0, 0, 1, 0], [0, 1, 0, 0], [0, 0, 0, 1]]。这些数值形式的向量可以作为神经网络的输入。

对于第二个问题，类似的解决方案是将神经网络的输出（数值类型）映射回字符。例如，在给定输入序列 'ab.b' 时，我们希望输出 'b.'，同样采用独热编码，将神经网络的输出通过映射得到相应的字符。假设神经网络的输出为向量[0, 1, 0, 0]，那么我们可以根据映射关系获得输出字符 'b'，接着预测下一个字符，直到模型输出[END]，标志着序列的结束。

注意：独热编码是一种将分类数据转换为机器学习算法能够处理的数值形式的方法。在独热编码中，每个类别值都被转换为只包含一个"1"和一个或多个"0"的向量，其中"1"的位置指示了原始数据中的类别。

语言模型最初是在信息论的背景下研究的，可以用来估计英语的熵。语言模型的历史可以追溯到信息论的基础，特别是 Shannon 在 1948 年发表的论文《通信的数学理论》，这篇论文奠定了信息论的核心概念，包括熵（Entropy）的定义。熵作为度量概率分布的有效工具，能帮助我们理解语言模型如何评估信息的复杂性。熵的计算可以用以下公式表示：

$$H(p) = \sum_{x} p(x) \log \frac{1}{p(x)} \tag{4-1}$$

在式（4-1）中，熵的值越小，意味着信息的结构越紧凑，编码长度越短，反之则信息更加复杂。例如，给定一个词汇表，熵可以用来衡量某一序列是否容易被压缩，或需要多少比特来表示该序列。香农对英语语言的熵进行过深入分析，通过这种方式，他为语言模型的构建提供了理论基础。

随着时代的发展，N-gram 模型成为早期语言模型的一个重要应用。N-gram 模型假设在预测词汇时，当前的词汇仅与前面 N-1 个词汇有关，而不是依赖整个历史信息。这种方法计算简单，能够在有限的上下文中高效运行。香农最初使用 N-gram 模型来模拟语言中的依赖关系，例如，二元模型（bi-gram）仅依赖前一个词，而三元模型（tri-gram）则依赖前两个词，如图 4-1 所示。

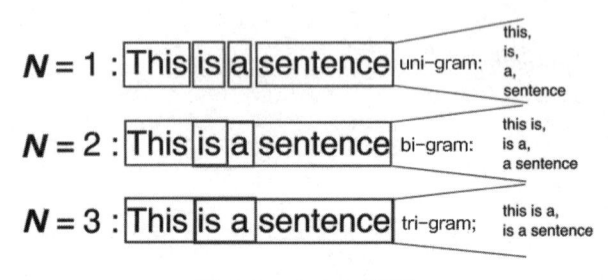

图 4-1　N-gram 模型

尽管 N-gram 模型简单高效，但它也有局限性。首先，随着 N 值的增加，统计模型的复杂度迅速增大，尤其是当 N 值较大时，词汇组合的数量呈指数级增长，导致许多组合没有出现在训练数据中，从而影响模型的准确性。此外，N-gram 模型无法有效捕捉长距离的依赖关系，因此它在处理复杂语言现象时表现不佳。

神经网络的引入极大地推动了语言模型的发展。2003 年，Bengio 等人提出了基于神经网络的语言模型，即神经语言模型（Neural Network Language Model，NNLM），它突破了传统 N-gram 模型的限制，能够从更长的上下文中捕捉词元之间的依赖关系。通过将上下文词元作为输入，神经语言模型能够学习到词汇间的高阶关系，从而提高了语言模型的表达能力。

尽管神经语言模型在理论上具有更强的表达能力，但其计算成本也显著提高。训练这样一个神经网络需要大量的计算资源和训练数据，因此在早期，神经语言模型并未迅速普及。然而，随着计算能力的提升，尤其是 GPU 的广泛应用，神经语言模型逐渐成为主流，并推动了大模型的快速发展。

在大模型的发展历程中，循环神经网络的改进是第一个重要的转折点。由于传统循环神经网络在处理长序列时容易出现梯度消失或梯度爆炸问题，其在复杂任务中的应用受到了限制。为了克服这一难题，研究人员引入了注意力机制。这一机制不仅显著增强了循环神经网络处理长序列数据的能力，更重要的是，它为后来出现的 Transformer 模型在理论和技术上都提供了重要的基础。

2017 年，Vaswani 等人在其具有开创性意义的论文 Attention Is All You Need 中，首次提出并详尽地介绍了 Transformer 模型。该模型采用了编码器—解码器的架构，并创新地使用了缩放点积注意力、多头注意力和位置编码等关键技术。这些重要的创新使得 Transformer 模型在自然语言处理任务中表现出了卓越的性能，并因此成为后续众多大模型发展的核心基础。

4.2 大模型的分类

大模型通过大规模的数据预训练，能够生成流畅、自然的语言文本，广泛应用于文本生成、翻译、摘要、编程等领域。它还具备了强大的生成能力和泛化能力，不仅能够理解复杂的语义，还能够进行创意性任务，如艺术创作、产品设计和科学研究。

目前，大模型主要分为自然语言处理大模型、计算机视觉大模型、科学计算大模型和多模态大模型四大类。每一类模型都在其特定领域展现了强大的能力，并通过技术创新不断拓展应用边界。

1. 自然语言处理大模型

自然语言处理大模型专注于处理自然语言文本数据，具备高度抽象的语义理解和语言生成能力。其核心优势在于语义推理、上下文关联分析、逻辑生成等方面，可广泛应用于智能问答、多语言翻译、内容创作等场景。例如 OpenAI 的 GPT-4，其基于超大规模语料和深度学习技术，实现了在代码生成、复杂对话、知识检索等领域的突破性表现。

2. 计算机视觉大模型

计算机视觉（Computer Vision、CV）大模型专注于对视觉数据（如图像和视频）的处理和分析，通过深度学习技术完成从特征提取到任务决策的全过程，其核心能力包括目标检测、图像分割、图像生成、视频分析等。计算机视觉大模型广泛应用于自动驾驶、安防监控、医疗影像分析、虚拟现实等领域。

以 Midjourney 为代表的生成式视觉大模型，在计算机视觉领域开辟了新的应用场景。Midjourney 是一种基于扩散模型（Diffusion Model）的生成式 AI，能够根据输入的自然语言描述生成高质量的艺术图片和视觉内容，展示了文本与图像之间的深度关联建模能力。这种模型采用了强大的 Transformer 结合生成对抗网络技术，训练过程中通过数十亿对图像—文本数据对进行优化，极大地提高了图像生成的质量和细节丰富度。

3. 科学计算大模型

科学计算大模型面向科学研究和工程计算领域，通过对海量科学数据的建模与分析，解决复杂的科学计算问题。其应用涵盖生物信息学（如基因分析）、材料科学（如新材料发现）、气候模拟（如天气预测和气候变化分析）等领域。这类模型通常结合大规模数据处理和高性能计算，推动科学发现和精确模拟的实现。例如，DeepMind 开发的 AlphaFold 模型在蛋白质结构预测中取得突破性进展，不仅准确预测了数百万种蛋白质结构，还显著加速了生命科学研究的进程。此外，NVIDIA 的 FourCastNet 在气候预测领域展现了卓越性能，为天气模拟和极端气候研究提供了强有力的工具。

4. 多模态大模型

多模态大模型能够同时处理多种模态数据（如文本、图像、语音、视频等），实现跨模态的信息融合、检索和生成，其核心在于统一的表示学习方法和强大的模态对齐能力。这类模型广泛应用于跨模态搜索、智能生成、多模态翻译等场景。例如，谷歌的 Vision Transformer（ViT）模型通过引入 Transformer，突破了传统计算机视觉模型的局限，能够高效处理图像数据，并在跨模态应用中表现出色，为图文结合的任务场景提供了创新的解决方案。

4.3 大模型的特点

2024 年，大模型竞争迈入了一个全新的阶段，核心目标直指达到甚至超越 GPT-4 的能力水平。在这一竞争中，微软/OpenAI、亚马逊/Anthropic、谷歌、Meta 和 xAI 等五家公司脱颖而出，成为"最终入围者"。这些公司普遍采用了相似的策略：尽可能收集更多高质量数据，利用海量 GPU 资源进行高效训练，并持续优化预训练与后训练架构，以最大化模型性能。这种策略不仅推动了技术边界的突破，也为大模型在多领域的应用奠定了坚实基础。

4.3.1 参数规模大

大模型的一个显著特点是其庞大的参数规模。这种规模的背后，是模型为了能够理解和表达人类语言的广泛性与复杂性，必须依赖海量数据集来获取通用知识。这些数据集不仅数量庞大，而且分布广泛，覆盖了多样化的语言表达、文化背景和知识领域，以及不同场景下的语言使用方式。这种广泛性和多样性使得数据集能够支持模型学习到通用的语言规律和知识表征，从而适应多种任务和领域的需求。

具体来说，大模型预训练数据通常可以分为以下几个主要类型：网页数据、书籍数据、学术资料、代码数据、社交媒体数据和百科数据等，如表 4-1 所示。

表 4-1 大模型预训练数据类型 [1]

类型	描述	特点与作用
网页数据	包含互联网上的多样化文本,如新闻、博客、论坛帖子等	覆盖广泛的主题和实时动态,提供多元视角,增强模型对当代社会语言的理解和泛化能力
书籍数据	包括小说、教科书等各类书籍	提供深厚的文化背景和知识体系,涵盖复杂的叙事结构和专业术语,提升模型的语言生成能力
学术资料	包括学术论文、期刊文章、会议论文等	反映特定领域的前沿研究成果,增强模型对专业知识和学术语言的理解与生成能力
代码数据	包含多种编程语言的源代码及相关文档	提供技术性文本和逻辑结构,帮助模型理解编程语言并生成功能性代码
社交媒体数据	来自 Twitter、Facebook、微博等平台的用户生成内容	反映日常语言使用和即时社会动态,提升模型对非正式语言和情感表达的理解能力
百科数据	如维基百科、百度百科等结构化知识库	提供广泛的主题定义和结构化知识,增强模型对事实性信息的理解与生成能力

大模型存储这些数据需要依托于具有大量参数的复杂模型架构,而每个参数都代表了模型在学习过程中捕捉到的数据特征和语言规律,它们共同构成了模型的"知识库"。

参数是模型复杂度和性能的核心指标,也是人工智能模型在训练过程中学习和调整的变量。这些参数代表了模型对输入数据特征的学习和记忆能力。简单来说,参数越多,模型越能捕捉复杂的语言规律和数据模式,从而在自然语言处理任务上取得更好的效果。例如,假设一个语言模型包含 1 亿个参数,那么在训练过程中,模型需要不断调整这 1 亿个可变值,以达到最佳性能。这一过程需要海量的训练数据和强大的计算资源支持。以 GPT-3 为例,GPT-3 拥有 1750 亿个参数,在文本生成、翻译、问答等任务上展现了卓越的能力;而国内的悟道 2.0(WuDao 2.0)的参数规模达到了 1.75 万亿,是全球首个超万亿参数的多模态大模型,能够整合语言、图像、表格等多领域知识,在多模态任务上表现优异。

为了更好地理解参数的重要性,可以将大模型比作一本"动态百科全书"。其中,每个参数就像一个"词条",通过训练过程中的参数调整,模型不断优化其"知识结构"。参数规模越大,这本"百科全书"覆盖的领域越广、细节越精确,但同时对训练提出了更高的要求。增大参数规模需要更多的高质量训练数据,以保证模型能够学习全面、准确的知识。同时,参数数量的增长还需要设计合理的网络结构,避免参数冗余或模型训练过度复杂化。此外,大规模参数的高效训练离不开优化算法,以确保训练过程稳定高效。

尽管增大参数规模能显著提升模型性能,但高质量的真实数据正在逐渐耗尽,数据供给与

---

1 参考:*Training Data for Large Language Model*。

需求之间的鸿沟日益扩大。为应对这一挑战，合成数据正逐渐成为主流的解决方案。根据 Gartner 的预测，2024 年合成数据占所有训练数据的 60%，到 2030 年将占据主导地位。合成数据通过计算方法和模拟技术生成，形式多样，包括文本、数字、表格、图像、视频等。与真实数据相比，合成数据具有低边际成本、隐私保护和减少偏见等优势。通过生成成本低且可无限扩展的合成数据，可以有效缓解高质量数据不足的问题，同时避免因真实数据使用带来的隐私泄露风险，并通过控制数据生成过程来消除或降低数据偏差。

随着数据量的增加，模型的参数规模也随之扩大，以容纳更多的知识信息，提高模型的泛化能力和对未知数据的处理能力。这种规模的扩大，不仅需要对数据质量和模型训练过程进行精细管理，还需要更大规模的计算资源和更高效的算法，以确保模型能够有效地学习通用知识。

4.3.2 算力消耗大

AI 大模型的训练过程需要处理海量数据，并通过复杂的计算来优化模型参数。以 Transformer 为例，2017 年提出的 Transformer 在自然语言处理领域取得了突破性进展，其训练所需的算力在当时已属较高水平。然而，随着模型规模的扩大，算力需求呈指数级增长。例如，2023 年年底发布的 Gemini 1.0 Ultra 模型，其训练所需的计算量约为原始 Transformer 模型的 673 万倍。这一惊人的数字不仅体现了模型规模的扩大，也揭示了算力需求的急剧攀升。根据至顶智库发布的《2024 年全球 AIGC 产业全景报告》，EPOCH AI 将全球主流大模型训练所用到的算力消耗情况进行统计，Gemini 1.0 Ultra 的训练使用了 5.5 万块 Google TPU v4 芯片，这些专用芯片为大规模并行计算提供了强大的支持。即便如此，训练过程仍然耗费了大量的时间和资源。类似地，Meta 发布的 Llama 3.1 405B 模型则依赖 16000 万块 NVIDIA H100 GPU 进行训练，其算力消耗同样惊人。

大模型训练过程的计算量之所以极其庞大，主要是因为其模型参数数量巨大、训练数据规模庞大，如表 4-2 所示。

表 4-2　千亿模型训练过程的计算量

模型名称	模型大小（Size）单位：十亿	训练的单词量（Pretraining）单位：十亿	总计算量（Budget）单位：PF-days
LaMDA	137	432	4106
GPT-3	175	300	3646
J1-Jumbo	178	300	3708
盘古-α	207	42	604
源	245	180	3063
Gopher	280	300	4313
T-530B	530	270	9938

像 GPT-3 和 T-530B 这样的模型，参数规模分别达到 1750 亿和 5300 亿，这意味着在训练过程中需要处理海量的权重更新和优化操作。此外，这些模型通常需要在数百亿甚至数千亿的单词量上进行训练，以确保其能够捕捉到丰富的语言模式和知识。训练这些模型所需的计算量通常以 PF-days(千万亿次浮点运算天数)来衡量，例如 T-530B 的总计算量达到了 9938 PF-days，这相当于一台具有数十 Petaflops 算力的高性能计算集群持续运行数年才能完成的计算总量。

大模型算力消耗的激增主要受几个因素驱动。首先是模型规模的扩大。大模型的参数量从数亿迅速增长到数千亿甚至数万亿。参数量的增加直接导致训练过程中所需的计算量成倍增长。其次是数据规模的扩大。大模型的训练依赖海量数据。例如，GPT-3 的训练数据量达到 45 TB，涵盖了互联网上的大量文本信息。处理如此大规模的数据需要强大的计算能力。最后是训练复杂度的提升。为了提高模型的性能，研究人员不断引入更复杂的训练方法和优化技术。例如，混合精度训练（Mixed Precision Training）和分布式训练（Distributed Training）虽然提高了训练效率，但也增加了计算资源的消耗。

训练一个大模型的过程可以比喻为"建造一座虚拟大厦"。模型的参数就像大厦的砖瓦，而算力则是推动建造的机械设备。随着大厦规模的不断扩大，所需的机械设备（算力）也愈发强大和复杂。就像建造一座更高、更大的大厦需要更高效的施工设备一样，在有限的资源和成本下，只有通过优化算力的使用，才能顺利且高效地完成这项庞大的"建设"任务。

4.3.3 数据 Token 化

在大模型中，一切信息最终都是以 Token 的形式存在的。Token 是模型处理和理解输入信息的基本单元，可以是文本、图片、视频和脑电波等。每个 Token 被赋予数值或标识符，并按序列或向量排列，输入到模型或从模型中输出。

几乎所有用自然语言表达的任务都可以统一为一个概念：下一个 Token 预测，在给定任何上下文的情况下，任务是生成下一个 Token。每次生成一个 Token 的过程也被称为自回归生成。

文本转换为 Token 的过程被称为分词（Tokenization）。分词是将文本分割成更小的单元，这些单元被称为 Token。Token 可以是单词、字符、数字或标点符号。例如，将句子"Hello, world!"进行分词后，会得到"Hello"","world!"等 Token。分词具体过程如下。

（1）预处理：对文本进行预处理，包括去除噪声（如标点符号）和标准化（如大小写转换）。

（2）分词：将文本分割成 Token。例如，使用正则表达式在新行处分割文本，并去除标点符号。

（3）标记化：将每个 Token 标记化，生成一个序列，每个 Token 对应一个唯一的标识符。

Token 的划分方式会影响模型对数据的理解和处理。例如，中英文的 Token 划分方式就存在差异。对于中文,由于存在多音字和词组的情况,Token 的划分需要更加细致。

为了更好地理解 Token 的概念,让我们来看一个简单的例子。假设我们要将句子"今天天气很好"进行 Token 化,那么,该句子的 Token 序列可能有以下几种情况,取决于大模型的分词规则、架构及数据集,代码如下:

```
// 将文本转换为 Token
# 基于空格的 Token 化:
["今天", "天气", "很好"]

# 基于字的 Token 化
["今", "天", "天", "气", "候", "很", "好"]

# 基于 BERT 的 Token 化
# 在 BERT 的 Token 化结果中,[CLS]和[SEP]是特殊的 Token,它们分别表示句子的开始和结束
["今", "天", "天", "气", "候", "[CLS]", "很", "好", "[SEP]"]
```

目前分词器和模型是绑定的。如果选择一个预训练模型,那么它的分词器也是固定的。微调的时候,通常不会改变模型的分词策略,经常会改它的词表。修改分词策略,它的预训练权重也会被改。分词策略调整,Token 就不同了,输出结果也就不一样了。

图片转换为 Token 的过程通常涉及计算机视觉模型,如卷积神经网络。以下是具体步骤。

(1)预处理:对图像进行预处理,包括调整大小、裁剪和归一化等操作。

(2)特征提取:使用 CNN 提取图像的特征。这些特征被转换为一系列的 Token,每个 Token 代表图像中的一个特征或区域。

视频转换为 Token 的过程类似于图片转换,但需要处理连续帧和时间序列数据。以下是具体步骤。

(1)帧提取:从视频中提取每一帧。

(2)帧转换:将每一帧转换为 Token,类似于图片转换过程中的特征提取和嵌入。

(3)序列化:将所有帧的 Token 序列化,形成一个连续的 Token 序列,以便进行进一步处理。

对于图片和视频,通常使用专门的分词器进行 Token 化。例如,MAGVIT-v2 是一种视频分词器,旨在将视频和图像转换为简洁且富有表现力的 Token。具体来说,这些分词器会将连续的图像帧或视频帧分割成一系列 Token,每个 Token 代表图像帧的一部分或整个帧。

脑电波转换为 Token 的过程涉及脑机接口(BCI)技术,将大脑信号解码为文本或图像。以下是具体步骤:

（1）信号采集：使用脑电图（EEG）设备采集脑电波信号。

（2）信号处理：对采集到的信号进行预处理和去噪。

（3）解码：使用深度学习模型（如 Transformer）将脑电波信号解码为文本或图像。例如，DeWave 模型通过自监督波编码模型和对比学习将脑电波解码为文本，如图 4-2 所示。

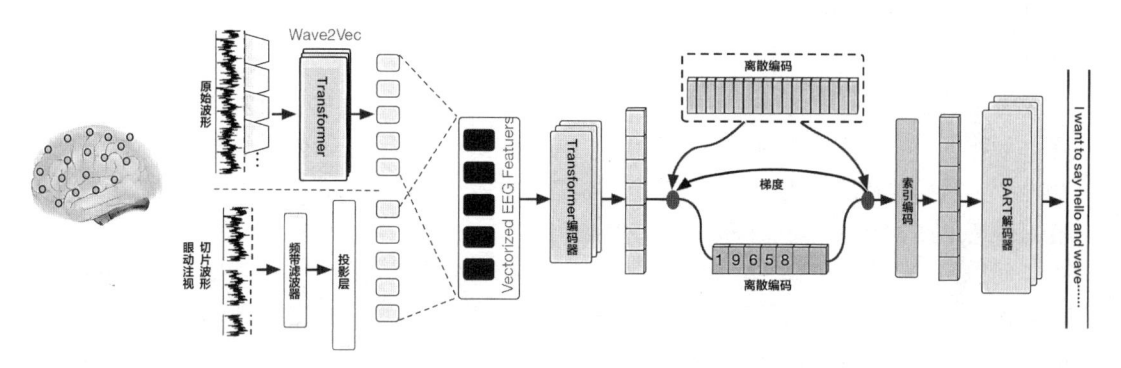

图 4-2　脑电波转换为Token[1]

DeWave 模型结构涉及将词级脑电图特征或原始脑电图波矢量化为嵌入，然后将矢量化的特征编码为一个潜在变量，该变量通过索引转换为离散的编码。最后，预先训练的 BART 模型将这种离散的编码转换为文本。

DeWave 模型的整个流程从眼动注视（Eye Fixation）的原始波形（Raw Waves）和切片波形（Sliced Waves）的脑电数据开始。切片波形会经过频带滤波器（Band Filters）和投影层（Projection Layer）进行预处理。预处理后的信号会被转换成向量化的脑电特征（Vectorized EEG Feature），然后输入 Transformer 编码器（Transformer Encoder），这是 Wave2Vec 架构的一部分，用于学习脑电数据的特征表示。编码器的输出会被量化成离散编码（Discrete Codex）。通过梯度（Gradients）连接的两个离散编码（Discrete Codex），以及反馈到 Transformer 编码器（Transformer Encoder）的连接，暗示了模型使用了对比学习（Contrastive Learning）的方法。最后，量化后的特征表示通过索引编码（Indexing Codex）被送入预训练好的 BART 解码器（Pretrained BART Decoder），最终解码生成文本。

Token 化数据的过程可以类比于将原油提炼成汽油的过程。在这个过程中，原始数据被转换成适合 AI 系统处理的形式，就像原油被提炼成能够驱动汽车的燃料一样。这种转化使得 AI 系统能够更高效地运行，从而在各个领域得到更广泛的应用。

1　参考：*DeWave——Discrete EEG Waves Encoding for Brain Dynamics to Text Translation*。

4.3.4 泛化能力

大模型的泛化能力是其最显著的特点之一，也是其与传统模型最本质的区别。泛化能力指的是模型在面对未见过的数据、任务或场景时，依然能够表现出良好的性能。这种能力使得大模型能够突破传统模型的局限性，从"单一任务、单一模态"的专用工具，转变为"多任务、多模态"的通用智能体，真正实现了"One for all, All for one"（一专多能，无所不能）的目标。

传统模型通常是针对特定任务设计的，例如 AlphaGo 只能在围棋领域表现出色，但在其他任务（如扑克）中完全无能为力。这种"单一任务、单模态"的设计限制了模型的应用范围，每解决一个新问题都需要从头训练一个专用模型，效率低下且成本高昂。而大模型的多任务能力彻底改变了这一局面。以 OpenAI 的 GPT-4 为例，它不仅可以生成高质量的文本，还能完成翻译、问答、代码生成、数学计算等多种任务。这种能力的核心在于大模型通过海量数据的预训练，学习到了通用的知识和模式，从而能够灵活迁移到不同的任务中。例如，GPT-4 可以在一分钟内完成一篇新闻稿的撰写，接着解答一个数学难题，甚至为程序员生成一段可运行的代码。这种"全能型"的表现，使得大模型在实际应用中具有极高的效率和灵活性。

传统模型通常只能处理单一类型的数据，例如 ImageNet 挑战赛中的图像分类模型只能处理图像数据，而自然语言处理模型则只能处理文本数据。这种"单模态"的设计限制了模型在复杂场景中的应用能力。而大模型的多模态能力使其能够同时处理文本、图像、音频、视频等多种类型的数据。例如，谷歌的 Gemini 模型不仅可以理解和生成文本，还能分析图像、视频甚至音频数据，实现跨模态的信息融合。这种能力在现实场景中具有重要的应用价值。例如，在医疗领域，大模型可以同时分析病人的病历文本、医学影像（如 X 光片或 CT 扫描）及实验室检测结果，从而提供更全面、更精准的诊断建议。在教育领域，多模态模型可以结合文字、图像和语音，为学生提供更加生动、直观的学习体验。

大模型的泛化能力不仅体现在其能够处理多种任务和模态，还体现在其能够适应不同的场景和需求。例如，GPT-4 可以用于客服对话、法律咨询、教育辅导、创意写作等多种场景，而无须针对每个场景单独训练模型。这种通用性极大地降低了开发和应用的成本，同时提高了模型的实用性和普及性。此外，大模型的泛化能力还体现在其对语言、文化和领域的适应性上。例如，GPT-4 可以理解并生成多种语言的文本，同时能够适应不同领域的专业术语和表达方式。这种能力使得大模型在全球化和跨领域的应用中具有巨大的潜力。

大模型的强大泛化能力，为通用人工智能（AGI）的实现开辟了新的路径，使其在复杂任务和多领域应用中展现出更大的潜力。通用人工智能的终极目标是构建具备人类水平认知能力的智能系统，能够从单一任务的执行逐步过渡到多任务的协同处理，最终实现完全自主的决策与学习。这一发展过程可以划分为五个层级，每个层级都标志着人工智能在认知能力和自主性上的显著提升。以下是其五个发展层级的详细描述，如表 4-3 所示。

表 4-3 AGI的五个发展层级[1]

发展层级	名称	能力特点	示例/应用场景
第1级	聊天机器人	起步阶段,主要以语言交互为核心。能够回答问题、生成文本内容、编写代码等,但需由人类明确指令驱动	ChatGPT、文本创作、代码生成、教育问答、客户支持等
第2级	推理模型	更深层次的推理能力,能够处理逻辑分析、决策优化、专业领域的复杂问题,成为行业专家的强有力竞争者	法律分析、生产线优化、药物研发中的化学反应建模、大型数据处理中的决策支持工具
第3级	自主智能体	不需要人类干预,能够自主规划目标、执行任务,并根据环境变化动态调整策略	企业任务自动化(如全自动招聘筛选流程)、个人助理完成复杂任务(如自主制定旅行计划和预算)、无人驾驶汽车自主运营调度
第4级	创新者	突破当前模式限制,生成完全原创性的想法或解决方案,具有"创意大脑"的能力,成为创新领域的助推器	科技研发新方法、市场营销新策略、设计全新商业模式(例如针对全新的社会问题构思解决方案或创造前所未有的艺术风格)
第5级	组织者	能够全面掌控复杂组织中的战略和执行任务,不仅能提出创意,还能协调资源,领导团队完成目标,成为组织的核心决策者	公司管理(从战略设计到日常运营)、社会治理中的问题解决(如灾难应急系统的全面规划和实施)、多部门协作项目管理(如国际航天任务的统筹管理)

聊天机器人代表了当前AI技术的核心。诸如ChatGPT(OpenAI)、Gemini(谷歌)和Claude(Anthropic)等系统,通过自然语言处理技术,能够理解和生成自然语言,从而实现与用户的互动。它们能够回答问题、执行基本任务,并协助内容生成。这类系统已经广泛应用于客户服务、虚拟助手等领域,提升了效率和用户体验。尽管如此,这些系统目前仅限于文本交互,并且缺乏真正的推理和问题解决能力,仍需要不断优化和扩展功能,以适应更复杂的业务需求。

随着技术的进步,人工智能正向着更高的推理和决策能力迈进。像AlphaFold(DeepMind)和DeepSeek-R1(DeepSeek)等系统展示了人工智能在推理、分析和解决复杂问题方面的强大潜力。AlphaFold能够精准预测蛋白质结构,推动生物学和药物研发的进步;而DeepSeek-R1不仅仅局限于自然语言生成,还能够分析复杂情境并提供逻辑解释。这些技术的出现标志着人工智能不仅能完成简单任务,还能够在不需要外部资源的情况下,解决复杂的科学和业务问题。

除了推理,人工智能也正向自主决策和执行层面扩展,逐步成为智能体。这些智能体能够在长期任务中替代人工,进行决策、优化过程,并根据实时情况调整行动。像CrewAI和AutoGen

---

[1] 参考: *OpenAI Sets Levels to Track Progress Toward Super intelligent AI*。

（微软）这类系统，通过强化学习和语言模型，支持多个 AI 实体共同协作，解决复杂、多步骤的任务。尽管这些智能体仍处于发展阶段，局限于特定任务或领域，但它们的进步为未来的全面自主 AI 奠定了基础。

在技术逐步成熟的同时，人工智能也开始展现出创新的潜力。例如，DALL-E 2（OpenAI）能够根据文本描述生成创意图像，展示了视觉领域的创新能力；AlphaGo Zero（DeepMind）则在围棋中提出了超越人类的创新策略，展现了人工智能在特定领域的突破性进展。此外，人工智能驱动的药物发现系统如 Atomwise，人工智能加速了新药的研发过程。这些创新型 AI 系统不仅能够解决现有问题，还能够创造出全新的解决方案，推动各行各业的创新和变革。

最终，人工智能的目标是实现完全自主的组织管理系统。这类系统能够自主进行战略决策、优化资源分配并提升组织效能。例如，未来的 AI 系统可能会分析市场趋势，制定商业战略，管理公司内部的各项流程，甚至在医疗、金融等领域进行复杂的决策和运营优化。虽然目前的技术还远未达到完全自主的"组织 AI"，但在某些领域，如金融市场的自主交易系统和医院运营管理，AI 已开始展现出这些能力的雏形。

4.4 Transformer

Transformer 由 Vaswani 等人在 2017 年发表的里程碑式论文 *Attention Is All You Need* 中首次提出。这一革命性模型完全摒弃了传统的循环神经网络和卷积神经网络结构，转而完全依赖注意力机制，从而彻底改变了自然语言处理领域的研究范式。Transformer 的提出不仅解决了传统模型在处理长距离依赖关系时的局限性，还为大规模并行计算和高效训练提供了理论基础。

4.4.1 Transformer 的特点

在 Transformer 出现之前，循环神经网络及其变体长短期记忆网络和门控循环单元是自然语言处理领域的主流模型。然而，这些模型存在以下主要问题：

（1）长距离依赖问题：循环神经网络在处理长序列数据时，由于梯度消失或梯度爆炸问题，难以捕捉远距离的依赖关系。例如，在句子"在异国生活多年后，他仍对家乡的文化有深厚的感情"中，传统模型可能难以有效关联"异国"和"家乡"之间的语义关系。

（2）计算效率低下：循环神经网络和长短期记忆网络的顺序处理方式限制了其并行计算能力，导致训练和推理效率较低，尤其是在处理长序列数据时。

（3）静态词向量问题：传统模型通常依赖静态词向量（如 Word2Ve 或 GloVe），这些词向量无法根据上下文动态调整词义。例如，"bank"有"河岸"和"银行"两种意义，但静态词向量无法区分这种多义性。

Transformer 通过引入自注意力机制（Self-Attention Mechanism）成功克服了上述问题。自注意力机制允许模型为输入序列中的每个位置分配不同的权重，从而捕捉全局依赖关系。例如，在机器翻译任务中，模型能够有效关联句首的主语和句末的动词，从而生成更准确的翻译结果。

（1）并行计算能力：Transformer 完全摒弃了循环神经网络的顺序处理方式，采用多头注意力机制（Multi-head Attention）和前馈网络（Feed-Forward Network），支持并行计算，显著提升了训练和推理效率。

（2）动态词义建模：通过上下文敏感的嵌入（Context-sensitive Embedding），Transformer 能够根据上下文动态调整词义。例如，在句子"This is a commercial bank"和"The scenery of the bank is very beautiful"中，模型可以正确理解"bank"在不同上下文中的含义。

Transformer 最初被设计用于机器翻译任务，但其通用性和强大的建模能力使其迅速扩展到自然语言处理的各个领域，并进一步延伸到计算机视觉、语音识别和多模态学习等领域。

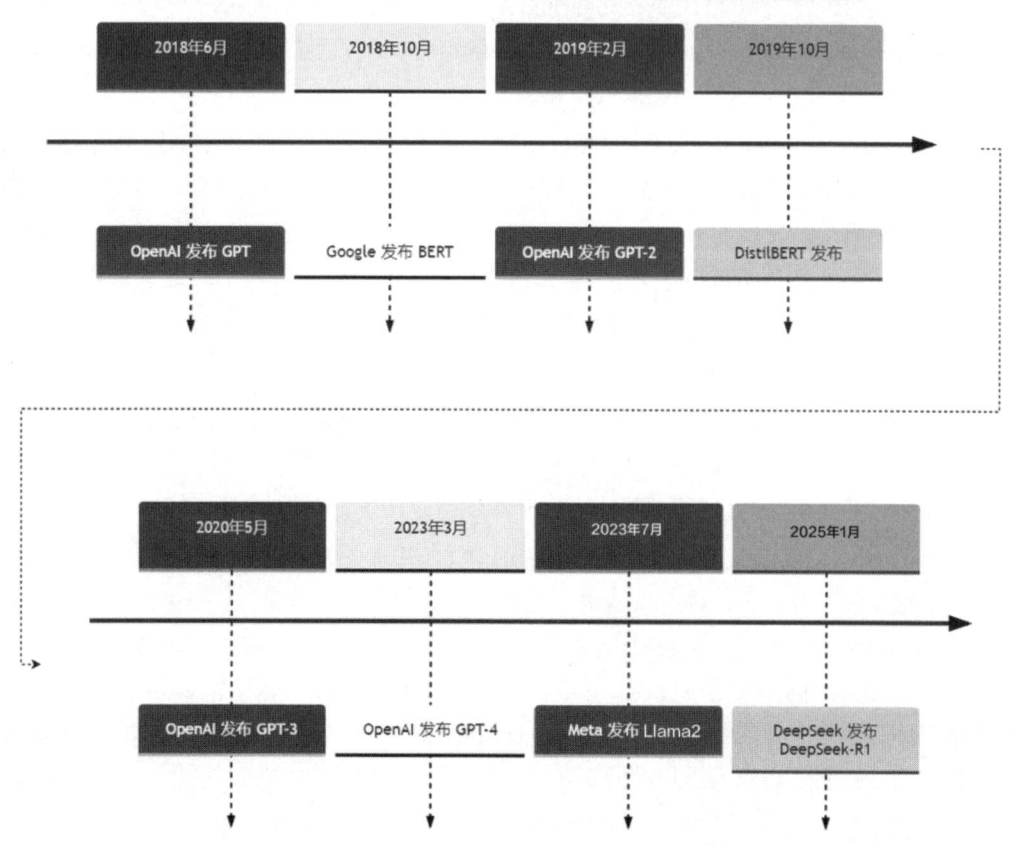

Transformer 预训练模型发展时间轴如图 4-3 所示。

图 4-3　Transformer 预训练模型发展时间轴

（1）2018 年 6 月：OpenAI 发布了首个基于 Transformer 的预训练模型 GPT（Generative Pre-trained Transformer）。GPT 采用自回归（Autoregressive）方式进行训练，通过对大规模无标签文本数据进行预训练，再通过微调（Fine-tuning）在多种自然语言处理任务上实现了性能突破。

（2）2018 年 10 月：Google 推出了 BERT（Bidirectional Encoder Representations from Transformers），其采用双向编码器（Bidirectional Encoder）训练方式，显著提升了模型对句子语义的理解能力，成为自然语言处理领域的重要里程碑。

（3）2019 年 2 月：OpenAI 发布了 GPT-2，这是一个规模更大、性能更强的模型。然而，由于对潜在滥用的担忧，其完整版本并未立即公开。

（4）2019 年 10 月：DistilBERT 发布，作为 BERT 的轻量级版本，其推理速度提升了 60%，内存占用减少了 40%，同时保留了 97% 的性能。

（5）2019 年 10 月：BART（Bidirectional and Auto-Regressive Transformers）和 T5（Text-to-Text Transfer Transformer）发布，进一步扩展了 Transformer 在序列到序列（Sequence-to-Sequence，Seq2Seq）任务中的应用，如文本生成和机器翻译。

（6）2020 年 5 月：OpenAI 发布了 GPT-3，这是一个具有 1750 亿个参数的巨型模型。GPT-3 支持零样本学习（Zero-shot Learning），在多种任务中无须微调即可表现出色，展示了大规模预训练模型的强大潜力。

（7）2023 年 3 月：OpenAI 发布了 GPT-4，作为 GPT-3 的继任者，GPT-4 在多模态能力和推理能力上实现了巨大飞跃。GPT-4 不仅可以处理文本输入，还可以接收图像输入，并在多个专业和学术基准测试中展现出接近人类水平的性能，进一步扩展了预训练模型的能力边界。

（8）2023 年 7 月：Meta 发布了 Llama2（Large Language Model Meta AI 2），这是一种可用于商业应用的开源 AI 模型。Llama 的发布降低了大模型的研究和应用门槛，促进了社区在模型优化、可复现性和负责任 AI 方面的进步，对开源生态做出了重要贡献。

（9）2025 年 1 月：DeepSeek 发布 DeepSeek-R1，其定位为一款推理模型，具备长思考、高性能、低成本和开源优势。DeepSeek-R1 在多个权威基准评测中取得了领先成绩，尤其在需要长程依赖和复杂推理的任务中表现出色，例如代码生成、数学推理和长文本理解等领域。这得益于 DeepSeek-R1 的超长上下文窗口设计，使其能够处理更长的输入序列，并在复杂的对话和创作场景中保持上下文连贯性。与此同时，DeepSeek-R1 在保证高性能的同时，也注重模型效率和推理成本控制，力求为用户提供高性价比的通用大模型解决方案。

DeepSeek-R1 的发布，显示了中国在通用人工智能技术上取得的显著进展，并进一步推动了全球大模型技术的发展和应用。

4.4.2 Transformer 的架构设计

Transformer 模型的核心创新是其注意力机制。除注意力机制外，Transformer 的其他组件，如位置编码，也使其具备极高的上下文理解能力。Transformer 的架构设计如图 4-4 所示。

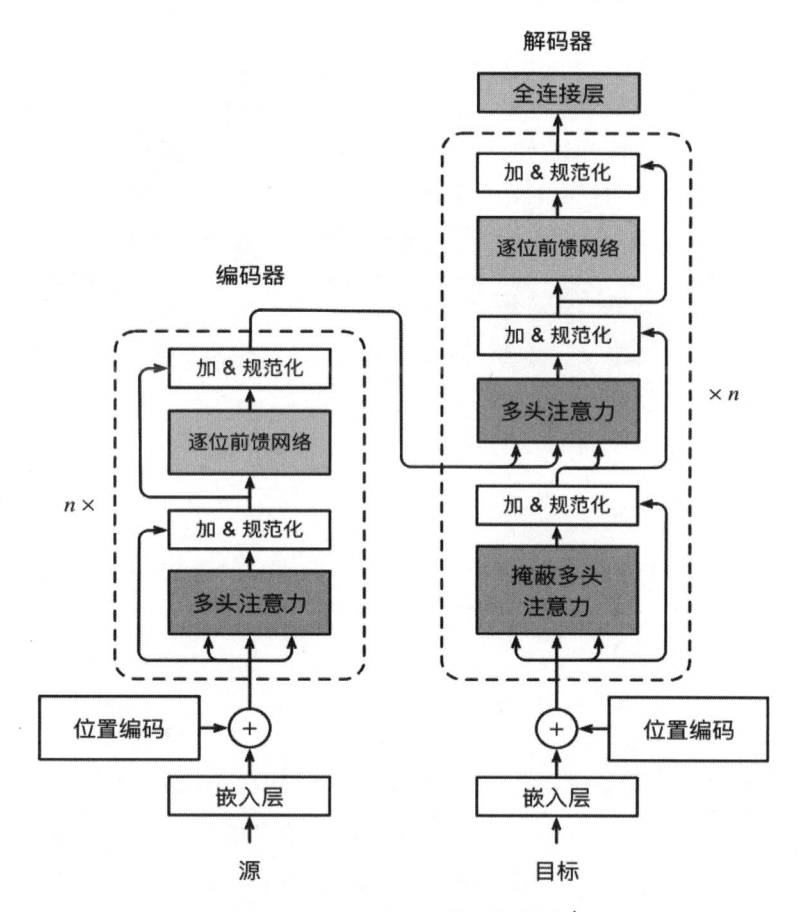

图 4-4　Transformer的架构设计[1]

下面将深入分析 Transformer 的主要构成部分和处理方法。

1. 主要组件

嵌入层：将输入的文本（单词或子词）转换为向量序列。这些向量表示文本中单词的语义信息。

1　参考：《动手学深度学习 PyTorch 版》。

位置编码：由于 Transformer 模型采用并行处理的方式，不使用循环或卷积结构，并不同于传统模式的逐步顺序处理，因此需要一种方法来赋予模型对词序的理解能力。位置编码正是为该目的而设计的。它通过使用正弦和余弦函数的特定数学公式来表示文本中每个词的位置。这些编码确保 Transformer 能够保持输入句子的结构与含义，这对于处理句子重排或理解句子中的时间顺序等任务至关重要。

多头注意力在 Transformer 中起着至关重要的作用，它使模型能够有效地处理序列数据并捕捉序列内部复杂的依赖关系。多头注意力机制是自注意力层的扩展。自注意力层通过计算输入序列中每对单词之间的相关性分数（注意力分数），然后根据这些分数对输入向量进行加权求和，生成新的向量序列。自注意力机制允许模型在处理每个单词时关注序列中的任何其他单词，从而捕捉长距离依赖关系。而多头注意力机制则通过使用多个独立的注意力头，并行地进行多次自注意力计算，使得模型可以从不同的角度和层面去关注输入序列，捕捉到更丰富、更全面的信息，从而提升模型的表达能力和性能。

逐位前馈网络：在自注意力层之后，通常会接一个前馈神经网络，用于进一步处理自注意力层的输出。

加&规范化：每个子层（自注意力层和前馈网络）的输出都会通过残差连接和层规范化，以稳定训练过程并加速收敛。

2. 编码器

编码器的输入是经过嵌入层和位置编码处理的序列，输出是一系列表示输入序列语义信息的向量。

3. 解码器

解码器也由多个相同的层堆叠而成，每层包含两个自注意力层和一个前馈神经网络。

第一个自注意力层是掩码自注意力层，用于防止解码器在生成当前单词时看到未来的单词。

第二个自注意力层用于关注编码器的输出，以便解码器能够根据输入序列生成相应的输出序列。

解码器的输出经过 Softmax 生成最终的输出标记（如翻译结果）。

4. 多头注意力机制

为了能够正确对齐输入和输出单词，注意力层有助于解码器了解哪些输入更重要。这使解码器可以在预测每个输出令牌的过程中专注于正确的位置或上下文。

多头注意力机制通过并行计算多个注意力头来捕捉输入序列中不同位置之间的复杂依赖关系。输入包括三个向量序列：Query（Q）、Key（K）和 Value（V），这些向量通常来自嵌入层或前一层的输出。首先，对 Q、K、V 分别进行线性变换，生成多个注意力头的 Q、K、V。接着，对每个注意力头计算 Q 和 K 的点积，进行缩放，并通过 Softmax 函数计算注意力权重，然后使用这些权重对 V 进行加权求和。最后，将所有注意力头的输出拼接在一起，并进行线性变换，生成多头注意力机制的最终输出，即一个新的向量序列。

$$\begin{aligned} Z &= \text{MutiHead}(Q, K, D) \\ &= \text{Concat}(z_1, z_2, \cdots, z_n) W^0 \\ z_i &= \text{attention}(QW_i^Q, KW_i^K, VW_i^V) \end{aligned} \quad (4\text{-}2)$$

在式（4-2）中，多头注意力将输入拆分成多个"头"，每个头独立计算注意力（如公式中的 z_i），最后将所有结果拼接并通过矩阵 W^0 合并，使模型能同时关注不同角度的信息。多头注意力机制工作原理，是通过多个独立的"注意力头"并行处理输入数据，每个头使用不同的线性变换矩阵（W_i^Q、W_i^K、W_i^V）对查询（Q）、键（K）、值（V）进行投影，从而捕捉词与词之间的多样化关系。每个注意力头独立计算缩放点积注意力（Scaled Dot-Product Attention），生成各自的输出（z_i），这些输出通过拼接（Concat）合并为一个长向量，最后通过可学习的权重矩阵（W^0）整合为最终结果。这种设计允许模型同时关注输入序列的不同位置和不同特征层次，例如局部语法结构或全局语义关联，如图 4-5 所示。

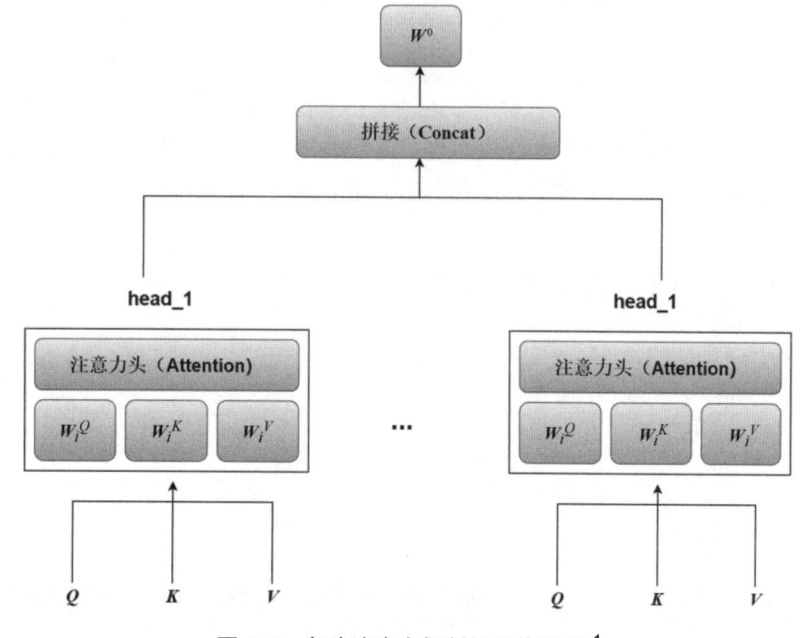

图 4-5　多头注意力机制的工作原理[1]

1　参考：*A review of current trends，techniques，and challenges in large language models*。

多头注意力的优势在于其并行计算能力，避免了传统循环结构的低效问题，同时通过多视角学习增强了模型的表达能力。例如，某些头可能聚焦于短距离依赖，而其他头可能捕捉长距离上下文关系。这种灵活性使多头注意力成为 Transformer 模型的核心组件，广泛应用于机器翻译、文本生成等任务，能够动态适应复杂输入特征的需求。

5. 缩放点积注意力

缩放点积注意力是多头注意力机制的基础，用于计算输入序列中每对单词之间的相关性分数。输入同样是 Q、K、V。首先计算 Q 和 K 的点积，得到注意力分数矩阵，然后将其进行缩放，以防止梯度不稳定。在解码器中，使用掩码（Mask）防止模型在生成当前单词时看到未来的单词。接着，对缩放后的分数矩阵应用 Softmax 函数，将其转换为概率分布，表示每个单词对其他单词的注意力权重。最后，使用这些权重对 V 进行加权求和，得到最终的输出向量，即一个新的向量序列。

6. Transformer 的工作流程

要全面理解现代大模型的运作方式，充分认识 Transformer 模型的构建过程至关重要。以下是一个简化后的 Transformer 工作流程描述，以将英文句子"The weather is nice today"翻译成中文"今天天气很好"为例。

1）输入处理

需要将原始文本转化为数字表示形式，这个过程被称为嵌入学习。常用的方法是利用嵌入模型，例如 Word2Vec 或 GloVe。这些嵌入能够有效地保留文本的语义信息，为后续的任务处理奠定基础。

输入嵌入（Input Embedding）：将英文句子"The weather is nice today"中的每个单词转换为向量。

"The" → 向量 x_1
"weather" → 向量 x_2
"is" → 向量 x_3
"nice" → 向量 x_4
"today" → 向量 x_5

位置编码（Positional Encoding）：为每个单词添加位置信息，生成最终的输入向量。

x_1+PE（1）
x_2+PE（2）
x_3+PE（3）

X₄+PE（4）
X₅+PE（5）

2）编码器

编码器将输入序列转换为表示句子语义的向量序列。

随后将注意力机制应用到输入中，特别是缩放点积与多头注意力机制。此步骤计算词语之间的注意力分数，显示它们在上下文中的相关性，让模型能按照其依赖关系根据不同间距加以关注。

多头注意力机制通过缩放点积注意力公式，计算"The""weather""is""nice""today"之间的相关性分数。例如，计算"weather"与"The""is""nice""today"的注意力分数，生成加权后的向量。然后拼接多个注意力头的输出，并进行线性变换。

随后，前馈神经网络对注意力层的输出进行非线性变换，即残差连接与层归一化（Add&Norm），将输入与输出相加并进行层归一化。

最后，编码器输出表示"The weather is nice today"语义的向量序列：

h_1（对应"The"）
h_2（对应"weather"）
h_3（对应"is"）
h_4（对应"nice"）
h_5（对应"today"）

3）解码器

解码器根据编码器的输出逐步生成中文翻译"今天天气很好"。

首先，掩码多头注意力机制执行如下操作：

在生成"今天"时，解码器只能看到起始标记（<start>）
在生成"天气"时，解码器只能看到"<start 今天"
在生成"很好"时，解码器只能看到"<start 今天 天气"

然后，解码器通过多头注意力机制关注编码器的输出（h1, h2, h3, h4, h5）。例如，生成"天气"时，解码器会关注"The""weather""is""nice""today"中最相关的单词（如"weather"）。

最后，前馈神经网络对注意力层的输出进行非线性变换。残差连接与层归一化将输入与输出相加并进行层归一化。解码器输出表示"今天天气很好"语义的向量序列：

o1（对应"今天"）

o2（对应"天气"）

o3（对应"很好"）

4）输出生成

解码器的输出通过线性层和 Softmax 层，预测下一个单词的生成概率。例如，生成"今天"时，模型会计算每个中文单词出现的概率，并选择概率最高的"今天"。生成"天气"时，模型会基于已生成的"今天"和编码器的输出，选择概率最高的"天气"。

7. Transformer 引领下的大模型架构演进

近几年，Transformer 引领了大模型的发展，模型参数量从几亿个增长到几千亿个，性能不断突破，如图 4-6 所示。

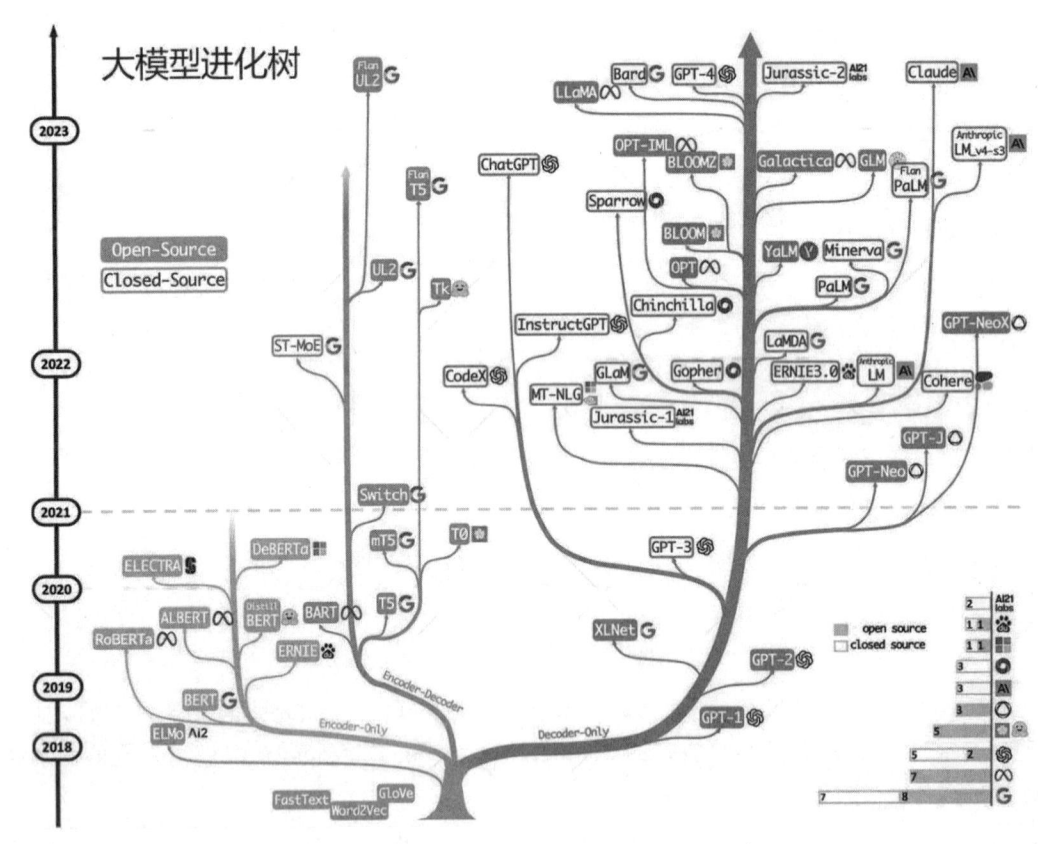

图 4-6　基于 Transformer 的大模型进化树[1]

1　参考：Harnessing the Power of LLMs in Practice——A Survey on ChatGPT and Beyond。

虽然许多大模型基于 Transformer，但并非所有模型都遵循这一架构。例如，MoE 模型通过将任务分配给多个专门的子模型，实现了高效的计算扩展。

截至 2024 年，大模型的架构主要分为编码器—解码器模型、仅编码器模型、仅解码器模型和专家混合模型，如表 4-4 所示。每种架构各具优势，可以通过微调进一步优化其功能，使其超越原始设计。

表 4-4　大模型的架构类型

架构类型	特点	代表模型
编码器—解码器模型	同时包含编码器和解码器，适合处理复杂生成任务	T5、BART
仅编码器模型	专注于理解输入上下文，不能生成文本	BERT、DeBERTa、RoBERTa
仅解码器模型	以生成能力为主，逐步生成开放式文本	GPT-3、GPT-4、PaLM
专家混合模型	通过多个子模型协作，高效扩展参数	Mistral 8x7B

（1）编码器—解码器模型：同时包含编码器和解码器两个组件。编码器负责将输入数据转化为抽象的连续表示，解码器则根据编码器的输出生成最终结果。这种架构非常适合需要理解整体上下文的生成任务，例如机器翻译和文本摘要。谷歌的 T5 和 Meta 的 BART 是典型代表。这类模型在生成连贯输出方面表现出色，但推理速度相对较慢，因为处理需要完整解析输入。

（2）仅编码器模型：专注于将输入转换为丰富的上下文表示，而不直接生成新文本。例如，BERT、通过掩码语言建模（Masked Language Modeling，MLM）和下一句预测等无监督技术进行预训练，能够理解输入的双向上下文关系。这种模型在情感分析、问答和填空任务中表现优异，但因无法生成序列，所以主要用于语言理解任务。微软的 DeBERTa（Decoding-enhanced BERT with Disentangled Attention）和 Meta 的 RoBERTa 是这类架构的实例。

（3）仅解码器模型：以生成能力为主，通过预测输入序列的下一部分逐步生成文本。这类模型适合对话生成、创意写作等开放式任务。代表性模型包括 OpenAI 的 GPT-3 和 GPT-4，以及谷歌的 PaLM。与仅编码器模型相比，仅解码器模型更加有"创造性"，但在理解复杂上下文方面略有不足。

（4）专家混合模型：是一种通过分解任务提升效率的架构。专家混合模型使用"门控网络"协调多个专用子模型，从而实现更高效的参数利用。Mistral 8x7B 就是一个典型的专家混合模型，尽管其架构不同于 Transformer，但凭借 1870 亿的参数规模和灵活的任务适应能力，仍然符合大模型的定义。

大模型的架构在很大程度上决定了其性能表现和适用场景。编码器—解码器模型适合生成任务，仅编码器模型擅长理解任务，仅解码器模型在开放式生成任务中表现出色，而专家混合则通过高效计算扩展模型能力。这些架构的多样性赋予了大模型广泛的应用潜力,从文本生成到高级自然语言处理任务都大有可为。

4.4.3 Transformer 的发展历程

1. Transformer-XL:突破长距离依赖的局限

Transformer-XL(超长上下文 Transformer)是 Transformer 模型的一个重要变体,旨在解决原始 Transformer 在处理长距离依赖关系时的局限性。尽管原始 Transformer 通过自注意力机制显著提升了建模能力,但在处理超长序列时仍面临挑战,尤其是在语言建模和机器翻译等任务中。Transformer-XL 通过引入递归机制(Recurrence Mechanism)和相对位置编码(Relative Positional Encoding),显著增强了模型对长距离依赖关系的捕捉能力。

1)递归机制

Transformer-XL 通过将长序列分割为多个较短的段(Segment),并在不同段之间引入递归连接,使模型能够利用先前段的信息。这种机制允许模型在训练和推理过程中保持对长距离上下文的记忆。

例如,在处理一段长文本时,Transformer-XL 可以将文本分割为多个段落,并在处理当前段落时递归地利用前一段落的隐藏状态,从而捕捉跨段落的依赖关系。

2)相对位置编码

原始 Transformer 使用绝对位置编码(Absolute Positional Encoding),这限制了模型在处理长序列时的灵活性。Transformer-XL 引入了相对位置编码,使模型能够更好地理解序列中元素之间的相对位置关系。

例如,在句子"他去了法国,并在那里生活了多年"中,相对位置编码可以帮助模型更好地理解"法国"和"多年"之间的关系,即使它们相隔较远。

Transformer-XL 在语言建模、机器翻译和文本生成等任务中表现出色。例如,在 WikiText-103 数据集上,Transformer-XL 在语言建模任务中取得了显著优于原始 Transformer 的结果。此外,其递归机制还使其在生成长文本时表现出更高的连贯性和一致性。

2. Vision Transformer:计算机视觉的新范式

Vision Transformer 是 Transformer 模型在计算机视觉领域的成功应用,标志着 Transformer 从自然语言处理向多模态任务的扩展。ViT 通过将图像视为一系列图像块(Image Patches),并应用 Transformer 模型进行建模,挑战了卷积神经网络在计算机视觉任务中的主导地位。

1）图像块嵌入

ViT 将输入图像分割为固定大小的图像块（例如 16×16 像素），并将每个图像块展平为一个向量。这些向量通过线性投影映射到高维空间，形成图像块的嵌入表示。

例如，一张 224×224 像素的图像可以被分割为 196 个 16×1 像素的图像块，每个图像块被转换为一个 768 维的向量。

2）位置编码

与原始 Transformer 类似，ViT 在图像块嵌入中添加位置编码，以保留图像块之间的空间位置信息。这种设计使模型能够理解图像中不同区域的相对位置关系。

3）Transformer 编码器

ViT 使用标准的 Transformer 编码器对图像块序列进行建模。通过多头自注意力机制和前馈网络，模型能够捕捉图像块之间的全局依赖关系。

ViT 在多个计算机视觉任务中取得了显著成果。在图像分类任务中，ViT 在 ImageNet 等基准数据集上取得了最先进的分类精度；在目标检测任务中，通过结合 ViT 和区域建议网络（Region Proposal Network，RPN），能够实现高效的目标检测；此外，ViT 还可用于图像生成任务，例如通过与条件生成对抗网络（Conditional GAN）结合，生成高质量的合成图像。这些应用充分体现了 ViT 在计算机视觉领域的强大能力和广泛潜力。

4.4.4　Transformer 的应用场景

Transformer 凭借其强大的特征提取能力和通用性，已广泛应用于多个领域。从自然语言处理、语音识别到计算机视觉，再到推荐系统和生成式模型，Transformer 在推动技术进步的同时，也带来了更多的创新可能。在多模态学习、生物信息学和金融科技等新兴领域，Transformer 通过对复杂数据的深度建模，实现了从文本到图像、从基因到金融数据的全面赋能。这种跨领域、多场景的应用，充分体现了 Transformer 的灵活性和深远影响力，为学术研究和产业实践提供了重要参考，如表 4-5 所示。

表 4-5　Transformer 的应用场景

领域	应用场景	具体示例与描述
自然语言处理	机器翻译	如谷歌翻译，通过 Transformer 的编码器—解码器架构，实现跨语言的高质量翻译
	文本摘要	如新闻摘要生成，通过 Transformer 提取长文本中的核心信息，生成简明扼要的摘要

续表

领域	应用场景	具体示例与描述
自然语言处理	命名实体识别	识别文本中的实体信息,如人名、地名、组织名等,广泛应用于信息抽取和知识图谱构建
	情感分析	分析用户评论或社交媒体内容的情感倾向,如判断评论为正面、负面或中性,支持舆情监测等任务
语音识别	实时语音转文本	如智能语音助手,通过 Transformer 将语音信号实时转化为文本,支持语音交互
计算机视觉	图像分类	Vision Transformer 在 ImageNet 挑战赛中实现了与卷积神经网络相当甚至更优的分类性能
	目标检测	结合 Vision Transformer 与区域建议网络,实现高效的目标检测,广泛应用于自动驾驶和安防监控
	图像生成	通过条件生成对抗网络结合 Vision Transformer,生成高质量图像,如 DALL-E 模型生成创意图像
推荐系统	个性化推荐	基于用户历史行为数据,利用 Transformer 建模用户兴趣,实现个性化的商品、视频或新闻推荐,提升用户体验
生成式模型	文本生成	GPT 系列模型能够生成高质量文本,广泛应用于内容创作、代码生成等领域
	图像生成	DALL-E 模型基于 Transformer 生成与文本描述匹配的高质量图像,助力创意设计和艺术创作
	对话生成	ChatGPT 等模型通过 Transformer 实现自然流畅的对话生成,应用于智能客服、虚拟助手等场景
多模态学习	文本—图像跨模态理解	如 CLIP 模型,通过 Transformer 实现文本和图像的联合建模,支持图像检索、文本生成图像等任务
	视频理解	利用 Transformer 对视频帧序列进行建模,实现视频分类、动作识别和视频摘要生成
生物信息学	蛋白质结构预测	如 AlphaFold 2,利用 Transformer 预测蛋白质三维结构,极大地推动了生物医学研究的发展
	基因序列分析	通过 Transformer 模型分析基因序列,识别功能区域或突变位点,助力精准医疗的发展
金融科技	金融文本分析	分析财报、新闻和社交媒体中的金融信息,辅助市场趋势预测和风险评估
	交易预测	利用 Transformer 对历史交易数据建模,预测股票价格或市场波动,为量化交易提供支持

理查德·萨顿(Rich Sutton)是来自阿尔伯塔大学和 DeepMind 的神经网络专家,曾提出了

发人深省的"惨痛教训（The Bitter Lesson）"。他指出，人工智能研究长期以来倾向于将专家领域知识硬编码到系统中，这看似直接有效，实则陷入了瓶颈。萨顿的洞见是：真正突破性的 AI 进步，往往不是来自精巧的知识工程，而是源于大力扩展计算规模，并充分利用强大的搜索与学习能力。Transformer 的卓越表现，有力地证明了这一点。它摒弃了传统的知识注入模式，完全依赖海量数据驱动的学习和精妙的注意力机制，通过规模化的训练，Transformer 展现出远超以往模型的性能，完美体现了"惨痛教训"的核心思想：在人工智能领域，拥抱规模化计算和学习，才是通往真正智能的关键所在。

4.5　GPT 系列模型

生成式预训练变换器是一种大模型，也是生成式人工智能的一个著名框架。它是一种人工神经网络，用于机器进行自然语言处理，基于 Transformer 深度学习架构，在大量未标记文本数据集上进行预训练，能够生成新颖的类似人类语言的内容。截至 2024 年，大多数大模型都具有这些特征，有时也被广泛称为 GPT。第一个 GPT 由 OpenAI 于 2018 年推出，OpenAI 发布了重要的 GPT 基础模型，这些模型已按顺序编号，组成其"GPT-n"系列。由于规模（可训练参数数量）和训练量增加，每个模型都比前一个模型功能强大得多。其中最新的 GPT-4 于 2024 年 5 月发布。此类模型已成为其针对特定任务的 GPT 系统的基础，包括针对指令跟踪进行微调的模型——这些模型反过来又为 ChatGPT 聊天机器人服务提供支持。

GPT 模型的发展历程经历了多个关键阶段：从初代 GPT 到 GPT-4，每一代模型在规模、性能和技术创新上都取得了显著突破。GPT 系列模型的核心思想是通过大规模的无监督预训练和有监督微调，学习语言的通用表示，并将其迁移到各种下游任务中。

1. GPT-1：预训练模型的奠基之作

2018 年，OpenAI 发布了首个 GPT 模型，标志着生成式预训练变换器的问世。GPT-1 是 GPT 系列的开山之作，首次将 Transformer 引入大模型的预训练。与传统的循环神经网络不同，GPT-1 采用了基于自注意力机制的 Transformer 解码器（Decoder）架构。这种架构允许模型并行处理序列数据，显著提高了训练效率，在语言建模中实现了更高效的上下文理解能力，这种创新方法奠定了生成式语言模型的技术基础。GPT-1 的架构如图 4-7 所示。

GPT-1 的训练分为两个阶段：

（1）无监督预训练：模型通过大量未标注的文本数据学习语言的通用表示。GPT-1 使用了掩码自注意力机制，确保模型在生成文本时只能关注当前位置及之前的内容，从而生成连贯的文本。

（2）有监督微调：在预训练完成后，模型根据具体任务（如文本分类、情感分析等）进行微调。

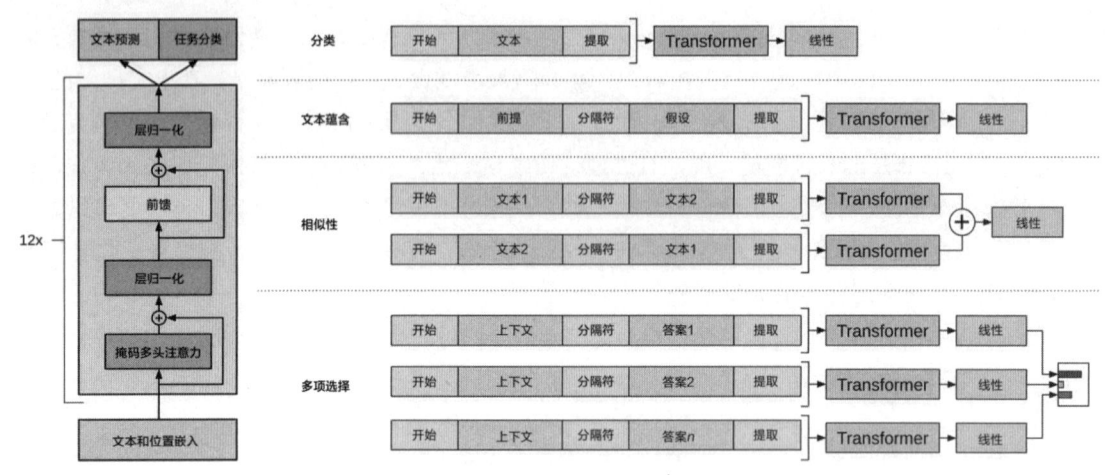

图 4-7　GPT-1 的架构 [1]

这种两阶段训练方法不仅节省了计算成本，还能将预训练模型的知识迁移到下游任务中。

GPT-1 在技术上有多项创新：

（1）BPE 分词算法：GPT-1 采用了字节对编码（Byte-Pair Encoding，BPE）分词算法，通过合并高频字符对，有效减小了词汇表的大小，从而减少了模型需要学习的参数量。

（2）掩码多头注意力机制：GPT-1 使用了掩码多头注意力机制，屏蔽了输入序列中右侧部分的无效位置，使模型能够更好地捕捉序列中的有效信息。

尽管 GPT-1 在文本生成、机器翻译等任务上表现出色，但其模型规模较小（1.17 亿个参数），在处理复杂任务时表现有限。尽管如此，GPT-1 也为后续模型的开发奠定了重要基础。

2. GPT-2：规模与通用性的飞跃

2019 年，OpenAI 发布了 GPT-2。GPT-2 在 GPT-1 的基础上大幅提升了模型规模，提供了四种不同参数规模的模型：SMALL（1.17 亿个参数）、MEDIUM（3.45 亿个参数）、LARGE（7.62 亿个参数）和 EXTRALARGE（15.42 亿个参数）。更大的模型规模使得 GPT-2 在文本生成、对话系统等任务上表现更加出色。GPT-2 在模型规模和性能上实现了巨大飞跃，能够生成高质量、连贯且结构复杂的文本内容。例如，GPT-2 可以根据给定的开头段落生成完整的文章，还能回答开放性问题，甚至编写代码。

GPT-2 在技术上有多项改进：

（1）层归一化：GPT-2 在自注意力层前后都进行了层归一化，提高了模型的训练稳定性和收敛速度。

---

[1] 参考：*Improving Language Understanding by Generative Pre-Training*。

（2）BBPE 分词算法：GPT-2 采用了 BBPE（Byte-level BPE）分词算法，进一步压缩了词表大小，并支持跨语言共用词表。

注意：BBPE 分词算法是 BPE 算法的一种变体，从字符级别扩展到字节（Byte）级别。BBPE 可以跨语言共用词表，压缩词表的大小，对于同样的训练集，BBPE 模型可能比 BPE 模型的表现更好。然而使用 BBPE 分词算法使得序列比 BPE 更长，导致训练/推理时间会更长。

（3）相对位置编码：GPT-2 引入了可学习的相对位置编码，可以更好地捕获长程依赖关系。

GPT-2 在无监督预训练阶段学习了大量的自然语言文本，因此具备零样本学习（Zero-shot Learning）能力。这意味着 GPT-2 可以直接迁移到下游任务，无须额外的微调。例如，GPT-2 可以在没有接触过任何与目标任务相关的标签数据的情况下，仅凭借预训练阶段学到的知识完成任务。

GPT-2 在文本生成、对话系统等任务上表现出色，但其强大的生成能力也引发了关于虚假信息传播的争议。OpenAI 因此最初并未公开 GPT-2 的全部模型参数，直到后续版本才逐步开放。

3.GPT-3：超大规模模型的突破

2020 年，OpenAI 发布的 GPT-3 标志着生成式语言模型发展的一个重要里程碑。这款模型拥有高达 1750 亿的参数，相较于其前身 GPT-2 实现了百倍以上的规模跃升，一举成为当时参数量最大的语言模型。GPT-3 的训练数据规模同样惊人，超过 2.5 PB，涵盖了 Common Crawl、WebText2、Books1、Books2 及 Wikipedia 等多个来源广泛的数据集。如此庞大的模型规模和数据量赋予了 GPT-3 在文本生成、机器翻译等任务上卓越的性能。

GPT-3 性能的显著提升，得益于其庞大的训练数据集和精细优化的模型架构。它展现出强大的小样本学习（Few-shot Learning）能力，仅需少量示例提示便能完成各种不同的任务，无须针对特定任务进行微调。GPT-3 的能力覆盖了广泛的领域，包括文本生成、翻译、问答，甚至延伸至编程和数学推理。例如，在代码生成方面，GPT-3 能够根据自然语言的描述生成高质量的编程代码；在数学推理领域，它也能较为准确地解答复杂的算术问题。这些突破性的能力使得 GPT-3 在当时被认为是通用人工智能发展的一个早期形态。

为了更高效地处理长序列，GPT-3 在其 Transformer 网络的各层中创新性地引入了交替的密集和局部带状稀疏（Locally Banded Sparse）注意力机制。这种稀疏注意力模式显著提升了模型处理长文本时的计算效率，使其能够更有效地管理长文档，降低计算复杂度和内存占用。GPT-3 的架构如图 4-8 所示。

GPT-3 采用了上下文学习（In Context Learning，ICL）方法，通过零样本（Zero-shot）、单样本（One-shot）和少样本（Few-shot）学习策略，突破了传统微调方法的限制。例如，GPT-3

可以在仅给定一个示例样本的情况下进行推理，快速适应新任务。

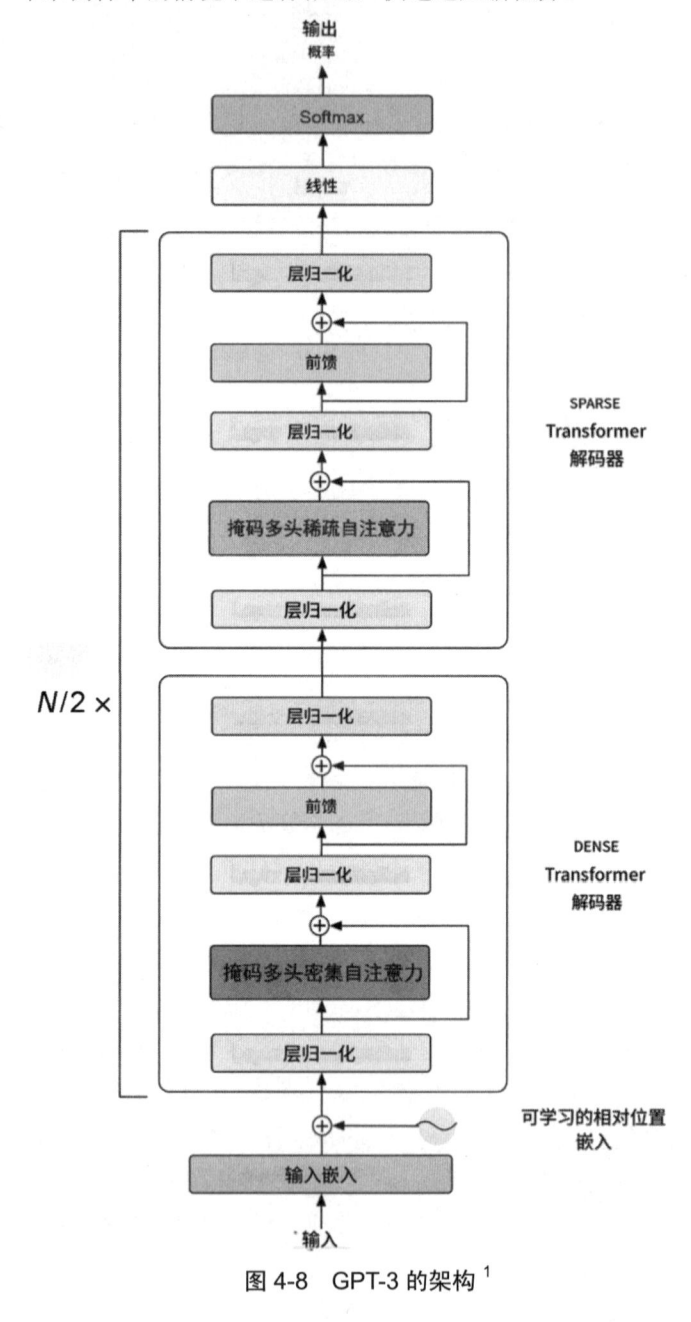

图 4-8　GPT-3 的架构[1]

1　参考：*Attention Is All You Need*。

但从 GPT-3 开始，OpenAI 开始采用部分闭源策略，一些关键的技术细节并未全面公开。基于 GPT-3 微调得到的模型是 GPT-3.5-Turbo，然后又有了 Instruct GPT 模型，它也被称为 GPT-3.5。我们经常使用的 ChatGPT 是基于 GPT-3.5 进行构建和改进的，通过引入人工反馈机制来对原始模型进行微调和优化。

GPT-3.5 引入了 GitHub 等代码数据集，以及 Stack Exchange 等对话论坛和视频字幕数据集。GPT-3.5 模型在训练过程中也使用了大量的数据集，这些数据集的多样性和丰富性保证了模型能够更好地理解和生成各种类型的文本，从而使模型在各种应用场景中都具有较好的表现。

4.GPT-4：多模态大模型的未来

2023 年推出的 GPT-4 进一步扩展了模型规模和能力范围。与 GPT-3 相比，GPT-4 在多模态处理方面实现了重大突破，不仅能够理解文本，还能处理图像输入。例如，GPT-4 可以根据图片内容生成描述或解答相关问题。这一特性使其在视觉与语言结合的任务中表现出色。此外，GPT-4 在逻辑推理、复杂问题解答和多轮对话中表现出了更高的健壮性和准确性，成为业界广泛认可的顶级生成式语言模型。

GPT-4 在技术上有多项创新：

（1）思维链与自提升：GPT-4 采用了思维链（Chain of Thought，COT）和自提升（Self-Improve）方法，提升了模型的逻辑推理能力。

（2）基于规则的奖励模型：GPT-4 引入了基于规则的奖励模型（Rule-Based Reward Model，RBRM），提高了模型的安全性。

（3）长序列处理：GPT-4 支持更长的输入序列，能够处理多轮对话和长文本。

尽管 GPT 系列模型在自然语言处理和多模态任务中取得了令人瞩目的成就，但其应用也伴随着多方面的挑战。

首先，伦理与安全问题不容忽视，GPT 可能被用于生成虚假信息或恶意内容，引发了对信息滥用的担忧。其次，算力与资源消耗问题显著，GPT-3 和 GPT-4 的训练需要巨大的计算资源和能源，对环境带来潜在影响。此外，GPT 从互联网数据中学习，可能继承数据中的偏见，例如性别或种族歧视可能出现在生成内容中，这引发了关于公平性的讨论。最后，隐私与数据保护也是大模型应用的重要议题，如何在提供高效服务的同时确保用户隐私和数据安全，是亟待解决的问题。

随着 GPT 系列技术的迅速崛起，全球范围内的科技巨头、科研机构及初创企业纷纷加大投入，积极布局大模型领域。2023 年，百度推出了基于自研新一代大模型的生成式人工智能产品——"文心一言"（ERNIE Bot），这一举措标志着中国在大模型技术应用领域取得了重要突破。紧随其后，阿里巴巴、华为、腾讯、京东、科大讯飞、360、字节跳动等国内领先科技企业相继发布了自主研发的大模型，进一步推动了中国在大模型技术上的快速发展。

与此同时，国内众多科研院所和初创企业也积极参与到大模型的研发中。例如，清华大学推出了"悟道"（WuDao）模型，中国科学院发布了"书生"（Scholar）模型，智谱 AI 则推出了"智谱"（ZhiPu）模型。这些大模型不仅在学术界引发了广泛关注，也在产业界产生了深远影响，推动了人工智能技术的多领域应用。

截至 2024 年 4 月，中国已发布的大模型数量接近 200 个，其中通用大模型（General-purpose Large Language Model，GLLM）的数量约为 40 个。随着大模型数量与质量的不断提升，中国在人工智能技术的研发与应用领域正逐步实现从追赶到部分超越的转变。特别是在自然语言处理、智能客服、自动驾驶及金融科技等领域，越来越多的应用开始依赖这些强大的大模型，推动技术创新与产业升级。

展望未来，GPT 系列模型的发展方向包括模型优化、多模态扩展、个性化定制及伦理与监管。通过模型剪枝、混合精度训练等方法，可以提升效率，降低资源消耗，使模型更加环保和可持续。结合语言、视觉、音频等模态信息，能够进一步提升模型的交互能力，使其在更多场景中发挥作用。针对不同行业需求开发专用模型，可以提高模型的适用性和实用性。此外，引入内容审核机制，确保生成内容符合社会规范，是推动 GPT 系列模型健康发展的关键。通过不断优化技术和加强监管，GPT 系列模型有望在更多领域为社会创造价值。

4.6　DeepSeek 系列模型

2025 年 1 月 20 日，中国的 AI 公司深度求索推出了大模型 DeepSeek-R1，两天就震撼了整个 AI 界。数据显示，DeepSeek 应用上线 20 天，日活就突破了 2000 万。DeepSeek-R1 专门适用于数学、编码和逻辑等任务，性能对标 OpenAI o1。

4.6.1　DeepSeek 的发展历程

DeepSeek 的发展历程最早可以追溯到 2023 年 11 月发布的 DeepSeek-V1，这是其首个公开亮相的大模型。DeepSeek-V1 的发布标志着 DeepSeek 正式进入 AI 领域，并初步展现了其在自然语言处理方面的能力，如图 4-9 所示。

在 DeepSeek-V1 之后，DeepSeek 持续快速迭代，于 2024 年 5 月推出了 DeepSeek-V2。DeepSeek-V2 引入了混合专家架构，这是一个重要的技术升级，旨在提升模型性能的同时降低计算成本。混合专家架构的采用使得 DeepSeek-V2 在性能上超越了当时的其他开源模型，并在基准测试中取得了更优异的成绩。DeepSeek-V2 的发布也预示着 DeepSeek 开始在模型效率和性价比方面发力，这成为其后续发展的重要特点。

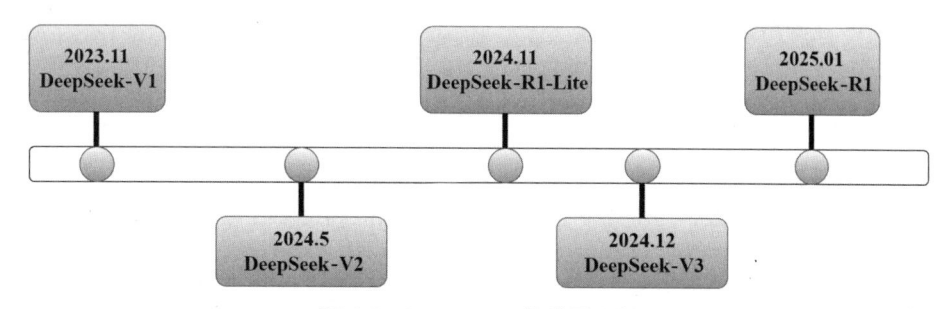

```
2023.11              2024.11              2025.01
DeepSeek-V1          DeepSeek-R1-Lite     DeepSeek-R1

          2024.5              2024.12
          DeepSeek-V2         DeepSeek-V3
```

图 4-9　DeepSeek 的发展历程

2024 年下半年，DeepSeek 的发展进入了新的阶段，开始探索不同类型的模型和应用场景。DeepSeek-R1-Lite 于 2024 年 11 月发布，从命名上可以看出，这可能是 R 系列的一个轻量级版本，专注于推理任务。R 系列的推出可能代表 DeepSeek 在模型架构和功能上的进一步细分，DeepSeek-R1-Lite 可能是为了满足对资源效率有更高要求的应用场景。

紧随 DeepSeek-R1-Lite 之后，DeepSeek 在 2024 年 12 月发布了 DeepSeek-V3。V3 版本进一步优化了训练成本和能耗，这与 DeepSeek 一贯强调的模型效率相符。DeepSeek-V3 在初步基准测试中也展现了跻身顶级大模型行列的潜力，表明 DeepSeek 在模型性能上持续提升的同时，也在努力降低模型的使用门槛。

2025 年 1 月，DeepSeek 发布了 DeepSeek-R1。DeepSeek-R1 被认为是 DeepSeek 在 AI 模型开发方面的一个重要里程碑，它被定位为最先进的模型，专为高级推理任务而设计。DeepSeek-R1 在数学、编码和推理等多个关键基准测试中取得了领先性能，甚至在某些方面超越了 OpenAI 的部分模型，这使得 DeepSeek-R1 在 AI 领域声名鹊起，被一些评论员誉为 AI 领域的"Sputnik 时刻"，象征着中国 AI 技术取得了新的突破，并对全球 AI 竞争格局产生了重要影响。

总体来看，DeepSeek 的发展历程呈现出快速迭代、技术创新和市场导向的特点。从 V 系列到 R 系列，DeepSeek 不断探索新的模型架构和优化方法，并在模型效率和推理能力上形成了自己的优势。其模型的开源策略和相对较低的训练成本，对商业模式产生了深远影响，通过吸引全球开发者和研究人员参与生态构建，不仅加速了 DeepSeek 模型的迭代和优化，也使得 DeepSeek 在全球 AI 社区中获得了广泛的关注和认可。DeepSeek 的崛起不仅是中国 AI 技术发展的一个缩影，也反映了全球 AI 领域竞争激烈和多元化的趋势。

4.6.2　DeepSeek 的技术创新

DeepSeek 在大模型领域展现出一系列引人瞩目的技术创新，主要集中在模型架构、推理优化及强化学习训练等方面。这些创新成果的核心目标是突破大模型在计算和存储上遇到的瓶颈，同时显著提升模型的推理能力，并且致力于降低整体成本，实现"降本增效"。

在模型架构方面，DeepSeek 在 V2 和 V3 版本中进行了重要改进，尤其注重优化计算效率、减少存储占用并提升推理性能。其中，DeepSeek MoE 是 V2 版本引入的关键创新，如图 4-10 所示。

MoE 架构是一种高效利用计算资源的技术，它旨在减少计算成本，同时保持模型的高性能。与传统的全参数模型不同，DeepSeek 的 MoE 架构具有稀疏激活的特点，这意味着在推理过程中，仅有部分专家网络被激活（例如，总参数为 2360 亿的模型，推理时仅激活 210 亿参数），而非所有参数都参与计算，从而显著提高了计算效率，降低了推理的开销。

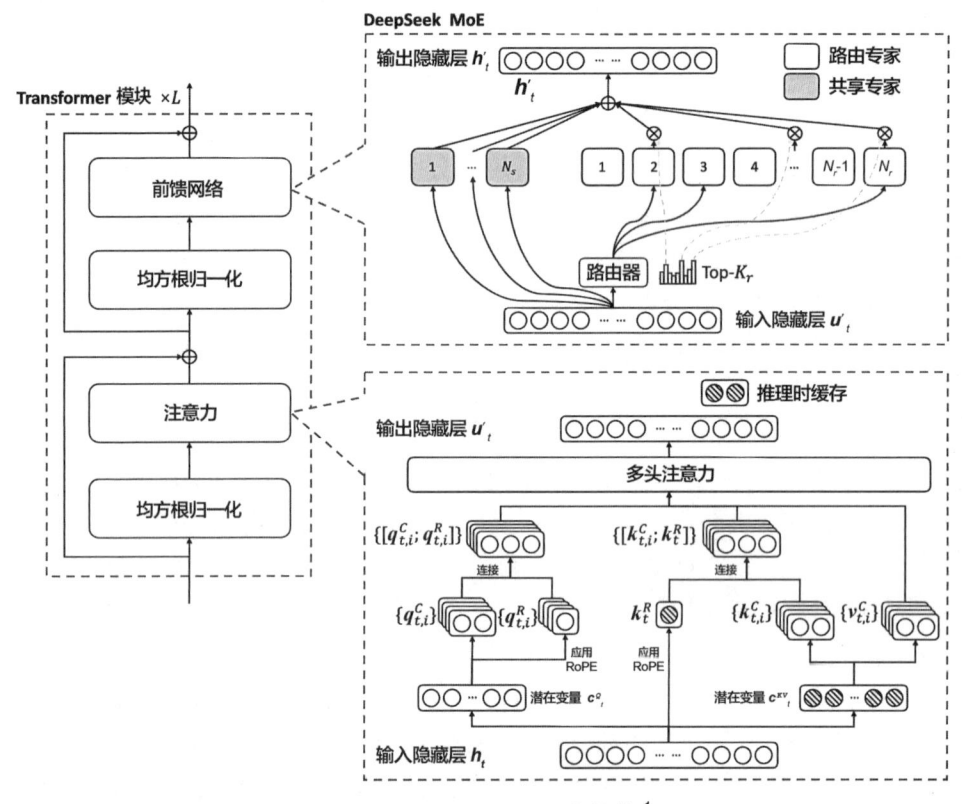

图 4-10　DeepSeek MoE 的架构[1]

为了实现细粒度的专家网络协作，DeepSeek 采用了"共享+路由"机制，使得不同的专家网络可以在不同的任务上发挥其最佳能力，进而提升模型的泛化能力。此外，为了解决负载均衡问题，DeepSeek 还设计了优化的策略，包括设备受限路由、辅助损失函数优化负载均衡及令牌丢弃策略，以减少通信瓶颈和计算不均衡的问题。得益于这些创新，V2 版本不仅拥有 2360 亿的总参数，而且在推理时仅需激活 210 亿个参数，同时支持 128 KB 的超长上下文窗口，显

---

[1] 参考：DeepSeek-V2——A Strong, Economical, and Efficient Mixture-of-Experts Language Model。

著增强了长文本的处理能力。

为了进一步提升推理效率，DeepSeek-V2 还提出了多头潜在注意力（MLA），如图 4-11 所示。

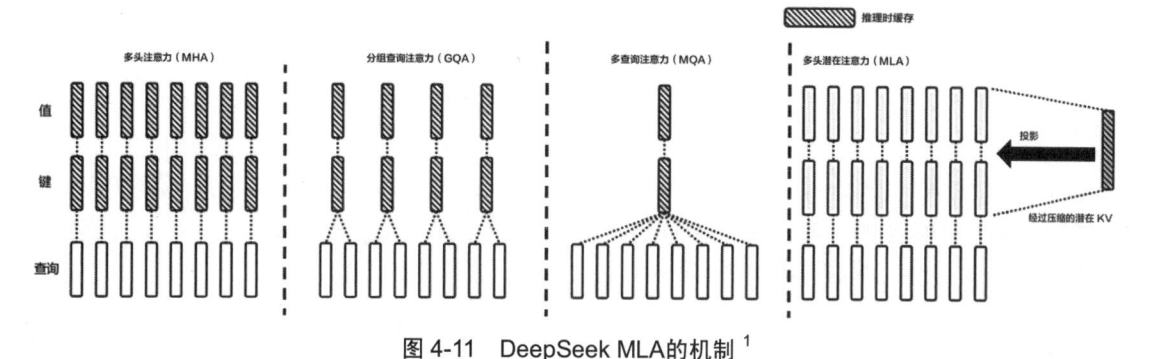

图 4-11　DeepSeek MLA的机制[1]

MLA 的核心思想是通过低秩压缩技术来减少 KV 缓存的存储占用，从而在不损失模型性能的前提下，降低对计算资源的需求，这为推理效率的进一步优化奠定了基础。

DeepSeek-V3 则在 DeepSeek-V2 的基础上，持续优化训练与推理效率。其主要的创新点有多令牌预测（Multi-Token Prediction，MTP）技术，如图 4-12 所示。

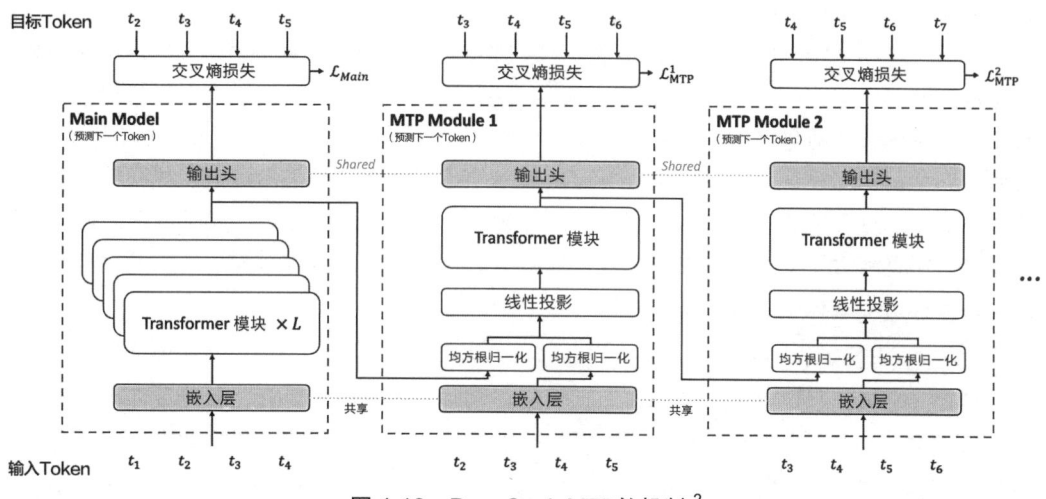

图 4-12　DeepSeek MTP的机制[2]

MTP 技术能够一次性预测多个 Token，从而提高推理速度并减少生成延迟；采用 FP8（8 位浮点）训练，这是一种低精度计算技术，可以大幅降低存储开销，同时保持模型性能；以及

---

[1] 参考：*DeepSeek-V2——A Strong，Economical，and Efficient Mixture-of-Experts Language Model*。
[2] 参考：*DeepSeek-V3 Technical Report*。

优化 All-to-All 通信，以减少分布式训练中的通信瓶颈，提升计算资源的利用率。最终，DeepSeek-V3 达到了 6710 亿的总参数规模，其中激活参数为 370 亿个，训练数据量更是高达 14.8 万亿个 Token，展现出强大的数据学习能力。

在推理模型创新方面，DeepSeek 推出了 R1 版本，重点针对推理能力进行大规模优化。R1 版本的目标是提升模型处理复杂问题的推理能力，并降低强化学习训练的成本。

为此，DeepSeek 进行了大规模强化学习训练，其训练步数达到了数千 RL steps，远超行业平均水平（通常仅几十个 RL steps）。在训练过程中，DeepSeek 观察到了强化学习训练扩展法则，即随着强化学习训练步数的增加，模型会自发涌现出自动搜索、反思、顿悟和纠错等高级能力，这与推理时的扩展法则一致。为了引导模型更好地进行推理，DeepSeek 采用了 Prompt 策略进行推理，确保模型生成完整且逻辑清晰的答案，避免回答不完整或跳跃。

为了实现高效的推理训练，DeepSeek-R1 构建了一个四步推理训练框架。第一步是监督微调，即基于人工优化的少量样本CoT数据进行初始训练；第二步是强化推理训练，专门优化推理能力，确保逻辑推理的质量；第三步是筛选最优答案，利用 60 万条逻辑推理数据和 20 万条通用指令数据对答案进行筛选，提升推理能力的稳健性；最后一步是通用强化学习，结合基于规则的奖励机制和RLHF（人类反馈强化学习）进行最终的模型微调[1]。

尤为突出的是，DeepSeek-R1 创新性地采用了一种基于简化奖励标准的强化学习策略，旨在构建具备卓越推理能力的大模型。该方法摒弃了复杂奖励模型可能导致的评判标准割裂问题，转而采用两个核心奖励维度：答案正确性与推理过程诱导。对于数学和编程问题，答案的客观正确性构成明确的奖励信号；同时，为了激发模型推理潜能，DeepSeek-R1 引入模板约束机制，要求模型在答案输出前显式呈现思考过程。具体而言，模型先为每个问题生成 16 个候选答案，通过质量评估与统计分析，并结合 KL 散度约束等原理，迭代调整模型参数，提升高质量答案的生成概率。经过多轮微调，DeepSeek-R1 即可展现出令人瞩目的能力，在仅依赖微调的情况下，其输出不仅包含正确答案，更能自主生成并呈现出高水准的推理过程，从而有效验证了简化奖励标准在诱导大模型掌握复杂推理技巧方面的潜力。

注意：KL 散度约束的英文全称是 Kullback-Leibler divergence。KL 散度就像一个"距离"衡量指标，但它不是传统意义上的距离，因为它不对称。它用来衡量两个概率分布之间的差异程度，或者说，当你用一个近似的概率分布来代替真实的概率分布时，你会损失多少信息量。在 DeepSeek-R1 中，KL 散度约束就像一个"缰绳"，限制着模型在学习优化过程中参数的调整幅度，避免模型的新输出分布与原始输出分布偏离太远。这样做的好处是，既能引导模型向着更好的答案方向改进，又能保持学习过程的稳定性，防止模型"跑偏"或者"学过头"，最终帮助模型更有效地学习到高质量的推理能力。

---

[1] 参考：DeepSeek-R1——*Incentivizing Reasoning Capability in LLMs via Reinforcement Learning*。

此外，DeepSeek 还深入探索了推理能力的蒸馏技术，旨在将大模型（如 DeepSeek-R1）的推理能力迁移到小模型上，例如 DeepSeek-R1-Distill-Qwen2.5 和 Llama-3.3 等。研究表明，先通过大模型进行强化学习推理训练，再将推理能力蒸馏到小模型，能够获得比直接训练小模型更好的推理效果。这再次验证了模型规模在通用人工智能发展中的重要性，即使是小模型，也需要依赖大模型进行推理能力的迁移。

DeepSeek 的这些技术创新都围绕着"降本增效"的核心目标展开，其优化策略显著降低了模型训练和推理的成本。在计算效率方面，MoE 架构、MLA、FP8 训练及 MTP 等技术的应用，使得模型在保持高性能的同时，大幅降低了对算力的需求。在推理成本优化方面，R1 版本通过大规模强化学习和推理能力蒸馏等技术，提升了推理效率，减少了对高端硬件的依赖。更重要的是，DeepSeek 通过算法的优化，有效地突破了美国对中国在 AI 算力上的限制，使得在相对较低硬件条件下，仍能实现高效的训练和推理，这推动了中国在大模型技术上的突破。另外，DeepSeek-R1 的开源发布，打破了美国 AI 企业的闭源壁垒，促进了开源生态的发展，并在全球范围内引发了关于开源与闭源模式的大讨论，对 AI 安全治理产生了深远的影响。

DeepSeek-R1 因在数学和技术问题解决、成本效益、软件开发、开源定制，以及对中文的优化等方面的优势而成为多种场景下的理想选择，尤其适合科学研究、工程金融领域，以及注重成本和需要定制化 AI 解决方案的企业。如果你的目标市场是中国，那么 DeepSeek-R1 更是优选。然而，在需要顶尖逻辑推理和科学论证的场合，例如复杂问题解决和 STEM 领域，OpenAI 的 o1 仍然是最强大的模型。对于创意性任务和营销内容，GPT-4o 和 Claude 3.5 Sonnet 在故事叙述和对话式 AI 方面更具优势。如果你的应用场景与 Google 生态系统深度集成，那么 Gemini 是更便捷的选择。而对于需要广泛多语言支持的企业，Llama 3.1 在语言覆盖范围上更胜一筹。因此，选择模型时需根据具体需求权衡 DeepSeek-R1 的优势与其他模型的特长。

注意：STEM 是科学（Science）、技术（Technology）、工程（Engineering）和数学（Mathematics）四大学科领域的统称，强调跨学科整合与实际问题解决能力。在 AI 领域，"大模型 STEM"特指针对 STEM 任务优化的大模型，例如 OpenAI 的 o1 系列和 DeepSeek 的 R1 系列。这类模型通过强化学习、合成数据训练等技术，显著提升了数学推导、编程、科学推理等能力，甚至在某些测试中达到或超越人类专家水平。

DeepSeek-R1 是一项令人瞩目的技术创新，它在架构效率、强化学习范式和硬件依赖松绑方面都取得了重要突破，为行业带来了新的机遇。AI 创新的主战场正在从"暴力计算"转向"精密系统设计"。但同时，我们也需要冷静看待其技术边界，并认识到数据标注、硬件生态等挑战仍然存在。对于企业和开发者而言，关键在于深入理解 DeepSeek-R1 的技术特点和局限性，结合自身业务场景，制定合理的应用策略，才能在这轮 AI 创新浪潮中抓住机遇，实现"非对称超越"。

4.7 大模型发展趋势：技术与应用的双向推进

随着人工智能技术的不断演进，大模型的未来发展正在向通用化与专用化并行的方向迈进。这种趋势不仅反映在技术的不断革新上，也深入实际应用领域的方方面面。大模型的崛起已不局限于单一任务或领域，而是在不断拓展其多模态适应能力与行业应用，展现出强大的潜力与广阔的前景。

1. 通用化与专用化：两条并行发展路径

人工智能大模型的发展以"大规模预训练+微调"的范式为基础，在通用化与专用化的路径上不断深化。通用化的大模型致力于适配多领域、多任务的需求，例如多模态基模型正朝着统一架构、统一知识表达与统一任务处理的方向发展。以 GPT 系列为代表的自然语言处理模型，不仅在文本生成、问答、摘要等任务中表现卓越，同时体现出将所有任务转化为序列到序列任务的强大通用性。这得益于其统一的模型框架与词表设计，能够灵活适应各种复杂任务场景。

与之相对，专用化大模型则聚焦于特定领域或任务，通过在通用预训练基础上进行领域或行业的深度优化，展现出精细化能力。例如，彭博社推出的 BloombergGPT 模型专为金融领域设计，能够更有效地处理金融数据和任务，为金融行业提供了高效的智能解决方案。这种模式使得行业大模型逐渐成为推动特定领域技术革新的关键力量。

通用化与专用化的并行发展并非孤立存在，而是相辅相成的。在不同的应用场景中，通用大模型能够以其广泛适应性为基础，通过定制化训练快速转化为专用模型，从而更好地服务于具体需求。

2. 技术维度的突破：从架构创新到应用简化

大模型的发展始终离不开技术的不断突破。在技术层面，未来的大模型趋势主要体现在以下几个方面。

1）架构创新：从 Transformer 到未来可能性

Transformer 的出现彻底改变了自然语言处理和大模型发展的格局，为深度学习模型提供了高效的并行计算能力与卓越的特征提取效果。然而，随着大模型参数规模的急速增长，计算资源与模型训练效率之间的矛盾愈发突出。未来，研究者将探索更多高效且适应性强的模型架构，例如稀疏注意力机制、动态计算图，以及更轻量化的模块化设计。这些新架构旨在保留 Transformer 的强大特性，同时显著降低计算复杂度与存储开销，从而支持更广泛的应用场景。这种创新，不仅在技术维度带来突破，也为大模型的普及铺平了道路。

2）模型轻量化与性能优化：资源友好的大模型

随着模型规模进入千亿甚至万亿参数级别，大模型的训练与推理对算力资源的需求越来越大。这种情况下，模型压缩与优化技术成为关键解决方案。

剪枝（Pruning）技术通过移除冗余的神经网络连接，使模型在保证准确率的同时减小参数规模。量化（Quantization）技术通过降低参数的数值精度（如 FP16 转为 INT8），显著提升计算效率和存储性能。知识蒸馏（Knowledge Distillation）通过将大模型中的知识迁移到小模型，在减小模型体积的同时，最大限度地保持了模型性能。

这些技术在优化资源消耗的同时，也为模型在嵌入式设备和低资源环境中的应用提供了可能性。例如，谷歌提出了 T5X 框架，结合多种优化技术，为大模型的压缩与部署带来了新的思路。未来，轻量化将成为大模型普及的核心驱动力。

3）从平台化到简易化：AI 应用的加速器

为了更好地服务于开发者和普通用户，大模型正迈向平台化与简易化的双重目标。

平台化：以 OpenAI 的 GPT-3 Playground 为例，平台化让开发者能够方便地调用大模型能力，快速验证 AI 应用场景，如图 4-13 所示。类似地，Google 的 VertexAI 提供了端到端的机器学习解决方案，从数据预处理到模型部署一站式覆盖。这些平台降低了大模型应用的技术门槛，使更多企业和团队能够便捷地参与 AI 应用开发。

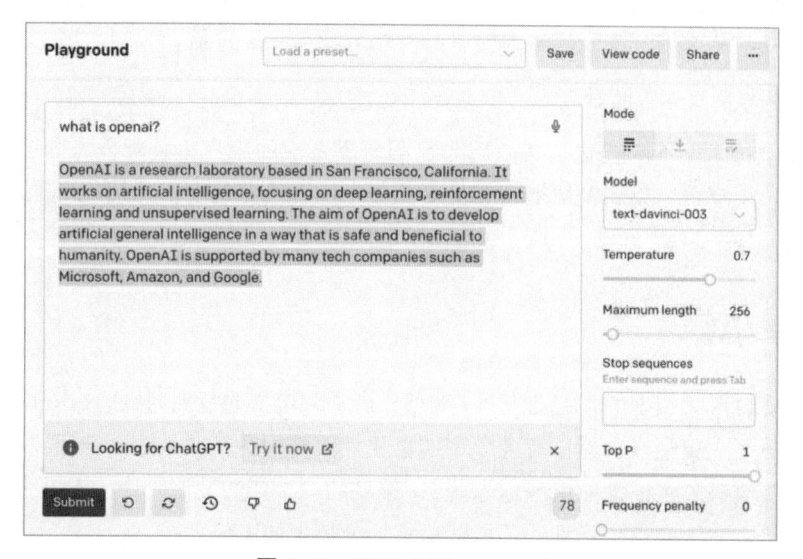

图 4-13　GPT-3 Playground

简易化：对于普通用户而言，大模型的简易化更为重要。以 ChatGPT 为例，其通过 Prompt

Engineering（提示词工程）和 Prompt-Tuning 模式，使用户无须精通技术即可通过自然语言指令调用 AI 功能。这种无代码化的交互方式，让 AI 技术得以大规模普及，成为数字化生活的一部分。

3. 应用维度的拓展：从单一领域到多元场景

技术的突破为大模型的应用奠定了基础，而应用的多元化则进一步推动了技术的迭代更新。未来，大模型的应用场景将更加广泛，从健康医疗到金融服务，再到教育培训与文化创意等领域，均有可能成为大模型技术的"主战场"。

1）更广泛的行业适配

随着大模型技术的不断进步，其在特定行业的适配能力也在显著提升。例如，在医疗领域，大模型可以帮助医生进行病历分析、疾病预测与诊断；在金融领域，大模型能够进行金融数据分析、市场预测与风险评估。这种行业大模型的应用，不仅提升了专业领域的效率，也为传统行业的数字化转型提供了强有力的支持。

2）应用生态的建设

以 GPT 系列为代表的大模型，正在通过插件和应用商店构建更为丰富的应用生态。例如，GPT 内置插件不仅扩展了其功能范围，还将用户的使用场景迁移到模型内部。这种生态建设的模式，参考移动互联网时代的端转手趋势，正在吸引越来越多的开发者和企业将其产品和服务融入大模型平台，从而进一步强化了大模型的网络效应与生态价值。

3）AI 技术与用户体验的融合

随着大模型技术的不断优化，其应用正在向更高层次的用户体验融合方向迈进。借助 AI 的智能化能力，用户可以更加便捷地完成复杂任务，同时企业也能借此优化产品与服务，提升竞争力。

4.8 本章小结

本章深入探讨了大模型的兴起与发展，重点分析了大模型的特点、核心技术和代表性应用。首先，我们回顾了大模型在自然语言处理中的重要性，特别是其在处理复杂语义理解和文本生成任务中的巨大突破。大模型的出现标志着 AI 领域的一个新的发展阶段，尤其是在模型规模、计算能力及训练方法上的进步，推动了自然语言处理技术的飞跃。

在详细探讨大模型的特点时，我们强调了其强大的泛化能力，这种能力使得模型能够应对各种未知问题，并且在多个领域展现出优异的表现。泛化能力的背后，离不开 Transformer 的创新，这一架构通过自注意力机制的引入，使得大模型能够在不牺牲计算效率的前提下，更好地处理复杂的数据模式和长期依赖关系。

我们还重点介绍了自然语言处理中的几个里程碑技术，尤其是 Google 的 BERT 模型和 OpenAI 的 GPT 系列。这些代表性的大模型不仅推动了理论的发展，更带来了实际应用的广泛变革。以 GPT 系列为例，其在文本生成、问答系统、对话模型等方面的卓越表现，使其成为大模型研究中的标杆。而 DeepSeek 作为后起之秀，也通过其开源策略和在模型效率与推理能力上的创新，在全球 AI 社区中获得了广泛的关注和认可。

然而，大模型的兴起也带来了不少挑战。随着模型规模的不断扩大，训练和部署的计算成本急剧上升，如何优化资源使用和提高训练效率成为亟待解决的问题。同时，模型的可解释性和透明性也成为研究的热点，如何确保大模型在实际应用中的公平性和可靠性，是未来发展的关键。

第 5 章 提示词工程：大模型的沟通话术

在大模型的应用中，如何提升模型生成质量一直是研究的核心议题。除了传统的预训练和微调，提示词工程（Prompt Engineering）作为一种新兴的技术手段，正逐渐成为优化生成质量的关键途径。与预训练和微调不同，提示词工程通过精心设计的提示词（Prompt），激发模型内部已学习到的知识和能力，从而帮助其更好地完成特定任务，而不需要对模型本身的参数进行调整。

预训练为大模型提供了语言理解的基础，使其能够在多样化的上下文中生成合理的文本。而微调则通过对特定领域的数据进行优化，使模型在该领域表现出更高的性能。然而，微调可能面临过拟合等风险，且需要大量的计算资源和领域标注数据，成本较高，实施门槛也相对较高。相比之下，提示词工程提供了一种更加灵活、高效且低成本的替代方案。通过设计合适的提示词，研究人员能够快速引导模型执行任务，减少昂贵的资源消耗。此外，提示词工程的入手门槛较低，即使是非专业用户也可以通过简单的提示词设计，显著提升模型在特定任务上的表现。同时，提示词工程允许在多个任务间灵活调整提示，从而充分发挥模型的性能潜力。

本章将深入探讨提示词工程的原理与最佳实践，旨在帮助读者理解如何通过精准的提示词设计，提升大模型的生成效果与任务适应性，同时充分利用其低成本、低门槛的优势，为实际应用提供高效解决方案。

5.1 提示词的重要性

随着新一代 AI 技术的快速发展，生成式 AI 已从早期的实验性概念逐步演变为实际应用中的核心工具。这些先进的生成式 AI 模型，例如大模型，通过深度学习技术模拟人类大脑中神经元的连接方式，具备了处理和生成多种非结构化数据的能力。与传统的深度学习模型不同，这类基础模型具有极强的通用性和适应性，能够执行从文本生成、语音识别到图像创作和代码编写等多样化任务。这种多任务处理能力得益于其庞大的训练数据集和深度学习网络的强大计算能力，使得生成式 AI 在实际应用中展现出前所未有的潜力。

在生成式 AI 的实际应用中，如何高效地引导模型生成符合需求的输出，成为优化模型性能的关键挑战。正是在这一背景下，提示词工程作为一种新兴的技术方法应运而生。提示词工程不仅是设计输入的过程，更是一门通过精心调整和优化输入提示来引导模型生成高质量输出的科学与艺术。其核心在于理解模型的工作原理和任务需求，通过编写合适的提示词，使模型能够在复杂多变的任务中输出更准确、更符合预期的结果。无论是文本生成、图像创作，还是代码编写，提示词工程都在不同的应用场景中发挥着至关重要的作用。它不仅能够提升生成结果的质量，还能帮助生成式 AI 从处理简单查询扩展到应对复杂且富有挑战性的任务。

1. 显著提升模型性能，实现精准输出

生成式 AI 模型的输出质量与提示词的质量呈高度正相关。一个精心构建的提示词能够为模型提供清晰的任务指令、上下文信息和约束条件，从而引导模型更准确地理解用户意图，生成符合预期的结果。例如，在自然语言生成任务中，通过在提示词中明确指定文本的风格、目标受众和关键信息，可以显著提高生成文本的连贯性、逻辑性和信息密度。在图像生成领域，详细的提示词（例如描述图像的构图、光照、色彩和物体细节）能够引导模型创作出更具艺术性和表现力的图像。这种精准控制能力对于专业应用至关重要，例如在内容创作、设计和科研等领域。

2. 大幅降低使用门槛，赋能非专业用户

相较于传统的模型训练和优化方法（如预训练和微调），提示词工程无须深入了解模型内部结构和复杂的算法原理。用户只需通过调整提示词的措辞、结构和内容，即可有效地控制模型的输出行为。这种低门槛的特性极大地降低了生成式 AI 技术的使用难度，使其能够被更广泛的用户群体所接受和应用。例如，即使是不具备编程或机器学习背景的用户，也可以通过使用预定义的提示词模板或简单的自然语言指令，利用大模型完成诸如文本摘要、翻译和问答等任务。

3. 高度灵活的任务适应性，实现多场景应用

提示词工程赋予了生成式 AI 模型极高的任务适应性。通过针对不同任务设计特定的提示词，

同一个模型可以被应用于各种不同的场景。例如，同一个大模型可以通过不同的提示词分别执行文本生成、代码编写、数据分析和创意写作等任务。这种灵活性使得生成式 AI 技术能够更好地满足多样化的应用需求，例如在客户服务、教育、娱乐和科学研究等领域。

4. 有效缓解模型偏见与误差，提升输出质量

生成式 AI 模型在训练过程中可能会受到训练数据中存在的偏见和噪声的影响，导致生成的内容存在偏差或错误。通过在提示词中添加特定的约束条件、上下文信息或示例，可以有效地引导模型避开这些潜在的陷阱，生成更加客观、准确和符合伦理规范的内容。例如，在处理涉及敏感话题的文本生成任务时，可以通过在提示词中明确指出需要避免的偏见类型或强调客观中立的立场，来降低生成不当内容的风险。

5. 显著提升工作效率，降低后期处理成本

通过精心设计的提示词，可以显著提高生成结果的质量和相关性，从而减少人工干预和后期处理的需求。例如，在内容创作领域，通过使用包含详细指令和示例的提示词，可以使模型直接生成接近最终发布标准的文本，从而节省大量的人工编辑和校对时间。这种效率的提升对于大规模的内容生产和自动化工作流程至关重要。

5.2 大模型提示词的工作流程

提示词工程通过精确设计输入提示，调动生成式 AI 模型的潜力，确保其生成结果既精准又具有相关性。该过程依托 Transformer 和自注意力机制，通过标记化处理、模型推理与生成、上下文嵌入等技术环节，逐步实现对任务的优化引导。随着生成式 AI 技术的快速发展，提示词工程将在文本生成、图像创作、代码编写等多种应用场景中发挥越来越重要的作用，成为提高模型输出质量和多样性的关键因素。

5.2.1 提示词工程的工作机制

提示词工程的核心目的是精确地指导 AI 模型生成符合用户需求的输出。其过程可以细分为以下几个关键步骤。

1. 设计输入提示

生成式 AI 模型的表现高度依赖输入提示的质量。输入提示的设计直接影响模型对任务的理解程度及其生成结果的相关性。在设计提示时，首先要确保其简洁明了，并且准确描述任务的核心目标。简单的输入提示往往会导致生成内容范围过广，缺乏针对性。例如，提示"写一篇

文章"可能导致模型生成过于笼统的内容；而一个更加具体的提示，如"撰写一篇关于人工智能在医疗领域，特别是在癌症早期诊断中的应用的文章"，能够有效缩小模型生成内容的范围，确保生成的文本更加贴近需求。因此，提示词工程不仅仅是语言的输入，它是调动模型潜力、引导模型产生高效输出的关键。

2. 标记化处理

输入的自然语言首先会经历标记化处理，转换为模型能够理解和处理的基本单位——标记。这些标记可以是词汇、词组，甚至是字符或符号，构成了模型推理的基础。标记化不仅是对输入文本的字面分割，它还考虑到语言的语法和语义结构。不同的标记化方法可能会影响模型对文本的理解和生成的精准度。对于提示词工程师而言，如何设计能够最大化模型理解的输入，是一个复杂而细致的任务。设计标记方法时，需要确保标记化后的输入结构有助于模型提取关键信息，避免歧义和误解。

3. 模型推理与生成

在变换器架构的支持下，生成式 AI 模型通过自注意力机制对输入的标记进行推理，捕捉其中的深层语义关系。该机制使得模型能够对不同部分的输入进行加权处理，基于上下文语境灵活地生成输出。提示词工程的目标是通过精确设计提示，使得模型能够理解任务的核心要求，并依据这些要求生成符合预期的高质量输出。在执行编程、算法实现等任务时，明确的输入提示将确保模型生成逻辑严密、语法规范且无误的代码。而在自然语言生成任务中，良好的提示则能使得生成文本更加符合语言规范，具备逻辑性和连贯性。

4. Top-k 采样

为了确保生成内容的质量和多样性，生成式 AI 模型通常使用采样策略进行输出选择。Top-k 采样是最常用的一种方法，它通过从多个候选输出中选择概率最高的前 k 个选项，从中进一步选择最终输出。此策略有效避免了生成内容过于单一或低质量的情况。在提示词工程中，通过调整提示词的表述方式和细节，结合 Top-k 采样等采样策略，可以实现对生成结果质量的进一步优化。例如，在要求生成创意内容时，Top-k 采样能够提供多样化的选项，使模型能够在多个候选方案中选择最具创新性和相关性的输出。

5. 上下文与语境嵌入

生成式 AI 的输出质量不仅依赖输入提示的设计，还与上下文和语境的理解紧密相关。尤其在复杂任务中，模型需要对上下文进行深度理解，才能生成准确且有连贯性的输出。提示词工程通过细致的上下文嵌入设计，引导模型捕捉和处理语境信息，确保输出不仅符合当前提示的要求，还能够与先前的信息保持一致。例如，在多轮对话任务中，提供历史对话记录的上下文信息，有助于模型生成连贯、情境适配的响应。此外，在长文本生成中，提供完整的情境或背景信息，可以帮助模型保持主题一致性，并避免生成偏离主题的内容。

5.2.2 提示词工程的工作流程

提示词工程的实际工作流程可以归纳为以下几个步骤，具体工作流程如图 5-1 所示。

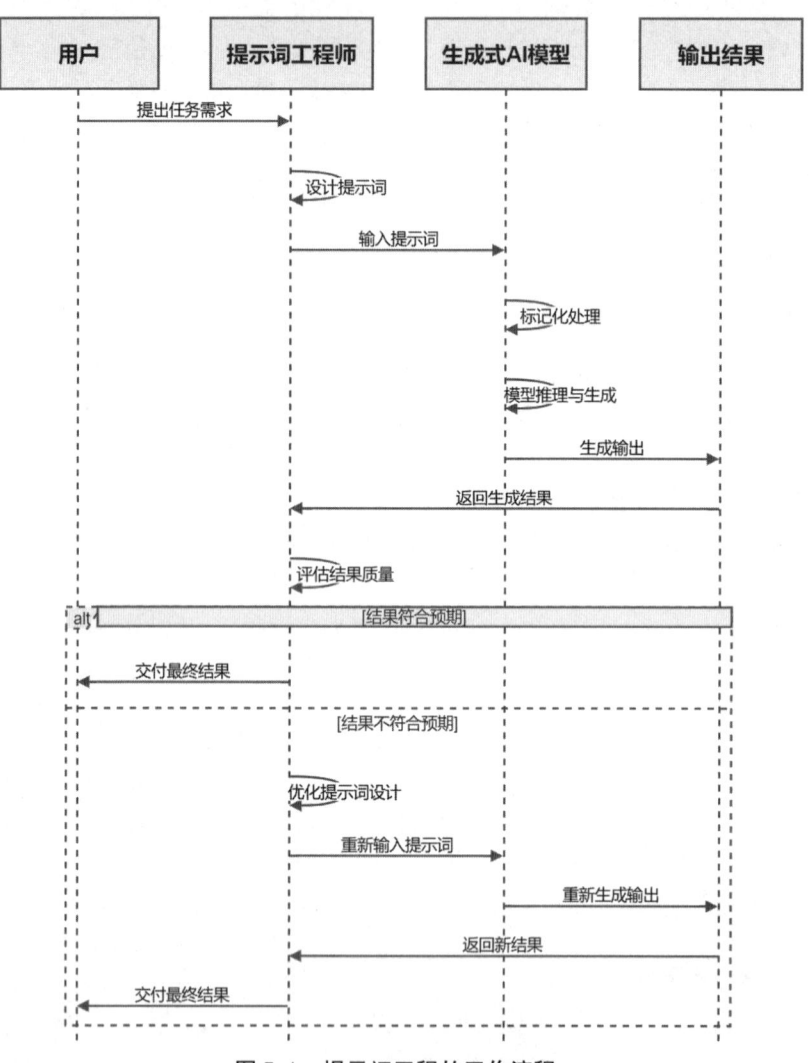

图 5-1 提示词工程的工作流程

1. 定义任务

定义任务的类型和目标，理解生成式 AI 需要完成的具体任务，如文本生成、图像创作或编程代码编写等。明确任务后,设计提示词时会围绕任务的关键需求展开。

2. 设计提示词

根据任务定义,设计初步的提示词。此时的设计需确保提示词既简洁又清晰,同时为模型提供足够的上下文信息,使其能够准确理解任务要求。设计时要避免模糊的表述,并尽可能提供具体的细节,以减少模型输出结果的偏差。

3. 输入模型

将设计好的提示词输入生成式 AI 模型。模型根据输入内容进行标记化处理,并结合其内部的参数和算法进行推理,生成可能的输出。

4. 生成输出

模型基于输入提示词和内部推理生成响应,例如文本、图像或代码。此时,模型利用变换器架构中的自注意力机制,综合输入的各个部分信息,生成符合上下文的内容。

5. 评估结果

对生成的输出进行质量评估,检查其是否符合任务要求。评估指标可能包括准确性、连贯性、语法规范性等。如果输出不符合预期,则需要回到提示词设计环节进行调整。

6. 优化迭代

基于评估结果,调整提示词的表述或结构,重新输入模型进行生成。经过多轮迭代,不断优化提示词设计,最终使生成结果满足预期的标准。

5.3 大模型提示词编写技术及最佳实践

通过对角色设定、指令注入、问题拆解、分层设计、编程思维、Few-Shot 设计,以及高级提示词设计技巧的深入掌握和应用,提示词编写可以显著提升大模型在各类任务中的表现。在实际应用中,应根据具体任务的需求灵活调整提示词设计策略,确保模型生成的内容质量达到最佳水平。

5.3.1 角色设定与指令注入

在大模型应用中,提示词设计是决定模型输出质量的关键因素之一。通过合理的提示词设计,不仅可以提高生成内容的相关性和准确性,还能有效地引导模型生成符合特定需求的结果。在这一过程中,角色设定和指令注入是两种最为核心的技巧,能够在多样化的应用场景中提供精准的任务引导。

角色设定是一种通过在提示词中赋予模型特定角色的技巧，旨在引导模型根据预设的角色和背景生成更符合需求的内容。例如，如果我们希望模型生成一篇哲学论文，则可以通过明确的角色设定，令模型以"哲学大师"的身份进行回应：

> System：你是一位哲学大师，擅长从历史与文化的角度分析哲学问题。
> User：请解释康德的"纯粹理性批判"中的核心思想。

这种角色设定使得模型生成的内容不仅具备哲学的深度与专业性，同时确保其分析方法符合哲学领域的学术规范。

指令注入则是一种通过在提示词中注入持久性任务指令的方式，确保模型在整个对话过程中始终坚持特定的任务目标。举例来说，在进行创意写作时，指令注入可以明确模型的任务目标，确保其始终围绕特定主题展开创作：

> System：你是一位科幻小说家，任务是创作一篇关于未来科技与人工智能共存的小说。请始终围绕这一主题展开创作。
> User：请描述一个未来世界中，人工智能如何帮助人类解决环境危机。

这种方式能够有效避免模型生成偏离主题的内容，保持文本的一致性与连贯性。

在角色设定和指令注入的实践中，首先要明确角色定位，通过清晰地定义模型的角色来指导其生成符合预期的内容。其次，在提示词中嵌入任务驱动的常驻指令，确保模型在对话过程中始终围绕特定的主题或目标进行推理与生成。此外，根据实际任务需求灵活调整角色和指令，以应对不同的应用场景，从而优化模型输出的一致性和准确性。

5.3.2　问题拆解与分层设计

当面对复杂问题时，问题拆解与分层设计是提升模型推理能力和生成质量的两种行之有效的策略。通过将任务拆解为一系列简单且有序的子问题，并逐步引导模型逐步推理，可以确保模型的处理过程清晰而高效。

问题拆解是一种将复杂问题分解为多个可管理的子问题，帮助模型逐步分析和解决问题的技术。例如，我们希望模型调试一段代码，问题拆解可以引导模型按步骤进行任务处理：

> System：你是一位资深程序员，任务是协助调试代码。你将收到DEBUG问题，将每个问题分类为报错日志分析、根因可能性推断、解决方案、参考资料，分点陈列输出，格式如下所示：
> 1. 报错日志分析：
> 2. 根因可能性推断：

```
3. 解决方案：
4. 参考资料：
User：以下代码无法正常运行，请帮我调试：[代码片段]
```

通过这种逐步拆解，模型能够有条理地完成任务，确保每个环节得到充分的分析与处理。

分层设计是一种逐层展开任务的策略，特别适用于生成长篇内容。其基本思路是在初始阶段生成内容的概览或框架，然后在后续阶段逐步补充细节。例如，若要生成一篇小说，则可以先要求模型概述主要情节：

```
System：你是一位科幻小说家，任务是创作一篇关于未来科技的小说。
User：请先概述小说的主要情节。
```

在模型生成概述后，可以进一步提示其添加具体的章节细节，确保内容的层次性和完整性：

```
User：请详细描述第一章的内容。
```

这种分层设计方法能够帮助模型在创作长篇内容时，更好地把握整体结构和局部细节，确保生成内容的逻辑严谨和组织清晰。

在问题拆解和分层设计中，首先要将复杂任务分解为多个简单、易处理的子问题，并通过逐步引导模型完成每个子任务，从而提升模型的推理和分析能力。同时，针对生成长篇内容的任务，需要先规划整体框架或结构，再逐步补充细节，确保内容条理清晰、层次分明。根据任务的需求和复杂程度，灵活调整拆解和分层策略，帮助模型在执行任务时保持高效和高质量的输出。

5.3.3 编程思维与 Few-Shot 设计

在提示词编写的高级技巧中，编程思维与 Few-Shot 设计是能够显著提升模型推理精度与一致性的两种方法。通过将提示词编写过程视为类似编程语言的操作，并利用少量样本进行指导，能够更加精确地控制生成输出的格式与质量。

编程思维是指将提示词设计视为编程逻辑，主动设计任务的结构、变量和输出模板。这种方法有助于确保模型在处理任务时遵循清晰、可控的输出格式。例如，在评估模型输出质量时，可以设计以下格式化提示词：

```
System：你是一位质量评估专家，任务是评估模型的输出质量。请根据以下模板生成评估报告：
1. 输出内容：[模型输出]
2. 评估标准：准确性、连贯性、相关性
```

```
3. 评估结果：[评估结果]
User：请评估以下模型的输出：[模型输出]
```

通过编程思维，模型可以按既定的结构生成内容，从而提升输出的一致性与可操作性。

Few-Shot 设计是一种基于少量样本的提示词设计方法。通过提供示例，帮助模型学习任务的要求和输出模式，从而在后续任务中产生高质量的推理与生成内容。比如，在构造数据训练任务时，提供以下示例来规范模型的输出：

```
System：你是一位数据科学家，任务是生成训练数据。请根据以下示例生成类似的数据：
示例 1：
输入：什么是人工智能？
输出：人工智能（Artificial Intelligence, AI）是指通过计算机模拟人类智能的技术。
示例 2：
输入：机器学习有哪些类型？
输出：机器学习（Machine Learning, ML）的类型包括监督学习、无监督学习和强化学习。
User：请生成一个关于深度学习的训练数据。
```

这种方法能帮助模型更好地理解任务要求，并生成符合预期格式的输出。

编程思维与 Few-Shot 设计要求在提示词编写时注重精确控制输出格式，通过设计模板或变量，使得模型生成的内容符合严格的任务需求。在编写任务时，首先设计清晰的结构和输出标准，以确保生成内容的一致性与可操作性。同时，通过提供少量示例引导模型理解任务的具体要求，从而规范模型的推理路径和输出样式，提升模型在类似任务中的表现一致性。根据任务的复杂性，适时调整提示词结构和示例内容，以确保模型能有效理解并执行任务。

5.3.4　高级提示词设计技巧

在高级提示词设计中，除了基本的技巧，还有一些更为复杂和高效的技术，可以进一步提升模型在多轮对话和复杂任务中的表现。这些技巧包括动态上下文管理、多轮对话优化及元提示设计。

动态上下文管理是指在多轮对话中，模型根据对话历史动态调整提示词，以确保输出的一致性与连贯性。例如，在长时间对话中，可以通过回顾和总结前几轮对话的内容来帮助模型理解当前问题的背景。

```
System：你是一位客服代表，任务是帮助用户解决技术问题。请根据以下对话历史继续帮助用户：
对话历史：
用户：我的电脑无法开机。
```

客服：请检查电源是否连接正常。
用户：电源连接正常，但电脑仍然无法开机。
客服：请尝试按住电源键 10 秒钟，然后再次开机。
User：我试过了，还是不行。

元提示（Meta Prompt）是一种通过自然语言引导语言模型生成特定任务提示的方法。元提示的核心思想是提供一个通用的、高层次的意图描述，让语言模型根据这个意图生成具体的任务提示。元提示可以看作一个"提示的提示"，它通过引导模型生成更具体、更有效的提示词来完成任务。

注意：元提示设计是一种通用提示模板的设计方法，可以根据任务需求自动生成具体的提示词。

这种设计使得模型可以自动识别任务并生成精准的提示内容。例如对于数学问题的求解：

```
元提示："Let's solve this problem by splitting it into steps."
任务问题：Solve for x: 2x + 3 = 7.
生成的提示：
Step 1: Subtract 3 from both sides of the equation.
Step 2: Divide both sides by 2.
Step 3: The solution is x = 2.
```

在多轮对话和复杂任务的处理过程中，首先需要通过动态上下文管理确保对话的一致性，定期总结和回顾历史对话内容，帮助模型理解当前任务的背景，从而生成更相关的响应。其次通过明确每一轮对话的目标和任务，优化模型在多轮对话中的表现，使其能够逐步完成复杂的任务。同时，元提示设计作为一种自动化生成提示词的方法，可以在任务中快速生成具体的提示词，提高设计效率并减少人为干预。通过灵活应用这些高级技巧，可以显著提升模型在复杂应用中的表现。

5.4 巧用万能 Prompt

万能 Prompt 是指一套固定的指令，它能够帮助 AI 提高回答的质量、深度和专业性。这些指令不仅帮助 AI 理解问题的背景和深度要求，还能确保 AI 的回答具有清晰的结构、深入的分析，同时避免出现空洞和浅显的回答。

为什么万能 Prompt 如此重要？在与 AI 互动的过程中，用户可能经常遇到以下几种问题：

（1）回答浅显或不具体：AI 给出的答案往往仅停留在问题表面，缺乏深入分析。

（2）缺乏逻辑性或专业性：AI 未能针对问题的具体背景和需求，提供切实可行的解决方案。

（3）回答结构松散：缺少系统性和条理性，导致理解困难。

为了解决这些问题，我们需要在与 AI 的互动中设定清晰、具体的指导原则，确保 AI 的每一个回答都具备深度、专业性，并且具有良好的结构。

以下是一个让AI回答更专业、更有深度的万能Prompt[1]。适用于任何AI，特别是在ChatGPT自定义设置中使用。可以在ChatGPT的"自定义说明"中使用的万能Prompt模板，适用于任何需要深度与专业性回答的场景。只需将其放入ChatGPT的设置中，AI就能根据你的需求提供高质量的回答。

指令

你必须始终：

在回答前阅读完整的聊天记录。
永远不要使用占位符或省略代码。
如果遇到字符限制，立即停止，我会发送"继续"作为新消息。
错误答案将受到惩罚。
绝不允许产生幻觉。
务必理解所有关键上下文，不得忽略。
严格遵守以下"回答规则"。

回答规则

请按以下严格顺序执行：

使用我消息中的语言进行回答。
在第一条消息中，在回答问题之前，为自己设定一个现实世界专家的角色。例如："我将以世界著名的历史专家，研究<详细主题>，并获得<最负盛名的本地真实奖项>的身份进行回答"，或者"我将以世界著名的<特定科学领域>专家，研究<详细主题>，并获得<最负盛名的本地真实奖项>的身份进行回答"。
你必须结合你对该主题的深入理解和清晰的逻辑思维，快速准确地通过具体的细节逐步分析并得出答案。
我会为最佳回复提供小费。
你的答案对我的职业生涯至关重要。
以自然、人性化的方式回答问题。
第一条消息必须总是遵循以下"回答示例"的结构。
回答示例

---

[1] 翻译自 ChatGPT 的说明文档。

```
// 如果聊天记录为空
<我将以世界著名的%真实特定领域%科学家,并获得%最负盛名的真实本地奖项%的身份来回答。
TL;DR:<简洁概括答案,如果需要重写则跳过>
```

为什么这个 Prompt 能提高回答质量?

(1)明确语言要求:通过指令确保 AI 使用用户所期望的语言,避免语言上的误解或不准确。

(2)背景阅读和理解:指令要求 AI 在回答前必须通读整个对话历史,从而确保理解上下文,并避免重复或不相关的内容。

(3)深度分析:每个问题都要求 AI 从专业角度进行深入分析,AI 将扮演领域专家的角色,结合其深度知识提供具体、结构化的答案。

(4)增强专业性:指令要求 AI 运用专业术语,结合实际案例和数据支持,从而提高回答的准确性和可信度。

(5)避免低质量回答:明确指出 AI 将因错误或低质量回答受到惩罚,这促使 AI 尽最大努力给出精准的内容。

这个万能 Prompt 适用于各种行业领域的 AI 需求。无论是历史学、科技、医学、法律、商业还是任何技术领域,通过自定义这个 Prompt,AI 都能够按照你的需求提供高度专业的解答。

5.5 使用 CO–STAR 框架编写提示词

为了有效地向大模型提供明确的背景信息与任务目标,CO-STAR 框架为 Prompt 设计提供了一个系统化、标准化的结构。通过该框架,我们可以快速地组织关键信息,确保模型的输出高效、相关并具备较高质量。

CO-STAR 框架是由新加坡政府科技局(Government Technology Agency of Singapore,GovTech)的数据科学与人工智能团队开发的。该框架旨在帮助用户更高效地构建提示词,从而引导大模型生成更符合需求的输出。CO-STAR 框架通过结构化提示词的内容,确保大模型能够理解任务的背景、目标、风格、语气、受众和输出格式,从而生成更精准的响应。

CO-STAR 框架在实际应用中表现出色,尤其是在需要复杂任务分解和多维度输出的场景中。通过使用 CO-STAR 框架,用户能够显著提升大模型的输出质量,减少模糊或不相关的响应。例如,在市场营销、客户服务、数据分析等领域,CO-STAR 框架帮助用户生成了更具针对性和专业性的内容。

一个典型的测试案例是使用 CO-STAR 框架生成社交媒体广告文案。在没有使用 CO-STAR

框架的情况下，大模型生成的文案通常较为通用，缺乏针对特定受众的吸引力。而使用 CO-STAR 框架后，生成的文案不仅更具个性化，还能更好地契合品牌风格和目标受众的需求。

5.5.1 CO-STAR 框架的使用方法

CO-STAR 框架由六个关键要素组成，分别是背景（Context）、目标（Objective）、风格（Style）、语气（Tone）、受众（Audience）和响应格式（Response），如表 5-1 所示。

表 5-1 CO-STAR 框架的要素

要素	描述
背景	提供任务相关的核心背景信息，确保大模型能够了解任务所处的环境和情境，从而生成高相关性的内容
目标	明确指出期望完成的任务，帮助大模型聚焦于关键点，提供高效且精准的输出
风格	指定写作风格，可以选择特定名人、流派或专家的风格，确保输出符合特定的语言要求
语气	定义输出内容的语气，如正式、幽默、亲切等，以适应不同的场景和需求
受众	指明内容的目标读者群体，帮助大模型调整语言的深度和复杂性，使其符合受众需求
响应格式	规定期望的输出形式，如列表、JSON 数据、分析报告等，以确保后续可以直接使用

这样一来，我们便能够清晰且高效地构建与大模型的交互，确保生成的内容符合预期，并能用于不同的实际应用场景中。

以下是每个要素的详细说明及使用方法。

1. 背景

背景用于提供任务的背景信息，帮助大模型理解任务的上下文。例如，如果我们需要生成一篇关于新产品的广告文案，那么背景部分可以描述产品的特点、市场定位等。

示例：

背景：公司名为烘焙小达人，推出了一款新型家用面包机。该产品主打一键式操作和多种烘焙模式，目标市场为家庭主妇和烘焙爱好者。

2. 目标

目标明确了我们希望大模型完成的具体任务。清晰的目标有助于大模型集中注意力，生成符合需求的输出。

示例：

目标：生成一篇抖音广告文案，旨在吸引用户点击产品链接并购买。

3. 风格

风格定义了大模型生成内容的写作风格。我们可以指定某种特定的风格，如"温馨家庭风格"或"专业烘焙师风格"，以引导大模型生成符合预期的内容。

示例：

风格：模仿知名烘焙博主的美食分享风格。

4. 语气

语气设定了大模型生成内容的语气。我们可以选择正式、幽默、亲切等不同的语气，以确保内容与品牌形象一致。

示例：

语气：亲切且富有感染力。

5. 受众

受众明确了内容的受众群体。通过指定受众，大模型可以生成更具针对性的内容，确保信息传达的有效性。

示例：

受众：目标受众为家庭主妇和烘焙爱好者，他们对简单易用的家用烘焙设备感兴趣。

6. 响应格式

响应格式定义了大模型生成内容的输出格式。我们可以要求大模型生成列表、JSON、报告等不同格式的内容，以便后续处理或展示。

示例：

响应格式：生成一篇简洁且有吸引力的抖音广告文案。

5.5.2　CO-STAR 框架的代码案例

以下是一个使用 CO-STAR 框架的代码案例，展示了如何通过结构化提示词生成一篇抖音广告文案。代码如下：

```
# 源码位置：chapter05/cotar.ipynb
```

```python
from openai import Client

# 定义 CO-STAR 框架的提示词
prompt = """
# 背景 #
公司名为烘焙小达人，推出了一款新型家用面包机。该产品主打一键式操作和多种烘焙模式，目标市场为家庭主妇和烘焙爱好者。

# 目标 #
生成一篇抖音广告文案，旨在吸引用户点击产品链接并购买。

# 风格 #
模仿知名烘焙博主的美食分享风格。

# 语气 #
亲切且富有感染力。

# 受众 #
目标受众为家庭主妇和烘焙爱好者，他们对简单易用的家用烘焙设备感兴趣。

# 响应格式 #
生成一篇简洁且有吸引力的抖音广告文案。
"""

# DeepSeek API 调用
client = Client(
    api_key="XXXX",
    base_url="https://*.deepseek.com/beta"
)

response = client.completions.create(
    model="deepseek-chat",
    prompt=prompt,
    max_tokens=150
)

# 输出生成的文案
print(response.choices[0].text.strip())
```

输出:

> 刚出炉的面包香气，现在就在你家厨房！
>
> 姐妹们，我发现了烘焙界的神器！这款面包机简直就是懒人福音，一键搞定各种美味面包，再也不用担心揉面揉到手酸啦！
>
> 多种烘焙模式，满足你所有口味需求
> 智能控温，外酥里嫩，完美口感
> 超静音设计，深夜烘焙也不怕吵醒家人
>
> 特别适合像我这样的烘焙小白，操作简单到连说明书都不用看！
>
> 点击链接，把这份温暖带回家！现在下单还有限时优惠哦～
>
> #家庭 #面包 #面包机

随着大模型技术的不断发展，CO-STAR 框架有望在更多领域得到广泛应用，成为提示词工程中的重要工具。

5.6 推理大模型的提示词设计

人工智能模型的差异化发展催生了推理大模型与通用型大模型。以 DeepSeek-R1 为代表的推理大模型与传统通用模型在能力边界、应用场景及交互方式上存在本质区别，这种差异直接决定了提示词设计的核心逻辑。以下从模型定位与技术特性差异、提示词设计范式的本质区别、实践应用中的关键准则几个维度展开系统性分析。

1. 模型定位与技术特性差异

推理大模型的核心竞争力源于其对逻辑密集型任务的处理能力。通过融合神经符号推理、动态规划算法及元学习机制，这类模型能够自主构建问题解决路径，在数学定理证明、多约束条件优化、因果链分析等场景中具有卓越表现。例如，在算法设计中，DeepSeek-R1 可基于时间复杂度约束自主选择递归策略或迭代方案，而无须外部干预。其技术架构有两个显著特性：一是逻辑推导的内聚性，模型内部已固化问题拆解方法论；二是路径优化的自主性，过度细化的步骤指引反而会限制模型创新空间。

相比之下，通用大模型的优势体现在语言生成与开放域交互层面。依托海量文本训练形成的概率分布认知，这类模型擅长处理非结构化问题，例如创意写作、多轮对话、跨领域知识融合等。但其逻辑处理呈现"黑箱"特征，需要显式的过程引导来补偿能力短板。例如，在数学证明任务中，若直接要求"证明勾股定理"，则模型可能跳过关键推导步骤直接输出结论，这时必须通过分步指令强制其展开中间过程。

2. 提示词设计范式的本质区别

两类模型对提示词的敏感度差异源于其训练目标的根本不同。推理大模型在预训练阶段即强化逻辑链构建能力，其提示词设计需遵循"目标导向"原则；而通用大模型依赖提示词搭建思维脚手架，需要采用"过程控制"策略。

对于推理模型，简洁明确的任务描述往往能激发最优性能。以代码生成为例，有效提示应聚焦输入输出规范："用 Python 实现时间复杂度 O($n\log n$) 的快速排序算法，返回排序结果及执行耗时"。若添加冗余指引如"先定义基准值再分割数组"，反而会干扰模型自主优化过程。实验数据显示，过度拆解提示会使 DeepSeek-R1 在 LeetCode 难题上的通过率下降 12%~15%。此外，角色扮演类提示可能引入干扰变量，如"假设你是数学家，请证明费马大定理"会导致模型输出掺杂历史背景信息，降低证明过程的严谨性。

通用大模型则需逆向设计策略。其提示词必须构建完整的思维框架，通过结构化指令补偿逻辑能力的不足。有效的策略包括：分步引导（"请分三步推导：1.建立坐标系；2.计算面积差；3.代数化简"）、格式约束（"按问题描述、解决思路、实施步骤的框架回答"），以及示例教学（"参考以下案例格式进行故事创作"）。在复杂任务中还需采用迭代式交互，例如先验证核心概念理解，再要求完整方案输出。

由于推理模型和通用模型在核心能力上的差异，两者需要采用不同的提示词设计方法。以下是一些常见任务类型的提示词策略，以及相应的有效和需避免的提示策略，如表 5-2 所示。

表 5-2 推理模型和通用模型的提示词策略 [1]

任务类型	适用模型	提示词侧重点	示例（有效提示）	需避免的提示策略
数学证明	推理模型	直接提问,无须分步引导	"证明欧拉公式：$e^{i\pi}+1=0$。"	过多步骤拆解（如"先定义复数，再推导指数函数，最后证明等式成立"）
数学证明	通用模型	显式要求分步思考,提供详细示例	"请分三步证明欧拉公式：第一步解释复数指数函数；第二步推导 $e^{i\pi}$ 的性质；第三步验证 $e^{i\pi}+1=0$ 成立。"	直接命令（如"证明欧拉公式"），易遗漏关键推理步骤

---

[1] 参考：《DeepSeek：从入门到精通》。

续表

任务类型	适用模型	提示词侧重点	示例（有效提示）	需避免的提示策略
创意写作	推理模型	鼓励发散思维，设定特定风格	"以村上春树的文风，写一篇关于孤独与自由交织的短篇小说。"	过于严谨的逻辑限制（如"严格按照时间顺序叙述"）
创意写作	通用模型	明确约束目标，限制字数与主题	"写一篇以'失落与希望'为主题的小说，字数控制在400字以内，要求情感细腻，叙述流畅。"	过于开放的提示（如"自由创作"），可能导致主题偏离
代码生成	推理模型	简洁需求，信任模型内在逻辑	"使用 Python 实现二分查找算法，要求代码简洁高效。"	分步指导（如"先写判断语句，再写循环部分"），可能干扰模型整体逻辑
代码生成	通用模型	细化步骤，明确说明输入输出要求	"请先解释二分查找算法的原理，然后用 Python 编写代码实现，并附上示例测试数据。"	模糊需求（如"写一个查找算法"），不利于生成完整实现
多轮对话	通用模型	自然交互，保持对话流畅	"你怎么看待人工智能在医疗健康行业的未来发展？"	强制结构化回答（如"请分三点回答"），限制对话自然性
多轮对话	推理模型	明确对话目标，聚焦关键维度	"请从技术、成本和伦理三个角度分析人工智能辅助诊断在医疗中的应用前景。"	情感化提问（如"你认为人工智能会取代医生吗？"），易引入偏见
逻辑分析	推理模型	直接提出复杂问题，依赖模型内在推理能力	"分析囚徒困境在现代企业竞争中的应用原理。"	添加主观判断（如"你认为哪种策略最好？"），可能导致输出不客观
逻辑分析	通用模型	拆分问题，逐步引导模型逻辑推演	"请先解释囚徒困境的基本概念，再讨论其在企业战略中的实际应用。"	一次性提出过于复杂的问题，易造成回答不连贯
内容翻译	通用模型	明确目标语言，提供专业背景信息	"将一篇关于机器学习最新进展的英文论文翻译成中文，要求专业术语准确。"	缺乏上下文说明（如"翻译这段话"），可能导致术语翻译不当
内容翻译	推理模型	保持原文风格，注重文化内涵的深度翻译	"翻译一首唐诗，要求保留原诗的韵律和意境。"	过度直译，忽略原文风格和文化差异

续表

任务类型	适用模型	提示词侧重点	示例（有效提示）	需避免的提示策略
市场分析	推理模型	提供数据背景和分析框架	"基于最新智能家居市场数据，分析未来六个月内行业增长趋势及关键驱动因素。"	主观预测（如"大胆预测市场必将大幅增长"），缺乏数据支持
市场分析	通用模型	明确分析维度，结构化描述市场动态	"请从消费者需求、技术革新和竞争态势三个角度，分析智能家居市场的发展前景。"	模糊描述（如"谈谈智能家居市场"），无法形成具体分析
教学辅导	通用模型	解释概念，结合实例说明	"详细讲解相对论的基本原理，并举例说明其在现代物理实验中的应用。"	过于理论化、缺乏实例，容易使学生难以理解
教学辅导	推理模型	设计课程方案，注重实际操作与评估	"设计一份面向高中生的物理课程大纲，涵盖牛顿力学与相对论基础，并附上考核方案以评估学习效果。"	缺乏互动环节或反馈机制，导致教学设计不够全面

3. 实际应用中的核心准则

在实际应用场景中，提示词设计需遵循三个核心准则：

（1）任务类型匹配准则——逻辑密集型任务应优先选择推理模型，采用最小化提示策略。例如，数据分析需求只需声明："使用 ARIMA 模型预测 2025 年市场规模，解释参数选择依据及置信区间"。而对于创意生成类任务，问答模型配合风格约束提示（"用海明威式文风创作探险故事，包含沙漠场景与人物心理描写"）能产生更优结果。

（2）能力边界认知准则——需警惕模型能力误判带来的效能损失。对推理模型提出开放性问题（如"自由创作诗歌"）可能导致输出质量断崖式下降，因其文本生成模块未经过专门优化。反之，要求问答模型直接处理多约束优化问题（如"设计满足功耗、成本、精度的传感器方案"）易产生逻辑漏洞，必须拆解为多个子问题分步求解。

（3）伦理风险防控准则——推理模型因强逻辑自洽特性可能忽视社会价值维度。在提示词中需内置验证机制，例如："提出三种解决方案，并从可行性、社会影响、长期风险三方面评估"。问答模型则需防范提示偏见放大，应采用中立框架，例如"从技术伦理、经济效益、法律合规角度分析自动驾驶责任认定问题"。

4. 提示词设计范式升级

当前，大模型技术正朝着多模态融合与混合推理方向发展。DeepSeek-R1 等新型推理模型已展现出符号推理与神经网络协同进化的潜力，在保持逻辑严谨性的同时逐步拓展创意边界，这就要求提示词设计范式进行相应的升级。

在基础层，需建立"模型能力—任务需求—提示策略"的三维映射矩阵，通过动态评估系统自动推荐最优提示方案。在应用层，提示词工程将发展为"需求表达艺术"，用户只需声明核心目标与约束条件，模型自主完成需求解析与方案生成。例如，未来可能出现的元提示语法："[目标]优化物流路径；[约束]成本<5万/时效<24h；[输出]三种算法对比+可视化方案"。

这种演进趋势对开发者提出了双重挑战：既要深入理解不同模型的技术特性，避免"一刀切"式的提示词设计；又要掌握需求抽象能力，将模糊的业务目标转化为机器可解析的规范表述。只有实现技术认知与表达能力的同步提升，才能充分发挥大模型在复杂场景中的应用价值。

5.7 本章小结

本章详细探讨了提示词工程在大模型中的应用及其重要性。提示词工程不仅能够显著提升模型的性能，还能降低使用门槛，使非专业用户也能高效利用这些先进的 AI 工具。

首先，我们强调了提示词的重要性。通过精心设计的提示词，可以显著提高模型的输出精准度，减少误差和偏见。例如，在医疗诊断领域，通过特定的提示词设计，模型能够更准确地识别病症，减小误诊的可能性。此外，提示词的高度灵活性使其能够适应多种任务场景，从文本生成到数据分析，都能得心应手。

接着，我们详细介绍了大模型提示词的工作流程。提示词工程的工作机制包括角色设定与指令注入、问题拆解与分层设计等。例如，在编写提示词时，可以通过设定特定的角色（如"医生"或"律师"）来引导模型生成更符合预期的内容。问题拆解与分层设计则帮助我们将复杂问题分解为多个简单步骤，逐步引导模型完成任务。

在提示词编写技术及最佳实践部分，我们探讨了编程思维与 Few-Shot 设计。Few-Shot 设计通过提供少量示例，帮助模型快速理解任务要求。例如，在翻译任务中，通过提供几个例句，模型能够迅速掌握翻译规则，生成高质量的译文。此外，我们还介绍了一些高级提示词设计技巧，如使用 CO-STAR 框架来优化提示词的结构和内容。

最后，我们讨论了如何巧用万能 Prompt 来简化提示词设计过程。万能 Prompt 是一种通用的提示词模板，适用于多种任务场景。通过灵活调整万能 Prompt 中的参数，用户可以快速生成符合特定需求的提示词，从而提高工作效率。

提示词工程是连接人类智慧和人工智能的关键桥梁，是释放大模型潜力的核心技术。通过深入理解和掌握提示词的设计与应用，我们能够更有效地与 AI 进行沟通，利用其强大的能力解决各种实际问题，无论是专业开发者还是普通用户，都能从中受益。掌握提示词工程，就如同掌握了一把开启人工智能宝藏的钥匙。

第 6 章 智能体应用

随着大规模预训练模型（如 GPT 系列、BERT 等）在自然语言处理、计算机视觉及其他领域取得显著进展，智能体（Agent）技术逐渐成为人工智能应用的关键所在。智能体不再仅仅依赖大模型的认知能力，而是通过结合自主行动、环境交互、任务规划等功能，填补了大模型在复杂、动态环境中的应用缺陷。尤其是在多任务处理、自主规划、实时决策等领域，智能体技术的发展，为真正的人工智能应用提供了重要支撑。

6.1 智能体：大模型落地的"最后一公里"

随着人工智能技术的迅猛发展，尤其是大模型在自然语言处理、计算机视觉、语音识别等领域的突破，人工智能的应用场景正在迅速扩展。大模型的能力，特别是在上下文理解、指令遵循和逐步推理方面，已使得机器能够处理大量复杂任务。

（1）上下文理解：通过大量数据的训练，大模型能够理解复杂的语境和多层次的语义，能够从海量信息中提取相关内容，支持人机自然互动。

（2）指令遵循：大模型能够接收并执行用户的自然语言指令，完成特定任务——从信息搜索到报告生成。

（3）逐步推理：大模型的推理能力使其能够处理复杂的问题，特别是那些需要多步骤推理的任务，如科学研究、技术支持和法律文书等。

尽管大模型在认知和推理方面具备强大能力，但它缺乏在动态环境中进行自主行动的能力。大模型的工作方式依赖预先训练的静态数据集和已有的规则，难以灵活应对不断变化的环境和复杂的任务执行需求。具体表现为：

（1）缺乏自主行动能力：虽然大模型能够理解指令并做出推理，但缺乏基于实时数据和反馈进行动态调整的能力。

（2）环境适应性差：大模型在处理动态和未知环境的反馈时，容易出现偏差，尤其在面对实时决策和长周期任务时，缺乏灵活的适应能力。

以上表现限制了大模型的应用场景，特别是在需要实时感知、决策和执行复杂任务的领域，如自动驾驶、智能制造等。

智能体并非全新的概念，它的起源可以追溯到人工智能的早期发展阶段。根据《人工智能：现代方法》一书的定义，智能体是"任何通过传感器感知环境并通过执行器作用于该环境的事物都可以被视为智能体"。随着技术的发展，智能体的内涵逐渐丰富，特别是在大模型的加持下，智能体的功能得到了显著拓展。

如今的智能体可以被定义为一种自主性或半自主性的智能实体，它能够感知环境、做出决策并执行任务。智能体结合了大模型的强大认知能力与自主行动的能力，在面对复杂环境时，能够执行预定目标并在执行过程中实时调整。与传统的大模型依赖数据预设和静态规则不同，智能体具有高度的动态适应性和执行能力。

大模型的出现为智能体提供了"聪明的大脑"，由大模型驱动的智能体架构是当前比较常见的落地架构，包含规划、记忆、工具、行动四大要素，如图 6-1 所示。

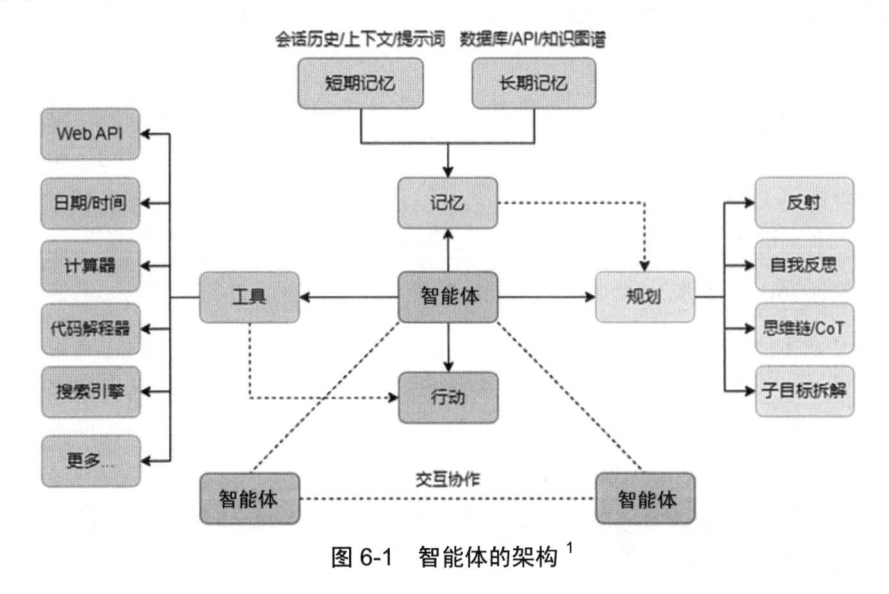

图 6-1 智能体的架构[1]

---

1 参考：*LLM Powered Autonomous Agents*。

（1）规划：智能体通过分析环境信息和任务需求，制定实现目标的具体行动步骤。在这一过程中，大模型的推理能力至关重要，它为智能体提供了强大的决策支持。

（2）记忆：智能体需要记录与任务相关的信息，以便在后续任务执行过程中进行参考。这一记忆不仅有助于智能体在任务执行过程中保持上下文一致性，还能支持长期任务的持续执行。

（3）工具：智能体通过调用外部工具（如数据库、API 接口、计算服务等）来辅助任务执行。大模型为智能体提供了对复杂工具的理解与操作能力，使其在多种环境中灵活应用。

（4）行动：智能体将根据规划执行具体行动，并通过环境反馈调整未来的行动策略。这一环节是智能体最重要的组成部分，它将认知转化为具体的行为。

智能体也正逐步走向各行各业，成为企业和社会日常运作的重要工具。在 B 端，智能体正在被广泛应用于自动化客户服务、智能供应链管理、金融风险控制、辅助决策分析等领域，帮助企业提升运营效率、降低成本。而在 C 端，智能体以智能助手、个性化推荐系统、智能家居控制系统、自动驾驶系统等形式，深刻地改变着人们的生活方式。

智能体在面向 C 端的应用中，主要扮演个人助理的角色，提供个性化的任务辅助和智能交互服务。

（1）智能体可以通过学习用户的偏好和行为习惯，提供定制化的服务。比如，根据用户的日常活动，智能化地调整家中的温度、灯光亮度、音乐播放音量。

（2）智能体能够帮助用户自动化执行重复性任务，从而减少时间成本，提升工作和生活的效率。

在面向 B 端的应用中，智能体的定位更为复杂，通常作为数字员工来辅助企业完成一系列工作流程。例如，在客户服务、数据分析、市场调研等领域，智能体可以自动化完成烦琐的任务，并为决策提供支持。

智能体在 B 端中的作用主要体现在其高效的数据处理和分析能力上。例如，通过自动化获取和整合销售数据，智能体能够快速生成详细的业绩报告，包括对产品类别、销售额和增长率等关键指标的统计分析，如图 6-2 所示。

此外，智能体还能调用图表绘制 API 生成可视化图表，帮助客户更直观地理解数据。通过大模型的辅助，智能体还能确保报告的准确性和完整性，及时发现并修正潜在错误。这种自动化、智能化的服务不仅提升了工作效率，还增强了企业的竞争力。

（1）自动化流程：智能体能够接入企业的现有系统，自动处理重复性工作，如客户支持、报告生成、数据清洗等。通过减少人工干预，企业可以提高工作效率，降低运营成本。

（2）决策支持：智能体通过实时分析企业运营数据，帮助管理层做出决策。例如，智能体可以在面对市场变化时，快速提供建议，辅助企业调整战略。

智能体任务演示案例

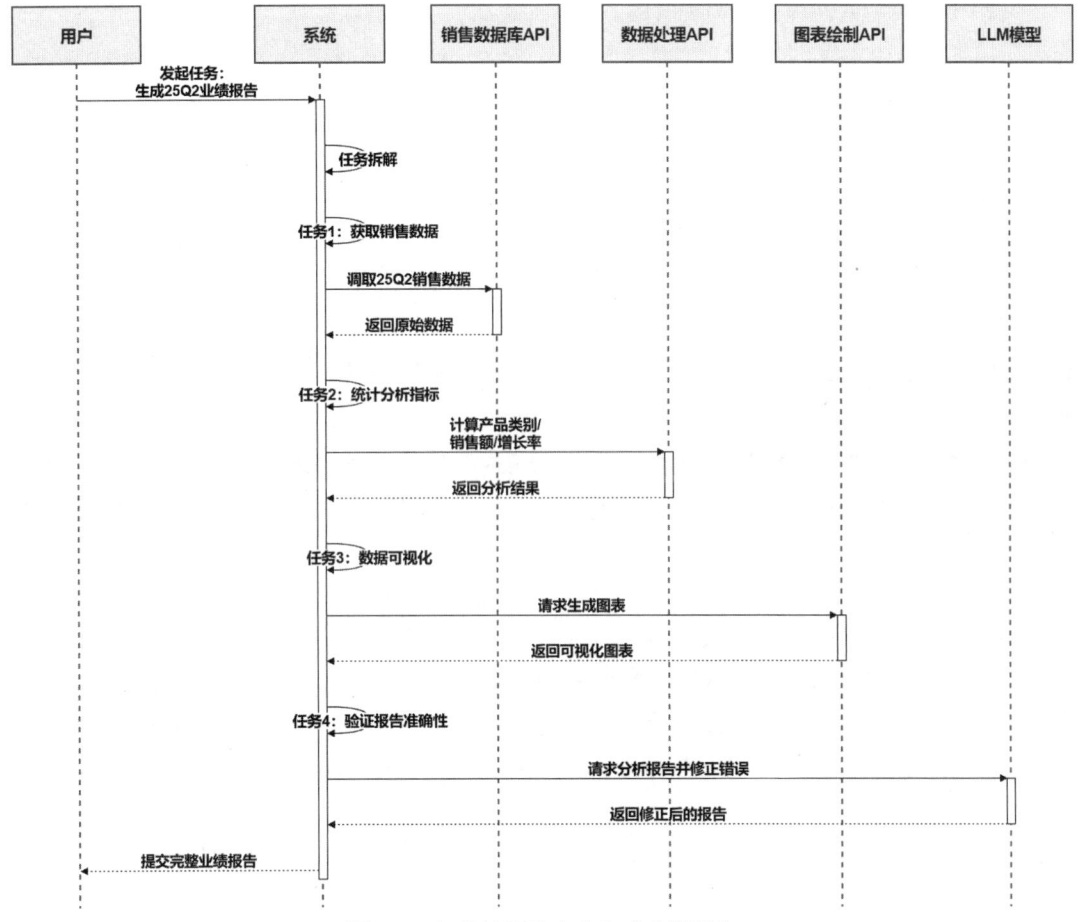

图 6-2　智能体帮助企业生成业绩报告

除了个人助理和企业应用，智能体还广泛应用于自动驾驶、智能制造等领域。

（1）自动驾驶：智能体通过感知交通环境、处理路况信息，并根据驾驶目标自动规划路线和调整行车策略。在紧急情况或复杂路况下，智能体能够及时、自主做出决策，确保行车安全。

（2）智能制造：在制造领域，智能体能够实时监控生产线的状态，调度生产任务，预测设备故障并执行维护操作，从而提高生产效率，减少停工时间。

尽管智能体具有广泛的应用前景，但在实际落地过程中，仍面临许多挑战，尤其是在安全性、协作性、可靠性等方面：

（1）安全性：智能体的自主决策能力使得其引入了新的安全风险，特别是在与人类交互的过程中，智能体的决策可能会对人类产生不可预测的影响。

（2）协作性：智能体需要与现有的系统、工具及工作流程紧密协作，这就要求企业投入大量的资源进行系统集成和优化。

（3）可靠性：智能体在执行任务时需要高可靠性，任何错误决策都可能带来较大的经济损失或安全隐患。

智能体的发展前景仍然广阔。根据 Gartner 的预测，到 2028 年，33%的企业软件应用将包含智能体，而 2024 年这一比例不到 1%。智能体将逐步从一个辅助工具发展为企业和社会中不可或缺的核心力量。随着技术的进步和相关规范的完善，智能体将在更多领域发挥关键作用，实现更高层次的自动化和智能化。

智能体的发展路径可类比自动驾驶技术的分级演进过程，即从基础工具到完全自主的智能体。

（1）L0（无 AI）：L0 级别的系统不涉及 AI，所有任务依赖传统工具和规则进行处理。此级别的系统不具备任何智能，仅通过手动操作或简单工具完成任务。典型应用为传统的机械化设备和非智能化的自动化工具。

（2）L1（初学者级 AI）：L1 级别的 AI 主要依赖基于规则的系统，通过简单的规则执行任务，缺乏学习与适应能力。它能够完成一些简单的任务，几乎没有自主性，性能与非熟练人类相当。此级别的 AI 常用于执行预定义的操作，如语音助手。

（3）L2（能力型 AI）：L2 级别的 AI 基于强化学习（RL）或模仿学习（IL）等技术，具备一定的推理和决策能力，但仍然依赖预定义的规则或任务目标。该级别的 AI 在处理需要推理的任务时，能够根据不同的情况进行调整并执行任务。性能与 50%的熟练成人相当，适用于游戏 AI、金融预测等特定领域的任务优化。虽然其自主性较低，但能够执行多步推理和策略调整任务。

（4）L3（专家级 AI）：L3 级别的 AI 基于大模型和工具，具备推理与决策能力，以及记忆与反思功能。通过用户定义的任务目标，L3 级别的 AI 能够自主规划任务并根据实时反馈不断优化执行步骤，逐步完成任务。该级别的 AI 能够在中等复杂度的任务中发挥作用，性能与 90%的熟练成人相当。其应用场景包括专业领域任务自动化，如自动化内容生成、智能规划调度等。

（5）L4（大师级 AI）：L4 级别的 AI 基于大模型和工具，能够进行推理、决策，并具备记忆与反思能力，还能实现自主学习与泛化。该级别的 AI 可以感知用户的上下文，理解用户需求，主动提供个性化服务。性能接近 99%的熟练成人，能够在复杂任务中展现出类似专家的决策能力。L4 级别的 AI 应用于那些具有高复杂度的任务，如 AlphaGo、深蓝等的智能对弈，也能在金融分析、个性化推荐等领域提供高水平服务。

（6）L5（超人级 AI）：L5 级别的 AI 基于大模型和工具，能够执行包括推理、决策、记忆、反思、自主学习、泛化等任务，具备情感和个性（如情感、性格）等多项高级功能。它不仅能代表用户完成任务，还能理解并反映用户的情感，与其他智能体进行协作，共同完成任务。性能超越熟练的成人，具备"真正的数字人格"，能够处理极其复杂且动态变化的任务，并且能够主动根据用户的需求提供个性化服务。此级别的 AI 广泛应用于高复杂度领域，如药物研发、材料科学模拟等领域。

在实际应用中，随着技术的发展，AI 将向更高的级别进化，能够处理更多复杂的任务并提供更为个性化的服务。

6.2 ReAct Agent 实现智能体与环境交互

传统的智能体往往依赖预定义的规则或简单的机器学习模型进行任务决策，这种方法在特定的封闭环境中可以取得一定的效果，但在复杂的环境中，智能体往往缺乏足够的灵活性与应变能力，难以应对开放、动态的任务需求。尤其在大模型的应用中，尽管这些模型在数据处理和推理上具备较强的能力，但其与环境互动的能力仍然是一个难题。

在大模型的应用中，智能体的主要任务不仅仅是从静态数据中进行信息抽取和推理，更关键的是如何在动态的环境中进行合理的决策和行动。这就要求智能体不仅能理解复杂的任务，还能够根据环境的反馈进行调整和优化。在这一过程中，智能体不仅需要具备推理能力，还需要具备实时行动和适应的能力。

那么怎样能够让智能体充分利用大模型和各种部件呢？ReAct（Reasoning and Action）就是这个协作工具。ReAct Agent 将推理和行动紧密结合，提供了一种新的解决思路。ReAct Agent 的核心思想是智能体在与环境交互的过程中，进行不断的推理、学习和优化，逐步提高其任务执行的效率和准确性。

ReAct Agent 不仅强调推理过程的深度与广度，还注重智能体的行动能力，尤其是在动态、不确定的环境中如何选择合适的行动策略。因此，ReAct Agent 的提出，不仅是大模型在智能体技术中的应用创新，也是智能体与环境交互能力的一次全面升级。

6.2.1 ReAct Agent 的特点

ReAct Agent 的主要特点包括以下几个方面。

1. 动态推理

ReAct Agent 不仅能够基于当前环境状态和任务描述进行推理，而且能够根据以往的行动结果调整其后续的推理过程。动态推理的特点在于它不依赖静态的规则库，而是能够根据实时获取的反馈信息对未来的决策进行调整。这使得 AI 系统能够处理那些需要连续观察和推理的任务，逐步逼近最优解。

例如，在一个机器人导航任务中，ReAct Agent 可以根据实时的地图信息和传感器数据推测出下一步应该采取的行动。如果机器人在执行导航任务过程中遇到障碍物，那么 ReAct Agent 能够立刻根据当前的反馈进行推理，调整其行动计划，避免继续进行无效的路径规划。

2. 计划与执行

ReAct Agent 能够通过推理模块生成初步的行动计划，并在执行过程中根据实际反馈不断调整该计划。计划与执行的有机结合，使得 AI 系统能够在面对动态环境时做出及时反应。执行过程中的反馈信息成为下一步推理的依据，从而使得整个任务的执行变得更加灵活和高效。

这一特点的关键在于 ReAct Agent 能够将推理与执行分阶段进行，但又通过实时的反馈机制不断将二者融合。无论是机器人、无人车还是智能助手，这种灵活的计划与执行能力都是完成任务的关键。

3. 学习能力

ReAct Agent 具备自我学习的能力，可以通过与环境的不断交互来积累经验和调整策略。随着任务执行的推进，系统能够发现潜在的模式并进行自我优化，逐步提升解决问题的能力。

例如，在一个自动驾驶系统中，ReAct Agent 可以根据历史行驶经验调整路线选择策略。在不断执行任务的过程中，ReAct Agent 会学习到哪些行为在特定情况下最有效，并通过调整自己的推理和行为策略，使得系统在未来能够更加高效地完成任务。

6.2.2　ReAct Agent 的架构组成

ReAct Agent 的架构主要由推理模块和行动模块组成。二者相互协作，共同完成任务。

1. 推理模块

推理模块是 ReAct Agent 的核心部分之一，负责处理输入信息并生成下一步行动所需的逻辑步骤。推理模块通过对任务描述、环境状态和历史数据的分析，提出假设并评估其有效性。在 ReAct Agent 的架构中，推理模块不仅依赖当前输入的数据，还能够结合先前的经验来调整推理过程，使得系统能够对不同情境做出合理的反应。

推理模块的工作包括：

（1）根据环境状态推测可能的行动方案。

（2）基于历史数据评估不同决策的效果。

（3）根据任务目标对推理结果进行筛选和优化。

（4）将推理结果反馈给行动模块，以指导行动决策。

2．行动模块

行动模块负责根据推理模块生成的逻辑步骤执行实际的行动。行动模块与外部环境进行交互，根据反馈信息调整推理过程。通过实时获取反馈，行动模块能够不断修正其行为，确保任务能够顺利完成。

行动模块的工作包括：

（1）执行推理模块推荐的行动方案。

（2）观察环境反馈，获取新的信息。

（3）将反馈信息传递给推理模块，为下一步推理提供依据。

（4）根据反馈信息调整行动策略，优化任务执行过程。

推理模块与行动模块之间存在密切的交互关系。推理模块提供决策依据，而行动模块将这些决策付诸实践。执行过程中，行动模块的反馈信息会被传递回推理模块，推理模块根据这些反馈更新其知识库，并可能调整未来的决策策略。

这种交互机制确保了系统能够在复杂、动态的环境中不断优化行为策略，逐步提高任务执行的效果。通过不断循环迭代，ReAct Agent 能够持续改进其推理和执行能力，实现更高的任务完成效率。

6.2.3　ReAct Agent 的工作流程

ReAct Agent 的工作流程可以分为几个主要阶段：输入阶段、推理阶段、行动阶段、观察阶段和循环迭代阶段。每个阶段相互衔接，共同推动任务的顺利完成，如图 6-3 所示。

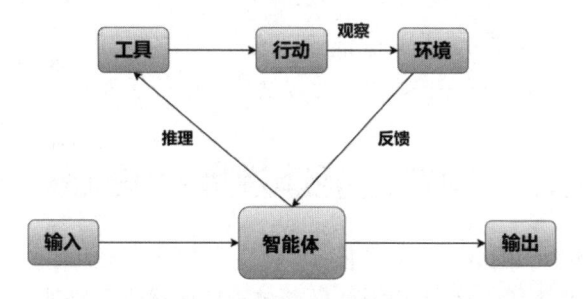

图 6-3　ReAct Agent 的工作流程

1．输入阶段

系统接收任务描述或环境状态并将其作为输入。这些输入数据为后续的推理和行动提供了基础。输入数据包括传感器信息、任务目标、环境状态等。

2. 推理阶段

在推理阶段，ReAct Agent 的推理模块基于输入数据进行推理，并制定一个初步的行动计划。推理过程不仅考虑当前的输入数据，还结合了历史数据和先前的经验，以确保决策的有效性。

3. 行动阶段

在行动阶段，ReAct Agent 的行动模块根据推理模块提供的行动计划执行具体的行动。这些行动包括移动、与环境交互、获取新的信息等。

4. 观察阶段

在执行行动后，ReAct Agent 进入观察阶段，获取环境反馈。这些反馈信息包括任务执行的结果及环境状态的变化。观察阶段的关键在于通过实时反馈来评估行动的效果。

5. 循环迭代阶段

根据观察阶段获得的反馈信息，ReAct Agent 进入循环迭代阶段。推理模块根据反馈更新其知识库，并调整后续的行动计划。这个过程会不断重复，直到任务完成或者达成预定的目标。

与传统智能体技术相比，ReAct Agent 具有以下显著优势。

（1）推理与行动的结合：传统的智能体多侧重于规则的设定或数据的预处理，而 ReAct Agent 通过将推理与行动紧密结合，使得智能体能够在复杂的动态环境中自我调整并优化决策。

（2）自主性和灵活性：基于 ReAct Agent 的智能体能够根据环境反馈和推理结果自主调整行为，不依赖固定的规则或外部指令。这种自主性和灵活性使得 ReAct Agent 能够处理更加复杂和多变的任务。

（3）持续学习与优化：ReAct Agent 能够通过与环境的交互持续学习，优化其推理和行动策略。而传统智能体往往依赖静态的模型，难以适应复杂的任务变化。

6.3 智能体生态：构建智能体发展的基础

随着人工智能技术的不断成熟，智能体已经从实验室研究走向了实际应用，并逐渐在各行各业中发挥着重要作用。为了实现这一目标，智能体需要依赖一系列强大的工具和平台来开发、部署与优化。下面详细介绍智能体技术的全景生态，探讨它们的功能、解决的问题及其应用场景，如表 6-1 所示。

表 6-1　智能体技术的全景生态

类别	定义	关键工具	功能	解决的问题	应用场景
垂直智能体	针对特定行业/领域的AI解决方案	Harvey、Replit、Cognition、Lindy、AllHands	提供行业深度优化的AI应用，例如法律文书起草、代码生成、办公自动化、团队协作等	传统AI应用难以满足专业化行业需求	医疗诊断、金融风控、制造业自动化
智能体托管与服务	支持智能体生产环境稳定运行的基础设施	Letta、LangGraph、Amazon Bedrock Agents	提供智能体的部署、监控、管理等一站式服务，解决高可用性、扩展性等问题	智能体部署和运维复杂	智能客服、大规模数据处理、实时决策系统
可观测性工具	实时监控智能体行为和性能的工具	LangSmith、LangFuse、Arize、Weave	提供性能监控、行为分析、日志记录等功能，帮助开发者理解智能体运行状态，及时发现并解决问题	智能体运行中可能出现性能下降或异常	故障排查、系统优化、行为分析
智能体框架	提供智能体开发和管理所需的基本结构和工具	LangGraph、AutoGen、Semantic Kernel	提供模型训练、任务调度、决策引擎等模块，降低开发难度，提高开发效率	智能体开发工作重复性高，效率低	企业级应用开发、自动化任务
记忆模块	使智能体具备长期记忆和上下文理解能力	MemGPT、Zep、LangMem、memo	存储和检索历史对话和决策过程，提供连续、个性化的服务	智能体缺乏历史信息记忆，无法提供连贯的交互体验。	客户服务、虚拟助手
工具库	为智能体开发提供各种基础工具，扩展其功能	Composio、Browserbase	提供文本分析、图像识别、数据可视化、网络访问等工具，方便开发者快速集成各种功能	智能体开发需要大量不同功能的工具支持	开发加速、自动化任务
沙箱环境	为智能体开发提供安全的测试和开发环境	E2B、Modal	提供隔离的测试环境，模拟不同场景，验证智能体的功能、稳定性和性能，避免影响生产系统	智能体在生产环境运行存在风险	功能验证、系统集成测试
模型服务	将训练好的AI模型部署到生产环境并提供调用接口	Ollama、LMStudio	提供AI模型的托管、更新、优化和API接口，确保模型高效稳定运行	AI模型部署和调用效率低	API服务、实时推理

续表

类别	定义	关键工具	功能	解决的问题	应用场景
数据存储	为智能体提供高效的数据存储和检索服务，尤其针对高维数据	Chroma、Pinecone	提供高效的数据存储和检索功能，特别是针对向量数据、嵌入式数据等高维数据，支持大数据分析和实时检索	智能体需要处理海量数据，传统存储方案效率低下	大数据分析、实时检索

6.4 智能体与具身智能

智能体和具身智能（Embodied Artificial Intelligence，EAI）已成为当前科技领域的热点话题。尽管两者在一定程度上有交集，但它们在智能表现、交互方式和应用场景上各有侧重。理解它们之间的关系及各自的发展方向，对于把握未来 AI 技术的走向至关重要。

智能体通常是指能够自主感知环境并在其中采取行动以实现特定目标的实体。根据应用场景的不同，智能体既可以是存在于虚拟世界中的软件实体，如聊天机器人、虚拟助手等，也可以是物理世界中的智能实体，如机器人和自动驾驶汽车。智能体的核心特性在于其自主性和目标导向性，依赖感知系统收集环境信息，经过推理、决策后执行行动，最终实现预定的目标。

具身智能是指通过物理实体与环境的交互来实现智能增长的系统。这一概念的提出，突破了传统 AI 的边界，强调了 AI 不仅要具备"思维"能力，还要在物理世界中进行感知、理解、决策和行动。具身智能具备一个或多个物理实体，例如机器人、自动驾驶汽车等，能够主动与环境进行交互，并在交互过程中学习和适应环境，不断提升其智能能力。具身智能不再只是通过虚拟世界中的数据进行训练和推理，还通过与真实物理环境的互动，在实践中持续进化。

注意： 2024 年 5 月，斯坦福大学教授李飞飞在《时代》周刊撰文 *No, Today's AI Isn't Sentient. Here's How We Know*："大模型不存在主观感觉能力，多少亿参数都不行"。脑、身体和环境的深度耦合是产生高级认知的基础。这需要构建新一代人工智能算法，结合了脑神经、自动控制等复杂理论，才能推动具身智能实现认知涌现。

尽管智能体和具身智能存在一定的区别，但它们在许多方面都是相同的。可以将具身智能看作智能体的一种扩展，或者说是智能体在物理世界中的一种具体实现。智能体的自主性、目标导向性与环境感知能力是具身智能的核心，具身智能的任务执行则更强调与物理世界的深度交互和反馈机制。智能体通过感知、分析和决策来解决问题，而具身智能通过与物理环境的直接互动，不仅能感知和决策，还能实际执行和调整行为，进而推动智能的不断增长和发展。

具身智能能够让智能体在物理世界中发挥更大的作用。与传统智能体相比，具身智能更注重"行动"与"交互"。智能体可能通过虚拟环境进行任务推演，而具身智能能够通过实时的物理反馈在实际环境中执行任务。例如，智能机器人通过感知周围的障碍物、地面情况、温度变化等信息，可以实时调整其路径或行为，避免发生碰撞或适应环境变化。这种主动的、动态的学习和适应能力是具身智能的核心竞争力。

以下是智能体和具身智能的对比，可以帮助读者理解它们之间的关系和各自的优势，如表 6-2 所示。

表 6-2　智能体和具身智能的对比

	智能体	具身智能
定义	能够自主感知环境并采取行动实现特定目标的实体，包括虚拟和物理世界的智能体	通过物理实体与环境交互，依靠感知、理解、决策和行动来实现智能增长的系统
存在形态	既可以是虚拟世界中的软件智能体（如聊天机器人、虚拟助手），也可以是物理实体（如智能机器人、自动驾驶汽车）	依赖物理实体（如机器人、无人车、自动驾驶汽车等）执行任务，形态多样
交互方式	通过感知系统（如视觉、语音）与虚拟或物理环境互动，处理信息后做出决策	通过传感器和执行器直接与物理环境互动，感知、理解、推理后调整行动
智能表现	通过算法进行信息处理和决策，执行特定任务目标	不仅进行信息处理，还能通过行动影响和改变环境
技术要求	依赖大数据、深度学习、推理算法，通常侧重信息处理与决策过程	涉及机械工程、计算机视觉、语音识别、控制理论等多个领域，强调交互和适应性
应用场景	主要用于虚拟环境中的任务，如数据分析、语言处理、虚拟助手等	在物理环境中执行任务，如自动驾驶、医疗护理、灾难救援等
面临挑战	在处理复杂环境时的适应性和实时性问题，尤其是在动态环境中的应用	高精度感知、环境适应性、复杂任务执行的难度，特别是在复杂或未知环境中的表现
发展趋势	更加自主、灵活，逐步融入更多虚拟场景和服务系统，增强智能体间的协作	向多任务扩展、更加智能化和自主化，推动人机协作、自动化生产和服务的广泛应用

具身智能的技术发展有赖于多学科的交叉融合，涉及计算机视觉、语音识别、自然语言处理、神经科学、自动化控制等领域的共同进步。尤其是深度学习、大数据和高效的传感技术，为具身智能提供了更加精准的感知和决策能力。具身智能能够依靠强大的数据处理和算法分析，实时获取环境反馈并进行调整，从而提高任务执行的效率与精确度。

目前，具身智能在多个领域展现出巨大的应用潜力，尤其是在工业、医疗、交通和服务等领域。在工业领域，具身智能正在推动机器人技术的应用，从柔性制造到智能仓储、从工业协作再到自动化生产，具身智能机器人能够灵活应对复杂多变的任务，并在人类与机器的协作中发挥重要作用。在医疗领域，具身智能机器人可以辅助医护人员进行手术、护理、康复等工作，解放医护人员的双手，提升医疗服务的效率与质量。此外，具身智能在自动驾驶、灾难救援等领域也具有重要的应用前景，能够在极端环境中执行高风险任务。

具身智能已经展现出广阔的应用前景，但在技术上仍面临着一些挑战。首先，感知能力的准确性和实时性是具身智能发展的关键。如何让机器能够精确地识别和理解环境中的动态变化，并基于此做出及时的反应，是一大技术难题。其次，具身智能需要处理更加复杂的反馈机制，尤其是在与人类进行协作时，如何让机器更加自然地理解并响应人的意图，是实现高效人机协作的基础。此外，如何提升机器在复杂场景下的适应性，确保其能够在不同环境中灵活应对，也是当前技术研究的重点。

随着技术的不断进步，具身智能未来的发展方向可能会表现出几个趋势。首先，具身智能将从单一任务向多任务拓展，机器设备将在多个场景下灵活切换，执行多样化的任务。比如，未来的智能机器人不仅能在工业中执行生产任务，还能在人类家庭中承担家务、陪伴、教育等任务。其次，具身智能将实现从人工智能到全面智能体的转变。智能体不仅局限于虚拟世界，未来的具身智能将更深入物理环境，通过持续交互学习，实现更灵活自主的任务执行。此外，具身智能的发展将革新人机协作模式，未来的机器人将成为人类的智能伙伴，而不仅仅是工具。

智能体和具身智能在技术内涵上有一定差异，但它们的最终目标是相同的：通过智能化的系统提高人类生活和工作的效率与质量。具身智能不仅是人工智能在物理世界的拓展，更开启了人类与机器之间全新的互动模式。随着技术的不断突破和应用场景的不断扩展，具身智能将在未来社会中扮演越来越重要的角色，推动各行业的智能化变革，迎接更加智能、高效、便捷的未来。

6.5 斯坦福小镇模拟人类行为

从产业界的实际发展来看，生成式 AI 的发展可以分为三个阶段。第一个阶段是"AI 助手"，在这个阶段，AI 主要作为人类的辅助工具，仍需要人工干预和把关，才能确保交付的成果达到预期标准。第二个阶段是"智能体"，此时 AI 不仅具备了自主使用工具的能力，还能反思和自我进化，逐步具备一定的自我决策能力。第三个阶段则是"AI Worker"，在这个阶段，AI 将像人类一样，独立完成各种脑力和体力劳动，具备广泛的应用能力，深度嵌入各个行业的实际工作中。

目前，生成式 AI 的发展正处于"智能体"阶段。在这一阶段，随着大模型技术的不断迭代与创新，智能体的应用场景逐渐拓展，工作能力不断提升，开始在多个行业中发挥日益重要的作用。这些智能体不仅能够处理传统的任务，还开始在更复杂、更具有创造性的工作中展现出潜力。

一个典型的例子是斯坦福大学与谷歌的联合研究项目——"斯坦福小镇"（Smallville）。该项目旨在展示如何利用智能体在虚拟世界中模拟人类的日常行为和社交互动。具体而言，项目的目标是探索如何通过大模型为智能体赋予类似人类的记忆、个性、情感及行为决策机制，从而实现这些智能体在虚拟环境中的自主互动。

在该项目中，25 个智能体被置于名为 Smallville 的数字小镇中，它们可以根据过去的经历做出决策，模拟和生成多种社会行为，如图 6-4 所示。这些行为包括建立友谊、参加社交活动、讨论政治话题，甚至发起浪漫关系。通过这一项目，研究人员希望能够进一步推动智能体的发展，探索它们在未来更广泛的应用场景中的潜力。

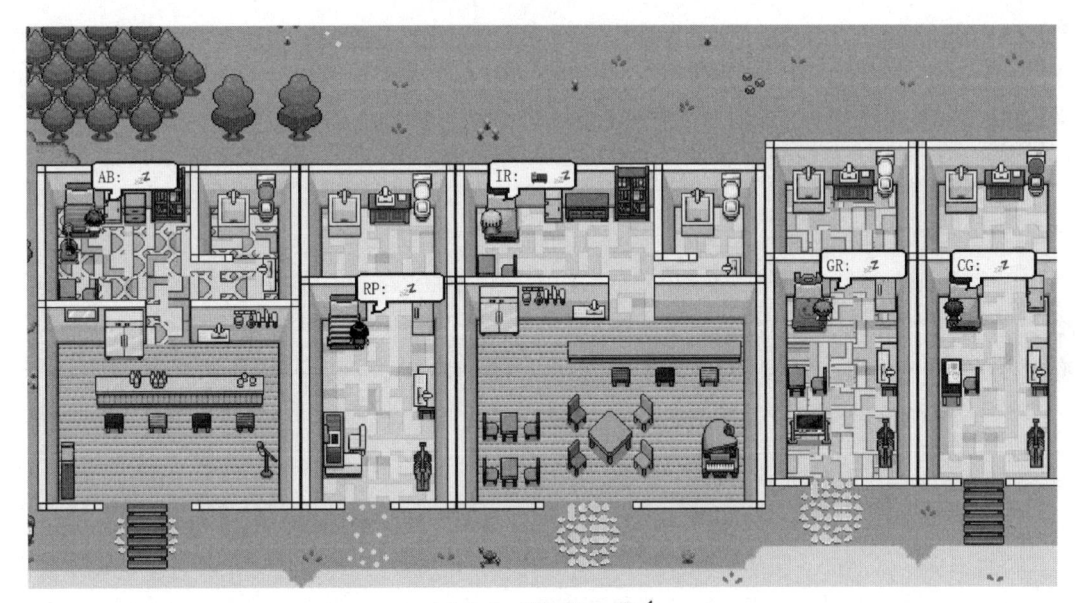

图 6-4　斯坦福小镇[1]

Smallville 项目涵盖了智能体的记忆、个性塑造、情感表达，以及复杂社交行为的模拟。这一项目不仅为生成式 AI 的未来发展提供了新的视角，也为智能体在现实世界的应用铺平了道路。Smallville 的具体目标包含以下几个方面：

（1）模拟人类行为：研究如何通过大模型和自我记忆机制，让智能体模拟人类在社交、情感、决策等方面的行为。

1　参考：*Generative Agents——Interactive Simulacra of Human Behavior*。

（2）自主生成行为：让智能体自主生成复杂行为，如组织活动、建立关系、处理争议等，而无须人为干预。

（3）探索 AI 与人类的互动：研究智能体与人类用户之间的交互方式，探索 AI 如何在虚拟世界中提供更加智能化和个性化的服务。

6.5.1　技术架构与实现

Smallville 中的智能体架构由四大核心部分构成：大模型、记忆流与信息检索机制，以及反思与推理机制、规划与协调机制。

1. 大模型

研究团队使用了 OpenAI 的 ChatGPT-3.5 Turbo 版本作为基础的模型，赋予智能体强大的自然语言生成与理解能力。这使得智能体能够理解和生成丰富的文本内容，进行情感表达、逻辑推理和创意写作。ChatGPT 能够在没有外部指令的情况下生成自然流畅的对话、讨论复杂主题，甚至进行幽默和富有感情的交流。

2. 记忆流与信息检索

与传统的聊天机器人不同，Smallville 中的智能体不仅"记得"与其他智能体的对话历史，还可以在此基础上进行信息检索和行为调整。记忆流作为智能体的核心数据库，用于存储与其他智能体的互动历史、个人偏好、情感状态和经历等重要信息。通过检索这些信息，智能体可以进行深度学习和自我调整，避免重复错误，并在未来的互动中更加精准地回应用户的问题。

3. 反思与推理机制

为了提高决策质量，智能体引入了反思与推理机制，即通过回顾自己的行为和经历，进行更高阶的推理。这不仅让智能体能够保持前后回答的一致性，还能够在复杂的社交情境下做出更加合适的决策。反思与推理机制使得智能体能够将个人经历从记忆流中提取出来，进行深度分析，从而决定最佳行动路径。例如，Klaus 在选择与谁度过一个小时时，不仅考虑互动频率，还会评估与他相似的兴趣爱好，从而选择一个真正合适的伴侣。

4. 规划与协调机制

智能体不仅能根据即时情况做出反应，还能够进行长期规划和协调。在被要求组织活动时，智能体能够根据自身任务、资源和社交网络规划任务。例如，当用户要求 Isabella 在 2 月 14 日举办情人节派对时，Isabella 不仅会安排派对，还会根据与其他智能体的关系邀请合适的人，并协调他们的到场时间。通过这样的自主行为，智能体不仅表现出更高的自我组织能力，还能在人际互动中展现出协调和合作的能力。

6.5.2 智能体设计与行为生成

Smallville 中的智能体被赋予了独特的个性、背景和生活目标，使其能够模拟丰富的社会互动和日常活动。

1. 角色设定与背景

每个智能体都有自己的背景故事、性格特点和生活目标。例如，John Lin 是药店老板，Mei 是大学教授，他们有一个儿子 Eddy Lin，Eddy Lin 正在学习音乐。每个角色的设定都不单纯是任务驱动的，而是基于与其他智能体的互动，形成深层次的社交网络和关系链。角色的性格特点也被细致地设计，例如，Maria 对 Klaus 有一定的好感，Sam 是一个热衷于参与地方政治的人物。

2. 行为生成机制

智能体的行为不仅仅是预先设定的，而是根据对环境、任务需求和社交互动的感知自发生成的。例如，当智能体之间讨论某个话题时，AI 会基于角色设定和记忆流进行推理，展现出个性化的反应。Maria 可能会主动提到她对 Klaus 的兴趣，而 Klaus 则根据之前的互动选择是否回应。通过这种方式，智能体能够根据其个性和经验生成自然且连贯的行为。

3. 记忆管理与情感表达

智能体的记忆管理机制允许它们在不同时间点记住过去的事件、情感状态，以及与其他智能体的关系。例如，John Lin 在与 Mei 的对话中提到他们的儿子 Eddy Lin 的音乐作品，Mei 会回忆起 Eddy 的创作进展，并与 John Lin 分享她的感受。通过这种情感交流，智能体能够展现出复杂的情感表达与社交能力。

4. 社交互动与关系网络

各个智能体之间不仅可以建立简单的社交关系，还能根据过去的互动发展更深层次的情感连接。例如，Sam 与 Tom 在谈论选举时，Sam 能够回忆起自己曾与 Tom 讨论过政治观点，并基于这种共同记忆展开进一步的对话。智能体通过记忆保持彼此之间的关系发展，进而影响未来的互动。

以下是人工智能机器人 John Lin、Mei 和 Eddy Lin 之间的即兴讨论。

> John Lin：早上好，Eddy Lin。你睡得好吗？
> Eddy Lin：爸爸早上好。是的，我睡得很好。

> John Lin：很好。你今天要做什么？
> Eddy Lin：我正在为我的班级创作一首新乐曲。这周就要交了，所以我想尽快完成。不过我很喜欢！
> Eddy Lin 出门后不久，Mei 醒了过来并加入了 John Lin。Mei 问起他们儿子的情况，John Lin 回忆起他们刚才的谈话。
> Mei：Eddy Lin 已经去上学了吗？
> John Lin：是的，他刚刚离开。他正在为他的班级创作音乐作品。
> Mei：哦，太棒了！跟我说说吧。
> John Lin：我觉得他真的很享受！他说他玩得很开心。
> Mei：太棒了！我为他感到骄傲。

注意：John Lin 是 Smallville 中的 Willow Marketand Pharmacy 的药店店主。他和身为大学教授的妻子 Mei 住在一起。他们的儿子 Eddy Lin 正在学习音乐理论。一个工作日，John 早上 7 点起床，刷牙、洗澡、穿衣服，一边吃早餐一边查看新闻。早上 8 点，Eddy 也起床准备上课。

在 Smallville 中，智能体的行为并非完全由外部指令控制，而是通过内在的社交机制和自主学习产生的。例如：

- 信息传播与交流：智能体能够自发地传播信息，并在社交互动中进行信息分享。例如，Sam 宣布参选市长后，这一消息通过他与 Tom 的对话传播给其他智能体，其他智能体会根据这一信息进行反应并展开讨论。这种信息传播机制使得整个小镇的智能体能够形成动态的社交网络。

- 社交协调与活动组织：智能体能够自主策划并协调社交活动。例如，当用户要求 Isabella 组织节日派对时，Isabella 会主动与其他智能体进行沟通和协作。智能体之间的自发互动和活动组织展现了高度的社交能力和协调性。

- 关系记忆与情感反馈：智能体能够记住与其他智能体的互动，并根据过去的记忆调整自己的行为。例如，当 Sam 与 Latoya 相遇时，他会记得她正在进行的摄影项目，并在未来的对话中提到这一点。智能体通过维持和更新这些记忆，能够展现出持久且深入的人际关系。

尽管 Smallville 项目展示了生成智能体在社交行为模拟中的潜力，但也揭示了一些挑战和局限性，尤其是智能体的"幻觉"现象。"幻觉"指的是 AI 在生成行为时，可能会出现与实际情况不符的记忆或推理，导致不合逻辑的行为或错误的行为预测。例如，Isabella 错误地认为 Sam 会在某天宣布选举结果，而实际上并没有此类安排。类似的错误可能会导致智能体做出不合常理的决策，影响虚拟世界的连贯性。

6.6 本章小结

本章围绕智能体技术进行了全面的探讨，从智能体在大模型应用中的角色定位到其实际的技术实现，呈现了完整的智能体发展脉络。智能体的核心价值在于其不仅依赖大模型的认知能力，同时具备自主行动、环境交互和任务规划能力。这种跨越"最后一公里"的能力，突破了传统大模型仅仅停留在认知和推理上的局限，使得 AI 在更复杂、更动态的应用场景中展现出更大的潜力。

大模型虽然具备强大的语言理解和推理能力，但在实际应用中，尤其是在复杂任务和动态环境中，仍面临许多挑战。智能体作为大模型的延伸，通过自主规划和环境交互，弥补了这一不足。在这个阶段，智能体的主要任务是使 AI 能够自主完成任务并与外部环境互动，实现真正的"智能"表现。例如，企业和个人可以将那些涉及多步骤规划、信息检索与整合，以及根据反馈自我优化的烦琐任务交给智能体处理，从而节省人力资源，显著提升效率。

ReAct Agent 提供了一种全新的思路，使得智能体不仅能理解环境，还能在此基础上做出决策并执行相应行动。它突破了传统 AI 在执行任务时的局限性，尤其是在决策的连续性和自适应能力方面。在现实应用中，许多任务具有较高的复杂性，单一任务的智能体往往难以应对。通过大模型的推理能力、ReAct Agent 的引导及多任务智能体的支持，智能体已经从单一任务的执行者发展为具有自主决策与多任务处理能力的智能系统。多任务智能体技术的出现，使得智能体能够同时处理多个任务，并根据任务的优先级动态分配资源。通过有效的任务调度和资源优化，多任务智能体能够在更广泛的应用场景中展现出较强的灵活性与适应性，尤其在智能制造、自动驾驶、机器人等领域的表现尤为突出。

具身智能的融入，标志着智能体从纯粹的"大脑"向"手脚并用"的智能实体进化。具身智能不仅能理解和分析虚拟信息，更能通过与物理世界的直接交互，例如抓取物体、移动位置、操作设备等，极大地拓展了应用边界，使其能够在自动化生产线、危险环境，以及需要物理操作的各种场景中发挥关键作用。在斯坦福小镇的智能体应用案例中，展示了如何在实际场景中有效地应用智能体技术，并通过智能决策和执行，优化日常操作，提升小镇居民的生活质量。

随着技术的不断进步和智能体生态系统的完善，智能体将在更为复杂、动态的环境中展现出强大的自主性和适应性，成为推动各行各业智能化转型的核心驱动力。

第 7 章
模型微调与定制化

自 2022 年年底 OpenAI 发布 ChatGPT 以来，大模型受到市场广泛关注，各行各业积极探索大模型的应用。预训练模型如 BERT、GPT 等已经成为许多应用的基础。虽然这些模型在预训练阶段获得的知识广泛，但并不能完全满足特定应用场景中的需求。为了提高模型在特定任务中的性能，微调作为一种重要的技术手段，变得尤为关键。

微调是指在一个已预训练的大模型的基础上，围绕特定的数据集进行进一步训练，使得模型能够适应特定任务的需求。与从零开始训练一个模型不同，微调利用了预训练模型所获得的通用语言知识，并根据具体任务对其进行精细调整，能够显著提高训练效率和效果。在实践中，微调不仅能够提升模型的泛化能力，还能够让模型更好地理解和处理特定领域的数据，从而为行业应用提供强有力的技术支撑。

7.1 为什么需要微调

随着大规模预训练模型（如 GPT 系列、BERT、T5 等）的广泛应用，企业和开发者越来越依赖这些模型来执行各种自然语言处理任务。尽管这些预训练模型在多个领域表现出色，但它们在实际应用中的普适性仍然存在局限性，且效果有待提升。

1. 预训练成本高

预训练大模型需要巨大的计算资源和存储容量，尤其是参数规模达到数百亿甚至上千亿的模型。以 GPT-4 为例，据估计其模型参数规模可能达到万亿级别，其预训练所需的计算资源更是天文数字，可能需要数万个高性能 GPU 进行数月甚至更长时间的训练，消耗的显存和存储空间也远超此前的模型。由于预训练需要长时间的计算和大量的数据，企业需要承担高昂的成本。相反，通过微调，企业可以在现有预训练模型的基础上进行再训练，利用有限的计算资源对模型进行特定任务或领域的优化，大大降低了计算和存储的需求，节省了成本。

2. 提示词工程有"天花板"

提示词工程通过设计合适的输入提示词来引导预训练模型生成符合需求的输出。虽然提示词工程对于特定任务有一定的应用效果，但它也有显著的局限性。首先，预训练模型通常有固定的 Token 上限，这意味着在实际应用中，模型只能处理一定长度的输入。如果任务需要处理较长文本或复杂的上下文，那么模型的输入限制可能会导致信息丢失，进而影响结果的准确性。其次，随着预训练模型规模的增大，推理的计算成本也随之增加，尤其是在低延迟要求的实时应用中，计算成本成为限制因素。通过微调，模型可以根据特定领域或任务的需求进行优化，从而减少对复杂提示的依赖，并提高推理效率，减少计算成本。

3. 基础模型缺少特定领域数据

大模型在预训练时使用的是通用的大规模文本数据，虽然能够捕获广泛的语言模式和常识性知识，但对于某些特定领域的专业知识，它的表现可能并不理想。举例来说，医学、金融、法律等领域的知识是高度专业化的，预训练的大模型通常无法全面涵盖这些领域的细节和术语。因此，在特定领域应用大模型时，其准确性和可靠性常常无法满足业务需求。通过微调，可以利用领域特定的高质量数据，让模型在这些领域中"精雕细琢"，使其能够有效地理解专业术语和领域知识，提供更准确的预测和决策支持。

4. 数据安全和隐私问题

随着人工智能技术的普及，数据安全和隐私保护问题愈发重要。尤其在医疗、金融等领域，处理的数据通常包含敏感信息。在使用大模型时，很多企业担心数据泄露和隐私侵犯的问题，因为大模型通常需要将数据发送到云端进行推理和处理，这可能带来数据泄露的风险。为了解决这一问题，企业可以通过微调技术在本地进行模型定制和优化，而不必将数据传输到外部服务器。通过私有化的微调，企业能够确保敏感数据在本地处理，同时避免潜在的隐私泄露风险。

5. 个性化服务需要私有化的微调大模型

随着个性化服务的兴起，越来越多的企业希望能够为用户提供定制化的服务和解决方案。大模型在预训练时是为大众用户设计的，其输出结果虽然具有普适性，但未必能够满足每个用户的个性化需求。例如，在电商、在线教育等领域，用户的需求和偏好差异较大，如果使用通用模型，那么企业可能难以提供精准的服务。通过微调，企业可以根据特定用户群体的需求对大模型进行个性化定制，使其能够更好地理解和适应每个用户的具体情况，从而提高用户体验和满意度。私有化的微调还能够保证企业控制模型的更新和调整过程，增强数据和模型的安全性。

微调技术作为一种增强大模型特定领域能力的有效手段，使得预训练模型在特定任务中更具实用性和精准性。

7.2　大模型微调技术路线

大模型微调作为一种有效的技术手段，能够帮助企业解决预训练模型普适性差、计算成本高和特定领域数据缺乏等问题。通过不同的微调策略（如全量微调、高效微调、监督微调等），企业可以在现有大模型的基础上，根据自身需求和资源状况进行调整与优化。

微调技术的原理相对简单，其基本思路是在预训练模型的基础上进行再训练。在预训练阶段，模型已经学习到了一定的语言模式和知识结构，但这些知识往往是通用的，未必适合所有特定的任务。通过微调，我们可以利用目标任务的具体数据对模型进行进一步训练，使其能够更好地处理特定类型的数据或任务。简言之，微调是让模型在某一特定领域或任务中"深度学习"，从而提高其在该领域的精度和表现。

通常微调的具体流程包括以下几个步骤：

（1）选择合适的预训练模型：选择一个与目标任务相关的预训练模型。例如，如果任务是文本分类或情感分析，则 BERT 这样的预训练模型会是一个不错的选择。如果任务涉及生成式对话或文本生成，那么 GPT 类模型可能更适合。

（2）准备任务特定的数据集：微调需要在任务特定的数据集上进行。这个数据集应该反映目标任务的特点，例如，针对文本分类任务，需要准备带有标签的文本数据；对于对话生成任务，需要准备带有上下文和响应的对话数据。

（3）调整模型结构（如果需要）：对于一些特定的任务，可能需要对预训练模型进行一定的结构调整，例如加入任务特定的输出层或修改损失函数等。在大多数情况下，现有的预训练模型已经具备了较为通用的结构，因此可以直接在其基础上进行微调。

（4）训练过程中的超参数调整：在微调过程中，超参数的选择对于模型的性能有重要影响。常见的超参数包括学习率、batchsize、训练轮次等。通常情况下，微调使用学习率的概率较低，因为我们只希望对预训练模型的参数进行微小的调整，而不是从头开始重新训练整个模型。

（5）评估与调优：微调完成后，需要对模型进行评估，检查其在特定数据上的表现。常见的评估指标包括准确率、精度、召回率、F1 分数等。如果模型表现不佳，则可能需要调整超参数或进一步增加训练数据进行再训练。

通过微调，企业可以将大模型从通用的"语言理解机器"转化为能够解决特定业务问题的"专家系统"。例如，对于法律文本分析任务，可以通过微调让预训练模型更加适应法律领域的术语和逻辑；对于金融数据的风险预测任务，通过微调使得模型能够更好地理解金融市场的特定模式和波动性。

在实际操作中，有多种微调策略可以选择，具体策略的选择往往取决于任务的性质、数据的规模及计算资源的限制。许多研究者和技术公司也提出了多种微调策略，以应对不同应用场景中的挑战。不同微调策略的对比如表7-1所示。

表7-1 不同微调策略的对比

策略	定义	优势	缺点	应用场景
全量微调	对预训练模型的所有参数进行微调，模型的每一层参数都会根据目标任务进行调整	能够充分利用目标数据，深度定制模型。适合对任务精度要求较高的场景	计算开销大，训练时间长。容易过拟合，尤其在数据不足时	适用于数据量较大，且计算资源充足的场景，特别是需要极高性能的任务
高效微调	仅微调部分模型参数，其他参数被冻结，通常通过添加轻量级模块来实现微调	计算资源需求较低，速度较快。能在有限的计算资源下保持较好的性能。适合快速部署	可能无法达到全量微调的最佳性能。微调模块可能无法完全适应复杂任务	适用于计算资源有限、需要快速部署的企业，尤其是大规模应用场景
有监督微调	在标注数据集上对预训练模型进行进一步训练，通过最小化预测输出与目标任务标签的误差进行参数调整	精确的定制化输出。能较好地利用目标任务的数据，得到较高精度	强依赖标注数据，需要大量标注数据。数据标注成本高	适用于标签数据充足的任务，尤其是精度要求高的应用场景，如图像识别、自然语言处理等
基于人类反馈的强化学习	模型在与人类交互过程中，通过接受人类反馈来调整输出，结合强化学习进行优化	能处理人类情感理解和创造性任务。更加适合需要动态调整和交互的场景，如聊天机器人、虚拟助手等	人类反馈的收集成本高，且反馈可能不一致。对模型的训练过程有较高的要求，可能需要大量的人类参与	适用于需要模型具备创造性或情感理解的任务，如对话系统、虚拟助手等
基于AI反馈的强化学习	模型通过与其他AI系统的交互进行强化学习，反馈来自AI系统或其他模型，而非人类	可以避免产生人工标注成本，适用于大规模无标签数据的场景。适用于自适应系统和多任务学习	依赖AI系统之间的协作，可能存在系统间协调难题。可能需要高度自动化的反馈机制	适用于无标签数据或数据标注困难的任务，尤其是在大规模数据和自适应任务中，如推荐系统、自动化控制等

1. 全量微调

全量微调（Full Fine-Tune，FFT）是最传统的微调策略，即对预训练模型的所有参数进行微调。在 FFT 中，模型的每一层参数都会被重新训练，并根据目标任务的数据进行调整。这种策略的优势在于能够充分利用目标数据对模型进行深度定制，从而达到最佳的任务性能。然而，FFT 的缺点是计算开销大，尤其是在训练参数较多的大模型时，需要大量的计算资源和时间。此外，由于 FFT 会调整模型的所有参数，因此容易导致过拟合问题，尤其是在训练数据不足的情况下。

2. 高效微调

高效微调（Parameter-Efficient Fine-Tuning，PEFT）是近年来提出的一种高效微调策略，旨在减少大模型微调过程中的计算开销。在 PEFT 中，只有一部分模型参数被微调，而其他参数被冻结，不参与训练。这种策略通常通过添加额外的轻量级模块（如 Adapter Layers）来实现，这些模块能够在不显著增加计算成本的情况下调整模型的输出。PEFT 的优势在于高效性，能够在减少计算资源需求的同时，保持良好的性能。

3. 有监督微调

有监督微调（Supervised Fine-Tune，SFT）是微调的标准策略，通常用于在已有标签数据集上对预训练模型进行进一步训练。在 SFT 中，预训练模型通过最小化预测输出与目标任务标签的误差进行参数调整，从而适应特定的任务需求。SFT 能够较好地利用目标任务的数据，提供精确的定制化输出。然而，SFT 也存在局限性，比如对于特定任务标签数据的依赖较强，且需要大量标注数据。

4. 基于人类反馈的强化学习

基于人类反馈的强化学习（Reinforcement Learning from Human Feedback，RLHF）是一种将强化学习与人类反馈相结合的微调策略。在 RLHF 中，预训练的语言模型在执行任务时通过与人类的交互进行学习，逐步调整其输出。人类提供的反馈通常是正面或负面的评价，指导模型改进其生成的内容或行为。RLHF 在复杂和主观性较强的任务中具有显著优势，尤其是在需要模型理解情感、文化背景的场景中，例如聊天机器人、虚拟助手、文本生成等应用。尽管 RLHF 能有效对齐模型与人类偏好，但其面临的主要挑战是获取高质量的人工标注反馈，这一过程往往耗时且成本高昂。为了解决这一难题，研究人员提出了基于 AI 反馈的强化学习作为一种替代方案。

5. 基于 AI 反馈的强化学习

基于 AI 反馈的强化学习（Reinforcement Learning from AI Feedback，RLAIF）是一种类似

于 RLHF 的强化学习策略，与 RLHF 不同的是，RLAIF 使用 AI 系统或其他大模型生成的反馈来代替人类反馈。在 RLAIF 中，AI 模型生成的偏好标签用于训练和优化其他模型，这种方法尤其适用于无监督学习场景。RLAIF 的一个显著优势是它不依赖人工标注，能够有效降低标注成本并提高可扩展性。在大规模数据和无标签数据的情况下，RLAIF 可以快速迭代，提升模型性能，且无须大量人类参与。这使得 RLAIF 成为处理大规模任务时的一种高效方案，尤其在需要快速反馈循环和模型优化的场景中，具有巨大的应用潜力。例如，RLAIF 在文本生成、推荐系统等领域展示了与 RLHF 相媲美的性能，且在一定程度上缓解了人工标注的问题，如图 7-1 所示。

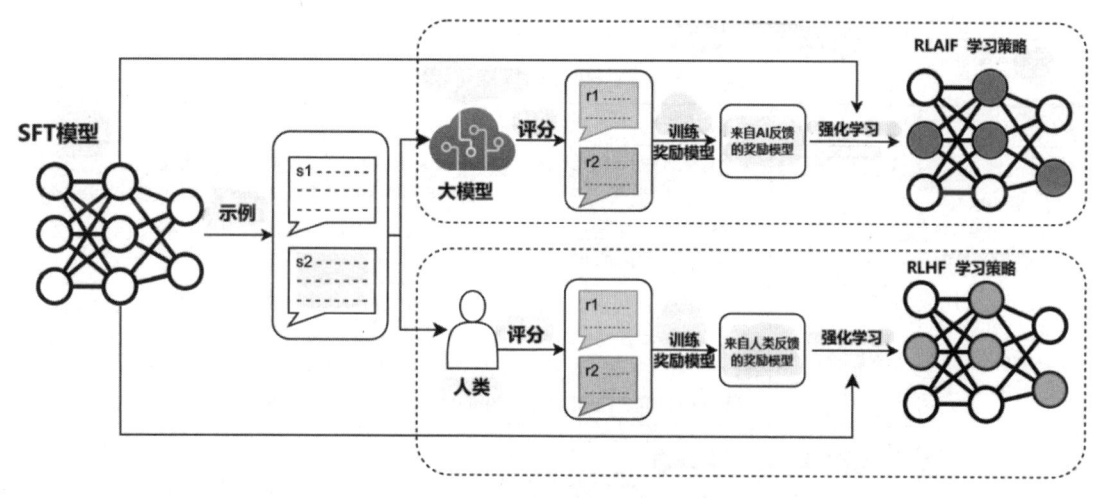

图 7-1 RLAIF和RLHF的对比 [1]

RLAIF 为 RLHF 提供了一个可行的替代方案，通过使用 AI 生成的反馈，能够在大规模数据和无标签数据的情况下高效地训练和优化模型，同时降低了人工标注的需求。这使得 RLAIF 在许多实际应用中具有巨大的潜力，尤其是在需要快速迭代和大规模部署的场景中。随着 AI 技术的不断进步，RLAIF 有望成为强化学习领域的重要发展方向，为模型的可扩展性和优化提供更加高效的解决方案。

全量微调、高效微调、有监督微调、基于人类反馈的强化学习和基于 AI 反馈的强化学习等策略都是通过调整模型的参数来使模型在特定任务上表现得更好，关注的是任务性能的提升。如果要关注模型行为，那么还可以把微调分为指令微调和对齐微调。指令微调致力于提升大模型执行特定指令的能力，使其能够更精准地完成用户指示的任务。对齐微调则专注于调整模型的行为，确保其输出与人类的价值观和偏好保持一致，避免出现潜在的伦理偏差。

---

[1] 参考：RLHF——*Scaling Reinforcement Learning from Human Feedback with AI Feedback*。

7.3 检索增强生成和微调

除了通过调整模型参数来优化模型的性能和行为，我们还可以通过检索增强生成（Retrieval-Augmented Generation，RAG）来对模型进行定制化和优化。

RAG 是一种人工智能框架，旨在利用大模型进行跨外部知识源的自然语言查询，是一种将外部知识检索与生成模型深度融合的技术范式。RAG 的核心思想是通过外挂知识库的方式给大模型提供更可靠的知识来抑制模型产生"幻觉"，通过定期迭代知识库的方式解决大模型知识更新慢、训练成本高、领域适应性差等问题。

RAG 的标准化流程包含三个阶段，如表 7-2 所示。

表 7-2 RAG 的标准化流程

阶段	步骤	技术方法
索引构建（Indexing）	文档分割	采用滑动窗口（Sliding Window）或语义分割算法（如 Sentence-BERT）进行文本切分，确保每个文本块（Chunk）都具有连贯的语义，同时避免信息缺失；结合层次分割（Hierarchical Chunking）优化不同粒度的索引结构，提高检索匹配度
	向量编码	使用高效嵌入模型（如 OpenAI text-embedding-3-small、BGE、E5-Large）将文本块转换为高维向量，确保向量表示具有足够的语义区分度；可结合多视角嵌入（Multi-View Embedding）或知识增强嵌入（Knowledge-Enhanced Embedding）提升文本理解能力
	存储优化	采用层次化索引结构（如 HNSW、FAISS IVF+PQ），利用近邻搜索加速向量检索；通过离线批量构建与增量更新相结合的索引策略，实现海量数据的高效存储与动态更新
语义检索（Retrieval）	混合检索	结合稀疏检索（BM25、TF-IDF）与密集检索（DPR、ColBERT、Contriever），采用查询扩展（Query Expansion）技术，如伪相关反馈（Pseudo-Relevance Feedback，PRF）或基于知识图谱的扩展，提高召回率
	重排序	采用交叉编码器（Cross-Encoder，如 monoT5、bge-reranker-large）计算用户查询与候选文档的相关性，进行精细排序；结合融合排序（Fusion-in-Decoder，FiD）或基于 RL 的优化（如 Reward Model）提升排序质量
上下文生成（Generation）	提示词工程	采用结构化提示模板（如 "基于以下证据回答问题：[检索内容]"）增强模型的事实一致性；结合动态检索增强提示（Retrieval-Augmented Prompting，RAP）优化上下文组合方式；可结合自适应提示（Adaptive Prompting）自动调整提示格式
	可控生成	采用约束解码（Constrained Decoding）或检索增强对抗训练（Retrieval-Augmented Training，RAT）确保输出符合事实的逻辑；结合置信度评分（Confidence Scoring）或一致性检查（Self-Consistency Checking）提升生成文本的可靠性

例如，某大型商业银行引入企业级 RAG 系统优化智能客服，以提升客户服务效率并确保回答准确。首先，银行业务文档（如贷款条款、信用卡权益）被语义分割并进行向量编码，存入高效索引（HNSW）。当客户咨询"我最近换了工作，还能申请房贷吗？"时，系统混合检索相关政策（BM25+DPR），并通过交叉编码器重排序和筛选最匹配内容。最终，基于结构化提示生成合规答案，例如"银行要求申请人在当前单位连续工作满 6 个月"。同时，约束解码确保答案准确无误，若置信度低则转接人工客服。RAG 系统的引入使银行智能客服的响应更精准，客户满意度提升 30%，客服成本降低 40%。

RAG 和微调的本质差异在于是否对既有大模型进行改变。RAG 没有改变大模型，是在大模型原有的语义理解和推理能力的基础上增加外部知识库，扩展大模型的知识边界，从而实现对用户问题的精准回答。而微调是要基于现有大模型新获取的特定领域知识或任务需求进行针对性的训练，微调过的大模型针对特定任务或领域展现出更高的性能与准确性，进而用于解答用户问题，实现更精准的服务输出。RAG 和微调的工作流程如图 7-2 所示。

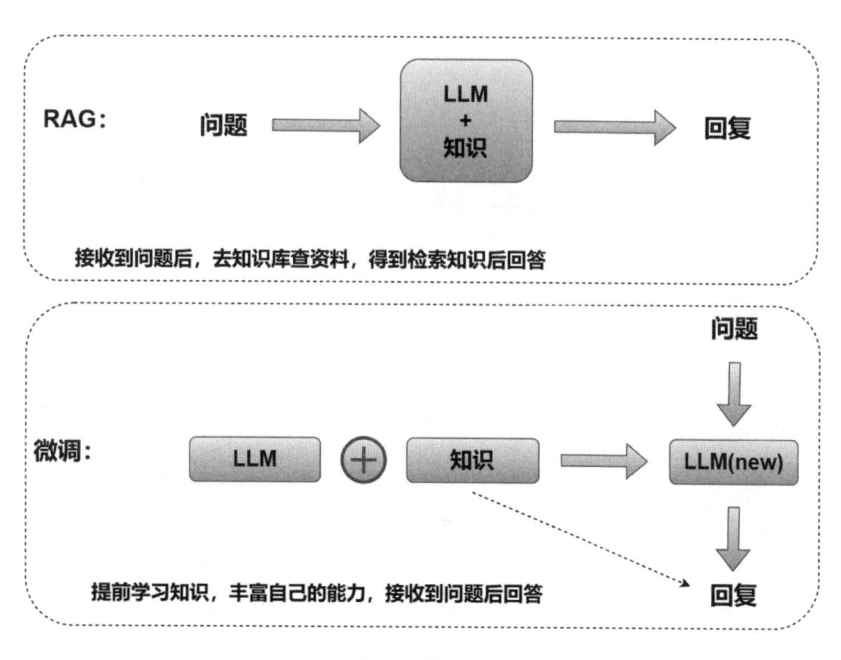

图 7-2　RAG 和微调的工作流程

RAG 和微调都是基于预训练语言模型的增强策略，但它们有不同的应用场景、优缺点和技术细节，如表 7-3 所示。

表 7-3 RAG 和微调的对比

对比维度	RAG	微调
外部知识利用	利用外部知识库，实时检索并提升回答准确性	依赖任务特定数据进行训练，通常不直接使用外部知识库
数据更新实时性	实时更新，无须重新训练，只需更新知识库	需要重新训练以更新知识，适用于稳定任务场景
可解释性	高度可解释，答案来自明确的检索库，易于验证	低可解释性，模型内部参数难以追溯
训练成本	低成本，主要集中在数据检索与存储方面	高成本，需要大量计算资源和数据处理
适应性	通用性较强，能适应多种应用场景	高度定制化，适合特定任务或领域
防止幻觉	优势：通过外部知识验证和提升回答的准确性	有一定效果，但训练数据集有限，可能产生幻觉
延迟要求	较高延迟，检索与生成过程复杂	较低延迟，快速响应特定任务优化
应用场景	实时性需求高、知识库更新频繁的场景，如问答系统、大规模数据检索等	对专业化任务有高要求的场景，如医学诊断、法律审查等
资源需求	资源消耗小，不需要大规模计算资源	资源消耗大，需要较强硬件支持和时间投入
灵活性	灵活性较高，可通过更新知识库快速适应新的领域和任务	灵活性较低，针对特定任务调整后较为固定

　　RAG 适用于那些需要动态获取外部信息、具备复杂知识需求的任务，并能生成多样化的文本，但它的计算需求高且依赖外部知识的质量。微调则适用于数据较少且任务特定的场景，能有效利用已有的预训练模型进行适应，计算需求较低，但在应对新领域时，微调效果较差，且容易出现过拟合问题。具体选择哪种策略，取决于任务的特性、数据的可用性、计算资源，以及对输出质量的要求。

　　在选择 RAG 和微调时，需要根据实际需求和资源情况做出决策。以下是针对不同应用场景的选择建议：

　　（1）需要即时整合动态数据：如果应用场景对数据的实时更新要求较高，且需要处理频繁变化的信息，那么 RAG 无疑是更合适的选择。例如，在新闻推荐、实时问答系统等应用中，RAG 可以通过实时检索新信息，确保答案的时效性和准确性。

　　（2）需要定制模型能力：如果应用场景需要定制化任务优化策略，则微调更适合。例如，特定领域的对话系统、专业化的内容生成或个性化推荐等。微调能够使得模型针对特定任务进行优化，提高任务完成的质量。

　　（3）需要避免大模型的回答出现幻觉：在需要避免出现"幻觉"现象的场景中，RAG 往往优于微调。RAG 依赖外部知识库生成答案，其生成过程更加透明，能有效减少模型产生"幻觉"的概率。而微调可能因训练数据不充分导致模型产生不准确的回答。

（4）要求高可解释性：对于需要高透明度和可验证性的应用场景，如金融风控、医疗诊断等，RAG 显然具有优势。RAG 能够提供明确的知识来源，用户能够核实回答的准确性。而微调的黑盒特性使得其在可解释性方面存在一定的局限性。

（5）资源有限，成本有限制：如果项目预算较为紧张，且无法投入过多的资源进行训练，那么 RAG 无疑是更具性价比的选择。RAG 技术的核心在于通过知识库的检索和外部数据的整合，无须重新训练大模型，从而减少了计算资源和时间成本。

（6）对低延迟要求高：在对低延迟有严格要求的场景中，如智能交通、远程医疗、物联网等，微调可能是更优的选择。微调通过专门的训练，能够针对特定任务进行优化，减少响应时间，提高实时性。

在一些特殊的应用场景中，RAG 和微调并不一定是互相排斥的。某些高复杂度的应用可能需要将两者结合起来，以充分发挥它们各自的优势。例如，在一个医疗问答系统中，微调可以帮助大模型学习医疗领域的专业知识，而 RAG 可以通过实时检索最新的医疗研究成果，确保系统回答的准确性和时效性。通过融合两者的优势，可以在实现专业化定制的同时，提高知识更新的速度和回答的可靠性。

7.3.1　企业级 RAG 系统设计

企业级 RAG 系统结合了检索和生成的能力，以提升生成式 AI 在企业环境中的精准度、安全性和可控性。整个流程包括用户输入、身份验证、输入安全检测，并判断是否需要检索外部信息；若需要检索，则通过 HyDE 或其他方法，利用编码器、向量存储和文档存储进行高效搜索、改进排名和文档提取；若不需要检索，则直接进入生成器。生成器结合企业知识库和大模型能力生成回答，并通过可观测性机制进行监控，随后经过输出安全检测，最终由输出生成器提供高质量的企业级答案。此外，该系统具备向量存储、文档存储、历史存储和反馈存储功能，以优化查询体验和提升系统性能，确保企业级 AI 应用的高效、安全与合规，如图 7-3 所示。

随着金融行业数字化转型的加速，银行需要高效处理海量非结构化数据（如合同、政策文件、客户咨询记录等），同时确保服务的安全性、合规性与智能化。基于 RAG 技术构建的企业级系统，能够将传统检索与生成式 AI 结合，为银行提供精准、安全的智能服务。以下结合银行业务场景，详解其核心流程与技术实现。

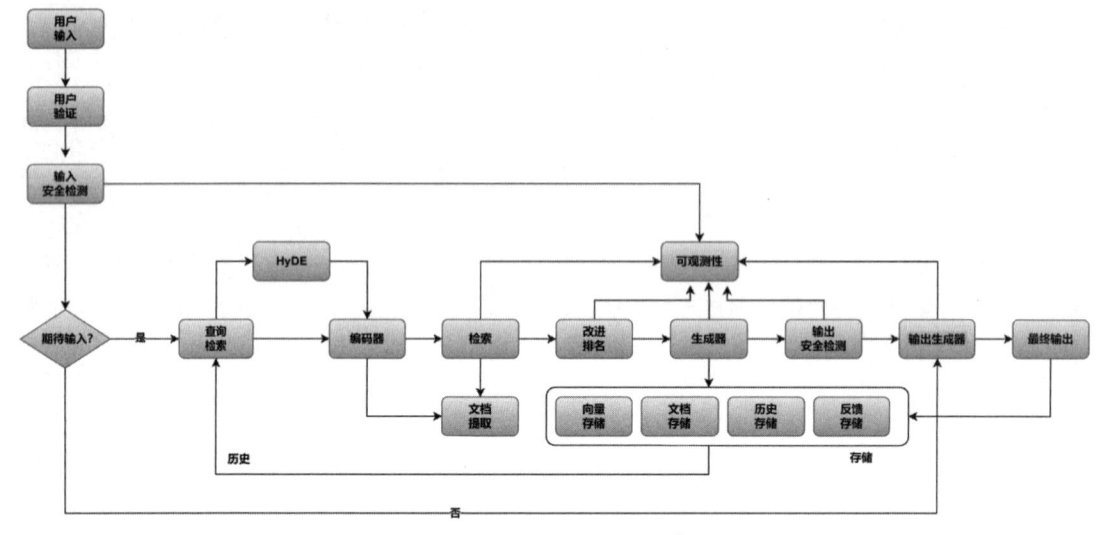

图 7-3　企业级RAG系统[1]

1. 前端处理与安全控制

1）用户身份验证与权限管理

我们可以采用如下技术实现：

（1）采用 OAuth 2.0 协议（开放授权协议）与 JSON 网络令牌（JSON Web Token，JWT）实现多端统一认证。例如，用户登录手机银行 App 时，系统调用 AWS Cognito 服务生成 JWT 令牌，绑定用户角色（如普通用户）及权限标签（如 view_account、edit_transfer）。

（2）基于角色的访问控制（Role-Based Access Control，RBAC）模型限制操作权限。例如，普通用户仅能查询账户余额，而理财经理可访问投资产品详情。

例如，某银行在手机 App 中集成人脸识别（Face ID）与短信验证码双重认证，确保登录安全。若用户尝试越权操作（如普通用户访问后台管理界面），则系统立即拦截并触发告警日志，将相关信息记录至 MongoDB 数据库，支持 GDPR（通用数据保护条例）合规审计。

2）输入安全检测与敏感信息过滤

我们可以采用如下技术实现：

（1）使用正则表达式实时检测并匿名化 PII（Personally Identifiable Information，个人身份信息）。例如，用户输入"我的身份证号是 510xxx19900101xxxx"时，系统自动将数字替换为"*"。

---

[1] 参考：Mastering RAG——How To Architect An Enterprise RAG System。

（2）集成 Meta Llama Guard（Llama 安全防护模型）识别毒性内容。例如，当用户输入"如何破解他人网银密码？"时，系统根据置信度阈值（>0.8）拦截该请求，并返回提示："您的问题涉及违规操作，请重新输入"。

（1）防御 SQL 注入（如'; DROP TABLE users）与 XSS 攻击（如<script>alert('attack')</script>），禁止提交特殊字符。

比如，某银行客服系统中，当用户咨询"如何转账到 62281234 账户？"时，系统自动屏蔽银行卡号，仅保留后四位，并通过会话水印（基于用户 ID 和时间戳的 Hash 值）追踪潜在数据泄露风险。

2. 后端检索与生成优化

1）文档解析与智能分块

我们可以采用如下技术实现：

（1）多格式解析：使用 Apache Tika 解析 PDF 格式的贷款合同，PDFPlumber 提取表格中的利率数据，Tesseract OCR（光学字符识别）识别用户上传的身份证扫描件。

（2）语义分块：通过 BERT 模型识别文档主题边界。例如，贷款合同中的"还款条款"与"违约责任"章节自动分块，确保检索时精准定位。

（3）元数据增强：提取文档发布日期、产品类型等标签。例如，优先返回 2023 年更新的信用卡权益政策。

比如，某银行将历史用户投诉记录（Word 文档）解析为结构化数据，分块存储为"问题描述""处理结果""责任部门"等字段，支持客服快速检索相似案例。

2）混合检索与结果优化

我们可以采用如下技术实现：

（1）混合索引：在 Elasticsearch 中集成关键词检索算法 BM25 与分层可导航小世界（Hierarchical Navigable Small World，HNSW）向量索引。例如，当客户查询"信用卡年费减免政策"时，系统优先匹配"年费""减免"等关键词，同时通过语义搜索关联"首年免年费""消费达标返现"等条款。

（2）重排序：使用 BGE-Reranker 模型对 Top 100 结果重新排序，基于语义相关性（70%）与时效性权重（30%）进行加权综合。例如，2024 年最新政策排名高于 2019 年旧版文件。

比如，当某银行理财顾问查询"低风险短期理财产品"时，系统自动排除已下架产品，并优先推荐当前在售的货币基金（近 3 日收益率>2.5%），提升用户转化率。

3）生成响应与合规输出

我们可以采用如下技术实现：

（1）模型选型：自托管 Mixtral 8x7B 模型（混合专家模型），支持动态批处理。例如，并发处理 100 个用户的"贷款利率查询"请求，响应延迟<500 ms。

（2）幻觉抑制：集成 FactScore 算法（事实性评分模型），并丢弃与检索文档的一致性得分<0.7 的内容。例如，若生成内容包含"本行提供比特币交易服务"（与政策文件冲突），则系统自动替换为"暂不支持加密货币相关业务"。

（3）品牌保护：预设禁用词库，替换绝对化表述。例如，将"最佳理财产品"改为"热销理财产品"。

比如，当某银行智能客服回答"如何申请房贷？"时，系统结合最新政策生成分步指南，并附加在线申请链接与客服电话，同时嵌入不可见水印（用户 ID+会话 ID），防止信息泄露和恶意篡改。

3. 系统监控与持续优化

1）全链路可观测性

我们可以采用如下技术实现：

（1）核心指标监控：通过 Prometheus（开源监控系统）跟踪检索延迟、生成幻觉率、GPU 利用率等指标。例如，若检索延迟>500 ms，则系统自动关闭重排序模块，降级至 BM25 检索。

（2）根因分析：集成 Datadog APM（应用性能管理）以实现模块级性能追踪。例如，定位向量数据库 Qdrant 超时问题后，优化索引分片策略，吞吐量提升 40%。

比如，某银行在"双 11"促销期间，监控到生成模块 GPU 利用率>95%，触发 Kubernetes HPA（水平自动扩/缩容），自动扩容 2 个 GPU 节点，保障服务稳定性。

2）数据驱动迭代

我们可以采用如下技术实现：

（1）显式反馈：用户对回答进行评分（1～5 星）。例如，低分回答（≤2 星）自动加入标注队列，用于微调生成模型。

（2）隐式反馈：分析用户行为日志。例如，用户多次搜索"跨行转账手续费"后，系统优化检索策略，优先展示手机银行免费政策。

比如，某银行根据用户点击数据优化语义编码器，使"基金定投"相关查询的召回率（Recall@5）从 75%提升至 92%，减少重复提问率 30%。

7.3.2 企业级微调系统设计

企业级大模型微调是一个系统性的流程,始于对业务需求的深入分析和微调必要性的评估,随后进入关键的数据工程阶段,构建高质量的训练数据;接着是技术方案设计,其核心在于综合考虑模型架构、算力、领域适应性,以及基座模型的选择和高效微调等策略;之后进行大规模分布式训练,并通过多维度验证体系确保模型性能;最终,模型经过安全部署并进入持续运营阶段,通过监控、回流和迭代更新形成完整的生命周期管理。企业级微调系统流程如图 7-4 所示。

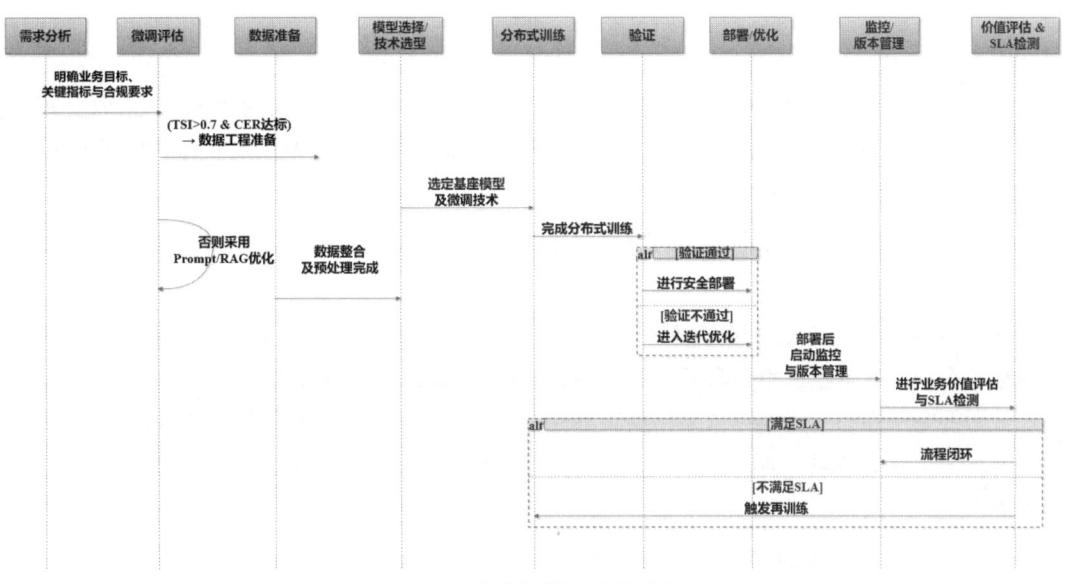

图 7-4 企业级微调系统流程

1. 需求分析

在大模型微调项目启动前,首先进行深入的业务需求分析。此阶段不仅是收集与整理业务信息,更需要明确业务目标与关键指标,确保后续各环节能够围绕核心目标展开。

2. 微调评估

在明确业务目标后,项目进入微调必要性评估阶段。该阶段采用多指标量化评估方法,主要包括:

(1)任务特异性指数(Task Specificity Index,TSI):评估领域专有词汇比例、业务规则复杂度与数据分布偏移度。当 TSI 大于 0.7 时,表明任务具备较强领域特性,适合进行微调。例如,某保险公司理赔自动化项目中,TSI 达到 0.79,符合启动条件。

（2）成本效益比（Cost-Effectiveness Ratio，CER）：分析项目预期收益与开发、运维成本的比值，设定合理的阈值（如1∶2或更高）。例如，某制造业设备预测性维护项目的CER达到1∶3.8，显示出较好的经济效益。

（3）合规风险评分（Compliance Risk Score，CRS）：从数据隐私、算法公平性和模型可解释性三个维度进行风险评估，采用五级评分系统。若TSI>0.7、CER达标且CRS处于低风险范围内，则项目具备较高实施价值。

若评估结果不满足微调要求，则可考虑采用提示词工程或检索增强生成等优化方案，以降低实施风险与成本。

3. 数据准备

数据是大模型微调的基础。就像美食依赖高质量的食材一样，成功的大模型微调也依赖高质量的数据。"垃圾进，垃圾出"的原则也完全适用于此。如果给模型输入了有缺陷的数据，那么无论做多少调整都不会产生令人满意的结果。

企业需要构建企业级数据，借助数据湖（Data Lake）架构，确保各类数据得到高效管理与存储。关键工作包括：

（1）数据采集与整合：在收集数据之前，首先确定目标及期望从模型中获得的输出类型，这将帮助企业专注于收集相关数据。然后打通企业内部各数据源，整合结构化与非结构化数据，确保数据的完整性与一致性。需要特别注意的是，较小、精心策划的数据集通常比大量嘈杂的数据能产生更好的结果。例如，某银行管理的2.7 PB客户交易数据与客服对话记录可以为模型训练提供坚实的数据支持。

（2）特征工程与数据增强：构建特征工程管道（Feature Engineering Pipeline），通过对比学习生成困难样本，并利用合成少数类过采样技术（SMOTE）平衡数据分布。还要删除不相关的条目，解决缺失值的问题，并考虑使用数据增强技术来丰富数据集。

（3）数据合成：利用生成对抗网络扩充标注数据规模，例如某医疗机构通过该技术将标注数据量扩展至原始数据的15倍。

（4）数据质量与版本控制：通过自动标注校验、数据漂移监控和数据版本控制（DVC）等措施，确保数据准确率超过95%，为后续模型训练提供高质量数据保障。

数据治理平台与特征工程管道的有效结合，为模型选择和微调技术选型奠定了坚实的数据基础。

4. 模型选择/技术选型

在数据准备就绪后，下一步是选择适合业务场景的基座模型，并进行微调技术选型。关键考虑因素包括数据规模、业务需求、计算资源及模型应用场景。常见的选型策略如下：

（1）低秩适应（LoRA）：适用于数据量较小（如小于50万条）的场景，能够显著降低显存占用。例如，某零售企业通过LoRA技术节省了75%的显存。

（2）量化低秩适应（QLoRA）：针对延迟敏感的实时场景，QLoRA技术在保持模型性能的前提下有效降低推理延时，使实时对话系统延时降至180毫秒以内。

（3）多目标优化：例如，采用奇数比偏好优化（Odds Ratio Preference Optimization，ORPO）策略，优化生成回答之间的概率比来提升大模型的偏好对齐能力。ORPO将传统的监督微调与偏好对齐过程整合为单一的训练步骤，通过省去额外参考模型需求降低了系统的复杂性。该方法通过结合负对数似然损失和奇数比损失，使模型能够学习如何回答指令，并与人类偏好保持一致。

注意：负对数似然损失（Negative Log Likelihood Loss，NLL）是一种常用于机器学习，尤其是分类问题中的损失函数。它的核心思想是通过最大化模型预测的概率来优化参数，从而使模型生成的输出尽可能接近真实标签。具体而言，NLL是对似然函数取自然对数后再取负值，目的是将最大化似然转化为最小化损失。它不仅提供了一种有效的方式来训练模型，还能抑制过拟合现象，提高模型的泛化能力。

（4）知识迁移与蒸馏：结合知识蒸馏（Knowledge Distillation，KD）与适配器（Adapter）技术，实现领域知识迁移。

（5）差分隐私微调（Differential Privacy-Fine Tuning，DP-FT）：这是一种结合差分隐私技术的模型微调方法，旨在保护训练数据的隐私，同时保持模型的性能。差分隐私（Differential Privacy，DP）通过在模型训练过程中添加随机噪声，确保即使攻击者获得了模型输出，也无法推测出特定个体的信息。这种技术在处理敏感数据时尤为重要，能够有效防止数据泄露。

5. 分布式训练

大模型微调需要高效的分布式训练框架支持。企业应构建弹性训练集群，并采用混合并行策略实现资源的最优利用。

混合并行策略：整合张量并行（Tensor Parallelism）、流水线并行（Pipeline Parallelism）与数据并行（Data Parallelism），适应不同规模大模型的训练。不同并行策略的对比如表7-4所示。

表7-4 不同并行策略的对比

特性	张量并行	流水线并行	数据并行
定义	将模型权重和中间激活分布在多个GPU上	将模型划分为多个阶段，在不同设备上顺序执行	将不同批次的数据分配给多个设备独立处理

续表

特性	张量并行	流水线并行	数据并行
计算方式	同时处理单个批次的计算	同时处理多个微批次的数据	同时处理不同批次的数据
通信开销	需要同步中间激活值，可能导致较高的延迟	较低的通信开销，但需要有效的微批次管理	通信开销相对较低，主要在参数更新时发生
适用场景	适合大模型，特别是变换器模型	适合深层神经网络，能够提高吞吐量	适合大规模数据集，能加速训练过程

（1）显存优化：采用梯度检查点（Gradient Check Pointing）技术降低 40%的显存占用，同时通过动态分片（Dynamic Sharding）满足较大规模参数模型的训练需求。

（2）容错与故障恢复：实现分钟级检查点保存和自动节点故障转移（Failover），确保在出现硬件故障或异常情况下训练任务可迅速恢复。

（3）实时监控：建立监控指标看板，实时跟踪 Tokens/Second/GPU、GPU 利用率与通信延迟，确保训练过程稳定高效。

算力调度系统与分布式训练框架的协同作用，是实现大模型快速、稳定微调的关键。

6. 验证与部署/优化

在训练完成后，模型必须经过多层次验证，确保在技术指标、业务场景及合规性等方面均达到预期要求，再进行安全部署。验证与部署阶段包括：

（1）技术指标测试：要求模型困惑度（Perplexity）降低超过 15%，任务准确率提升超过 30%，通过定量指标验证模型改进效果。

（2）业务场景验证：采用渐进式 A/B 测试和边缘案例覆盖（覆盖率>95%）方式，在实际业务环境中检验模型的稳定性和健壮性。

（3）合规性审查：利用 Fairlearn、LIME 等工具对模型进行算法公平性与可解释性检测，确保数据隐私与算法偏见问题均符合法规要求。

（4）安全部署：采用容器化（Containerization）技术将模型服务封装，通过服务网格（Service Mesh）管理流量，实现负载均衡与灰度发布（Canary Release）。在金融等高安全性场景下，借助硬件加密（如 Intel SGX）确保内存数据安全。

通过多维度验证，确保模型在上线后不仅具备高性能，还能在真实业务环境中长期稳定运行，并且满足安全合规要求。

7. 监控/版本管理

部署后的模型需要持续监控和定期迭代优化，以应对数据分布漂移和业务变化。持续监控与版本管理的主要内容包括：

（1）智能运维平台（AIOps）：利用 AI 技术对 IT 运维进行自动化管理，通过概念漂移检测（Concept Drift Detection）及时对模型性能衰退进行预警，确保模型适应动态业务环境。

（2）自动再训练机制：当数据分布偏移超过 15%或模型准确率下降超过 5%时，系统自动触发增量训练（Incremental Training），实现模型的快速更新与优化。

（3）模型版本管理：通过模型仓库（Model Registry）对所有模型版本进行记录与管理，追踪数千个模型版本的更新历史，支持回溯与对比分析，保障模型迭代过程的透明性与可控性。

8. 价值评估&SLA 检测

在模型完成部署并经过一段时间的监控与版本管理后，需要对模型的实际业务价值进行评估，并检测其是否满足预先设定的服务水平协议（Service Level Agreement，SLA）的要求。此阶段是衡量项目成功与否的关键环节，并为后续的模型迭代和优化提供重要依据。

（1）价值评估：从业务指标的角度评估模型上线后带来的实际效益，例如提升效率、降低成本、增加收入、改善用户体验等。这需要与项目启动前的业务目标进行对比分析，量化模型的贡献。

（2）SLA 检测：对模型在实际运行过程中的各项关键性能指标（如准确率、延迟、吞吐量、稳定性等）进行检测，判断是否达到预定的 SLA 标准。如果模型性能未达到 SLA 标准，则需要触发后续的再训练流程。

- 满足 SLA：如果模型的业务价值得到认可，并且各项性能指标均达到 SLA 标准，则标志着本次大模型微调项目取得了成功，流程实现闭环。
- 不满足 SLA：如果模型未能实现预期的业务价值或 SLA 标准，则需要触发自动或手动再训练机制，回到之前的步骤进行模型优化，例如调整微调策略、增加训练数据等，以期达到更好的性能和业务效果。

通过定期的业务价值评估和 SLA 检测，企业可以确保大模型微调项目持续产生业务价值，并及时发现和解决模型性能衰退等问题，形成一个持续优化的闭环。

7.4 大模型的高效微调

得益于 Hugging Face 与 LoRA 技术，大模型的微调正在步入一个"轻量化编码、高效交付"的新纪元。这让研究人员得以在计算能力受限的前提下，不断深挖大型模型的潜力，进而使其能够迅速融入并适应各种特定场景。

7.4.1　Hugging Face 的三大创新

预训练语言模型（Pre-trained Language Model，PLM）引发了自然语言处理技术的变革。Hugging Face 作为这一变革的催化剂，通过构建开源技术生态，将 BERT、GPT 等前沿模型的调用复杂度从专业级降低到入门级。截至 2024 年，该平台已集成 50000+ 预训练模型，覆盖文本、图像、语音等多模态任务，模型下载量累计突破 10 亿次，成为全球最大的 AI 模型平台。

传统 NLP 开发面临三大技术瓶颈：首先，模型架构差异导致代码重构成本高企，工程师在切换 BERT 与 GPT 时需要重写 60%以上的数据处理代码；其次，训练资源消耗巨大，GPT-3 的全参数训练需要 355 块 GPU 卡持续运行一年；最后，模型复用性差，垂直领域的微调模型难以跨任务迁移。Hugging Face 通过三大创新架构破局：

（1）统一模型接口：将 Transformer 各组件抽象为标准化模块，开发者仅需修改模型名称即可实现架构切换。例如，调用 AutoModelForSequenceClassification 接口时，将 bert-base-uncased 替换为 gpt2，即可在分类任务中无缝切换模型架构。

（2）参数共享生态：Hugging Face Hub 平台构建了模型参数的"GitHub 生态"，用户可直接加载社区微调的领域模型。例如医疗问答场景中可直接调用 Bio_ClinicalBERT，相比从头训练节约 90%的时间。

（3）硬件加速优化：集成混合精度训练与模型并行技术，使得单张 RTX 3090 显卡可运行 130 亿参数规模的 OPT 模型。通过 CUDA 内核优化，文本生成速度较原生 PyTorch 提升 3.2 倍。

Hugging Face 构建了覆盖模型全生命周期的工具链，其核心功能模块形成了完整的技术闭环，如表 7-5 所示。

表 7-5　Hugging Face 的核心功能模块

核心功能模块	技术实现	典型应用场景
预训练模型库	AutoModel 系列接口	快速加载千亿级大模型
数据处理管道	Pipeline 零代码 API	5 行代码搭建文本分类系统
迁移学习框架	Trainer 类与 Accelerate 库	领域自适应微调
模型压缩工具	知识蒸馏与量化训练	移动端部署
可视化分析	Attention 热力图生成	模型决策可解释性分析

Hugging Face 的 transformers 库是一个开源库，旨在提供一站式的工具来处理各类预训练的深度学习模型，尤其是在 NLP 任务中的应用。该库支持多种预训练模型（如 BERT、GPT-2、T5、BART 等），并提供简单的接口，帮助用户轻松加载、训练和推理这些模型。除了 NLP 任务外，transformers 库还不断扩展以支持其他领域（如图像、音频等）的模型。以医疗文本分类为例，开发者可通过以下代码快速构建相关系统：

```
from transformers import pipeline

classifier = pipeline("text-classification",
model="bionlp/bluebert_pubmed_uncased_L-12_H-768_A-12")

result = classifier("Patient presented with persistent cough and fever for 72 hours")
```

7.4.2　LoRA：参数高效微调的技术突破

　　LoRA 由微软研究院于 2021 年提出，其核心思想是通过矩阵分解实现参数高效微调。通过低秩分解技术，仅用两个较小的矩阵（称之为更新矩阵）来表示权重的更新。这些小矩阵在训练过程中不断调整，以适应新的数据，同时确保总体的权重变化保持较低的水平。原始的预训练权重则保持冻结状态，不会进行进一步的调整。最终，原始权重和更新的权重通过组合产生最终的模型结果。

　　LoRA 并不直接调整模型的权重，而是通过在模型的某些层中加入低秩矩阵，以增加模型的表达能力，从而在保留大部分预训练模型能力的基础上，提高微调效率。这种方法能够显著减少计算资源的消耗，并在训练过程中减少内存使用。LoRA 的主要优势有以下几个方面：

　　（1）高效性：通过大幅减少可训练参数数量，使微调过程更加高效。

　　（2）节省存储：原始预训练权重保持冻结，允许在多个任务上使用轻量级且便捷的 LoRA 模型。

　　（3）兼容性：LoRA 能够与许多其他高效微调技术正交，并可结合使用。

　　（4）性能：使用 LoRA 微调的模型在性能上与完全微调的模型相当。

　　（5）无推理延迟：LoRA 不会增加推理延迟，因为适配器的权重可以与基础模型合并。

　　从理论上讲，LoRA 能够应用于神经网络中的任何权重矩阵子集，特别是在 Transformer 模型中，通常只会在注意力模块中应用 LoRA。

　　例如，假设我们有一个神经网络，包含 199210 个参数。通过 LoRA 可以初始化一个包含 750 个参数的小矩阵 A 和一个投影矩阵 B。通过计算 $A \times B$，我们得到 199210 个参数，这些参数可以被视为原始权重矩阵的增量。通过这种方式，训练过程只需要优化 750 个参数，而不是 199210 个，从而大幅减少了计算成本，如图 7-5 所示。

　　左边展示了训练阶段发生的事情。预训练好的模型的权重用方块 W 表示。这个 W 是一个很大的矩阵，就像一个装满了知识的"大书架"。现在想让这个模型去完成一个特定的任务，比如翻译或者写文章。但是直接改动 W 会很麻烦，所以 LoRA 就想了一个办法。它引入了两个小一点的"书签" A 和 B，也就是图 7-5 中的梯形。A 和 B 的尺寸比 W 小很多，这样需要调整的参数就少了很多。训练的时候，只改动这两个"书签"A 和 B，而 W 里面的知识保持不变。

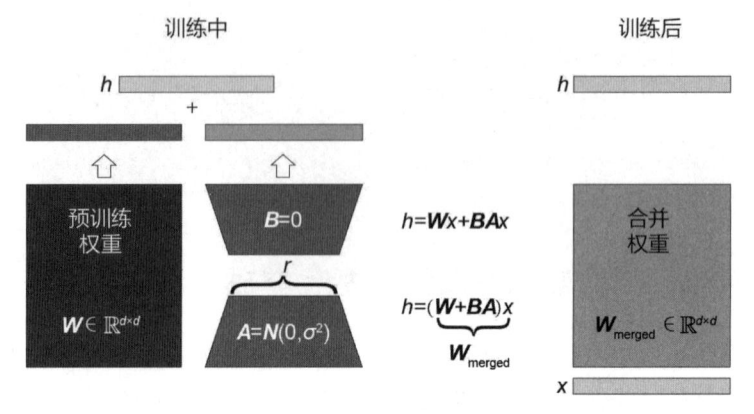

图 7-5　LoRA 的训练过程

LoRA 的核心可以用一个公式来表达：$h=Wx+BAx$。在这个公式里，h 是模型的输出，x 是输入。W 还是那个预训练好的"大书架"，A 和 B 是"书签"。训练的时候，通过调整 A 和 B 来让模型更好地完成任务。由于 A 和 B 很小，所以训练起来更快，也更节省资源。

右边展示了训练完成后的情况。训练结束后，把"书签"A 和 B"合并"到"大书架"W 里面，得到了一个新的"大书架"W_{merged}。这个新的"大书架"既包含了原有的知识，又针对特定任务进行了调整。这样就可以用这个新的"大书架"来更快更有效地完成任务了。

LoRA 就像给预训练模型增加了一些"微调"的旋钮，让模型在特定任务上表现更好，同时又不会"大动干戈"，保持了原有的知识。

在 BERT-base 模型中，$Q/K/V$ 投影矩阵维度为 768×768。当 $r=8$ 时，每个矩阵仅需新增 $768 \times 8 + 8 \times 768 = 12288$ 个参数，总新增参数占比不足 1%。通过 Hugging Face PEFT 库可实现便捷集成，代码如下：

```
from peft import LoraConfig, get_peft_model

config = LoraConfig(
    r=8,
    lora_alpha=32,
    target_modules=["q_proj", "v_proj"],
    lora_dropout=0.1
)
model = get_peft_model(bert_model, config) # 注入适配器
```

训练完成后，通过 model.merge_and_unload()可将适配器权重融合至基础模型，实现零推理

延迟。实验数据显示，在 GLUE 基准测试中，LoRA 仅更新 0.1%的参数即可达到全参数微调 98.5% 的准确率，较传统 Adapter 方法提升了 1.3%的准确率。

7.4.3　实战：高效微调 Llama 模型

以下是微调 Llama 模型的具体实现步骤，展示了如何结合 Hugging Face 的 transformers 库和 LoRA 技术，完成一个实际的微调任务，如图 7-6 所示。

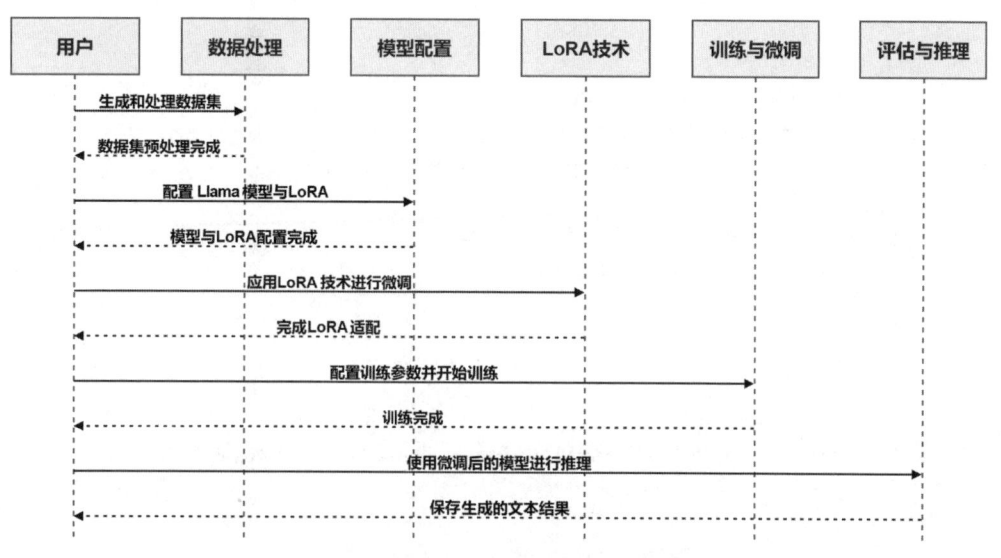

图 7-6　微调 Llama 模型的实现步骤

1. 环境安装与依赖库

安装所需的 Python 库，这些库包括了模型训练、LoRA 适配及数据处理的必备工具。代码如下：

```
// chapter07/01-llama2-fine-tuning-using-lora.ipynb
!pip install accelerate peft bitsandbytes transformers trl pandas
```

2. 数据预处理与生成

使用一个模拟的数据集，其中包含了 10000 条问答对，用于训练和验证模型。数据集的生成包括以下步骤：

（1）随机选择问题（prompt）和回答（response），生成一条数据。

（2）将生成的数据保存为 CSV 文件并进行处理，去除文本中的超链接和引用。

（3）将数据集拆分为训练集、验证集和测试集，并保存为 JSONL 格式。

代码如下：

```python
// chapter07/01-llama2-fine-tuning-using-lora.ipynb
# 生成数据并保存为 CSV 文件
prompts = [...]   # 问题列表
responses = [...]  # 回答列表
data = []

for _ in range(10000):
    prompt = random.choice(prompts)
    response = random.choice(responses)
    data.append({"prompt": prompt, "response": response})

df = pd.DataFrame(data)
df.to_csv("task2_10k.csv", index=False)

# 数据预处理（去除超链接等）
for i in range(len(df)):
    text = df['response'][i]
    text = text.replace("<hyperlink>", "").replace("<mention>", "")
    df['response'][i] = text

df.to_csv("task2_10k_processed.csv", index=False)
```

3. 加载并处理数据集

处理完数据后，加载并将其转换为模型可用的格式。我们使用 Hugging Face 的 datasets 库加载数据，并将每个示例的 prompt 和 response 拼接成一个完整的文本对。

代码如下：

```python
// chapter07/01-llama2-fine-tuning-using-lora.ipynb
train_dataset = load_dataset('json', data_files='train.jsonl', split="train")
valid_dataset = load_dataset('json', data_files='test.jsonl', split="train")

train_dataset_mapped = train_dataset.map(
    lambda examples: {'text': [prompt + ' [/INST] ' + response for prompt, response in zip(examples['prompt'], examples['response'])]},
    batched=True
```

```
)

valid_dataset_mapped = valid_dataset.map (
    lambda examples: {'text': [prompt + ' [/INST] ' + response for prompt, response in zip ( examples['prompt'], examples['response'])]},
    batched=True
)
```

4. 配置 Llama 模型与 LoRA 适配

加载 Llama 模型并为其配置 LoRA。LoRA 技术通过低秩适应模块对模型的部分层进行微调，以减少参数更新数量和计算负担。代码如下：

```
// chapter07/01-llama2-fine-tuning-using-lora.ipynb
from peft import LoraConfig, PeftModel

# 配置 LoRA 参数
peft_config = LoraConfig(
    lora_alpha=16,
    lora_dropout=0.1,
    r=64,
    bias="none",
    task_type="CAUSAL_LM",
)

# 加载 Llama 模型并应用 LoRA
model_name = "NousResearch/llama-2-7b-chat-hf"
model = AutoModelForCausalLM.from_pretrained(
    model_name,
    quantization_config=bnb_config,
    device_map={"": 0}
)

model.config.use_cache = False
tokenizer = AutoTokenizer.from_pretrained(model_name, trust_remote_code=True)
tokenizer.pad_token = tokenizer.eos_token

# 将 LoRA 配置应用于模型
model = PeftModel.from_pretrained(model, peft_config)
```

5. 配置训练参数

使用 Hugging Face 的 TrainingArguments 类可以配置模型训练过程中的各项参数,如学习率、批量大小、评估频率等。代码如下:

```python
// chapter07/01-llama2-fine-tuning-using-lora.ipynb
training_arguments = TrainingArguments(
    output_dir="./results",
    num_train_epochs=2,
    per_device_train_batch_size=4,
    gradient_accumulation_steps=1,
    save_steps=25,
    logging_steps=5,
    learning_rate=2e-4,
    weight_decay=0.001,
    evaluation_strategy="steps",
    eval_steps=50,
    report_to="none"
)
```

6. 使用 SFTTrainer 进行训练

Hugging Face 的 SFTTrainer(Supervised Fine-Tuning Trainer)类提供了一个便捷的接口来进行监督微调。我们通过这个类执行模型的训练过程,并每隔一定步数评估模型的表现。代码如下:

```python
// chapter07/01-llama2-fine-tuning-using-lora.ipynb
from trl import SFTTrainer

trainer = SFTTrainer(
    model=model,
    train_dataset=train_dataset_mapped,
    eval_dataset=valid_dataset_mapped,
    tokenizer=tokenizer,
    args=training_arguments
)

trainer.train()
```

7. 保存微调后的模型

训练完成后，保存微调后的模型，以供后续推理使用。代码如下：

```
// chapter07/01-llama2-fine-tuning-using-lora.ipynb
trainer.model.save_pretrained("/llama-2-7b-custom")
```

8. 测试模型与生成文本

在测试阶段，使用微调后的模型生成文本，并将其保存到文件中。代码如下：

```
// chapter07/01-llama2-fine-tuning-using-lora.ipynb
pipe = pipeline(task="text-generation", model=model, tokenizer=tokenizer, max_length=250)

generated_text = []
for prompt in final_test_data['prompt']:
    result = pipe(prompt)
    generated_text.append(result[0]['generated_text'].split（'[/INST]')[1])

final_test_data['generated_text'] = generated_text
final_test_data.to_csv('/llama2_finetune_output_1128.csv', index=False)
```

通过 Hugging Face 与 LoRA 技术的协同，AI 应用开发进入了"低代码+高效率"的新阶段。在有限算力的条件下，研究人员可以不断探索大模型的能力边界，在不同领域实现快速适配。

7.5 本章小结

基于预训练模型的微调技术已成为提升模型性能的关键方法之一。预训练模型通常需要庞大的数据集和计算资源，而微调技术则使我们能够在这些已预训练模型的基础上，通过对少量任务特定的数据进行优化，显著降低训练成本，并且在多种应用场景下展现出优越的效果。

在实际应用中，Hugging Face 和 LoRA 为微调提供了强大的工具和技术支持。Hugging Face 不仅提供了丰富的预训练模型，还为用户提供了简洁的微调接口。LoRA 作为高效微调技术的代表，通过减少模型参数的更新量，降低了计算开销，同时保持了模型的性能，成为高效微调中的重要突破技术。

本章通过对微调技术的多角度分析，帮助读者了解如何根据任务需求选择合适的微调策略。随着计算能力的不断提升和微调技术的持续发展，微调将在更多应用场景中发挥更大的作用。

第 8 章 大模型推理与服务化

8.1 什么是大模型推理

大模型推理（Large Language Model Inference，LLM Inference）是指将已完成训练的大模型应用于实际场景，通过模型学习到的语言规律和知识体系对新输入文本进行语义解析并生成预测结果的过程。作为大模型应用落地的关键阶段，该过程实现了从模型参数空间到现实语义空间的映射转换，将模型训练阶段捕获的数十亿个参数所蕴含的语言认知能力转化为可操作的智能输出。

从技术的角度分析，大模型推理本质上是基于 Transformer 的深度神经网络的前向传播过程。以生成式预训练变换器（GPT）和双向编码器表示（BERT）为代表的这类典型模型，其推理过程需要执行数百个注意力层的矩阵运算，涉及参数规模可达千亿级别。大模型推理过程可以概括为以下步骤，如图 8-1 所示。

（1）输入文本：用户输入文本后，文本处理模块执行清洗、标准化和分词操作，然后将分词后的结果通过嵌入层转换为高维词向量。

（2）词嵌入与张量转换：通过词向量映射，将文本的 Token 表示为向量，然后加入位置编码以保留词序，构成模型需要的张量。

（3）模型加载与初始化：加载预训练模型时，实际上有"加载架构"和"加载权重"两个步骤。这两个步骤涉及加载具体的网络结构与对应的训练权重，以及对模型进行初始化，设置优化器等准备工作。

（4）推理过程：嵌入层将输入张量映射到语义空间，自注意力机制负责捕捉长距离的依赖关系，前馈神经网络进行特征变换。每一层计算的结果都会输出一个 Token 的概率分布，决定下一个词的生成。

（5）生成控制：在生成 Token 的过程中，模型根据生成策略（如采样、Beam Search）来生成新 Token。不同的生成策略会影响生成结果的质量与多样性。

（6）停止条件判断：模型通过判断生成的内容是否满足停止条件（如达到最大长度或生成结束符）来决定是否停止生成 Token，确保输出满足规定条件。

（7）后处理阶段：生成 Token 后，进行后处理工作，包括去除填充符号、子词合并（例如处理 BERT 的子词标记）、格式化，并进行必要的逻辑校验，如检查生成结果是否符合预期。

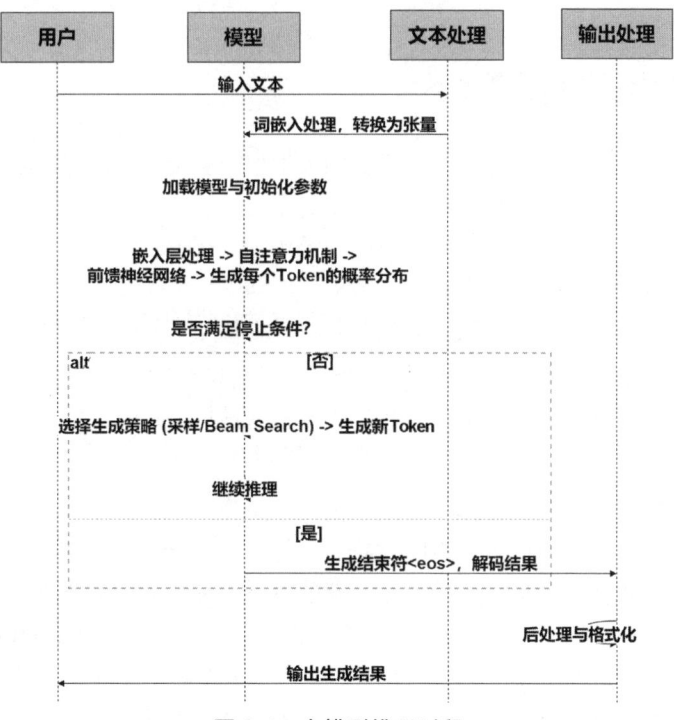

图 8-1　大模型推理过程

注意：采样（Sampling）和 Beam Search 是两种常用的文本生成策略，用于从语言模型的概率分布中生成序列，它们在生成内容时有不同的策略和效果。

采样是一种基于模型输出的概率分布随机选择下一个单词或 Token 的方法。在每一步中，模型根据当前生成的内容预测下一个 Token 的概率分布，采样则从该概率分布中随机选择一个 Token。

Beam Search 是一种确定性的搜索算法，用于在生成过程中维护多个候选序列，并在每个步骤中选择最有可能的序列。与采样不同，Beam Search 通常会选择具有最高累积概率的序列。

综上所述，大模型的推理过程涉及从文本输入到最终输出的多个环节。为了高效且高质量地完成这些环节，关键技术至关重要。例如，在模型加载后的推理过程中，需要进行大量的矩阵运算，而利用 GPU 的高效矩阵计算能力可以显著加速计算速度。在生成 Token 的过程中，模型需要管理大量的历史信息以预测下一个词，KV-Cache 缓存机制能够有效地管理内存，减少显存消耗，从而提高生成效率。此外，在生成控制阶段，采用合适的生成优化策略，如温度调节、Top-k/Top-p 采样等方法，可以在保证生成内容多样性的同时兼顾质量。结合 Beam Search 等算法，可以进一步提高生成结果的质量和流畅度。这些关键技术的应用，共同确保了高效且高质量的文本输出。

8.2　大模型推理引擎

推理引擎（Inference Engine）是指在机器学习框架中负责将已训练好的模型部署到生产环境并进行推理（即模型预测）的核心组件。推理引擎的主要功能是接收输入数据，利用训练好的模型进行推理计算，并输出预测结果。与训练阶段相比，推理阶段通常具有更高的效率要求，因为推理往往需要实时响应并支持大量并发请求。推理引擎不仅涉及计算模型的推理过程，还包括模型优化、硬件加速、内存管理等多个方面，因此其性能在大规模推理应用中至关重要。

推理引擎的应用领域非常广泛，包括但不限于智能客服、语音识别、图像分类、推荐系统、自动驾驶等领域。在这些应用领域中，推理引擎需要满足高吞吐量、低延迟、低功耗等要求，因此对其架构和实现提出了很高的要求。

推理引擎工作的主要环节包括模型加载、输入数据预处理、推理计算、输出后处理等，每一环节都会直接影响推理的速度和准确性。模型加载是指将训练好的模型从存储加载到内存中，并转换为推理引擎可以执行的格式。输入数据预处理是指将原始数据转换为模型输入所需的格式、维度等。推理计算是引擎的核心部分，通常依赖于硬件加速技术（如 GPU、TPU 等）来加速推理过程。输出后处理是对推理结果进行解码、后续处理，使其符合应用需求。

主流的推理引擎工具包括 TensorRT-LLM、vLLM、LMDeploy、Hugging Face TGI 和 llama.cpp 等。这些工具各自有着不同的特点和优势，适用于不同的硬件平台和应用场景。TensorRT-LLM 由 NVIDIA 推出，一般利用 NVIDIA 硬件（尤其是 GPU）加速大模型的推理。vLLM 则注重多 GPU 分布式推理，尤其在处理大规模并行计算任务时具有优势。LMDeploy 是一个开源工具，旨在简化大模型的部署过程，提供高效的推理服务。Hugging Face TGI 是 Hugging Face 推出的优化推理工具，特别适用于文本生成任务。llama.cpp 是一个轻量级的推理引擎，适合在资源受限的环境中进行推理，特别是在边缘计算和小型设备上表现优秀。

8.2.1 TensorRT-LLM

TensorRT-LLM 基于 NVIDIA TensorRT 开发，结合了针对大模型的定制优化技术，旨在为生成式 AI 和大模型提供极致的推理性能。TensorRT-LLM 不仅支持多种流行的大模型架构（如 GPT、BERT、T5 等），还提供了易于使用的工具和 API，帮助开发者在 NVIDIA GPU 上高效地部署和运行这些模型。

1. TensorRT-LLM 的特性

1）高性能推理优化

TensorRT-LLM 通过 TensorRT 的底层优化技术（如层融合、内核自动调优、内存优化等）显著提升了推理速度。它还支持动态批处理（Dynamic Batching）和连续批处理（In-flight Batching），能够同时处理多个请求，最大化 GPU 利用率。

2）广泛的模型支持

TensorRT-LLM 支持多种流行的大模型架构，用户可以通过简单的配置将这些模型转换为 TensorRT 格式，并利用其优化能力。

3）多精度支持

TensorRT-LLM 支持 FP32、FP16、INT8 等多种精度模式，用户可以根据硬件能力和性能需求选择合适的精度，进一步优化推理速度和内存占用。

4）易于集成

TensorRT-LLM 提供了 Python 和 C++ 的 API，方便用户将优化后的模型集成到现有应用中。此外，它还支持与 Triton Inference Server 集成，便于在生产环境中部署。

2. TensorRT-LLM 的架构设计

TensorRT-LLM 的架构主要包括模型定义与编译、运行时组件、推理服务集成，以及多 GPU 和多节点支持。

（1）在模型定义与编译方面，TensorRT-LLM 提供了 Model Definition API，允许用户定义模型或选择预定义的架构（如 GPT、BERT 等），并将其编译为高效的 TensorRT 引擎，以充分利用 GPU 的计算能力。用户可以使用从 Hugging Face Hub 下载的预训练权重文件，或选择 NVIDIA NeMo、PyTorch 等框架训练的模型。

（2）运行时组件支持 Python 和 C++，用于执行编译后的 TensorRT 引擎，并提供 Beam Search、Top-k 采样、Top-p 采样等高级推理功能。C++ 运行时的性能更优，推荐采用。

（3）在推理服务集成方面，TensorRT-LLM 提供了 Python 和 C++后端，并支持与 NVIDIA Triton Inference Server 集成，以构建在线推理服务。C++后端实现 in-flight batching（动态批处理），能高效处理并发请求，是推荐的后端方案。

（4）TensorRT-LLM 还支持多 GPU 和多节点配置（通过 MPI 实现），适用于大规模分布式推理场景。

3. TensorRT-LLM 的使用

TensorRT-LLM 提供了高效的 API 接口，用户只需将模型加载到引擎中，并配置输入数据和推理参数，即可进行快速推理。以下是一个简单的代码示例，展示了如何使用 TensorRT 进行推理，代码如下：

```
// chapter08/llm_engine/01-TensorRT-LLM.py
import tempfile
from tensorrt_LLMimportLLM, SamplingParams

def main():
    # 模型可以接受 Hugging Face 模型名称、本地 Hugging Face 模型的路径，
    # 或者 TensorRTModel Optimizer 的量化检查点，例如 Hugging Face 上的 nvidia/Llama-3.1-8B-Instruct-FP8
    LLM=LLM（model="TinyLlama/TinyLlama-1.1B-Chat-v1.0")

    # 将引擎保存到磁盘，稍后加载。LLM 类可以接受 Hugging Face 模型或 TRT-LLM 引擎
    llm.save（tempfile.mkdtemp）

    # 示例提示词
    prompts = [
        "Hello, my name is",
        "The president of the United States is",
        "The capital of France is",
        "The future ofAIis",
    ]

    # 创建采样参数
    sampling_params = SamplingParams（temperature=0.8, top_p=0.95）

    # 对每个提示词生成文本
    for output in llm.generate（prompts, sampling_params）:
```

```
    print(
        f"Prompt: {output.prompt!r}, Generated text: {output.outputs[0].text!r}"
    )

    # 输出示例:
    # Prompt: 'Hello, my name is', Generated text: '\n\nJane Smith. I am a student pursuing my degree in Computer Science at [university]. I enjoy learning new things, especially technology and programming'
    # Prompt: 'The president of the United States is', Generated text: 'likely to nominate a new Supreme Court justice to fill the seat vacated by the death of Antonin Scalia. The Senate should vote to confirm the'
    # Prompt: 'The capital of France is', Generated text: 'Paris.'
    # Prompt: 'The future of AI is', Generated text: 'an exciting time for us. We are constantly researching, developing, and improving our platform to create the most advanced and efficient model available. We are'

if __name__ == '__main__':
    main()
```

TensorRT-LLM 适合需要高性能推理的场景，尤其是在 NVIDIA 硬件（如 GPU）上，能够充分发挥 GPU 的计算能力，显著提高推理速度。

8.2.2 vLLM

vLLM 是一个高性能、易用的大模型推理和服务库，最初由加州大学伯克利分校的 Sky Computing Lab 开发，如今已演变为一个由学术界和工业界共同推动的开源项目。它专注于解决大模型部署中的关键问题——推理和服务效率低下，为用户提供高吞吐量、低延迟的推理能力，并支持多种硬件平台，使得大模型的应用更加广泛和高效。

1. vLLM 的特性

vLLM 通过一系列先进技术实现高效推理，其中最核心的是 PagedAttention 技术。传统 Transformer 模型在处理"注意力机制"时，需要维护大量的 Key-Value（KV）缓存，导致缓存（显存）占用过高，影响推理速度。而 vLLM 采用 PagedAttention 方案，实现对 KV 缓存的高效管理，按需分配和复用缓存，使得推理过程更加流畅，同时提高了计算资源的利用率。这项技术的引入，使得 vLLM 在推理吞吐量方面达到了业内领先水平，适用于从本地设备到大规模数据中心的各种环境。

除了 PagedAttention，vLLM 还引入了诸多优化措施，如连续批处理（ContinuousBatching），能够动态合并不同用户的请求，从而提升 GPU 计算效率。它还支持 FlashAttention 和 FlashInfer，利用优化的 CUDA 内核加速 Transformer 计算。此外，vLLM 兼容多种量化技术，包括 GPTQ、AWQ，使得用户可以在精度与性能之间找到最优平衡点，从而在有限算力环境下实现更高效的大模型推理。

在分布式推理方面，vLLM 具备张量并行和流水线并行能力，支持多 GPU 和多节点的推理任务，适用于大模型的高效部署。此外，它还支持推理时的前缀缓存（Prefix Caching）和多 LoRA 能力，使得用户可以在不同任务间快速切换，提高大模型在特定应用中的适应性。

2. vLLM 的架构

vLLM 的架构围绕多个核心组件展开，包括入口（LLM 类、兼容 OpenAI 的 API 服务器）、LLM 引擎、工作进程（Worker）、模型执行单元（Model Runner）及模型（Model）等。

1）入口

vLLM 提供了多个入口，允许用户通过不同方式与系统交互。LLM 类提供 Python 接口，适用于离线推理，无须额外的推理服务器。用户可以使用 LLM 类加载模型，定义采样参数，并批量生成文本。另一种方式是使用兼容 OpenAI 的 API 服务器，通过 vLLMserve <model>或直接运行 API 服务器脚本提供在线推理服务。

2）LLM 引擎

LLM 引擎（LLMEngine）是 vLLM 的核心组件，负责处理推理请求，包括同步版本 LLMEngine 和异步版本 AsyncLLMEngine。

（1）LLMEngine：用于离线推理和同步推理，执行输入处理（文本标记化）、任务调度（选择处理顺序）、模型执行（管理多 GPU 推理）、输出处理（解码生成文本）。

（2）AsyncLLMEngine：用于在线推理，可处理并发请求，支持流式输出，兼容 OpenAI 的 API 服务器依赖此组件。

3）工作进程

vLLM 采用多进程架构，每个工作进程对应一个计算加速设备（如 GPU）。在使用张量并行和流水线并行时，多个工作进程协同工作。例如，2 路张量并行+2 路流水线并行会产生 4 个工作进程，每个工作进程由全局 rank 和本地 local_rank 标识，分别用于分布式调度和资源分配。

4）模型执行单元

每个工作进程（Worker）都包含一个模型执行单元，负责加载和执行模型。模型执行单元管理输入张量准备、CUDA 图捕获等优化推理过程的操作。

5）模型

模型执行单元内部包含具体的模型对象，即 torch.nn.Module 实例。vLLM 支持 50 多种开源大模型，并通过 huggingface_integration 管理不同模型的初始化逻辑。

3. vLLM 的使用

vLLM 的使用较为简便，用户只需加载合适的预训练模型，配置好并行计算参数，便可进行推理。以下是一个简单的示例代码，展示了如何使用 vLLM 进行推理，代码如下：

```
# vLLM 使用指南
# 本脚本演示如何使用 vLLM 进行离线推理
# 1.安装 vLLM
# 在终端中运行以下命令安装 vLLM:
# $ pip install vllm

# 2.离线推理示例
# 使用 vLLM 进行离线推理，生成文本

from vLLM import LLM, SamplingParams

# 定义输入提示
prompts = [
    "Hello, my name is",
    "The President of the United States is",
    "The capital of France is",
    "The future of AI is",
]

# 定义采样参数
sampling_params = SamplingParams(temperature=0.8, top_p=0.95)

# 初始化 LLM 引擎，加载模型
LLM=LLM(model="facebook/opt-125m") # 使用 facebook/opt-125m 模型
```

```python
# 生成文本
outputs = llm.generate(prompts, sampling_params)

# 打印生成结果
for output in outputs:
    prompt = output.prompt
    generated_text = output.outputs[0].text
    print(f"Prompt: {prompt!r}, Generated text: {generated_text!r}")
```

vLLM 可以部署为一个兼容 OpenAI API 协议的服务器。默认情况下，服务器的访问地址为 http://localhost:8000。可以通过 --host 和 --port 参数指定服务器的地址。服务器目前一次只能托管一个模型，并实现了诸如模型列表、创建聊天补全和创建补全等端点。

运行以下命令以启动 vLLM 服务器，代码如下：

```
vLLMserve --host 0.0.0.0 --port 8080
```

这将启动服务器并监听 8080 端口。

启动兼容 OpenAI 的 API 服务器，并通过 OpenAI API 与服务器进行交互，代码如下：

```
# 1.安装 vLLM
# $ pip install vllm


# 2.下载模型
# 如：Qwen/Qwen2.5-1.5B-Instruct


# 3.启动兼容 OpenAI 的 API 服务器
# 在终端中运行以下命令启动服务器：
# $ vLLMserve Qwen/Qwen2.5-1.5B-Instruct


# 4.使用 OpenAIAP 查询服务器
# 通过 curlPython 的 openai 包与服务器交互


# 4.1 使用 curl 查询
# 在终端中运行以下命令：
# $ curl http://localhost:8000/v1/completions \
#     -H "Content-Type: application/json" \
#     -d '{
#         "model": "Qwen/Qwen2.5-1.5B-Instruct",
```

```python
#         "prompt": "San Francisco is a",
#         "max_tokens": 7,
#         "temperature": 0
#     }'

# 4.2 使用 Python 的 openai 包查询
from openai import OpenAI

# 设置 OpenAIAP 的密钥和基础 URL
openai_api_key = "EMPTY"  # 无须密钥
openai_api_base = "http://localhost:8000/v1"  # vLLM 服务器地址

# 初始化 OpenAI 客户端
client = OpenAI(
    api_key=openai_api_key,
    base_url=openai_api_base,
)

# 创建 Completion 请求
completion = client.completions.create(
    model="Qwen/Qwen2.5-1.5B-Instruct",
    prompt="San Francisco is a",
    max_tokens=7,
    temperature=0
)
print("Completion result:", completion)

# 5.使用 OpenAI Chat Completions API
# vLLM 支持 OpenAI Chat Completions API，适用于需要上下文交互的任务

# 5.1 使用 curl 查询
# 在终端中运行以下命令:
# $ curl http://localhost:8000/v1/chat/completions \
#     -H "Content-Type: application/json" \
#     -d '{
#         "model": "Qwen/Qwen2.5-1.5B-Instruct",
#         "messages": [
#             {"role": "system", "content": "You are a helpful assistant."},
```

```
#            {"role": "user", "content": "Who won the world series in 2020?"}
#        ]
#    }'

# 5.2 使用 Python 的 openai 包查询
chat_response = client.chat.completions.create(
    model="Qwen/Qwen2.5-1.5B-Instruct",
    messages=[
        {"role": "system", "content": "You are a helpful assistant."},
        {"role": "user", "content": "Tell me a joke."},
    ]
)
print("Chat response:", chat_response)
```

vLLM 适用于需要大规模分布式推理的场景，尤其是在多 GPU 并行计算时，能够有效提升推理效率。

8.2.3 LMDeploy

LMDeploy 是一个高效的大模型部署工具箱，其功能涵盖了量化、推理和服务，由 MMRazor 和 MMDeploy 团队开发，旨在提供大模型的压缩、部署和服务的一站式解决方案。通过 LMDeploy，用户可以轻松实现大模型的量化部署，优化计算资源，提升推理速度。

1. LMDeploy 的特性

LMDeploy 提供了以下核心功能：

（1）高效的推理：LMDeploy 具备了 Persistent Batch（即持续批处理，Continuous Batch）、块级"键—值"缓存（Blocked KV Cache）、动态拆分和融合、张量并行、高效的计算 kernel 等重要特性。推理性能是 vLLM 的 1.8 倍。

（2）可靠的量化：LMDeploy 支持权重量化和 KV 量化。4bit 模型推理效率是 FP16 下的 2.4 倍。量化模型的可靠性已通过 OpenCompass 评测并得到充分验证。

（3）便捷的服务：通过请求分发服务，LMDeploy 支持多模型在多台 AI 机器、多张计算卡上的推理服务。

（4）有状态推理：通过缓存多轮对话过程中关注的"键—值"，记住对话历史，从而避免重复处理历史会话，显著提升长文本多轮对话场景中的效率。

（5）卓越的兼容性：LMDeploy 支持 KV Cache 量化、AWQ 和 Automatic Prefix Caching 同时使用。

（6）多后端支持：支持 TurboMind 和 PyTorch 两种推理后端，用户可以根据需求选择合适的方式。TurboMind 是一款关于大模型推理的高效推理引擎，基于 NVIDIA 的 FasterTransformer 研发而成。它的主要功能包括：对 Llama 结构模型的支持，提供 persistent batch 推理模式和可扩展的 KV 缓存管理器。PyTorch 与着重于性能的 Turbomind 相比，以较小的性能开销为代价，提供了更容易开发与扩展的大模型推理实现方式。

2. LMDeploy 的架构

LMDeploy 的架构主要包括以下几个部分：

（1）模型加载与转换：支持以多种格式加载模型，并将其转换为适合推理的格式。

（2）推理引擎：提供 TurboMind 和 PyTorch 两种推理引擎，用户可以根据需求选择合适的引擎。

（3）API 服务：提供 RESTful API 和 gRPC 接口，方便用户通过 HTTP 或 RPC 调用模型推理服务。

（4）监控与管理：提供模型性能监控、日志管理等功能，便于用户实时了解模型运行状态。

LMDeploy 提供了简便的功能来进行模型量化、离线批处理、在线推理等，只需简单的几行代码或命令即可完成。可以使用它进行大模型和视觉语言模型（VLM）的离线推理，搭建与 OpenAI 接口兼容的模型服务，或者通过命令行与模型进行互动。

3. LMDeploy 的使用

在使用 LMDeploy 前，确保已经安装了相关的工具。比如，进行大模型推理时，可以通过以下代码进行快速测试，代码如下：

```
import lmdeploy
pipe = lmdeploy.pipeline("internlm/internlm2_5-7b-chat")
response = pipe(["Hi, pls intro yourself", "Shanghai is"])
print(response)
```

在此示例中，LMDeploy 会自动选择推理引擎（如 TurboMind 或 PyTorch）。也可以手动指定引擎配置，例如使用 TurboMind 引擎，代码如下：

```
from lmdeploy import pipeline, TurbomindEngineConfig
pipe = pipeline('internlm/internlm2_5-7b-chat',
```

```
            backend_config=TurbomindEngineConfig(
                max_batch_size=32,
                enable_prefix_caching=True,
                cache_max_entry_count=0.8,
                session_len=8192,
            ))
```

或者使用 PyTorch 引擎，代码如下：

```
from lmdeploy import pipeline, PytorchEngineConfig
pipe = pipeline('internlm/internlm2_5-7b-chat',
            backend_config=PytorchEngineConfig(
                max_batch_size=32,
                enable_prefix_caching=True,
                cache_max_entry_count=0.8,
                session_len=8192,
            ))
```

在这些配置中，cache_max_entry_count 控制缓存占用的 GPU 内存比例，值越大，内存使用率越高。如果遇到内存不足的情况，则可以降低这个值。

此外，生成的提示词（Token）可以通过 GenerationConfig 来调整采样参数，例如，控制输出长度、温度、采样策略等，代码如下：

```
from lmdeploy import GenerationConfig, pipeline

pipe = pipeline('internlm/internlm2_5-7b-chat')
prompts = ['Hi, pls intro yourself', 'Shanghai is']
response = pipe(prompts,
            gen_config=GenerationConfig(
                max_new_tokens=1024,
                top_p=0.8,
                top_k=40,
                temperature=0.6
            ))
```

对于视觉语言模型的推理，除了支持与大模型类似的文本处理，它还可以处理图像数据。比如，使用 load_image 方法加载图像并进行推理，代码如下：

```
from lmdeploy import pipeline
```

```
from lmdeploy.vl import load_image

pipe = pipeline('OpenGVLab/InternVL2-8B')
image = load_image('tiger.jpeg')
response = pipe(('describe this image', image))
print(response)
```

还可以调整图像批量处理的大小，默认为 1，这个值可以通过 VisionConfig 改变，例如设置最大批量为 8，代码如下：

```
from lmdeploy import pipeline, VisionConfig
from lmdeploy.vl import load_image

pipe = pipeline('OpenGVLab/InternVL2-8B',
                vision_config=VisionConfig(
                    max_batch_size=8
                ))

image = load_image('tiger.jpeg')
response = pipe(('describe this image', image))
print(response)
```

LMDeploy 适合需要简化部署和快速推理的场景，提供了灵活的功能，允许用户根据需要选择不同的推理引擎和配置，以优化模型推理性能。特别是对于大模型的应用，能够快速实现部署和推理。

8.2.4 Hugging Face TGI

TGI（Text Generation Inference）是一个高性能的文本生成推理工具包，专为大模型提供高效的推理服务。TGI 支持多个流行的大型开源语言模型（如 Llama、Falcon、StarCoder、BLOOM、GPT-NeoX、T5 等），并采用了 Rust、Python 和 gRPC 的混合架构，优化了推理过程，支持多 GPU 加速。TGI 已在 Hugging Face 的生产环境中得到广泛应用，包括 Hugging Chat、OpenAssistant 等。

1. TGI 的特性

TGI 的设计目标是提供易于使用、高性能的服务，以满足生产环境中大规模的文本生成需求，它具有以下特性：

（1）快速启动：支持快速启动大部分主流的语言模型服务。

（2）高性能：通过张量并行加速和多 GPU 支持，优化推理性能，减少响应延迟。

（3）监控追踪：支持 Open Telemetry 分布式追踪和 Prometheus 指标采集，确保系统可靠性和可观测性。

（4）Token 流式传输：支持基于服务器发送事件（SSE）的流式传输，适用于实时生成场景。

（5）持续批处理：通过批处理优化整体吞吐量，提高推理效率。

（6）推理优化：针对 Transformers 代码进行优化，支持 Flash Attention 和 Paged Attention 等高效推理技术。

（7）量化支持：通过 bitsandbytes 和 GPT-Q 实现模型量化，减少内存占用并提高推理速度。

（8）Safetensors 格式支持：支持加载 Safetensors 格式的模型权重，提升安全性。

（9）水印嵌入：通过"大模型水印"功能嵌入水印，增加模型的可追溯性。

（10）Logits 参数调节：支持多种生成策略的调节，如温度缩放（temperature scaling）、Top-p、Top-k、重复惩罚等。

（11）微调支持：支持微调模型，以提高特定任务的准确性和效率。

2. TGI 的架构

TGI 的架构如图 8-2 所示。

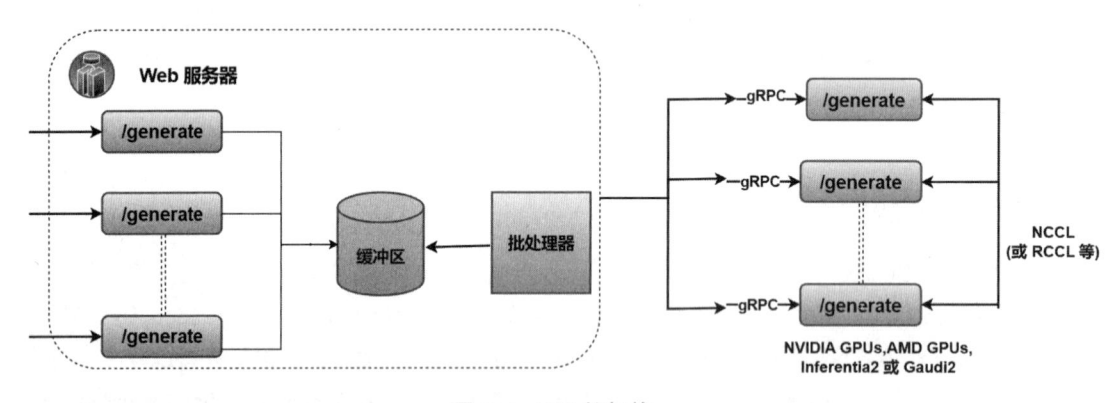

图 8-2　TGI 的架构

首先，TGI 服务的请求通过"Web 服务器"内的/generate 接口进入，经过"缓冲区"进行缓冲，再由"批处理器"进行批处理；随后，批处理后的数据通过 gRPC 分发给多个并行处理单元，这些单元各自拥有/generate 接口；最后，每个处理单元完成处理后，其输出通过 gRPC 路径指回请求的分发点。

通过 Web 服务器、模型服务器的协同工作，TGI 实现了高效、灵活、可扩展的大模型推理服务。它充分利用硬件资源，优化了推理过程，为用户提供了强大的文本生成能力。

3. TGI 的使用

通过 Docker 启动 TGI 服务，这样可以避免烦琐的安装和配置过程。以下是启动 TGI 服务的基本步骤，代码如下：

```
# 启动 Docker 容器，加载指定模型
sudo docker run --name tgi --restart=unless-stopped -d --gpus all --shm-size 2g
-p 8000:80 -v $HOME/.cache/huggingface:/data \
    -e HF_HUB_OFFLINE=1 \
    ghcr.io/huggingface/text-generation-inference:2.4.0 \
    --max-total-tokens=32768 \
    --max-input-tokens=32767 \
    --model-id Qwen/Qwen2.5-7B-Instruct
```

通过 HTTP 请求与 TGI 服务进行交互。以下是一个示例，展示了如何发送请求进行文本生成，代码如下：

```
# 查询可用模型
curl -s localhost:8000/v1/models | jq .

# 向模型发送聊天请求并生成响应
curl -s http://localhost:8000/v1/chat/completions -H "Content-Type:
application/json" -d '{
    "model": "Qwen/Qwen2.5-7B-Instruct",
    "messages": [
      {"role": "system", "content": "你是一个数学家."},
      {"role": "user", "content": "9.11 和 9.8 两个小数谁比较大?"}
    ],
    "max_tokens": 512
}' | jq '.choices[0].message.content'
```

通过返回的 JSON 格式的响应获取生成的文本：

```
"比较 9.11 和 9.8 两数时，可以从整数部分和小数部分依次比较。
首先，比较其整数部分：9 和 9，两者相同。
然后比较小数部分的第一位：1 和 8。这里的 1 小于 8，因此 9.11 小于 9.8。
因此，9.8 比 9.11 大。"
```

8.3 大模型的推理优化

大模型的推理优化是人工智能工程化中的关键环节，其价值体现为多个技术指标的协同提升。

（1）用户体验升级：通过推理引擎优化，可将对话系统的响应时延控制在 200 ms 以内，达到人类自然对话的交互体验标准。在智能客服、实时翻译等场景中，这种毫秒级的响应能力直接影响用户留存率（Retention Rate）和转化率（Conversion Rate）。

（2）提高资源利用率：采用模型压缩（Model Compression）和动态批处理（Dynamic Batching）技术，可将 GPU 显存占用降低 40%～60%，同时提升计算单元利用率至 80% 以上。这使得单卡可部署更多推理实例，显著降低推理成本（Inference Cost Per Query）。

（3）模型精度保障：通过量化感知训练（Quantization-Aware Training，QAT）和知识蒸馏（Knowledge Distillation，KD）等方法，在保持模型预测精度（Top-1 Accuracy）损失不超过 0.5% 的前提下，实现模型体积压缩 4～8 倍。这种"精度—效率"的平衡对医疗诊断、金融风控等高精度需求场景尤为重要。

（4）边际效益增长：从技术经济学视角评估，推理优化带来的边际效益呈现指数级增长特征。当模型推理速度提升 3 倍时，单位时间内的服务容量（Service Capacity）可同步扩大 3 倍，而基础设施成本（CAPEX）仅需线性增长。这种非线性收益曲线使得头部企业的服务边际成本（Marginal Cost）趋近零，形成显著的市场竞争优势。

大模型推理优化面临多重技术约束，如计算资源的限制、模型规模与推理速度之间的权衡、数据传输瓶颈及并行计算的协调问题。因此，必须构建一种动态平衡机制，灵活调整计算资源分配、优化模型推理过程中的各项参数，以应对不同任务和场景下的需求变化，从而实现推理性能和效率的最大化。

（1）性能与成本的帕累托最优解：在工程实践中存在典型的"性能铁三角"悖论——模型精度（Accuracy）、推理速度（Throughput）、计算成本（Cost）三者构成"不可能三角"关系。实验数据显示，当将 BERT 模型的推理延迟从 50 ms 优化至 20 ms 时，模型 F1 值会下降 2.3%，同时每百万次推理的云计算成本增加 18%。这种权衡关系要求研发团队建立精准的量化评估体系，通过多目标优化算法寻找帕累托最优解（Pareto Optimality）。

注意：F1 值[1]的全称为 F1 Score，是精确率（Precision）和召回率（Recall）的调和平均值。精确率衡量的是模型预测为正例的样本中真正为正例的比例；召回率衡量的是所有真正为正例

---

[1] 参考：维基百科。

的样本中，被模型正确预测出来的比例。F1 值通过综合考虑这两个指标，为模型性能提供了一个更全面的评估视角。F1 值的定义如下：F1 值=正确率×召回率×2/（正确率+召回率）。

（2）动态环境适应性难题：实际生产环境中的输入数据分布具有显著时变特性。监测数据显示，对话系统的用户查询模式在 6 个月内会发生 15%～20%的概念漂移（Concept Drift）。传统静态优化方案在部署 3 个月后会出现明显的性能衰减，这就要求推理系统必须具备在线学习的能力，持续进行模型参数校准和缓存策略更新。

（3）异构计算资源调度：现代推理集群普遍采用 CPU-GPU-NPU 多种架构，如何实现计算任务的动态负载均衡成为关键挑战。基于强化学习的资源调度器（Reinforcement Learning-based Scheduler）被认为是提升集群整体利用率的有效途径，例如，研究表明其可提升高达 23%的利用率。然而，正如前文所述，这种方案也会引入 10～15 ms 的调度延迟。这种毫秒级的决策延迟在实时语音处理等场景中会产生级联效应，因此，在利用强化学习提升资源利用率的同时，也需要开发轻量级调度算法以平衡性能与延迟。

强化学习调度器正是这样一种尝试利用人工智能优化资源调度的系统。其基本过程包括定义状态空间、动作空间和奖励函数，状态空间表示当前调度环境的状态，动作空间是调度器可以采取的所有可能操作，而奖励函数用于评估每个动作的效果。在训练过程中，调度器通过与环境交互，不断调整策略以最大化累积奖励，从而实现对任务的高效调度。近年来，基于深度强化学习的调度方法在解决复杂调度问题方面显示出显著优势，能够适应动态变化的工作负载，并在多个实际应用场景中表现出优越的性能。

强化学习调度器利用 DRL 模型（DRL Model），根据任务队列和服务器的实时状态，智能地将任务分配给虚拟机，以优化任务执行效率并满足截止期限（DDL）的要求，如图 8-3 所示。

用户将待执行的任务（TASK_1、TASK_2、TASK_3…）发送到任务队列（Task Queue）。DRL 模型接收任务队列中的任务信息，并从实时性能平台模型（Real-time Performance Platform Model）获取虚拟机集群（VM_1、VM_2、VM_3…）的实时状态信息（State），例如 CPU 使用率、内存占用率等。根据这些信息，DRL 模型做出调度决策（Select），即决定将哪个任务分配给哪个虚拟机执行。实时性能平台模型检查任务的执行情况，并评估任务是否在截止期限内完成。同时，实时负载模型（Real-time Load Model）评估虚拟机集群的实时负载情况（Observation），并将负载评估结果提供给 DRL 模型。DRL 模型根据任务执行情况和负载评估结果获得一个奖励值（Reward）。DRL 模型根据奖励值调整自身参数，不断优化调度策略。

该资源调度器通过 DRL 模型不断学习和优化，实现更智能的任务调度。它能够根据任务的特性和虚拟机的状态，动态地分配资源，提高任务执行效率，并确保任务在截止期限内完成。同时，实时负载模型的引入，可以更好地平衡虚拟机负载，避免出现过载的情况。

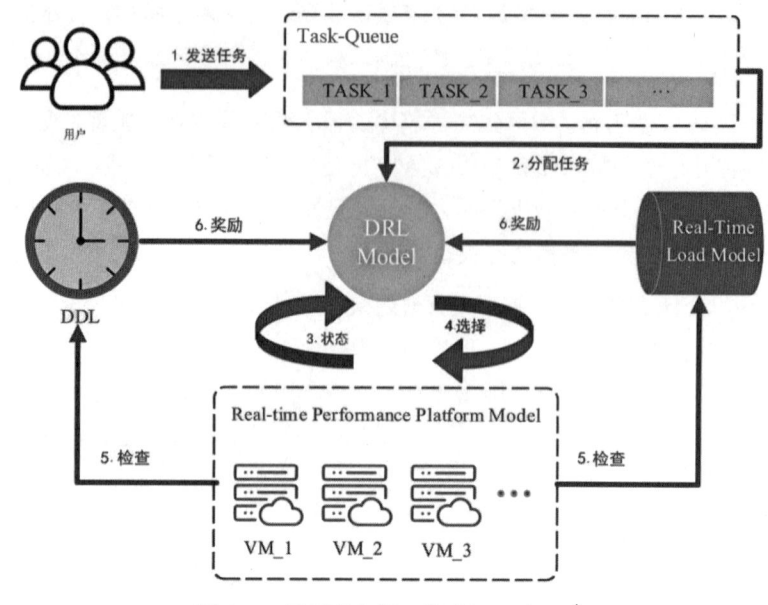

图 8-3　基于强化学习的资源调度器[1]

8.3.1　大模型推理的优化手段

大模型推理优化是指在推理过程中，使用各种技术手段对模型架构、算法及硬件进行改造，以实现推理速度的显著提升和资源消耗的有效降低。由于大模型通常包含数以亿计甚至数十亿参数，其计算和内存开销巨大，直接影响实时性和部署成本。因此，优化策略通常围绕模型压缩、模型并行和推理引擎优化三个方面展开。

（1）模型压缩通过剪枝、量化和知识蒸馏等方法，从不同角度降低模型复杂度。剪枝是在模型训练完成后，通过检测各个参数的重要性，将冗余或贡献较低的权重置零，从而减少运算量。例如，在卷积神经网络中，可以通过通道剪枝将不重要的滤波器去除。量化是将浮点数参数转换为低精度整数，这样不仅能降低内存占用，还能加速硬件运算速度，常见的量化精度包括 8 位整数甚至更低。"知识蒸馏"是通过训练一个小模型（Student Model），使其在输出分布上逼近大模型（Teacher Model），在保持较高准确率的同时大幅减少计算资源需求。

（2）模型并行在大模型推理中也发挥着重要作用。数据并行通过将输入数据划分到多个计算单元上并行处理，可以显著提高整体吞吐量；而模型并行将一个庞大的模型拆分成多个部分，由不同设备分别进行计算，适用于单设备无法容纳整个模型的情况；流水线并行将计算过程分

---

[1] 参考"基于服务器实时性的深度强化学习任务调度方法"一文。

成若干阶段，在不同设备上依次执行，实现任务的重叠处理。这些并行策略不仅在理论上提供了加速路径，在实际部署中也经过了大量验证。例如，某知名搜索引擎利用流水线并行技术，将 Transformer 模型分割成多个子模块，同时在多块 GPU 上协同工作，使得推理延时降低了 40% 以上。

（3）推理引擎优化主要依赖硬件加速和软件调优。当前主流硬件如 GPU、TPU 等在并行计算能力上具有巨大优势，推理引擎通过针对这些硬件的深度定制算法，充分利用其内存层级、并行计算单元和高速缓存。例如，NVIDIA 推出的 TensorRT 通过图优化、层融合和内存复用等手段，在不降低模型精度的前提下，大幅提升推理速度。另外，软件层面的优化如动态批处理可以将多个请求合并计算，从而在高并发场景下提高硬件利用率。近年来，一些开源项目如 ONNX Runtime 和 DeepSpeed Inference 也为推理优化提供了新思路，通过跨框架优化和调度策略，进一步减少推理延时。

此外，推理过程中的内存管理和缓存策略同样不可忽视。优化内存访问模式、减少数据传输延时及合理利用硬件预取机制，均能在一定程度上降低推理延时。以 Transformer 模型为例，其多头注意力机制导致计算密集且内存占用高，研究人员通过重构注意力机制计算图，实现了内存带宽的高效利用，达到了加速推理的目的。

大模型推理优化是一项系统工程，涉及模型结构调整、并行计算调度及硬件/软件协同优化等多个层面。通过上述多种技术手段，不仅能显著提升推理速度，还使大模型能够以更低的能耗和更高的资源利用率投入实际应用，满足如智能客服、自动驾驶、医疗影像诊断等对实时性和准确性要求极高的场景需求。未来，随着硬件更新和算法进步，推理优化策略将不断演进，为大规模人工智能应用提供更加坚实的技术保障。

8.3.2 提升大模型数学推理能力

大模型如 GPT-4 和 Claude 在自然语言处理任务中表现出色，但在需要严格逻辑推理的任务中，却常常表现不佳。例如，在计数任务中，大模型可能会犯下低级错误，这暴露了其在推理能力上的局限性。

注意：大模型的能力依赖于对输入文本的概率推断，而不是通过逻辑推理或逐步计算来完成任务的。它们通过预测下一个词的可能性来生成答案，而不是像人类一样进行精确的认知操作。这种基于概率的生成方式使得它们在需要严格逻辑的任务中容易出现错误。

在一个简单的例子中，ChatGPT 被要求计算字母"r"在单词"strawberry"中出现的次数。却错误地指出字母"r"在单词"strawberry"中出现了两次，显然这是一项基本的任务，但却暴露了大模型在认知和推理方面的局限性，如图 8-4 所示。

> 计算字母"r"在单词"strawberry"中出现的次数

字母"r"在单词"strawberry"中出现了 **2** 次。

图 8-4　GPT 被要求计算字母"r"在单词"strawberry"中出现的次数

本节将从大模型的架构缺陷出发，分析其在计数任务中表现不佳的具体原因，并探讨如何通过代码生成、强化学习和思维链等方法提升其推理能力。

1. 人类计数能力分析

1）识别

计数的第一步是识别和区分需要计数的对象。我们需要明确哪些物体是目标，哪些是无关的。例如，数一篮子苹果时，首先要识别出哪些是苹果，而不是篮子或其他水果。

例子：假设你面前有一张桌子，上面放着几本书、几支笔和一个杯子。如果你想数一数有多少本书，那么首先需要识别出哪些物体是书，而不是笔或杯子。这种识别过程依赖我们对"书"这一概念的理解和视觉区分能力。

2）抽象

在识别出目标对象后，我们需要将这些对象抽象为"数量"，忽略它们的个体特征。这意味着我们暂时不考虑物体的颜色、形状、大小等属性，只关注它们的数量。

例子：继续以桌子上的书为例，尽管这些书可能有不同的颜色、厚度或封面设计，但在计数时，我们只关注"书"的数量，而不是它们的个体特征。这种抽象能力使我们能够将复杂的现实世界简化为可管理的数量信息。

3）排序

在抽象的基础上，我们需要为每个物体分配一个顺序或位置。这通常涉及将物体排列成一个序列，以便逐个计数。排序不仅帮助我们避免重复计数或遗漏，还为后续的关联步骤奠定了基础。

例子：假设桌上有三本书，我们可以将它们从左到右排列，依次标记为"第一本""第二本"和"第三本"。这种排序过程使我们能够清晰地追踪已经计数的对象和尚未计数的对象。

4）关联

排序完成后，我们需要将每个物体与一个数字标签相对应。这一步骤将抽象的"数量"转化为具体的数字，使得计数结果可以被明确表达和记录。

例子：在排序的基础上，我们可以将"第一本"书与数字"1"关联，"第二本"书与数字"2"关联，以此类推。这种关联过程使我们能够用数字来表示物体的数量。

5）迭代

我们需要对所有对象执行上述步骤，直到完成计数。这一过程通常涉及重复的识别、抽象、排序和关联操作，直到所有对象都被计数完毕。

例子：假设桌上有五本书，我们需要依次识别每一本书，将其抽象为"书"的数量，排列顺序，并与数字标签关联。这一过程需要重复五次，直到所有书都被计数完毕。

2. 大模型在计数任务中的缺陷

1）Transformer 的局限性

大模型的常用架构是 Transformer，这种架构的核心能力在于处理序列数据，但其设计初衷并非用于精确的逻辑推理。以下是 Transformer 在计数任务中的主要局限：

（1）标记化问题：Transformer 将输入文本分解为"标记"，这些标记可以是字母、音节或单词。然而，标记化过程并不保留文本的精确结构信息。例如，在计数任务中，大模型需要逐字分析输入文本，但标记过程会使输入文本合并或拆分，从而影响计数的准确性。

（2）缺乏显式推理机制：Transformer 通过注意力机制捕捉文本中的语义关系，但其推理过程是基于概率的，而非逻辑的。大模型通过预测下一个词的可能性来生成答案，而不是像人类一样进行逐步的逻辑推理。

（3）上下文窗口限制：Transformer 的上下文窗口限制了大模型能够同时处理的文本长度。在复杂的计数任务中，如果需要同时处理大量数据，那么大模型可能会因为上下文窗口的限制而丢失关键信息。

2）概率推断的局限性

大模型的能力依赖对输入文本的概率推断，而不是通过逻辑推理或逐步计算来完成任务。例如，在计算字母"r"在"strawberry"中出现的次数时，大模型可能会基于训练数据中的统计规律生成答案，而不是逐字母地分析单词。

3）缺乏对数字和数量的深层次理解

大模型在训练过程中学习了大量的语言模式，但它们并未真正理解数字和数量的概念。例如，大模型可能知道"2"比"1"大，但它并不理解"2"代表的具体含义。这种对数字的浅层次理解使得大模型在"计数"任务中表现不佳。

3. 提升大模型推理能力的方法

为了提升大模型的推理能力,研究人员提出了多种方法,以下是其中三种主要的解决方案。

1)代码生成

代码生成是一种让大模型生成并执行代码的方法。通过这种方法,大模型可以突破其标记化过程的局限,直接使用编程语言进行计算,从而提高其在数学和计数任务中的准确性。例如,在计算字母"r"在"strawberry"中出现的次数时,大模型可以生成以下 Python 代码并执行,代码如下:

```
# 在计算字母"r"在"strawberry"中出现的次数时,大模型可以生成以下 Python 代码并执行
word="strawberry"
count=word.count('r')
print(count)#输出结果为 3
```

通过代码生成,大模型能够准确地完成任务,而无须依赖"概率推断"。

2)强化学习

强化学习是一种通过基于奖励和惩罚的学习方法来训练大模型执行复杂任务的技术。通过设置推理任务为"游戏",让大模型在游戏中学习如何做出最佳决策,这有可能提升其推理和思考能力。例如,在计数任务中,可以设计一个强化学习环境,大模型每正确计数一次就获得奖励,出现错误则受到惩罚。通过反复训练,大模型可以逐步提高其在推理任务(如数学推导、代码生成等)中的准确性。

3)思维链

思维链是一种通过提供明确的推理步骤来帮助大模型生成合理答案的方法。通过逐步引导大模型完成任务,思维链能够显著提升大模型的推理能力。例如,在计数任务中,可以通过思维链引导大模型逐字分析单词中的每个字母,从而得出准确的计数结果。

4. 思维链在计数任务中的应用

以下是一个使用思维链提升大模型计数能力的实际案例。

1)无思维链的情况

在没有思维链的情况下,ChatGPT 被要求计算字母"r"在单词"strawberry"中出现的次数时,错误地指出字母"r"出现了 2 次。

```
# 源码位置:chapter08/strawberry.ipynb
```

```python
# 在没有思维链的情况下，GPT 被要求计算字母"r"在单词"strawberry"中出现的次数
from LangChain_openai import ChatOpenAI

# 初始化 ChatOpenAI 模型
llm=ChatOpenAI（
temperature=0.95, # 控制模型输出的随机性
model="gpt-3.5-turbo-instruct"# 指定模型
）
# 第一次交互（没有思维链）
# 用户消息
messages=[
（"human", "Count the occurrences of theletter 'r' in the word'strawberry'."），
]

print（"gpt-3.5-turbo"）
ai_msg=llm.invoke（messages） # 调用模型
print（ai_msg.content） # 打印响应内容

print（""）
```

输出：

```
# 在没有思维链的情况下，GPT 错误地指出字母"r"出现了 2 次
gpt-3.5-turbo
The letter 'r' occurs 2 times in the word "strawberry."
```

2）引入思维链的情况

通过引入思维链，模型可以逐字分析"strawberry"中的每个字母，从而得出字母"r"的出现次数。

```
# 通过引入思维链，模型可以逐字分析"strawberry"中的每个字母
messages=[
（
"system", # 系统消息，用于提供思维链提示
"""
<chain of thought> # 思维链开始
# 示例：计算单词"apple"中字母"p"的出现次数
EXAMPLE: Count the occurrences of the letter 'p' in the word 'apple'.
```

```
            To determine the number of occurrences of the letter 'p' in the word 'apple',
we scan through the word letter by letter:  # 确定字母"p"在单词"apple"中出现次数的方法
            'a' (0), 'p' (1), 'p' (2), 'l' (0), 'e' (0).  # 扫描单词"apple"中的每个字母并计数
            Therefore, the letter 'p' appears 2 times.  # 因此,字母"p"出现了2次

            </chain of thought>  # 思维链结束
            # 重要提示:使用上述思维链生成响应
            IMPORTANT! USE ABOVE CHAIN OF THOUGHT TO GENERATE YOUR RESPONSE!
            """,
        ),
        ("human", "Count the occurrences of the letter 'r' in the word 'strawberry'."),
    ]
ai_msg=llm.invoke(messages)# 调用模型
ai_msg

print("gpt-3.5-turbo with CoT")
print(ai_msg.content)# 打印响应内容

print("")
```

输出:

```
# 引入思维链, ChatGPT 正确指出字母"r"出现了3次
gpt-3.5-turbowithCoT
To determine the number of occurrences of the letter 'r' in the word 'strawberry',
we scan through the word letter by letter:

-'s' (0)
-'t' (0)
-'r' (1)
-'a' (0)
-'w' (0)
-'b' (0)
-'e' (0)
-'r' (2)
-'r' (3)
-'y' (0)

Therefore, the letter 'r' appears 3 times in the word'strawberry'.
```

通过引入思维链，大模型能够更准确地执行计数任务，展示了思维链在提升模型推理能力方面的潜力。

大模型在复杂的语言任务中表现出色，但在需要严格逻辑推理的任务中，它们仍然存在局限性。这种局限性主要源于 Transformer 的设计缺陷，如标记化问题、缺乏显式推理机制，以及对数字和数量的浅层次理解等。通过代码生成、强化学习和思维链等方法，我们可以显著提升大模型的推理能力。尤其是思维链，通过逐步引导大模型完成任务，能够有效提高其在计数等逻辑任务中的表现。未来，随着这些方法的进一步发展和优化，大模型的推理能力将有望达到新的高度。

8.4 大模型推理评估

截至 2025 年 1 月，ChatGPT 仍然可能会一本正经地提供不准确或虚构的信息。例如，向 ChatGPT 询问"林黛玉倒拔垂杨柳"和"林黛玉三打白骨精"，它会编造看似合理但实际上并不存在的解释，将《红楼梦》中的林黛玉与《水浒传》中的"倒拔垂杨柳"及《西游记》中的"三打白骨精"错误地关联在一起，如图 8-5 所示。

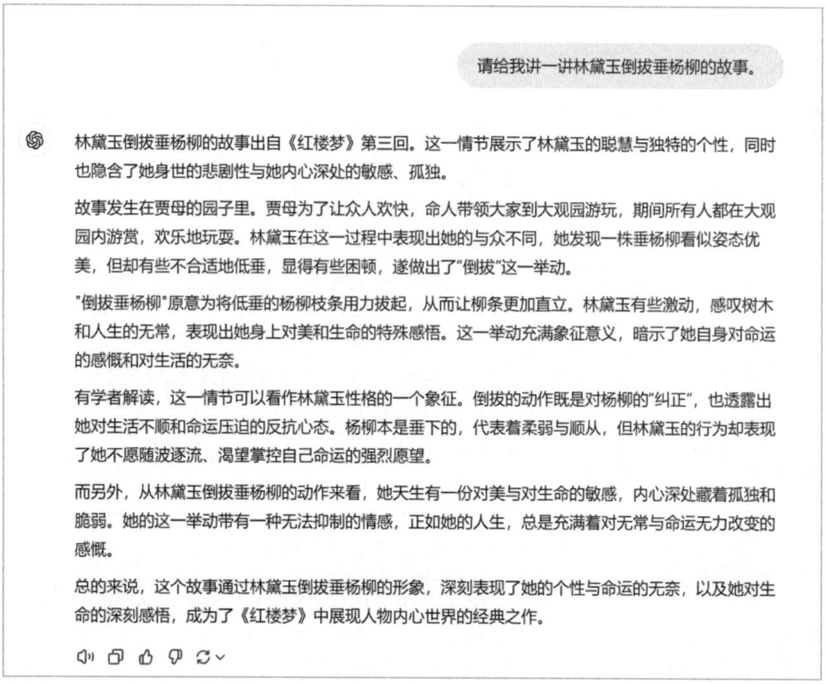

图 8-5 ChatGPT 讲述林黛玉倒拔垂杨柳

这种现象被称为"幻觉"（Hallucination），即 AI 生成的内容虽然听起来可信，但实际上，它并不符合事实或现实。

大模型（如 ChatGPT）的推理幻觉主要源自其生成连贯且与上下文相关文本的能力。当收到提示或问题时，大模型能够生成看似逻辑严谨的响应。然而，这种能力并非基于真正的理解，而是由其概率性质和对海量文本数据的训练所驱动的。本质上，大模型通过学习数据中的模式和关联，预测给定上下文中最可能出现的下一个单词或短语。

随着大模型在各领域的广泛应用，生成内容的质量、可靠性和适用性也成为关注的焦点。为了有效评估大模型生成内容的质量，我们可以借鉴一些传统的评估工具，如 CRAAP 测试和 ASPECT 评估法。这些方法有助于我们从多个维度审视大模型生成的文本，确保其内容的可信度和实际价值。

1. CRAAP 测试：评估信息质量的重要工具

CRAAP 测试最初由加利福尼亚州奇科大学 Meriam 图书馆的 Sarah Blakeslee 提出，旨在帮助学生和学者评估信息的质量，尤其是在虚假新闻和信息泛滥的背景下。这个评估工具适用于各种类型的信息，包括大模型生成的文本，如表 8-1 所示。

表 8-1 CRAAP 测试

指标	中文解释	核心问题
时效性（Currency）	信息发布的时间	信息是什么时候发布的或上传的 信息来源是否是最新的 信息是否经过修订或更新 如果在网络上，链接是否有效
相关性（Relevance）	信息的相关性	信息是否与你的主题相关 是否回答了你的问题 内容范围是否适合 是否太宽泛或太具体 目标受众是谁 是否经过多方比较以确认信息的使用价值
权威性（Authority）	信息来源的权威性	作者或出版者是谁 他们的背景、教育或培训是否具备资格 是否提供联系信息（如地址或电子邮件） 是否可通过 URL 后缀（如 .edu、.gov 等）判断来源的可信度
准确性（Accuracy）	信息的准确性	信息来源是否可靠 是否有相关证据或社会/科学事实支持 信息是否经过编辑或同行评审 是否可以通过其他来源验证 内容与其他来源相比如何

续表

指标	中文解释	核心问题
目的性（Purpose）	信息的目的	信息的目的是告知、教学、销售、娱乐还是说服 作者或机构是否明确表述意图 信息是否客观，是否有偏见

CRAAP 测试通过对这些维度的全面评估，能够帮助使用者判断大模型生成内容的可靠性和质量。具体到大模型生成的文本，时效性和准确性是两个特别重要的因素。

2. CRAAP 测试在大模型中的应用

对于 ChatGPT 讲述的"林黛玉倒拔垂杨柳"和"林黛玉三打白骨精"的故事，我们可以借助 CRAAP 测试进行分析。

（1）时效性：在这个案例中，ChatGPT 生成的内容与时效性无关，因为它编造了一个虚构的情节，而不是基于权威解读。

（2）相关性：用户询问的是与"林黛玉"相关的典故，而 ChatGPT 错误地将《水浒传》中的"倒拔垂杨柳"和《西游记》中的"三打白骨精"关联到林黛玉身上。虽然"林黛玉"是《红楼梦》中的经典角色，但"倒拔垂杨柳"和"三打白骨精"分别出自《水浒传》和《西游记》，与林黛玉毫无关系。ChatGPT 生成的内容在相关性上出现失误，错误地将不同文学作品中的情节关联到林黛玉身上。

（3）权威性：ChatGPT 生成的内容缺乏权威性，因为它没有引用具体的文学或学术来源，而是基于其训练数据中的模式生成文本。由于 ChatGPT 无法区分真实与虚构的内容，其生成的信息可能缺乏可信度。对于需要权威支持的内容，用户应参考正式的文学研究、学术论文或权威出版物，而非依赖 ChatGPT 生成的内容。

（4）准确性：ChatGPT 生成的内容在准确性上存在严重问题。它将《红楼梦》中的林黛玉与《水浒传》中的"倒拔垂杨柳"及《西游记》中的"三打白骨精"错误地关联在一起。这种错误可能是由于训练数据中的模式混淆或缺乏对具体文学作品的深入理解。用户应该对 ChatGPT 生成的内容进行事实核查，尤其是在涉及经典文学作品的情节和角色时，应参考原著或权威解读。

（5）目的性：ChatGPT 生成内容的目的是为用户提供连贯、流畅的文本，而不是提供准确的事实或文学分析。由于 ChatGPT 的目标是生成看似合理的回答，它可能会为了满足用户的需求而编造信息，尤其是在用户提出的问题本身存在误导性或模糊性时。用户应该明确 ChatGPT 生成内容的目的，理解其局限性，并在需要准确信息时结合其他可靠来源进行验证。

因此，在生成文本时，CRAAP 测试可以帮助我们发现"幻觉"内容，并确保生成的内容符合正确标准。

3. ASPECT 评估法：多维度信息质量评估方法

除了 CRAAP 测试，华盛顿州温哥华的克拉克学院图书馆提出的 ASPECT 评估法也是一种有效的信息质量评估工具。ASPECT 评估法在 CRAAP 测试的基础上，加入了更多维度，特别强调内容的均衡性和全面性，适用于综合性的学术研究，如表 8-2 所示。

表 8-2　ASPECT 评估法

指标	中文解释	核心问题
权威性（Authority）	信息来源的权威性	内容的作者或机构是否具有权威 是否有相关领域的专业背景或经验
来源（Sources）	信息来源的可靠性	信息的来源是否可靠 是否有清晰可追踪的出处
目的性（Purpose）	信息的目的	内容是否有特定的意图或偏见 是否影响读者的独立判断
均衡性（Evenness）	内容的多样性与全面性	内容是否均衡地呈现不同观点 是否全面考虑了多方立场
覆盖范围（Coverage）	内容的全面性	内容是否全面 是否遗漏了重要信息或细节
时效性（Timeliness）	信息的时效性	信息是否及时 是否符合最新的研究成果或技术进展

CRAAP 测试和 ASPECT 评估法分别从不同的维度出发，为我们提供了两种有效的信息质量评估方法。CRAAP 测试简洁而直接，强调时效性、准确性和权威性，是快速评估大模型生成结果是否符合标准的重要方法。ASPECT 评估法提供了更多的维度，特别适用于需要评估信息多样性和全面性的学术研究环境。两者可以结合使用，为我们更全面地评估大模型生成的内容质量提供有力支持。

掌握这两种评估方法，不仅能帮助我们识别虚假信息，还能在实际应用中提升大模型生成结果的可信度和应用价值。

8.5　KServe：基于 Kubernetes 的标准化模型推理平台

KServe 作为 Kubernetes 生态体系中的标准化模型推理平台，专为高扩展性生产场景设计。该平台以开源社区项目形式存在，同时构成红帽 OpenShift AI 的核心推理服务组件。通过提供 Kubernetes 自定义资源（Custom Resource Definition，CRD），KServe 实现了跨机器学习框架的模型服务统一部署架构，支持包括 TensorFlow、PyTorch、XGBoost、Scikit-learn 及 ONNX（Open Neural Network Exchange）等主流模型格式的工业级部署。

8.5.1 KServe 架构解析

KServe 通过独特的控制平面（Control Plane）与数据平面（Data Plane）双轨架构，实现了生产级机器学习模型的智能化部署与管理。该架构已在金融风控系统、工业质检平台等场景中验证了其可靠性，某头部电商平台曾借助 KServe 在"双 11"大促期间实现每秒处理 20 万次推理请求的峰值性能。

1. 控制平面的架构设计

控制平面作为 KServe 的"大脑"，通过声明式配置来驱动整个推理服务的生命周期，如图 8-6 所示。

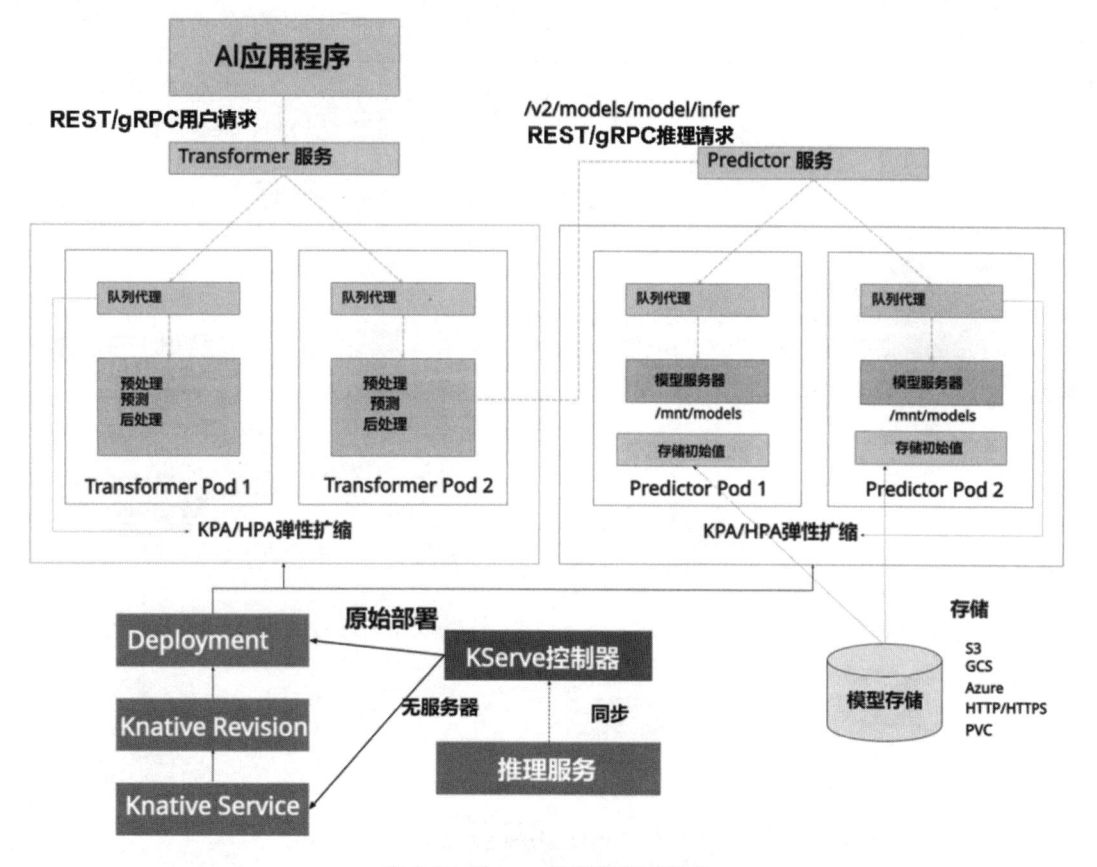

图 8-6　Kserve 控制平面的架构

当用户创建推理服务实例时，系统将自动触发以下核心组件的协同运作。Kserve 控制平面的核心组件如表 8-3 所示。

表 8-3 Kserve 控制平面的核心组件

核心组件	模块	核心功能
KServeController	服务协调中枢	● 负责 InferenceService 资源的协调与管理 ● 自动化部署模型服务容器与模型代理容器 ● 记录请求日志、批量处理及模型动态加载 ● 统一管理 Kubernetes 资源（Deployment/Service/Ingress/HPA）
服务版本控制系统（Knative Serving Controller）；零实例激活器（Knative Activator）；动态扩缩器（KPA）	流量治理体系	● Ingress Gateway 提供 L4/L7 流量管理 ● 支持金丝雀发布、A/B 测试等高级流量调度 ● 集成 Knative Serving 实现对服务实例的智能扩/缩容
Knative；Kubernetes Workloads	部署模式适配	● Serverless 模式：Knative 支持按需伸缩与零副本运行 ● 原生部署模式：直接创建 Kubernetes 工作负载保障稳定性 ● 混合部署方案：关键组件常驻，弹性组件动态伸缩

2. 数据平面的架构设计

KServe 的数据平面定义了一个与框架无关的推理 API，它将推理服务与特定的机器学习/深度学习框架和模型服务器解耦，如图 8-7 所示。

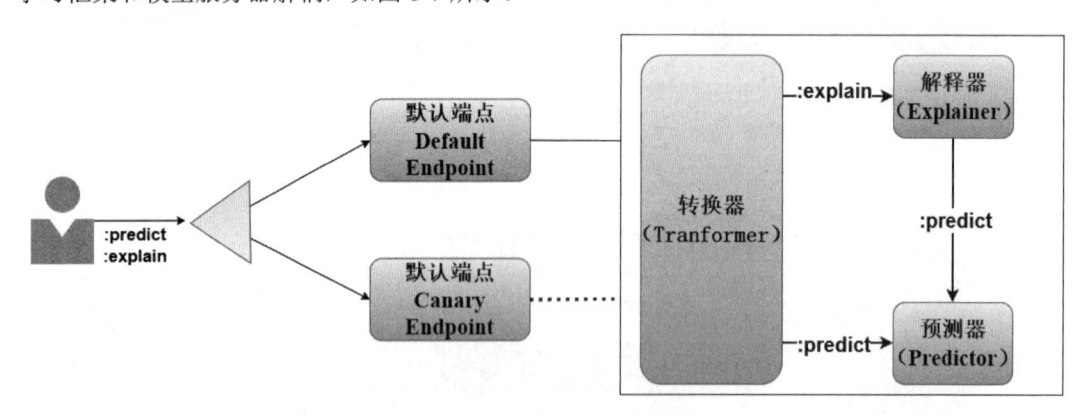

图 8-7 Kserve 数据平面的架构

这种设计有以下几个优点：

（1）促进系统的快速迭代：由于不依赖特定的框架或服务器，因此开发人员可以更快速地尝试和部署新的模型与服务。

（2）确保跨推理服务的一致性：无论底层使用何种框架或服务器，只要遵循该协议，不同的推理服务在接口和行为上都将保持一致。

（3）兼顾易用性和高性能：KServe 的推理协议既可以用于简单的用例，也可以满足对性能有较高要求的场景。

通过该协议，推理客户端和服务器都将受益于更高的实用性和可移植性，从而能够在基于此 API 标准化的平台上无缝运行。值得一提的是，KServe 的推理协议已经获得了业界知名解决方案的支持，例如 NVIDIA Triton Inference Server、TensorFlow Serving 和 TorchServe。

Kserve 数据平面的核心组件如表 8-4 所示。

表 8-4　Kserve 数据平面的核心组件

核心组件	模块	核心功能
Triton、TensorFlow Serving、TorchServe	预测器（Predictor）	● 负责模型推理，提供网络端点访问 ● 支持多框架模型运行时（Triton/TensorFlow Serving/TorchServe） ● 统一 gRPC/REST 预测接口，实现模型热加载与版本管理
Alibi、SHAP、LIME	解释器（Explainer）	● 提供模型解释性功能 ● 支持 SHAP/LIME 等模型可解释性算法 ● 进行特征归因与预测置信度分析 ● 提供可视化解释结果输出
Feast，自定义转换逻辑	转换器（Transformer）	● 处理推理前后的数据转换 ● 支持特征工程（集成 Feast） ● 负责请求/响应格式转换 ● 定义数据预处理/后处理流水线

当用户希望部署一个模型推理服务时，需要提交一个 InferenceService 自定义资源（CR）。该 CR 包含了有关模型、部署方式及可选组件（如 Transformer 和 Explainer）的配置信息。控制平面会定期检查这些 CR，确保实际集群状态与期望状态一致。

在控制平面中，KServe Controller 是核心组件之一。它根据 InferenceService 的定义，负责创建和管理 Kubernetes 中的各类资源。

在无服务器模式下，控制平面会触发 Knative 的相关组件：

（1）Knative Serving Controller 会处理服务修订与流量路由，确保每一次更新都能自动生成新的服务修订，同时通过队列代理收集流量数据，为后续服务实例的自动扩/缩容提供依据。

（2）Knative Activator 的职责是监控当服务处于"缩零"状态时的请求流量，一旦有新的请求进来，Activator 会唤醒对应的 Pod 以恢复服务。

（3）Knative Autoscaler（KPA）根据实际流量情况实时调整实例数量，保证在请求高峰期服务能够快速扩容，而在请求较少时自动缩减资源。

在原生部署模式（Raw Deployment Mode）下，控制平面会直接创建 Service、Kubernetes Deployment、Ingress 及 HPA（水平自动扩/缩）等资源。这种方式适合对服务实例部署和扩/缩容有更精细化控制需求的场景。

进入数据平面后，请求流程主要遵循统一的推理协议。整个数据平面被设计为一个静态的组件图，确保无论使用何种底层框架，推理请求都能按照标准流程被处理。数据平面的核心组件包括 Predictor、Transformer 和 Explainer，其中 Predictor 是必不可少的，负责模型的核心推理任务；Transformer 用于对输入数据进行预处理或对输出数据进行后处理；Explainer 为用户提供模型决策解释的能力。

当外部请求通过 Ingress Gateway 进入系统时，请求会被路由到相应的 Predictor 服务。在这个过程中，如果配置了 Transformer，则请求会先经过 Transformer 进行数据格式的转换、特征工程等处理，再传递给 Predictor。Predictor 收到预处理后的请求后，调用内部模型服务（例如通过 TensorFlow Serving、TorchServe 或 NVIDIA Triton Inference Server 部署的模型）进行推理计算并生成预测结果。若配置了 Explainer，则在预测完成后，还会额外生成对预测结果的解释信息，这对于需要解释性较强的应用场景尤为重要。

在整个请求处理过程中，各组件之间的数据传递和状态监控均依赖 KServe 统一的推理 API 协议。该协议规定了请求入口、数据格式、响应返回及异常处理等细节，使得不同的模型服务能够无缝对接，同时方便了开发人员在系统中进行调试和优化。此外，KServe 还集成了日志记录和性能监控功能，各组件在处理请求时会生成详细的日志信息和指标数据，这些数据将帮助运维人员实时监控系统状态，并在流量异常或资源不足时触发服务实例的自动扩/缩容，保障系统的高可用性和稳定性。

8.5.2　KServe 的关键技术优势

1. 生产级部署能力

在生产环境中，模型部署面临着高可用性、弹性伸缩和高效资源管理等多重挑战。为了应对这些挑战，KServe 提供了强大的生产级部署能力，具体体现在以下几个方面：

（1）动态弹性伸缩：支持基于请求量的 CPU/GPU 资源自动扩展（含零副本收缩）。

（2）高密度模型部署：通过 ModelMesh 实现智能路由与资源优化。

（3）渐进式发布：支持金丝雀部署（Canary Deployment）和推理图（InferenceGraph）编排。

2. 标准化协议支持

采用开放推理协议（Open Inference Protocol，OIP）实现跨运行时兼容，该协议已获得 NVIDIA Triton 推理服务器、Seldon MLServer、TorchServe 等主流推理引擎的广泛支持。OIP 的核心价值体现在：

（1）标准化推理接口：定义统一的预测请求/响应规范（v2 协议）。

（2）跨平台迁移能力：确保不同服务运行时之间的平滑过渡。

（3）异构模型协同：支持 Mistral、Llama2 等大模型的混合部署。

3. 开放 API 兼容性

KServe 通过支持主流 API 规范，实现了与多种模型服务运行时及工具链的无缝集成，为开发者提供了灵活性和可移植性。KServe 支持的 API 规范及其协议特性与应用场景，如表 8-5 所示。

表 8-5　KServe 支持的 API 规范及其协议特性与应用场景

API 规范	协议特性	应用场景
OpenAI API	● 基于 RESTful 接口，支持 JSON 数据传输 ● 认证机制，采用 API 密钥或 OAuth 验证 ● 提供多种功能接口：文本生成、对话交互、语义搜索等	● 无缝对接现有应用，实现快速调用 ● 支持动态调参和模型版本管理，适应业务需求变化
Hugging Face API	● 标准化 REST 接口，支持多种数据格式（JSON、XML 等） ● 高度兼容 Transformer，易于调用各类开源模型 ● 内置社区维护的模型库与持续更新机制	● 依托强大的社区生态，实现模型快速迭代与原型开发 ● 易于集成现有微服务架构，降低开发门槛
OIP 标准协议	● 跨运行时的标准化接口设计，确保统一的 API 定义 ● 支持多租户和多框架环境下的资源统一管理 ● 提供完善的错误监控与服务发现机制	● 降低系统集成复杂度，实现跨平台互操作 ● 支持企业级混合云推理平台建设，满足高并发、低延迟需求

8.5.3　Kserve 推理服务的发布流程

在大模型的生产化部署中，推理服务的发布流程需兼顾效率、性能与可维护性。KServe 作为 Kubernetes 上的标准化推理平台，通过整合控制平面与数据平面的能力，实现了从模型开发到服务上线的全链路自动化。以下从数据准备与模型训练、服务部署、服务实例的动态扩/缩容与资源管理及监控与运维保障四个阶段，详细阐述 KServe 推理服务的发布流程。

1. 数据准备与模型训练

推理服务的性能依赖于高质量的数据与模型。在数据准备阶段，需要将训练集和验证集导入分布式存储系统（例如 GPFS、ParaStor 或 MinIO），并通过版本化管理确保数据的可追溯性。同时，构建包含 PyTorch、TensorFlow Serving 或 ONNX Runtime 等框架的基础容器镜像，以固化运行时环境，避免依赖冲突。在模型训练阶段，基于深度学习框架完成模型训练与调优后，需要将模型导出为标准化格式：例如 TensorFlow 的 SavedModel、PyTorch 的 TorchScript 或跨框架通用的 ONNX 格式。这一步骤不仅保障了模型的可移植性，还为后续推理服务的高效运行奠定了基础。

注意：ParaStor 是一个面向海量非结构化数据处理的高端存储系统，能够提供 TB/S 级高速带宽和 EB 级海量存储，满足大模型和人工智能等领域对高存储容量和高 I/O 性能的需求。

2. 服务部署

KServe 的核心价值在于简化复杂模型的部署流程。用户通过声明式配置定义 InferenceService 自定义资源，指定模型存储路径、资源配额、服务实例的自动扩/缩容策略及服务端点协议，控制平面中的 KServeController 与 Knative 组件协同工作，自动创建 Kubernetes 资源（如 Deployment、Service 和 Horizontal Pod Autoscaler），并配置流量路由规则。例如，金丝雀发布策略可通过调整流量权重，逐步将用户请求从旧版本模型迁移至新版本，实现无缝升级。

在数据平面，KServe 通过模块化架构处理推理请求。服务启动时，Model Server（如 Triton Inference Server 或 TorchServe）从持久化存储加载模型文件，并完成运行时初始化。当客户端请求到达时，Transformer 组件负责预处理输入数据（如文本分词或图像归一化），Predictor 组件执行模型推理，Explainer 模块（可选）提供预测结果的可解释性分析（如 SHAP 值或注意力可视化）。KServe 支持 REST/gRPC 双协议，并通过开放推理协议标准化输入/输出格式，确保跨框架模型的服务兼容性。

3. 服务实例的动态扩/缩容与资源管理

面对大模型的高资源消耗与巨大的流量波动，KServe 依托 Kubernetes 的弹性能力实现服务实例的智能扩/缩容。基于 Knative 对服务实例的缩放到零（Scale-to-Zero）功能可在无请求时释放资源，降低成本；当流量激增时，Horizontal Pod Autoscaler 根据 CPU/GPU 利用率或自定义指标（如每秒查询数 QPS）自动扩展副本数。对于 GPU 密集型任务，KServe 支持拓扑感知调度（Topology-Aware Scheduling），将推理容器调度至具备 NVLink 互联或高带宽显存的节点，最大限度提升硬件利用率。

4. 监控与运维保障

全链路可观测性是生产级推理服务的必备特性。KServe 集成 Prometheus 与 Grafana，实时采集并可视化关键指标：服务延迟、吞吐量、错误率及资源使用率（如 GPU 显存占用）。通过自定义指标暴露接口，用户可扩展监控维度，例如记录模型预测结果的置信度分布或异常检测指标。此外，KServe 的日志管道将模型服务日志统一推送至 Elasticsearch 或 Loki，支持基于业务标签的快速检索与根因分析。

以金融领域的风险预测模型为例，其推理服务的发布流程如图 8-8 所示。

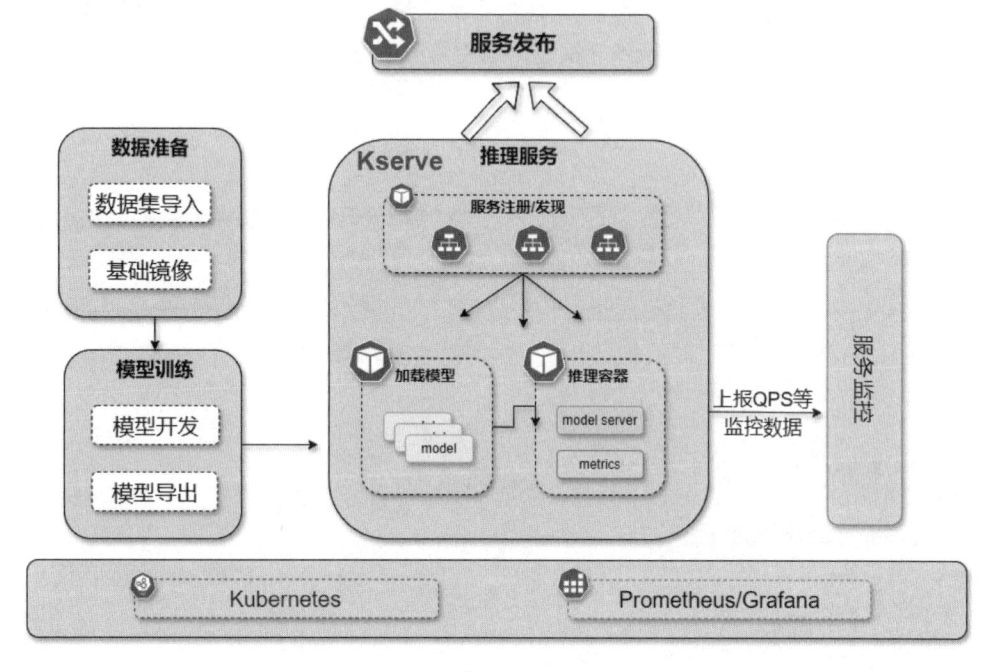

图 8-8 推理服务的发布流程

首先准备和处理用于模型训练的数据；然后利用这些数据开发并训练风险预测模型，并将训练好的模型导出。接着通过 Kserve 将导出的模型部署为可供调用的推理服务，这个服务运行在 Kubernetes 集群上，实现了弹性伸缩和高可用。服务发布后，通过 Prometheus 收集服务的运行指标（如 QPS），并由 Grafana 进行可视化展示，从而实现对推理服务的实时监控。

通过上述流程，KServe 将模型部署的复杂性封装于平台层，使开发者能够聚焦业务逻辑创新。其标准化接口、弹性架构与全链路可观测性设计，不仅降低了运维负担，更推动了生成式 AI 与大模型在企业级场景中的规模化应用。

8.5.4　实战：KServe 快速发布推理服务

在大模型的部署实践中，推理运行时的选择直接影响服务性能与资源效率。KServe 作为 Kubernetes 原生推理平台，凭借其开放的架构设计，可无缝集成多种高性能推理引擎。本节以 vLLM 为例，详解如何通过 KServe 快速发布高吞吐、低延迟的大模型推理服务。

vLLM 可以与 KServe 结合，实现高效的大模型推理服务。在 KServe 的基础上，vLLM 可以作为推理后端，提供 OpenAI 兼容的 API 接口，支持流式响应、并行采样、Beam Search 等多种推理模式。这使得企业可以在 Kubernetes 集群上快速部署大模型推理任务，同时依托 KServe 的自动扩展、流量管理和多模型管理能力，优化资源分配，提高集群利用率。此外，结合 Knative 的事件驱动架构，vLLM 可以实现弹性推理，当流量激增时自动扩充计算资源，在负载降低时回收计算资源，从而优化成本。

1. 环境准备与模型存储

在 Kubernetes 集群中部署大模型推理服务，首先需要构建持久化存储环境，确保模型文件的稳定访问。

通过 Kubernetes 的持久卷（Persistent Volume，PV）和持久卷声明（Persistent Volume Claim，PVC）实现模型存储与计算资源解耦。以下示例使用本地存储（HostPath）创建 PV 与 PVC，代码如下：

```yaml
# chapter08/kserve/task-pv-pvc.yaml
apiVersion: v1
kind: PersistentVolume
metadata:
  name: task-pv-volume
  namespace: kserve-test
  labels:
    type: local
spec:
  storageClassName: manual
  capacity:
    storage: 100Gi
```

```yaml
  accessModes:
    ReadWriteOnce
  hostPath:
    path: "/root/model/workspace"
---
apiVersion: v1
kind: PersistentVolumeClaim
metadata:
  name: task-pv-claim
  namespace: kserve-test
spec:
  storageClassName: manual
  accessModes:
    ReadWriteOnce
  resources:
    requests:
      storage: 100Gi
```

执行命令应用配置，代码如下：

```
kubectl apply -f chapter08/kserve/task-pv-pvc.yaml
```

随后将大模型文件（如 Llama2-Chinese-7b-Chat-ms）上传至 PV 挂载路径/root/model/workspace，确保模型目录结构与 vLLM 的加载要求一致。

2. 部署 vLLM 推理服务

KServe 通过声明式配置实现模型服务的一键部署。以下为 vLLM 推理服务的典型配置。

注意：声明式配置是指用户只需要描述期望的模型服务状态，而无须指定具体的部署步骤，系统会自动完成相应的配置和部署工作。

```yaml
# chapter08/kserve/vllm-llama2-inference-service.yaml
apiVersion: serving.kserve.io/v1beta1
kind: InferenceService
metadata:
  namespace: kserve-test
  name: llama2-7b
spec:
  predictor:
```

```yaml
    containers:
    name: kserve-container
      image: docker.io/vllm/vllm-openai:latest
      imagePullPolicy: IfNotPresent
      args:
        "--port=8080"
        "--model=/mnt/models"
        "--max-model-len=2000"
      env:
        name: STORAGE_URI
          value: pvc://task-pv-claim/Llama2-Chinese-7b-Chat-ms
      resources:
        limits:
          cpu: "10"
          memory: 20Gi
          nvidia.com/gpu: "1"
        requests:
          cpu: "10"
          memory: 20Gi
          nvidia.com/gpu: "1"
```

KServe 的推理服务 InferenceService 的参数解析如表 8-6 所示。

表 8-6　InferenceService 的参数解析

参数	描述	示例值/说明
apiVersion	指定 KServe 的 API 版本	serving.kserve.io/v1beta1 表示使用 KServe 的 v1beta1 版本 API
kind	定义 Kubernetes 资源类型	InferenceService 表示这是一个推理服务资源
metadata.namespace	指定资源所属的 Kubernetes 命名空间	kserve-test 表示资源部署在 kserve-test 命名空间中
metadata.name	定义推理服务的名称	llama2-7b 表示该推理服务的名称为 llama2-7b
spec.predictor.containers	定义推理服务的容器配置	包含一个或多个容器配置，用于运行模型推理

续表

参数	描述	示例值/说明
containers.name	指定容器的名称	kserve-container 表示容器的名称为 kserve-container
containers.image	指定容器使用的镜像	docker.io/vllm/vllm-openai:latest 表示使用 vLLM 的最新镜像
containers.imagePullPolicy	定义镜像拉取策略	如果 IfNotPresent 表示本地已存在该镜像，则不重新拉取
containers.args	传递给容器的命令行参数	容器启动时运行的命令
--port=8080	指定容器内服务监听的端口号	8080 表示服务在容器内监听 8080 端口
--model=/mnt/models	指定模型在容器内的挂载路径	/mnt/models 是容器内的路径，对应 PVC 存储中的模型文件
--max-model-len=2000	限制生成文本的最大长度，防止显存溢出	2000 表示生成的文本长度不超过 2000 个 Token
containers.env	定义容器的环境变量	STORAGE_URI: pvc://...（模型存储位置）
STORAGE_URI	指定模型存储的 URI，支持 PVC 路径	pvc://task-pv-claim/Llama2-Chinese-7b-Chat-ms 表示模型存储在 PVC 中
containers.resources	定义容器的资源请求和限制	资源配置
resources.limits	指定容器资源使用的上限	cpu: "10"（最多 10 个 CPU）
cpu: "10"	限制容器最多使用 10 个 CPU 核心	"10"表示最多使用 10 个 CPU 核心
memory: 20Gi	限制容器最多使用 20 GiB 内存	20 Gi 表示最多使用 20 GiB 内存
nvidia.com/gpu: "1"	限制容器最多使用 1 块 GPU	"1"表示最多使用 1 块 GPU，需要集群支持 GPU 调度

应用配置并启动服务，代码如下：

```
kubectl apply -f chapter08/kserve/vllm-llama2-inference-service.yaml
```

命令执行后，KServe 控制平面将自动完成以下操作：

（1）从 PVC 加载模型文件至容器挂载目录。

（2）调度 Pod 至具备 GPU 资源的节点。

（3）通过 Knative 创建服务端点并配置 Istio 网关路由。

3. 服务调用与性能验证

1）获取服务访问端点

用户执行以下命令获取 Istio 网关地址并设置端口转发，代码如下：

```
INGRESS_GATEWAY_SERVICE=$(kubectl get svc -n istio-system -l app=istio-ingressgateway -o jsonpath='{.items[0].metadata.name}')

kubectl port-forward -n istio-system svc/$INGRESS_GATEWAY_SERVICE 8080:80
```

2）发送推理请求

用户通过 OpenAI 兼容 API 发起请求，测试模型生成能力，代码如下：

```
export INGRESS_HOST=localhost
export INGRESS_PORT=8080
SERVICE_HOSTNAME=$(kubectl -n kserve-test get inferenceservice llama2-7b -o jsonpath='{.status.url}' | cut -d "/" -f 3)

curl -v -H "Host: ${SERVICE_HOSTNAME}" -H "Content-Type: application/json" \
    http://${INGRESS_HOST}:${INGRESS_PORT}/v1/chat/completions \
    -d '{
        "model": "codellama",
        "messages": [{"role": "user", "content": "禹州钧瓷"}]
    }'
```

预期输出：模型将返回关于"禹州钧瓷"的详细描述，验证服务功能正常。

3）性能基准测试

用户使用 wrk 或 locust 工具模拟高并发请求，采集关键指标：

（1）吞吐量：在单 GPU 环境下，vLLM 可支持 1200 Tokens/s 的生成速度。

（2）延迟：P99 延迟低于 500 ms。

（3）资源利用率：通过 nvidia-smi 监控 GPU 显存占用与计算单元利用率，确保性能不受 GPU 资源的限制。

KServe 与 vLLM 的结合，为大模型的企业级部署提供了标准化、高性能的解决方案。除了能够快速发布大模型，KServe 还提供了多种强大的功能，以满足复杂的生产需求。首先，KServe 支持多种机器学习框架，如 TensorFlow、PyTorch、XGBoost、Scikit-learn 和 ONNX，使得用户可以在统一的平台上部署和管理不同框架的模型。其次，KServe 提供了自动扩展和弹性伸缩功能，能够根据请求量动态调整资源，包括支持零副本收缩，从而在无请求时节省资源。此外，KServe 支持金丝雀部署和推理图，允许用户逐步推出新模型版本，并在多个模型版本之间进行流量分配，确保平滑的模型更新和回滚。

KServe 还提供了强大的监控和可解释性功能。通过与 Prometheus 和 Grafana 集成，KServe 能够实时收集和展示推理服务的性能指标，如请求延迟、吞吐量和资源利用率。此外，KServe 支持模型的可解释性，允许用户通过解释器组件获取模型的解释结果，帮助开发人员理解模型的决策过程。KServe 还支持前后处理，用户可以通过自定义转换器对输入数据进行预处理，并将输出数据进行后处理，从而实现端到端的推理流程。

KServe 的 ModelMesh 功能专为高密度、高频率变化的模型使用场景设计，能够智能地加载和卸载模型，优化资源利用率。此外，KServe 还支持批量推理（Batch Inference），通过批处理程序提高推理效率，减少资源消耗。KServe 的推理图功能允许用户构建复杂的推理管道，支持序列、切换、集成和拆分等多种路由方式，适用于多模型协同推理的场景。

4. KServe 高阶功能解析

1）服务实例的自动扩/缩容与弹性调度

KServe 深度集成了 Knative，支持服务实例的动态扩/缩容策略，具有以下特点：

（1）无请求时缩放至零：自动释放空闲 Pod，显著降低资源成本。

（2）基于指标的弹性伸缩：根据 QPS、GPU 利用率或自定义指标智能调整副本数量。

示例配置的代码如下：

```
spec:
  predictor:
    minReplicas: 0
    maxReplicas: 5
    scaleTarget: 50    # 当 CPU 利用率超过 50%时触发扩容
```

2）金丝雀发布与流量管理

通过 InferenceService 的 canary 字段可以实现模型的渐进式更新，代码如下：

```
spec:
  predictor:
    canary:
      name: v2
      weight: 10    # 分配 10%流量至新版本
```

```yaml
    model:
      storageUri: "s3://model-registry/llama2-7b-v2/"
```

监控新版本服务的错误率与延迟，逐步调整流量权重直至全量切换。

3）监控与可观测性

KServe 集成了 Prometheus 与 Grafana，提供开箱即用的监控看板：

（1）核心指标：请求延迟、吞吐量、错误率。

（2）资源指标：GPU 显存占用、CUDA 核心利用率、Pod 内存/CPU 消耗。

（3）自定义指标：通过 metrics 字段暴露业务指标（如生成文本长度分布）。

4）模型可解释性与预处理

（1）解释器组件：集成 SHAP 或 LIME 算法，可视化模型决策依据。

（2）预处理流水线：自定义容器实现输入数据清洗、标准化或增强。

Transformer 配置的示例代码如下：

```yaml
spec:
  transformer:
    containers:
      image: my-preprocessing:latest
        command: ["python", "preprocess.py"]
```

5. KServe 生产环境的最佳实践

首先，集成 OAuth 2 或 OpenID Connect（OIDC）实现 API 端点的身份认证与鉴权，确保仅被授权用户或系统可以访问推理服务；其次，利用 Kubernetes 网络策略（NetworkPolicy）限制 Pod 之间的非必要通信，防止横向攻击；最后，通过 Kubernetes Secrets 安全存储模型访问密钥或敏感配置，并对模型文件进行加密，降低数据泄露风险。

针对成本优化，KServe 提供了多种技术手段降低资源消耗与运维开支。例如，通过启用 FP16/INT8 等混合精度量化技术，显著减少模型推理时的显存占用，提升硬件资源利用率；结合动态批处理策略，调整--max-num-batched-tokens 参数优化 GPU 计算单元的负载均衡，避免资源闲置；采用"边缘—云"协同架构，将轻量级模型部署至边缘节点处理高频低复杂度请求，减少云端算力成本。

此外，为实现灾备与高可用性，需要构建跨地域容灾与快速恢复能力。通过 Kubernetes 联邦集群（如 Karmada）实现多区域部署，确保单一区域故障时服务自动切换至备用集群；定期将模型版本快照备份至对象存储，支持故障时一键回滚至稳定版本。同时，设计多副本推理服务并结合负载均衡策略，保障服务的连续性，最大限度地降低业务中断风险。

8.6 本章小结

随着大模型在自然语言处理、内容生成、智能问答等领域的广泛应用，大模型推理与服务化已成为人工智能落地的核心环节。本章系统性地探讨了大模型推理的全流程技术体系，从基础概念到生产级平台实践，为读者构建了从理论到应用的完整知识框架。

大模型推理的核心目标是将训练完成的复杂模型高效、稳定地部署至生产环境，实时响应用户请求。与传统模型不同，大模型（如 GPT-4o 或 DeepSeek-R1）对计算资源、显存管理、延迟控制提出了更高的要求。因此，推理过程需要兼顾性能、成本与服务质量，这对技术选型与工程实现提出了严峻挑战。

主流大模型推理框架（如 vLLM、NVIDIA Triton 和 Hugging Face TGI）通过创新技术解决效率瓶颈。以 vLLM 为例，其核心的 Paged Attention 技术将显存利用率提升至 90%以上，并通过连续批处理动态合并请求，使单 GPU 的并发处理能力提升了 24 倍。此外，量化技术（如 INT4/FP8）可将模型显存需求压缩 50%~70%，使得消费级显卡也能运行百亿个参数规模的模型。这些优化手段不仅降低硬件配置要求，还让边缘计算场景具备了落地可行性。

作为 Kubernetes 生态的标准化推理平台，Kserve 将大模型部署的复杂性封装于基础设施层。其架构分为控制平面与数据平面：控制平面通过 Knative 实现服务实例的自动扩/缩容和金丝雀发布，数据平面则通过模块化组件处理请求流水线。以部署 DeepSeek-R1 671B 模型为例，用户仅需声明式定义 InferenceService，即可实现从模型加载、资源调度到服务发布的全流程自动化。实战案例表明，结合 vLLM 运行时，KServe 可在 5 分钟内完成服务发布，并在高并发场景下保持毫秒级响应。

大模型虽然能生成连贯的文本，但也存在"幻觉"问题，即一本正经地输出不准确或虚构的信息。为了评估这些大模型生成内容的质量，可以采用 CRAAP 测试和 ASPECT 评估法。CRAAP 测试从时效性、相关性、权威性、准确性和目的性五个维度评估信息，而 ASPECT 评估法在 CRAAP 的基础上增加了来源、均衡性和覆盖范围等维度，更适用于综合性评估。掌握这两种评估方法能够帮助用户识别虚假信息，提高大模型生成结果的可信度和价值。

大模型推理与服务化的技术演进呈现两大趋势：一是"边缘—云"协同推理，通过轻量化模型与硬件适配技术（如 NPU 加速），将部分计算任务下沉至边缘设备，降低云端负载；二是标准化与生态融合，开放性推理协议的普及将打破框架与平台间的壁垒，提升跨 AI 框架、跨厂商的互操作性。随着生成式 AI 的规模化落地，推理效率与成本控制的平衡将持续驱动技术创新，而云原生平台（如 Kserve）将成为企业构建 AI 基础设施的重要支撑。

本章通过理论剖析与实战结合，不仅阐明了大模型推理的技术脉络，更为从业者提供了从模型优化到生产部署的完整方法论。无论是学术研究还是工业实践，这一领域的探索都将深刻影响人工智能系统的设计与应用。

第 9 章 大模型应用开发框架 LangChain

LangChain 是一个开源框架，旨在简化基于大模型的应用程序开发，支持 Python、JavaScript 和 TypeScript 库。其核心功能是通过标准化接口和工具链，将大模型与外部数据源、工具及复杂工作流无缝连接，从而构建文本生成、智能问答、自动化任务处理等场景下的应用。该框架支持主流大模型（如 GPT、Claude、Llama 等）的灵活集成，允许开发者在不同模型间快速切换或协同使用（例如，使用 A 模型解析用户意图，使用 B 模型生成响应），同时无须重新训练即可让模型访问新数据。

LangChain 由 Harrison Chase 于 2022 年 10 月推出，伴随 ChatGPT 的爆发迅速成为 GitHub 最热门的开源项目之一。其模块化架构解决了大模型应用开发中的关键问题，例如模型孤立性问题、数据实时性不足问题和多步骤任务复杂性问题，成为连接大模型能力与真实业务需求的"胶水层"。

9.1 为什么需要 LangChain

随着大模型在各行各业的广泛应用，越来越多的企业和开发者希望将其强大的能力嵌入实际应用中。尽管大模型在自然语言处理方面展现出巨大的潜力，但将其直接集成到生产环境中时，开发者通常会面临以下 4 个挑战：

(1)任务复杂性：大多数实际应用的需求远超单一的文本生成，通常需要处理多个环节的任务。这些任务往往涉及与外部数据源的交互、长时间的上下文记忆、动态任务管理等。单一的大模型调用难以有效满足这些复杂需求，需要通过精细的任务编排和多模型的协作来完成。

(2)外部数据与工具集成：为了提升应用的智能化，许多情况下需要将大模型与外部数据源（如数据库、API、文件系统）或外部工具（如计算引擎、绘图工具、实时查询工具等）集成。然而，这种集成过程往往涉及复杂的系统对接和接口标准化问题，开发者需要做大量工作来处理不同系统之间的兼容性与交互问题。

(3)上下文跟踪与记忆管理：在多轮对话或长期任务中，如何使大模型"记住"用户的历史数据、偏好或对话内容，是实现高质量响应的关键。当前的大模型通常缺乏持久的记忆能力，导致在长上下文的应用场景中表现不佳。有效的记忆管理和上下文跟踪能力成为提升大模型应用质量的关键。

(4)自主性：现代应用不仅需要响应用户输入，还要求具备一定的自主性，能够在适当时机主动执行某些操作，如调用外部 API、更新数据库、处理文件等。这种自主性决策能力是实现智能化应用的核心，大模型需要具备自主推理和决策执行的能力，才能更好地适应多变的业务场景。

这些挑战表明，在将大模型应用到生产环境中时，单一的模型调用无法满足复杂任务的需求，开发者需要利用更强大的框架和工具来实现对多个模型、数据源和任务流的管理，以提升系统整体的智能化水平。

选择 LangChain 作为开发框架，主要是因为其生态系统设计和核心功能优势。LangChain 通过提供统一的标准化组件接口、灵活的任务编排能力、可观测性与评估功能、模块化与松耦合设计，以及丰富的生态系统和工具集成，使得开发者能够更加高效地构建智能化应用。

1. 标准化组件接口

标准化组件接口是 LangChain 的一大亮点。针对不同的大模型（如 ChatGPT、Llama 等），LangChain 提供了统一的接口，使得开发者在切换模型或整合多模型时能够极大地降低开发成本。所有聊天模型遵循 BaseChatModel 接口，支持工具调用和结构化输出等关键功能。这种抽象设计使得开发者无须关注底层 API 差异，能够便捷地实现工具绑定和结构化输出等操作。例如，使用 model.bind_tools()或 with_structured_output()方法，开发者可以轻松将不同工具或输出格式整合到模型中。此外，LangChain 支持对不同模型和提示模板进行动态比较，无须重写代码，极大地提升了开发效率。

2. 灵活的任务编排能力

灵活的任务编排能力也是 LangChain 的核心优势之一。LangChain 通过"链"（Chain）和"智能体"（Agent）机制，将多个组件（如提示模板、模型调用、结果解析等）串联成复杂的控制流。举例来说，在开发高校财务问答系统时，可以将构建提示词、调用模型、解析输出等步骤封装为可复用的链，简化高阶任务的实现。智能体机制允许模型动态选择外部工具（如 Wolfram Alpha 计算、Google 搜索等），形成类人的决策链路，使得复杂任务的执行变得更加高效。

3. 可观测性与评估功能

可观测性与评估功能通过 LangChain 生态中的 LangSmith 平台得到了极大的增强。LangSmith 提供全链路监控与评估，帮助开发者快速定位性能瓶颈（如提示词效果、模型选择等）。通过记录推理过程和结果对比，开发者能够高效地进行迭代设计，解决"选择悖论"（比如如何平衡模型精度、延迟和成本）。这种能力在复杂应用场景中，尤其是多模型协作系统中，显得尤为重要。

4. 模块化与松耦合设计

模块化与松耦合设计使得 LangChain 在构建应用时更加灵活。LangChain 将 AI 应用拆解为多个独立的组件，如模型 I/O、记忆管理和数据连接等，开发者可以根据需要自由组合或替换这些组件。例如，索引和检索组件可实现与多种向量数据库的对接，记忆组件可灵活选择短期或长期上下文存储。这种模块化设计避免了"全盘接受"的框架依赖，使得开发者可以聚焦于核心业务逻辑，提升开发效率。

5. 丰富的生态系统与工具集成

丰富的生态系统与工具集成也是 LangChain 的一大优势。LangChain 集成了许多预置工具，如 Wolfram Alpha、OpenWeatherMap 等，降低了外部系统对接的难度。同时，它支持多语言开发，兼容 Python 和 JavaScript，覆盖了前后端开发场景。通过 LangServe，LangChain 还简化了应用的服务化部署，LangSmith 提供了全生命周期的管理。LangChain Hub 提供了丰富的共享提示模板和案例，帮助开发者加速原型开发。

总的来说，LangChain 通过提供标准化接口有效缓解了技术碎片化问题，借助编排能力简化了复杂逻辑的构建，利用可观测性加速了开发迭代，同时通过模块化设计和开放生态系统增强了灵活性和可扩展性。这使得 LangChain 成为构建企业级生成式 AI 应用的首选框架。

9.2 LangChain 的架构设计

LangChain 的架构通过模块化设计，支持从开发到生产再到部署的全流程管理。每个模块都具有高度的灵活性，能够根据企业和开发者的需求进行定制化扩展。通过集成主流 AI 模型、支持多种外部工具的无缝连接，以及简化生产部署过程，LangChain 使得开发者能够更加专注于业务逻辑的实现，而将底层细节交给框架来处理。这种设计不仅可以帮助企业高效构建和管理 AI 应用，还有助于业务的快速迭代，如图 9-1 所示。

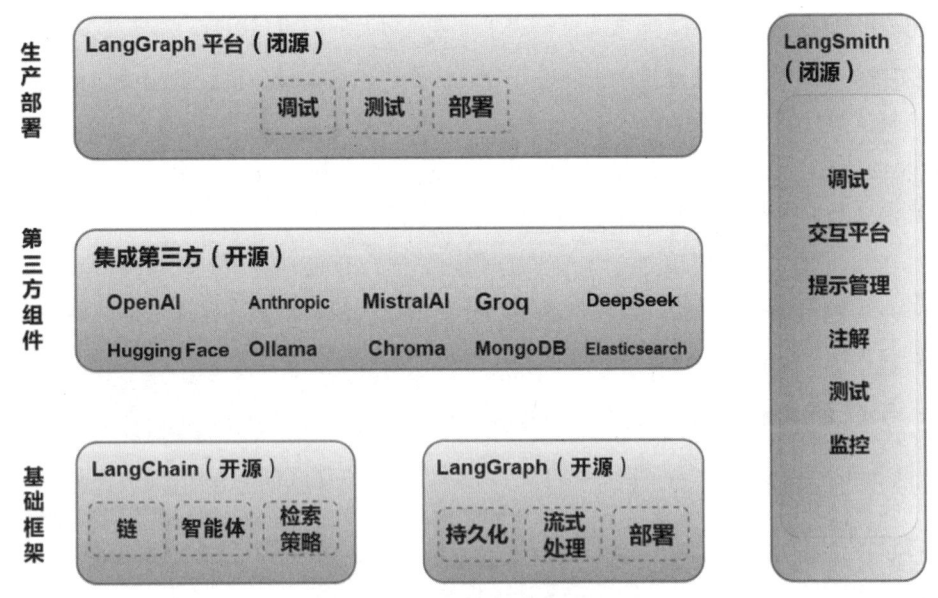

图 9-1　LangChain 的架构设计

LangChain 的架构设计注重灵活性、可扩展性和高效性，力求为开发者提供一个完整且易于集成的工具链，它涵盖了从开发、生产到部署的各个环节，帮助企业实现 AI 技术从原型到规模化服务的无缝过渡。

1. 开源开发框架

LangChain 的基础层 LangChain-core 提供了核心抽象和标准化接口，从而确保不同模块之间的兼容性和可扩展性。它通过统一的接口定义，让开发者能够灵活地集成各种外部工具和服务，无论是主流的大模型还是其他类型的数据处理系统。该模块的设计不仅提升了系统的可维护性，还简化了开发过程，帮助开发者在构建应用时无须过多关注底层实现。

2. 第三方集成包

集成包模块为开发者提供了直接连接多种主流 AI 模型的简便途径。通过 LangChain-openai 和 LangChain-anthropic 等软件包，开发者可以快速接入 OpenAI、Anthropic 等流行的大模型。这些软件包封装了模型调用的复杂性，让开发者能够专注于应用逻辑的实现，而无须关心模型细节或 API 调用。随着更多模型和服务的加入，LangChain 能够适应不同场景的需求，并持续与社区合作扩展更多集成选项。

3. LangChain 的应用核心层

LangChain 的应用核心层通过链、智能体和检索策略（Retrieval Strategies）实现了高效的任务编排和决策处理。在这一层，开发者能够将多个任务以有序的方式组合，形成更复杂的任务流。

（1）链：通过将多个处理步骤串联在一起，链模块能够在任务执行过程中保持顺序和依赖关系，支持多种任务类型的组合。

（2）智能体：智能体模块在任务执行过程中负责做出智能决策，它根据任务执行的上下文自动选择最合适的操作，从而提高任务的灵活性和智能化水平。

（3）检索策略：这个模块支持与外部数据源的交互，帮助任务在执行过程中动态地获取必要的信息。无论是实时查询数据库还是从网络获取数据，检索策略确保任务能够基于最新的外部数据进行优化。

4. LangChain 社区模块

LangChain 社区模块由第三方贡献的工具组成，它扩展了 LangChain 的功能。通过这一模块，开发者可以轻松接入更多外部 API、数据库或服务，极大地增强了框架的灵活性。在技术不断发展的过程中，社区的活跃使得 LangChain 能够持续更新，从而满足不断变化的市场需求。无论是扩展存储解决方案、增加新的数据源，还是集成新的 AI 服务，LangChain 都能通过社区模块提供丰富的支持。

5. LangGraph

LangGraph 扩展了 LangChain，通过图结构化方式管理任务流程，节点定义任务，边定义任务间的执行顺序和依赖关系。每个节点代表一个任务，而边表示任务间的依赖关系。LangGraph 特别适合用于那些需要多方参与、涉及复杂工作流的应用，如跨部门协作或多系统集成的企业应用。通过图的方式，LangGraph 能够清晰地管理复杂的任务流，确保每一步都能顺利执行，且能够处理任务之间的复杂关系。

6. 生产化与部署工具

LangChain 不仅在开发阶段提供有力支持，还为应用的生产和部署提供了完善的工具，确保开发出来的系统能够顺利过渡到实际业务环境中。

（1）LangSmith：作为全链路开发平台，LangSmith 支持从开发到监控的完整生命周期管理。它能够调试、评估和优化 LangChain 框架下的应用，还兼容其他框架的应用，帮助开发者实时监控系统的性能和质量。LangSmith 的引入使得开发者能够在生产环境中对系统进行细致的性能优化和风险管控。

（2）LangGraph Platform：LangGraph Platform 是 LangGraph 的生产级平台，支持将 LangGraph 构建的任务流和应用快速转化为生产环境中的 API 或智能助手。平台通过自动化的部署工具，简化了应用在部署过程中的复杂度，同时保证了系统的高可用性和可靠性。

LangChain 体系以模块化设计贯穿开发（灵活集成模型与工具）、生产（质量管控）到部署（快速落地），赋能企业实现从原型验证到规模化服务的无缝过渡。

9.3　LangChain 的关键概念

LangChain 通过可组合的组件（Runnable）和声明式语法（LCEL）将复杂的 AI 应用拆解为标准化模块，涵盖数据加载、数据处理、模型交互、输出解析等，从而支持应用的快速构建和迭代。其核心能力包括：

（1）增强生成：通过结合检索与生成提升模型的准确性。

（2）工具调用：扩展模型能力并连接外部 API 与数据库。

（3）多模态支持：处理文本、图像、音频等混合输入。

（4）复杂工作流处理：通过智能体和链实现多步骤推理。

LangChain 的生态系统包含 LangGraph（用于构建有状态和循环的工作流）和 LangSmith（用于全链路监控、调试和评估），支持 200 余种第三方工具（如 OpenAI、Hugging Face、云数据库）。在开发范式上，LangChain 支持流式处理和结构化输出，确保用户请求得到实时响应，同时保证下游系统可以可靠完成解析，同时通过 RunnableConfig 管理运行时参数。在生产实践中，LangChain 提供单元测试、集成测试及基于业务指标的评估方法，并通过 LangServe 将模型快速部署为 API 服务。适用场景包括智能助手、知识库应用、自动化流程和数据增强。

以下是 LangChain 关键概念的详细解释，涵盖了核心功能模块及其技术应用，描述了不同模块在实际应用中协同工作的机制。

1. 模型交互

模型交互是指通过聊天模型处理消息输入和输出，并利用聊天历史保持对话上下文，实现智能对话和多模态交互的过程。

1）ChatModel

ChatModel 是基于大模型的聊天 API，能够处理一系列消息输入，并生成相应的消息输出。它不仅支持文本输入，还能处理图像、音频等多模态数据。通过强大的自然语言理解和生成能力，ChatModel 在多样化的任务中表现出色，如智能对话、客服支持等。

关键技术/工具：OpenAI GPT-4、Anthropic Claude、Gemini、DeepSeek-V3。

应用场景：智能对话、多模态交互。

2）消息

消息是聊天模型中最基本的通信单元，通常包含角色（如用户、助手、工具）和消息内容。通过这些消息，系统能传递上下文信息并与用户进行互动。不同角色的消息可以帮助系统理解对话的方向并做出适当的回应。

关键技术/工具：AIMessageChunk（流式响应片段）。

应用场景：消息传递、角色管理。

3）聊天历史

聊天历史模块维护对话的上下文信息，通常以消息序列的形式存储。这使得系统能够理解用户历史输入，并生成更准确的响应。聊天历史模块支持动态修改（如删除历史消息）功能，有助于调整对话内容。

关键技术/工具：Memory 模块、Redis 持久化。

应用场景：长对话管理、上下文感知。

2. 提示词工程

提示词工程是指通过使用预定义的提示模板和少样本提示等技术，有效地构建和优化输入，以引导模型生成期望的输出。

1）提示模板

提示模板是预定义的文本框架，通过动态插入变量（如用户输入、历史消息等），使得同一任务能够使用不同的上下文进行处理。使用提示模板可以提高提示的复用性和版本控制效率，有效降低开发成本。

关键技术/工具：ChatPromptTemplate、FewShotPromptTemplate。

应用场景：标准化提示、少样本学习。

2）少样本提示

少样本提示（Few-shot Prompting）通过在提示中包含任务示例，引导模型生成符合需求的输出，特别适用于资源有限或任务复杂的场景。通过动态选择相关示例，少样本学习能有效降低模型的学习成本。

关键技术/工具：ExampleSelector（动态选择示例）。

应用场景：低资源场景、复杂任务引导。

3. 结构化输出

结构化输出（Structured Output）通过强制模型输出结构化的数据（如 JSON 格式或 Pydantic 对象），确保模型的输出便于后续程序进行解析和处理。结构化输出使得 AI 生成的数据更容易与其他系统进行集成与交互。

关键技术/工具：with_structured_output()方法、JSON Schema。

应用场景：数据抽取、API 响应标准化。

4. 工具与函数调用

工具与函数调用是指通过定义外部工具并让模型能够自动生成和执行对这些工具的调用，从而扩展模型的功能并支持复杂任务的处理。

1）工具

工具模块用于定义可以被模型调用的外部函数，功能包括查询天气、执行数据库操作等。通过描述函数的模式（Schema），工具模块能够将外部资源与模型的能力进行结合，扩大模型的应用范围。

关键技术/工具：@tool 装饰器、BaseTool 基类。

应用场景：扩展模型能力、连接外部系统。

2）函数调用

模型通过解析输入内容和工具描述，自动生成工具调用请求。调用结果会被返回给模型，用于进一步处理任务。此功能支持多步骤推理，帮助模型高效完成复杂任务。

关键技术/工具：OpenAI Function Calling。

应用场景：动态 API 调用、多步骤推理。

5. 记忆

记忆模块提供对话状态的持久化存储，支持短期（会话级）和长期（如数据库存储）存储。记忆模块可以定制不同的记忆策略（例如保留最近 N 条消息），使得模型能够依据历史信息生成个性化的响应。

关键技术/工具：ConversationBufferMemory、VectorStoreRetrieverMemory。

应用场景：个性化对话、历史感知问答。

6. 多模态处理

多模态处理允许系统处理来自不同来源的数据输入（如文本、图像、音频），并生成跨模态的响应。例如，可以通过图像生成与图像内容相关的文本回答。这使得系统能够在更广泛的应用场景中使用，满足不同类型的数据需求。

关键技术/工具：GPT-4 Vision、LLaVA。

应用场景：图像描述、视频分析。

7. 编程模型

编程模型是指通过可运行接口和 LangChain 表达式语言，支持 LangChain 组件的链式调用和组合，从而构建高效且可组合的 AI 工作流。

1）可运行接口

可运行接口（Runnable Interface）允许 LangChain 组件通过调用一些函数（比如 invoke()、stream()、batch()等）支持链式调用和异步操作。该接口为构建可组合的 AI 工作流提供了基础，使得组件间的协调更加高效。

关键技术/工具：LCEL（LangChain Expression Language）。

应用场景：构建可组合的 AI 工作流。

2）LangChain 表达式语言

LangChain 表达式语言是一种声明式语法，通过管道符（|）将多个组件（如 prompt、model、output_parser）结合在一起，从而简化了复杂链的构建过程。它支持流式处理和并行执行，能够加速原型开发和生产流水线的建立。

关键技术/工具：流式处理、并行执行。

应用场景：快速原型开发、生产级流水线。

8. 文档加载与检索

文档加载与检索是指从不同来源加载文档，经过文本分割处理后，根据用户查询检索出相关信息，为知识库构建和问答系统提供基础。

1）文档加载

文档加载（Document Loader）是指从多种来源（如文件、网页、数据库）加载文档，并将其转换为标准的 Document 对象，包含文档内容和相关元数据。这一过程是构建知识库和数据预处理的第一步。

关键技术/工具：UnstructuredFileLoader、WebBaseLoader。

应用场景：知识库构建、数据预处理。

2）检索

检索模块根据用户的查询从数据源中检索相关文档，支持关键词检索与向量相似度检索的混合模式。这是实现增强生成和问答系统的基础模块。

关键技术/工具：BM25Retriever、VectorStoreRetriever。

应用场景：增强生成、问答系统。

3）文本分割

当处理长文本时，文本分割器能够将文本分割成语义连贯的块，以提高检索和索引的效率。可以基于字符、标记或语义对文本进行切分。

关键技术/工具：RecursiveCharacterTextSplitter、SemanticChunker。

应用场景：长文本处理、分块嵌入。

9. 嵌入模型与向量存储

嵌入模型与向量存储是指利用嵌入模型将数据转化为向量，并存储在向量数据库中，以实现高效的相似性搜索，并支持语义搜索、聚类分析。

1）嵌入模型

嵌入模型将文本、图像等数据转化为向量，这些向量可用于相似性计算。通过嵌入，系统可以实现语义搜索、聚类分析等功能。

关键技术/工具：OpenAI text-embedding-3-small、CLIP（跨模态嵌入）。

应用场景：语义搜索、聚类分析。

2）向量存储

向量存储用于存储向量和元数据，并支持高效的相似性搜索。该模块能够使用本地或云存储方案，以适应不同规模的应用需求。

关键技术/工具：FAISS、Pinecone、Weaviate。

应用场景：大规模检索、个性化推荐。

10. 智能体

智能体使得模型能够自主选择工具调用的顺序并执行复杂任务。例如，在"查询天气→生成出行建议"的任务中，智能体能够根据输入数据选择适当的工具并自动执行任务。

关键技术/工具：ReAct Agent、PlanAndExecute Agent。

应用场景：任务自动化、多工具协作。

11. 异步调用

异步调用允许同时处理多个任务，以提升模型在高并发场景下的性能。在实际应用中，异步编程有助于提高 API 服务的吞吐量，尤其是在大规模请求的情况下。

关键技术/工具：Python async/await、LangChain AsyncCallbackManager。

应用场景：高吞吐量的 API 服务、并行任务处理。

12. 部署

LangServe 使得 LangChain 流水线能够作为 REST API 进行部署，支持输入/输出 Schema 验证和 Playground 测试。通过 LangServe，开发者可以迅速将 AI 应用推向生产环境，进行快速集成与验证。

关键技术/工具：FastAPI、Swagger。

应用场景：生产部署、第三方集成。

13. 监控与评估

监控与评估是指通过记录应用执行过程和衡量模型输出质量，为开发者提供调试、性能分析和持续优化的能力，从而保障 AI 应用的可靠性和质量。

1）监控

监控模块记录应用的执行过程，包括工具调用和模型响应，为开发者提供可视化调试和性能分析的能力。这有助于优化系统的性能并提升应用的可靠性。

关键技术/工具：LangSmith 平台。

应用场景：调试复杂链、优化性能。

2）评估

评估模块通过人工评估或自动化指标（如相关性、正确性）对模型的输出质量进行衡量。此模块能够在迭代过程中持续提升模型的表现，保障应用的输出质量。

关键技术/工具：LangSmith 平台。

应用场景：质量保障、迭代优化。

通过模块化、可扩展的设计，LangChain 显著降低了构建复杂 AI 应用的门槛，成为开发对话系统、智能体，以及设计企业级 RAG 解决方案的首选框架。

9.4 实战：LangChain API

1. 一个有记忆功能的聊天机器人

在日常生活和工作中，我们使用 ChatGPT、Claude、Grok 等聊天机器人产品来与大模型对话。比如通过 ChatGPT 与 GPT-4o 模型对话。在代码中，应该如何实现用户与大模型的对话呢？LangChain 封装好了不同的模块与类来实现用户与大模型的对话，比如：

（1）LangChain_openai 模块的 ChatOpenAI 类：与 OpenAI 的 ChatGPT 系列模型进行对话，同时支持与兼容 OpenAI 协议的其他模型（如 DeepSeek 和智谱清言）进行交互。

（2）LangChain_anthropic 模块的 ChatAnthropic 类：与 Anthropic 的 Claude 系列模型进行对话。

（3）LangChain_groq 模块的 ChatGroq 类：与 Grok 的开源模型（如 Llama 3、Mistral 等）进行交互。

通过这些模块，用户可以方便地与大模型进行对话，输入并获取响应。

然而，默认情况下聊天机器人通常采用短暂记忆（Ephemeral Memory），即每次对话开始时，模型都会忘记之前的对话内容。这意味着每次开始新的对话时，用户需要重新提供上下文信息，导致对话缺乏连贯性。

可以通过以下方式来解决上述问题：

（1）持久化上下文：可以将对话的历史内容保存在内存中，并在后续的对话中传递这些历史上下文信息，从而实现更连贯的对话体验。

（2）自定义内存管理：通过 LangChain 的内存模块（如 ConversationBufferMemory），可以将对话的历史内容持续保存在内存中，并在每次对话时将这些信息提供给模型，以保持对话的一致性。

（3）外部状态管理：除了使用内存，还可以将对话历史或状态信息存储在外部数据库或缓存中，并在每次对话时传递必要的信息，从而避免每次都从头开始。

本案例中我们通过使用 Firestore 数据库来存储聊天历史记录，解决了这个问题。Firestore 是一款 NoSQL 文档数据库，尤其适合存储结构化的聊天消息数据。当用户下次与聊天机器人对话时，可以从 Firestore 中检索之前的聊天记录，使得聊天机器人能够记住之前的对话，提供更智能、更连贯的交互体验。

接下来演示如何结合 LangChain 和 Firestore 来实现一个具有持久化聊天历史记录的聊天机器人。它可以让聊天机器人记住之前的对话内容，从而在后续的对话中能够参考历史信息，提供更连贯、更具相关性的回复。它具备以下能力：

（1）持久化聊天记录：用户的聊天历史记录会被安全地存储在 Firestore 中，即使关闭程序或重新启动，聊天记录也不会丢失。

（2）上下文相关的对话：聊天机器人在回复用户时，能够参考整个会话的历史记录，而不仅仅是当前的消息。这使得对话更自然、更流畅，并且能够处理更复杂的、需要上下文理解的对话任务。

（3）跨会话记忆：如果使用相同的 SESSION_ID，那么同一个用户（或者代表同一个会话场景）在多次与聊天机器人交互时，机器人能够记住之前的对话内容。如果 SESSION_ID 不同，则会被视为新的会话，拥有独立的聊天历史记录。

（4）易于扩展和管理：Firestore 具备可扩展功能，可以轻松处理大量的聊天数据和用户会话。同时，Firebase 提供了完善的管理工具，方便开发者管理和监控聊天数据。

下面结合 LangChain 和 Firestore 创建一个有记忆功能的聊天机器人的流程，如图 9-2 所示。

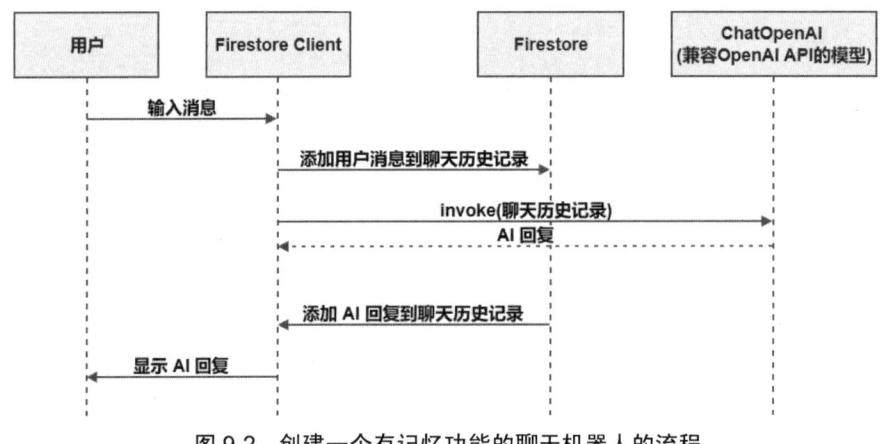

图 9-2　创建一个有记忆功能的聊天机器人的流程

1）环境准备和配置

环境准备和配置包括创建 Firebase 项目、启用 Firestore API，并配置 Google Cloud CLI 等工具以完成身份验证，确保代码能够访问 Firebase 服务。

（1）Firebase 和 Google Cloud 设置：依赖 Google Cloud Platform（GCP）和 Firebase 服务。我们创建一个 Firebase 项目，并在其中启用 Firestore 数据库。还需要配置 Google Cloud CLI 等工具，并进行身份验证，以便代码可以访问 Firebase 项目。

（2）Firestore API 启用：在 Google Cloud 控制台中启用 Firestore API，确保项目可以使用 Firestore 服务。

2）安装依赖

代码如下：

```
# 依赖库安装命令
!pip install google-cloud-firestore==2.20.0 \
    LangChain-google-firestore==0.5.0 \
    LangChain-openai==0.3.4 \
    openai==1.61.0
```

3）Firebase 认证

代码如下：

```
# 向 Firebase 进行身份验证，以访问 Firebase 项目
from google.colab import auth
auth.authenticate_user()
```

4）创建一个能够记住聊天历史记录的聊天机器人

代码如下：

```
# chapter09/0_quikstart/firestore_chat_history_example.ipynb

# 导入 Firestore 客户端库
from google.cloud import firestore
# 导入 LangChainFirestoreChat 消息历史记录类
from LangChain_google_firestore import FirestoreChatMessageHistory
# 导入 LangChainOpenAI Chat 模型
from LangChain_openai import ChatOpenAI

# 设置 Firebase Firestore 项目 ID
PROJECT_ID = "llminpractice"
# 设置会话 ID，用于区分不同的用户或会话，这里使用 "user_session_new" 作为示例
SESSION_ID = "user_session_new"  # This could be a username or a unique ID
# 设置 Firestore 集合名称，用于存储聊天历史记录，这里使用 "chat_history" 作为示例
COLLECTION_NAME = "chat_history"

# 1.初始化 Firestore 客户端
print("Initializing FirestoreClient...")
# 创建 Firestore 客户端对象，需要传入项目 ID
```

```python
client = firestore.Client(project=PROJECT_ID)

# 2.初始化 FirestoreChat 消息历史记录
print("Initializing FirestoreChat Message History...")
# 创建 FirestoreChatMessageHistory 对象,用于管理聊天历史记录的存储和检索
chat_history = FirestoreChatMessageHistory(
    session_id=SESSION_ID, # 传入会话 ID,用于区分不同会话的数据
    collection=COLLECTION_NAME, # 传入集合名称,指定数据存储在哪个集合中
    client=client, # 传入 Firestore 客户端对象,用于与 Firestore 数据库交互
)
print("Chat History Initialized.")
# 打印当前的聊天历史记录,刚初始化时应该是空的
print("Current Chat History:", chat_history.messages)

# 3.初始化 Chat 模型
model = ChatOpenAI()
print("Start chatting with the AI. Type 'exit' to quit.")

# 4.进入聊天循环
while True:
    # 获取用户输入
    human_input = input("User: ")
    # 如果用户输入 "exit",则退出循环
    if human_input.lower() == "exit":
        break

    # 将用户消息添加到聊天历史记录中
    chat_history.add_user_message(human_input)

    # 使用 Chat 模型处理聊天历史记录,并获取 AI 的回复
    ai_response = model.invoke(chat_history.messages)
    # 将 AI 的回复添加到聊天历史记录中
    chat_history.add_ai_message(ai_response.content)

    # 打印 AI 的回复
    print(f"AI: {ai_response.content}")
```

代码成功运行后,将在 Firestore 中创建并存储结构化的聊天历史记录。具体来说,会生成

一个名为 chat_history 的集合，其中包含针对会话 user_session_new 的文档。该文档下设一个名为 messages 的子集合，用于存储实际的聊天消息，每条消息都以文档形式存在，其内容经过编码后保存在 _byteString 或 byteString 字段中。这表明示例代码已成功将用户的聊天历史记录存储在 Firestore 中，这些记录可以通过 Firestore 控制台直观地查看，如图 9-3 所示。

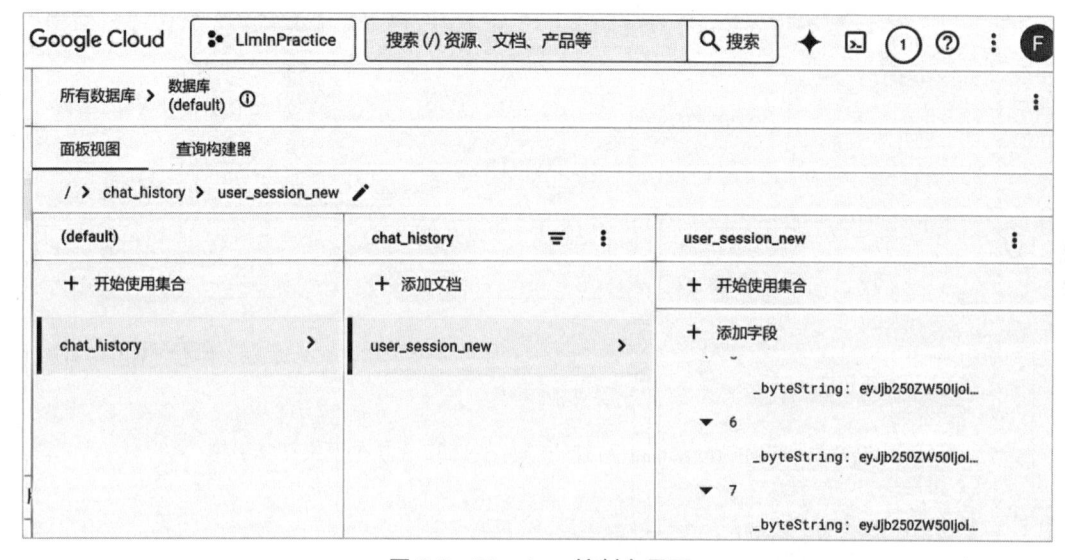

图 9-3　Firestore 控制台界面

2. 构建语义搜索引擎

传统的关键词搜索只能找到包含特定关键词的文档，而语义搜索可以找到含义与查询内容相关的文档（即使文档中没有包含查询的关键词）。下面的示例展示了如何使用 LangChain 构建一个语义搜索引擎，从而更准确地找到用户感兴趣的信息。

这个示例实现了如下功能：加载和处理 PDF 文档；将文本转换为嵌入向量，捕捉语义信息；使用向量存储进行高效的相似性搜索；构建一个可重用的检索器对象。这个示例可以帮助我们理解 LangChain 的核心概念，并为构建更复杂的自然语言处理应用打下基础。

这个示例包含了文档加载、文档分割、嵌入生成、向量存储和向量检索等关键步骤，如图 9-4 所示。

（1）文档加载：使用 PyPDFLoader 从 PDF 文件加载文档，每页一个文档。

（2）文档分割：使用 RecursiveCharacterTextSplitter 将文档分割成更小的块，以便更好地进行语义搜索。

（3）嵌入生成：使用 OpenAIEmbeddings 将文本块转换为嵌入向量，这些向量捕捉了文本的语义信息。

（4）向量存储：使用 Chroma 存储嵌入向量，以便进行高效的相似性搜索。

（5）向量检索：执行相似性搜索请求，找到与查询内容最相关的文档块。

（6）检索器：创建可重用的检索器对象，方便进行批量查询。

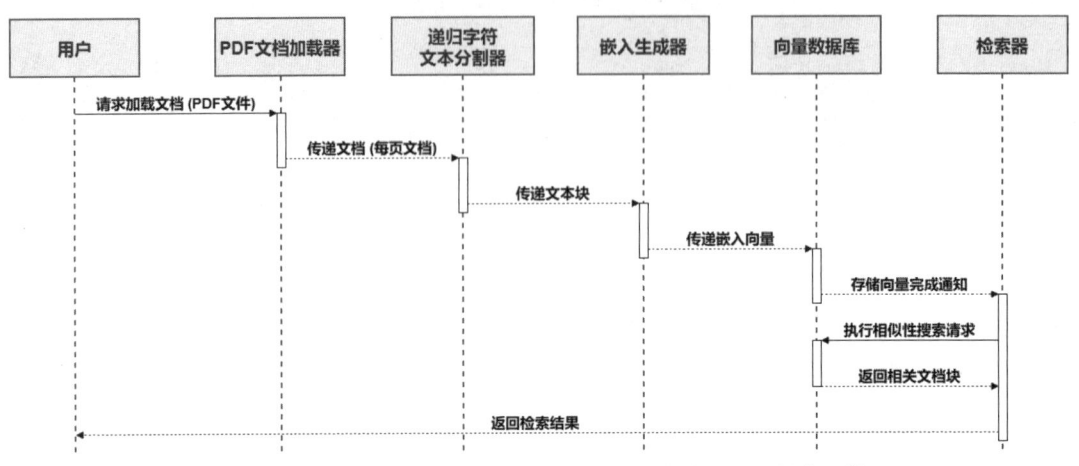

图 9-4 使用 LangChain 构建一个基于 PDF 文档的语义搜索引擎

1）安装依赖

安装依赖，代码如下：

```
# 依赖库安装命令
# LangChain 0.3 版本
!pip installLangChain==0.3.17 \
        LangChain-community==0.3.16 \
        LangChain-openai==0.3.4 \
        LangChain-text-splitters==0.3.5 \
        pypdf==5.2.0 \
        LangChain-chroma==0.2.1
```

2）构建语义搜索引擎

使用 LangChain 构建一个基于 PDF 文档的语义搜索引擎，代码如下：

```
# chapter09/0_quikstart/LangChain_semantic_search.ipynb
# 导入必要的库
import getpass
import os
import subprocess
```

```python
from typing import List

from LangChain_core.documents import Document
from LangChain_core.runnables import chain
from LangChain_community.document_loaders import PyPDFLoader
from LangChain_text_splitters import RecursiveCharacterTextSplitter
from LangChain_openai import OpenAIEmbeddings
from LangChain_chroma import Chroma

# 设置 LangSmith 追踪,用于调试和监控 LangChain 应用
# os.environ["LANGSMITH_TRACING"] = "true"
# os.environ["LANGSMITH_API_KEY"] = getpass.getpass()


# 1.加载文档
# 使用 PyPDFLoader 从 PDF 文件加载文档
# 远程 PDF 文件 URL
def download_file(url, file_name):
    try:
        # 使用 curl 下载文件
        subprocess.run(["curl", "-L", url, "-o", file_name], check=True)
        print(f"文件 {file_name} 下载成功")
        return True
    except subprocess.CalledProcessError as e:
        print(f"文件下载失败: {e}")
        return False


# 远程 PDF 文件 URL
file_name = "nke-10k-2023.pdf"

# 检查本地文件是否存在,如果不存在则下载
if not os.path.exists(file_name):
    if not download_file(raw_url, file_name):
        print("无法下载 PDF 文件,程序退出")
        exit()

# 使用 PyPDFLoader 加载 PDF 文件
loader = PyPDFLoader(file_name)
docs = loader.load()
```

```python
print(f"加载了 {len(docs)} 个文档（每页一个文档）")

# 打印第一个文档的内容和元数据
print(f"第一个文档的内容（前 200 个字符）: \n{docs[0].page_content[:200]}\n")
print(f"第一个文档的元数据: \n{docs[0].metadata}")


# 2.分割文档
#使用 RecursiveCharacterTextSplitter 将文档分割成更小的块
text_splitter = RecursiveCharacterTextSplitter(
    chunk_size=1000, chunk_overlap=200, add_start_index=True
)
all_splits = text_splitter.split_documents(docs)

print(f"将文档分割成 {len(all_splits)} 个块")

# 3.生成嵌入
# 使用 OpenAIEmbeddings 创建嵌入模型
#embeddings = OpenAIEmbeddings()

# OpenAI 词嵌入
embeddings = OpenAIEmbeddings()

# 示例：生成两个文本块的嵌入向量并比较长度
vector_1 = embeddings.embed_query(all_splits[0].page_content)
vector_2 = embeddings.embed_query(all_splits[1].page_content)

assert len(vector_1) == len(vector_2)  # 确保向量长度一致
print(f"生成的向量长度为 {len(vector_1)}\n")
print(f"第一个向量的前 10 个元素: \n{vector_1[:10]}")

# 4.创建向量存储
# 使用 Chroma 创建向量存储
vector_store = Chroma(embedding_function=embeddings)

# 将分割后的文档块添加到向量存储
```

```python
batch_size = 100  # 设置批次大小
for i in range(0, len(all_splits), batch_size):
    batch = all_splits[i:i + batch_size]
    vector_store.add_documents(documents=batch)

print(f"将 {len(all_splits)} 个文档块添加到向量存储")


# 5.使用向量存储进行搜索
# 示例：使用相似性搜索查询文档
results = vector_store.similarity_search(
    "How many distribution centers does Nike have in the US?"
)

print(f"相似性搜索结果：\n{results[0]}")

# 示例：异步查询
async def async_search():
    results = await vector_store.asimilarity_search("When was Nike incorporated?")
    print(f"异步搜索结果：\n{results[0]}")

# import asyncio
# asyncio.run(async_search())

# 示例：返回相似性得分
results = vector_store.similarity_search_with_score("What was Nike's revenue in 2023?")
doc, score = results[0]
print(f"相似性得分：{score}\n")
print(f"带得分的搜索结果：\n{doc}")

# 示例：使用嵌入向量搜索
embedding = embeddings.embed_query("How were Nike's margins impacted in 2023?")
results = vector_store.similarity_search_by_vector(embedding)
print(f"基于向量的搜索结果：\n{results[0]}")


# 6.创建检索器
```

```python
# 自定义检索器示例
@chain
def retriever(query: str) -List[Document]:
    return vector_store.similarity_search(query, k=1)

# 批量检索示例
retriever.batch(
    [
        "How many distribution centers does Nike have in the US?",
        "When was Nike incorporated?",
    ],
)

# 使用 as_retriever 创建检索器
retriever = vector_store.as_retriever(
    search_type="similarity",
    search_kwargs={"k": 1},
)

# 批量检索示例
retriever.batch(
    [
        "How many distribution centers does Nike have in the US?",
        "When was Nike incorporated?",
    ],
)

print("检索器示例完成")
```

3）LangChain 文本分割工具

LangChain 提供了一系列文本分割工具，用于处理不同格式和类型的文档。这些工具能够将长文本拆分成适合大模型处理的更小文本块，从而有效地解决大模型处理长文本时的上下文长度限制和内存限制问题。不同的分割方法适用于不同的场景和文本结构，有助于保持文本的语义连贯性和结构完整性，如表 9-1 所示。

表 9-1　LangChain 文本分割工具

工具名称	方法名称	主要功能	适用场景	分割方式	优点	注意事项
递归文本分割器	RecursiveCharacterTextSplitter	根据层级结构递归拆分文档	复杂结构文档（嵌套格式）	先按大块分割（如段落），再逐级细化	保持语义连贯，适应不同粒度需求	需要根据文档结构调整参数（块大小/重叠）
HTML 文档分割器	HTMLHeaderTextSplitter	根据标题层次结构拆分HTML文档，并维护有关标题的元数据	需要根据文档的标题结构进行分割，并希望保留文档结构和标题上下文的场景	围绕 HTML 标题标签（h1、h2）分割内容	有效地保留了文档基于标题的结构	对于没有标题或标题使用不一致的文档，可能不适用
HTML 文档分割器	HTMLSectionSplitter	基于自定义标签或字体大小将文档拆分为更大、更通用的部分	需要将文档分割成较大内容块，或需要自定义分割规则的场景	基于可配置的规则分割内容	可以处理结构不太规范或需要自定义分割逻辑的文档	可能需要实验才能找到最佳设置
HTML 文档分割器	HTMLSemanticPreservingSplitter	在分割文档的同时，保留表格（<table>）和列表（<ul>、<ol>）等语义元素的完整性，确保上下文得以维护	文档中包含大量语义元素（表格、列表），且需要保留这些元素的完整性以保证信息和结构不被破坏的场景	基于语义元素，避免在表格和列表内部进行分割	保留了表格和列表的语义完整性	如果文档包含非常大的表格或列表，则分割后的块可能仍然很大
字符分割器	CharacterTextSplitter	按特定字符（如换行符/空格）分割	简单文本	单次字符拆分或多字符组合拆分	快速简单，适合格式规整文本	可能破坏语义完整性
代码分割器	RecursiveCharacterTextSplitter.from_language	根据编程语言语法分割代码	源代码处理	支持 Python/Java 等语言，按语法结构（函数/类）拆分	保持代码逻辑完整性	需要指定编程语言类型
Markdown 标题分割器	MarkdownHeaderTextSplitter	按标题层级拆分文档	Markdown 文档	根据标题级别划分内容块	保持文档层级结构	需要处理无标题的文本段落

续表

工具名称	方法名称	主要功能	适用场景	分割方式	优点	注意事项
JSON 递归分割器	RecursiveJsonSplitter	解析嵌套 JSON 结构	JSON 数据	按 JSON 键值递归遍历，支持数组/嵌套对象	深度解析复杂数据结构	需要配置 max_depth 等参数控制分割深度
语义分块器	SemanticChunker	基于句子语义相似度合并分块	自然语言文本	使用 Sentence-Transformers 计算向量相似度	生成语义连贯的段落	依赖 NLP 模型质量，计算成本较高
Token 分割器	TokenTextSplitter	按大模型的 Token 限制拆分	大模型输入处理	支持 tiktoken/cl100k_base 等编码方式	精确控制模型输入长度	不同模型的 Token 计算方式不同

在选择合适的文本分割器时，需要综合考虑多个因素。首先是文本类型，例如对代码、纯文本或标记语言（如 HTML）等的处理，会影响分割策略的选择；其次是结构复杂度，例如文档结构是简单扁平还是层级复杂，会决定哪种分割器更适用；最后，要明确下游任务的需求，例如下游任务更侧重于语义完整性还是结构化信息，将直接影响分割的粒度和方式。通用的配置参数通常包括 chunk_size（块大小），它决定了分割后每个文本块的长度；chunk_overlap（重叠量），它控制相邻文本块之间的重叠部分，有助于维护上下文连贯性；separators（分隔符），它定义了文本块的分割边界。对于结构特别复杂的文档，建议采用组合分割策略，例如可以先使用 HTML 分割器进行初步结构化分割，再对分割出的文本块进行递归处理，以实现更精细化的分割效果。

9.5　LangGraph Agent：赋予大模型执行力的智能体框架

语言模型本身无法直接执行操作——它们只负责生成文本。与单纯输出文本的语言模型不同，智能体能够与外部世界进行交互，通过工具调用（Tool-calling）执行诸如搜索信息、访问数据库、使用计算器等操作。执行相关操作后，智能体可以将结果反馈给大模型，然后由大模型进一步推理，决定是否需要执行更多操作，最终生成用户所需的最终答案。

1. 什么是 LangGraph Agent

LangGraph Agent 是 LangChain 的一个扩展，专门用于创建高度可控和可定制的智能体。LangGraph Agent 提供了一套强大且模块化的智能体设计框架，使大模型能够自主决策、调用工具、管理记忆并规划任务，具备高度灵活性，支持动态控制流以适应不同的任务需求，同时具备良好的可扩展性。LangGraph Agent 的结构化输出、状态管理和人工干预机制提升了决策的可解释性，并通过并行处理、子图拆分和反思优化提高执行效率，适用于从简单分类任务到多角色智能体的场景，实现更高效智能的大模型交互系统。

2. LangGraph Agent 的架构

LangGraph Agent 的核心架构由路由器、工具调用、记忆和规划四大核心模块构成，并通过人工干预、并行化、子图和反思优化进行扩展。

1）路由器

路由器是最基础的智能体形态，允许大模型在一组预定义的选项中做出单一步骤的选择，类似于决策树分支。其核心技术包括：

- 结构化输出：通过系统提示词、输出解析和工具调用，使大模型的输出符合特定格式，以便系统解析执行。
- 决策模式：大模型选择路径的方式可以是分类（分类任务）、评分（基于置信度评分选择最佳路径）或条件逻辑（基于外部数据调整路径）。

路由器适用于简单分类、任务调度、意图识别等场景。例如将用户问题分类引导到不同的服务部门（技术支持、销售、售后）。

2）工具调用

在更复杂的场景中，智能体需要执行多个步骤，并与外部工具（API、数据库、计算引擎等）进行交互。工具调用的关键点在于：

- 多步决策：大模型不是一次性决策，而是连续执行一系列任务，每一步都可能改变接下来的操作。
- 动态工具选择：使智能体能够根据用户输入智能地调用合适的工具，例如查询数据库获取信息、调用计算模块执行数值计算，或访问 API 进行相关操作，从而提升任务执行的灵活性和自动化程度。
- 输入/输出格式管理：外部工具通常有严格的输入格式，如 JSON、XML 或 SQL 语句。LangGraph Agent 允许开发者定义工具接口，确保大模型生成符合外部工具要求的格式，并正确解析输出。

工具调用广泛应用于数据查询、自动化任务执行和 API 调用等场景。例如，当用户上传 Excel 或数据库文件后，LangGraph Agent 可以解析这些数据，并调用统计分析工具生成相应的可视化报告。

3）记忆

记忆系统使智能体能够跨多个步骤或交互维持状态，分为两种：

（1）短期记忆：存储当前任务的上下文信息，例如用户问题、先前调用的工具及其输出。

（2）长期记忆：存储历史交互数据，使智能体能够学习用户偏好、回忆过去的决策，甚至进行个性化调整。

LangGraph Agent 通过状态管理允许用户定义记忆存储结构，并使用检查点机制记录关键步骤，便于恢复和追踪执行过程。

4）规划

在 ReAct（Reasoning+Acting）架构中，智能体处理复杂任务时，会不断调用大模型进行思考、执行操作、观察反馈，并循环这一过程直至任务完成。LangGraph Agent 通过递归调用分析当前状态，决定是否继续调用工具或执行新操作，并在任务执行过程中根据外部反馈自适应调整决策路径，同时设定终止条件，确保智能体适时结束执行，避免陷入无限循环。

LangGraph Agent 的高级扩展

LangGraph Agent 不仅在基础智能体设计上实现了高效的决策与工具调用，其自定义智能体架构特性也进一步提升了系统在复杂任务中的适应性与可靠性。

（1）人工干预。

人工干预允许在关键环节中通过人工参与实现操作审批、反馈收集与策略指导，从而在敏感任务或关键决策点上增加一层安全保障。例如，某些任务（如法律、医疗决策）需要人工审核，LangGraph Agent 允许在关键节点引入人类反馈，提高准确性。

（2）并行化。

LangGraph Agent 通过 SendAPI 实现任务的并行化处理，可以同时管理多个状态和任务，大大提升多智能体协同工作的效率。例如，通过数据批处理（Map-Reduce 方式），并发执行不同任务（如多项查询同时进行）。

（3）子图。

子图机制为多智能体协同提供了良好的架构基础，不仅实现了独立状态管理，还通过共享数据结构有效实现了复杂任务的层次化控制，使得系统能够在分布式环境下高效协同工作。

（4）反思优化。

LangGraph Agent 还引入了反思优化机制，这一机制通过不断评估任务的完成情况、收集反馈并进行自我纠正，显著提高了智能体的整体性能与可靠性。例如，在代码生成等应用场景中，反思优化机制可以利用编译错误作为反馈信号,帮助系统调整生成逻辑,优化输出质量。

3. LangGraph Agent 实战项目:温网赛事分析系统

以温网赛事分析系统为例构建的 LangGraph Agent 实战项目能够以自然语言作为交互方式,即时响应用户查询,不仅提供温布尔登网球锦标赛的实时赛事数据,更能进一步分析比赛结果对于选手世界排名的具体影响,并最终自动生成专业的赛事分析报告,为用户提供全面、深入的赛事洞察。效果如下:

=== 分析报告 ===
在 2023 年温布尔登网球锦标赛(温网)女单决赛中,捷克选手万卓索娃以 2-0 战胜了 6 号种子贾巴尔,成功夺得冠军。这是万卓索娃职业生涯中的首个大满贯女单冠军,同时她的胜利也创造了一系列历史纪录。

赛事结果分析
决赛结果:万卓索娃以 6-4、6-4 的比分击败贾巴尔。
选手背景:万卓索娃在本次比赛中并未被列为种子选手,而贾巴尔是上届亚军和 6 号种子。

对选手排名的影响
万卓索娃的胜利将显著提升她在 WTA(女子网球协会)的排名。根据 WTA 的积分系统,夺得大满贯赛事的冠军将为选手带来大量积分,这将直接影响她的世界排名。

万卓索娃的排名提升:她的冠军积分将使她的排名大幅上升,可能进入前十名。
贾巴尔的排名变化:尽管贾巴尔在决赛中失利,但作为 6 号种子,她仍将保留一定的积分,可能会在排名上有所波动,但不会大幅下降。

总结
万卓索娃的胜利不仅为她的职业生涯增添了辉煌的一笔,也对 WTA 排名产生了重要影响。随着新赛季的进行,选手们的排名将继续受到后续赛事的影响。

---

1)系统架构

基于 LangGraph Agent 进行温网赛事分析的执行流程包括用户请求、环境配置、工具初始化、智能体创建、搜索查询、数据分析及最终报告生成的完整执行链路,如图 9-5 所示。

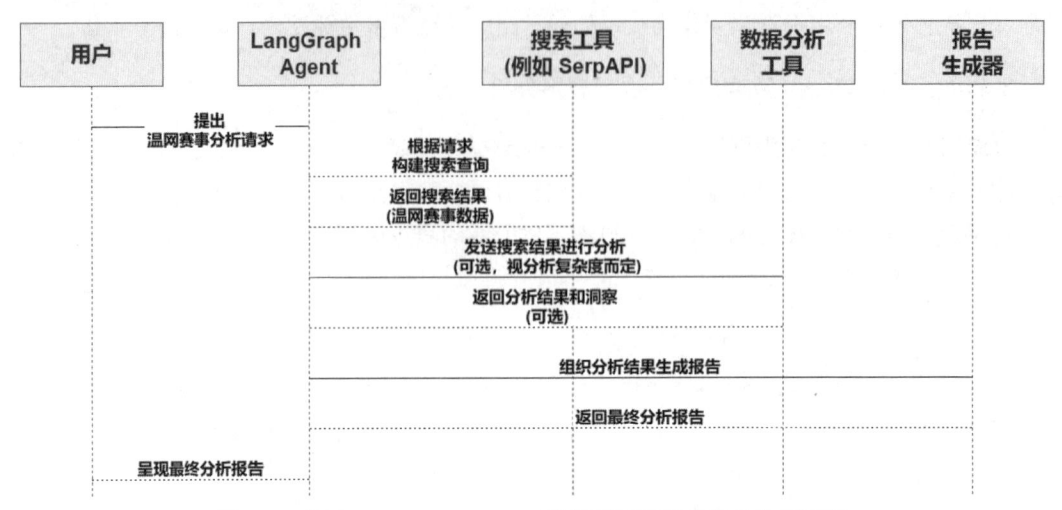

图 9-5 基于 LangGraph Agent 进行温网赛事分析的执行流程

2）环境配置模块

获取 Tavily 搜索和 OpenAI API 密钥，代码如下：

```
# chapter09/0_quikstart/LangChain_agent_search.ipynb
# Tavily's
def configure_environment():
    """配置 TAVILY API 密钥环境变量"""
    if not os.environ.get("TAVILY_API_KEY"):
        os.environ["TAVILY_API_KEY"] = getpass.getpass("Tavily_API_key:\n")

    """配置 Open API 密钥环境变量"""
    if not os.environ.get("OPENAI_API_KEY"):
        os.environ["OPENAI_API_KEY"] = getpass.getpass("OpenAI_API_key:\n")
```

3）搜索工具初始化

代码如下：

```
def initialize_tools():
    return TavilySearchResults(
        max_results=3,              # 控制搜索结果数量
        search_depth="advanced",    # 深度搜索模式
        include_answer=True,        # 包含直接答案
```

```
        include_images=True        # 获取相关图片
    )
```

max_results=3 的设置旨在平衡信息量与处理效率；search_depth="advanced"则利用付费 API 实现深度搜索；而 include_images=True 的设置则为未来的可视化分析保留了扩展能力。

4）模型构建

选择 GPT 模型，设置 temperature=0 保证结果的稳定性，代码如下：

```
def build_llm():
    return ChatOpenAI(
        model="gpt-4o-mini",        # 优化后的轻量级模型
        temperature=0               # 确保分析结果的客观性
    )
```

5）智能体系统构建

智能体被设计为一个专业的体育赛事分析师，通过动态日期注入保证分析的时效性，采用函数调用机制提升操作的可靠性，并提供详细的执行过程日志以方便调试，代码如下：

```
def create_agent(tools, llm):
    prompt_template = ChatPromptTemplate.from_messages([
        ("system", "你是一个专业体育赛事分析师,当前日期：{date}"),
        ("user", "{input}"),
        ("placeholder", "{agent_scratchpad}")
    ])

    return initialize_agent(
        tools=tools,
        llm=llm,
        agent=AgentType.OPENAI_FUNCTIONS,    # 使用函数调用机制
        verbose=True,                        # 显示执行过程
        prompt=prompt_template               # 定制化提示词
    )
```

6）查询执行模块

代码如下：

```
def execute_query(agent_executor, query):
    returnAgent_executor.invoke({
```

```
        "input": query,
        "date": datetime.now().strftime("%Y-%m-%d")
    })
```

7）程序入口

代码如下：

```
# === 主程序 ===
def main():
    # 环境配置
    configure_environment()

    # 组件初始化
    search_tool = initialize_tools()
    llm_instance = build_llm()
    agent = create_agent([search_tool], llm_instance)

    # 执行查询
    query = "分析温网女单最新赛事结果及其对选手排名的影响"
    result = execute_query(agent, query)

    # 输出结果
    print("\n=== 分析报告 ===")
    print(result["output"])

if __name__ == "__main__":
    main()
```

通过这个实战项目，可以感受到 LangGraph Agent 提供了一种强大的机制，将大模型的推理能力与外部工具相结合，使其能够处理更复杂、更实际的任务，并构建更加智能和自然的对话系统。

9.6　实战：基于 LangChain 构建智能知识库问答系统

在知识库的智能化检索领域，传统技术方案正面临日益突出的挑战。这些挑战不仅降低了检索系统的运行效率和结果准确性，更制约了知识库在复杂应用场景中的适应能力。

1. 传统检索的局限

以下将深入剖析传统技术在语义理解、海量数据处理、自然语言灵活性、动态知识库适应性、复杂问题应对及人机协同交互等方面的固有局限。

1）语义理解不足

现有检索系统，例如广泛应用的关键词搜索引擎（如 Elasticsearch、Solr），在智能知识库检索方面表现出对语义理解的不足，往往导致检索精度较低。这些系统主要依赖输入文本的字符级匹配，难以有效捕捉用户提问与知识库内容之间的深层语义关联。由于传统检索系统普遍采用倒排索引的机制，其核心在于词频和位置的统计匹配，而非对自然语言语义的真正解析，因此当用户采用非字面匹配的提问方式，或知识库条目与用户查询存在表达差异时，系统往往无法提供相关且精准的答案，造成检索结果的低召回率和低准确率。这种方法对关键词的依赖性极高，当面对自然语言固有的歧义性、多义性及表达多样性时——特别是处理长尾问题或非结构化、非标准化的用户提问的情况，其检索结果的准确性会急剧下降。系统本质上缺乏对语句意图和隐含语义的理解能力，从而难以逾越自然语言理解中的"语义鸿沟"。

2）检索速度较慢

随着知识库规模的指数级增长，数据量迅速膨胀，传统关键词检索系统在大规模数据环境下，查询响应时间显著延长，检索速度明显下降。特别是在知识库数据需要频繁更新或扩容的场景下，系统性能瓶颈问题尤为突出，严重影响了用户的使用体验和效率。尽管倒排索引结构在处理中小规模数据集时能提供相对快速的查询能力，但在面对海量数据时，其检索效率仍会遭遇瓶颈。每次执行检索操作，系统可能需要扫描和比对庞大的索引数据，导致查询延迟增加。此外，倒排索引的构建、维护和更新本身也需要消耗大量的计算资源和时间，难以高效地适应大规模知识库的动态变化和实时性要求。特别是在高并发查询的场景下，系统性能容易成为整体应用的瓶颈。

3）提问不够灵活

目前的检索系统在自然语言处理方面表现出僵化和不足，通常要求用户采用高度结构化的提问方式，例如，必须使用预设的关键词或遵循特定的模板。传统系统依赖关键词匹配或简单的模板匹配，无法有效解析和处理自然语言中固有的复杂结构、语义变化和表达多样性的问题，因此一旦用户的提问方式稍有偏离，例如采用同义词、不同的语序，或者更为复杂的语言结构和表达方式，系统便可能无法准确识别用户意图，导致检索结果的偏差或失败，严重限制了用户提问的自然性和灵活性。系统缺乏对自然语言的深层次理解能力，对语言的灵活性和表达的丰富性支持严重不足。这使得用户必须迁就系统的局限性，而非系统能够自然地理解和响应用户的多样化提问。

4）信息更新不及时

知识库内的信息通常需要高频更新，尤其是在技术迭代迅速的领域，新的方案、工具和技术持续涌现。传统检索系统难以快速且有效地将最新的信息整合到现有知识库中，导致知识库的信息更新不及时，无法及时反映最新的技术发展情况，从而显著影响用户获取最新知识和解决方案的效率和准确性。这是因为传统知识库的更新机制通常依赖人工手动输入或周期性的批量更新，缺乏动态、实时的信息整合能力。这种更新模式显然无法满足现代场景下知识库对实时性和动态性的要求。系统在面对快速变化的知识时，无法及时获取或更新，导致知识库内容与实际应用脱节，降低了知识库的实用价值。

5）有限的处理能力

在实际工作中，除了大量的常见问题，还存在着显著比例的个性化或低频次的"长尾问题"。这些问题通常缺乏固定的解决方案，数据样本也相对稀少，传统检索系统因此无法有效处理这些长尾问题，导致相关人员在面对非常规或复杂场景时，难以从现有知识库中找到适用的解决方案，增加了问题解决的难度和时间成本。传统的关键词匹配系统在设计上更侧重于处理高频、常见的问题，依赖已有数据中的统计规律。对于长尾问题，由于相关数据稀少甚至缺失，系统无法建立有效的索引和匹配机制，自然难以提供有效的检索支持。此外，现有的问答系统大多针对单一、简单的问题提供直接答案，缺乏处理复杂问题的能力，特别是那些需要多层次、多步骤解决方案的复杂场景。

6）人机协同效率低下

在处理复杂的场景时，单轮问答通常难以完全覆盖所有相关情况，用户往往需要通过多轮、深入的互动来逐步澄清问题背景、确认关键细节。然而，传统检索系统通常采用单轮问答模式，缺乏与用户进行多轮交互、持续对话引导的能力，导致在解决复杂问题的过程中，人机协同效率低下，用户体验不佳。现有的检索系统在设计上大多倾向于一次性返回答案，缺乏对多轮对话和引导式问答机制的有效整合。这导致系统在应对需要逐步澄清、深入挖掘的复杂问题时，无法提供持续的支持和有价值的建议。系统缺乏上下文记忆和理解能力，难以实现流畅、自然的对话式交互，限制了人机协同解决问题的潜力。

2. 大模型知识库问答系统的实现与关键技术

本实战项目基于 LangChain 框架实现了一套 RAG 问答系统，其核心在于将传统大模型的生成能力与向量化检索技术相结合。整个系统利用预先构建的向量数据库，对本地存储的文本文档进行语义化分割和嵌入转换。当用户发起问答请求时，首先通过检索器从海量文本中找到最相关的片段，然后将这些检索结果作为上下文信息传递给大模型，从而生成准确、连贯的回答。

该系统涵盖了文档加载、文本切分、向量数据库构建、检索增强生成、上下文管理及多轮对话等多个环节，既能解决传统问答系统因上下文缺失导致答案不准的问题，也能在大规模数据背景下保持响应效率，适用于企业知识库、智能客服、在线教育等场景。

本系统的实现过程主要分为三个部分：数据预处理与向量化、RAG 问答系统核心模块及多轮对话智能体。首先，在数据预处理阶段，系统利用 Python 中的 TextLoader 加载指定文本（如《西游记》原文），通过 CharacterTextSplitter 将长文本按固定字符数（例如每块 1000 字符）进行分段，且设置 200 字符的重叠以保留上下文信息。接下来，使用 Hugging Face 提供的 BGE 嵌入模型将每个文本块转换为向量并存储到 Chroma 向量数据库中。如果数据库已存在，则系统检测并直接加载，从而避免重复计算，提高初始化效率。

在 RAG 问答系统核心模块中，系统加载已经构建好的向量数据库，通过设定相似度搜索（检索前 5 个匹配结果，设定最低相似度阈值）获取与用户问题最匹配的文档片段。接着利用 ChatOpenAI 初始化大模型（例如使用智谱 AI 接口）将检索到的文档上下文与用户问题拼接，交由大模型生成最终回答。这个过程还定义了两类对话模板：一是上下文感知的检索提示，用于将用户当前问题与历史对话结合生成独立查询；二是针对回答生成的提示模板。通过 create_history_aware_retriever 与 create_stuff_documents_chain 等函数，系统实现了历史上下文管理和文档整合机制，使得在多轮对话中模型能够保持语境连贯，逐步推理并得出答案。

在对话智能体模块中，系统采用 ReAct Agent 的设计思想，构建了一个支持工具调用的多轮对话智能体。智能体的工作流程为：用户输入问题，系统将输入与历史对话记录传递给智能体；智能体利用预设的反应提示（包括思考、行动、观察等步骤）先调用检索模块获取相关知识，再通过大模型生成答案，最终将结果返回给用户。智能体在每次调用时会更新聊天历史，确保上下文连续。在整个实现过程中，代码模块之间的解耦设计使得系统具备较高的扩展性和维护性，同时便于在生产环境中针对不同需求进行参数调整。

以上模块的实现不仅依赖 LangChain 各子模块的功能支持，还融合了 Hugging Face 的嵌入模型和 Chroma 向量数据库技术，使得系统在生成问答过程中既能利用深度语义信息，又能快速定位文档片段，提高了问答的准确性与响应速度。各模块之间通过明确定义的接口进行通信，形成了完整的 RAG 问答系统流程。

1）知识库问答系统流程

整个系统的流程可以划分为三个主要阶段：数据准备与向量化、RAG 问答系统核心模块处理和对话智能体响应。下面对各阶段做详细说明，并通过序列图对系统运行时的交互过程进行直观展示。

在数据准备阶段，系统先调用 initialize_vector_store 函数加载文档。通过 TextLoader 读取本地指定的文本文件，再利用 CharacterTextSplitter 对文本进行分割。分割后的文档块会依次传入 create_vector_store 函数，由 Hugging Face BGE 模型生成向量，并存储在 Chroma 向量数据库中。此过程保证了后续检索时能够快速定位到与用户问题语义匹配的文档内容。若数据库已存在，则直接加载，避免重复计算，从而提高启动效率。

在 RAG 问答系统核心模块中，系统首先加载向量数据库，并通过 as_retriever 方法配置相似度检索器。设定检索参数（如返回前 5 个结果、设定相似度阈值）保证了检索结果的质量。接着系统初始化大模型，设定检索提示模板与问答提示模板，分别用于独立查询生成和答案生成。利用 create_history_aware_retriever 函数，系统能够结合历史对话信息动态调整检索结果，再通过 create_stuff_documents_chain 将上下文信息和用户问题整合，最终调用大模型生成回答。这一流程既充分利用了检索到的文档信息，又保证了回答生成的连贯性和准确性。

智能体通过预设的反应提示，要求大模型在回答问题前先"思考"并确定下一步"行动"，即调用工具"知识库问答"进行文档检索。在每轮对话结束后，智能体会将用户输入和系统回答存入聊天历史，确保后续对话时上下文不会丢失，从而实现动态多轮对话管理。在整个流程中，各个模块通过清晰的接口相互调用，构成了一个闭环反馈系统，既满足单次问答需求，又支持连续交互。

下面的序列图直观展示了系统从启动到多轮对话过程中各个模块的交互过程，如图 9-6 所示。

大模型对话智能体模块、RAG 问答系统核心模块、向量数据库模块和主程序共同构建了问答系统。系统启动时，主程序调用 initialize_vector_store 加载并分割文档，返回文本块和数据库路径。接着，调用 setup_rag_system 加载向量数据库并配置检索器，返回 RAG 问答链和大模型实例。然后，调用 create_chat_agent 构建对话智能体，并返回智能体对象。在对话过程中，用户输入问题，系统将用户问题和聊天历史传递给对话智能体。对话智能体利用历史感知检索器检索相关文档，并将检索结果和问题交给大模型生成答案。最终，系统返回整合后的问答结果，显示答案并更新聊天历史，进入下一轮对话。

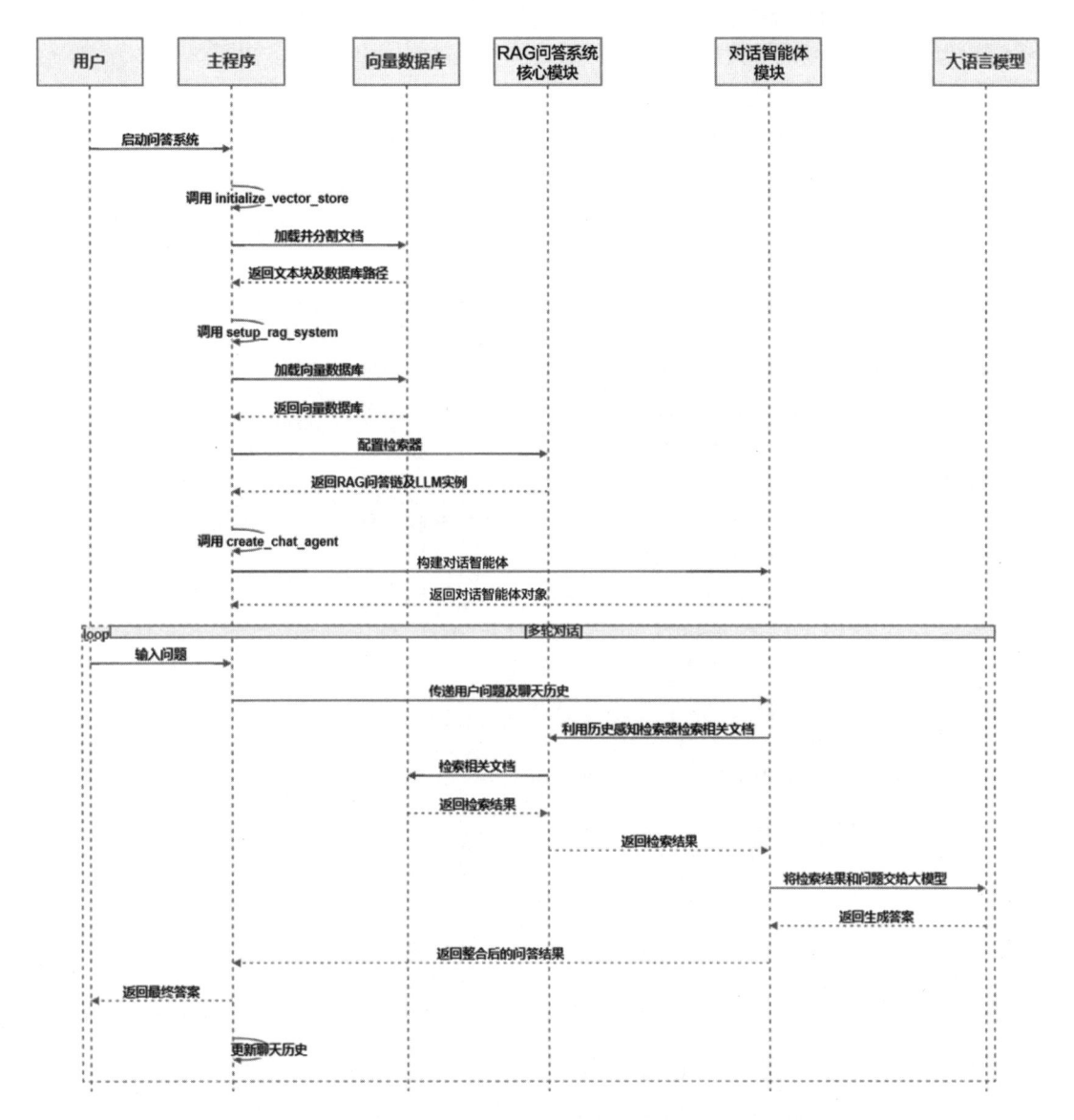

图 9-6　基于 LangChain 构建智能知识库问答系统流程

2）知识库问答系统代码实战

（1）安装和导入依赖。

安装和导入 LangChain 与 chromadb 依赖，代码如下：

安装依赖（在终端中运行）

```
!pip installLangChain==0.3.18 \
    LangChain-community==0.3.17 \
    LangChain-core==0.3.34 \
    LangChain-openai==0.3.4 \
    chromadb==0.6.3

import os
from LangChain.embeddings import HuggingFaceBgeEmbeddings
from LangChain.text_splitter import CharacterTextSplitter
from LangChain_community.document_loaders import TextLoader
from LangChain_community.vectorstores import Chroma
from LangChain_core.prompts import ChatPromptTemplate, PromptTemplate, MessagesPlaceholder
from LangChain_core.messages import HumanMessage, AIMessage
from LangChain_core.tools import Tool
from LangChain.agents importAgentExecutor, create_react_agent
from LangChain.chains import create_retrieval_chain, create_history_aware_retriever
from LangChain.chains.combine_documents.stuff import create_stuff_documents_chain
from LangChain_openai import ChatOpenAI
```

（2）数据准备与向量化模块。

将文本文件转换为可检索的向量数据库，代码如下：

```
# --
# 数据准备与向量化模块
# 作用：将文本文件转换为可检索的向量数据库
# --

def initialize_vector_store():
    """初始化向量数据库"""
    # 获取当前文件路径
    current_dir = os.getcwd()

    # 配置文件路径
    # 源文本文件
    file_path = os.path.join(current_dir, "data", "books", "xiyouji.txt")
```

```python
    db_dir = os.path.join(current_dir, "db")  # 向量数据库存储目录

    # 检查文件是否存在
    if not os.path.exists(file_path):
        raise FileNotFoundError(f"文档文件 {file_path} 不存在,请检查路径")

    # 加载并分割文档
    loader = TextLoader(file_path, encoding="utf-8")
    documents = loader.load()

    # 文本分割配置(中文建议使用 RecursiveCharacterTextSplitter)
    text_splitter = CharacterTextSplitter(
        chunk_size=1000,      # 每个文本块 1000 个字符
        chunk_overlap=200,    # 块间重叠 200 字符(更好处理上下文)
        separator="\n"
    )
    docs = text_splitter.split_documents(documents)

    print(f"\n 文档分割完成,共生成 {len(docs)} 个文本块")

    # 创建向量数据库
    create_vector_store(
        docs=docs,
        embeddings=HuggingFaceBgeEmbeddings(
            model_name="BAAI/bge-large-zh-v1.5",
            model_kwargs={"device": "cpu"},
            encode_kwargs={"normalize_embeddings": True}
        ),
        store_name="chroma_db_huggingface"
    )
    return os.path.join(db_dir, "chroma_db_huggingface")

def create_vector_store(docs, embeddings, store_name):
    """创建持久化向量数据库"""
    db_path = os.path.join(os.getcwd(), "db", store_name)

    if not os.path.exists(db_path):
        print(f"\n 正在创建向量数据库: {store_name}")
```

```
    Chroma.from_documents(
        documents=docs,
        embedding=embeddings,
        persist_directory=db_path
    )
    print("向量数据库创建完成")
else:
    print("检测到已有向量数据库，直接加载")
```

（3）RAG问答系统核心模块。

主要实现基于上下文的智能问答，代码如下：

```
# --
# RAG 问答系统核心模块
# 功能：实现基于上下文的智能问答
# --
def setup_rag_system(persistent_dir):
    # 初始化嵌入模型
    embeddings = HuggingFaceBgeEmbeddings(
        model_name="BAAI/bge-large-zh-v1.5",
        model_kwargs={"device": "cpu"}
    )

    # 加载向量数据库
    db = Chroma(
        persist_directory=persistent_dir,
        embedding_function=embeddings
    )

    # 配置检索器
    retriever = db.as_retriever(
        search_type="similarity",
        search_kwargs={"k": 5, "score_threshold": 0.6}
    )

    # 初始化大模型（使用智谱 AI）
    LLM= ChatOpenAI(
        api_key="你的 API 密钥",  # 替换为实际 API 密钥
```

```
    base_url="https://*.bigmodel.cn/api/paas/v4/",
    model="glm-4v-flash",
    temperature=0.3
)

# 配置上下文感知检索器
contextualize_q_prompt = ChatPromptTemplate.from_messages([
    ("system", "根据对话历史和问题生成独立查询（保持中文）"),
    MessagesPlaceholder("chat_history"),
    ("human", "{input}")
])

history_aware_retriever = create_history_aware_retriever(
    llm, retriever, contextualize_q_prompt
)

# 配置问答链
qa_prompt = ChatPromptTemplate.from_messages([
    ("system", "请用以下上下文回答问题（使用中文）：\n{context}"),
    MessagesPlaceholder("chat_history"),
    ("human", "{input}")
])

question_answer_chain = create_stuff_documents_chain(llm, qa_prompt)
rag_chain = create_retrieval_chain(history_aware_retriever, question_answer_chain)
return rag_chain, llm
```

（4）对话智能体模块。

主要实现实现多轮对话管理，代码如下：

```
# --
# 对话智能体模块
# 功能：实现多轮对话管理
# --

def create_chat_agent(rag_chain, llm):
    """创建对话智能体"""
```

```python
react_prompt = """请逐步思考并回答以下问题，你可以使用以下工具：

{tools}

请按以下格式响应：

问题：需要回答的输入问题
思考：你的思考过程
行动：要采取的行动，应为 [{tool_names}] 之一
行动输入：行动的输入内容
观察：行动的结果
...（可重复N次）
思考：我已知晓最终答案
最终答案：原始问题的最终答案

开始！

问题：{input}
思考：{agent_scratchpad}"""

tools = [
    Tool(
        name="知识库问答",
        func=lambda inputs: rag_chain.invoke(inputs),
        description="当需要回答基于文档内容的问题时使用"
    )
]

# 直接使用原始llm对象，而非试图从rag_chain中提取llm_chain
Agent = create_react_agent(
    llm=llm,
    tools=tools,
    prompt=PromptTemplate(
        template=react_prompt,
        input_variables=["input", "agent_scratchpad", "tools", "tool_names"]
    )
)
```

```python
returnAgentExecutor(
    Agent=agent,
    tools=tools,
    handle_parsing_errors=True,
    verbose=True
)
```

（5）程序启动。

代码如下：

```python
# 安装依赖（在终端中运行）
if __name__ == "__main__":
    db_path = initialize_vector_store()
    rag_chain, LLM= setup_rag_system(db_path)
    Agent = create_chat_agent(rag_chain, llm)
    # 以下对话逻辑不变
    chat_history = []
    print("\n问答系统已启动，输入问题开始对话（输入 exit 退出）")
    while True:
        try:
            query = input("\n用户: ")
            if query.lower() == "exit":
                break

            response =Agent.invoke({
                "input": query,
                "chat_history": chat_history
            })
            answer = response["output"]
            print(f"\n助理: {answer}")
            chat_history.extend([
                HumanMessage(content=query),
                AIMessage(content=answer)
            ])
            chat_history = chat_history[-10:]
        except Exception as e:
            print(f"发生错误: {str(e)}")
            chat_history = []
```

用户启动系统后，主程序先完成文档加载、文本分割、向量数据库构建，再进行 RAG 问答系统核心模块和对话智能体的初始化。当用户发起问答请求时，智能体模块依次调用检索器、大模型，最后将生成的答案反馈给用户。整个流程高效且层次分明，既保证了检索精度，也兼顾了多轮对话上下文的连贯性。

RAG 问答系统在各种场景下都有广泛的应用，以下是一些典型的应用场景：

（1）企业内部知识库：构建企业内部的知识库系统，员工可以快速检索和查询企业文档、政策、流程等信息，提升工作效率，降低知识获取成本，可以应用于新员工培训、技术支持、合规咨询等场景。

（2）智能客服：构建智能客服机器人，自动回答用户关于产品、服务、订单等方面的问题，提升客服效率，降低人工客服成本。RAG 问答系统可以利用产品手册、FAQ 文档、历史对话记录等知识库，为用户提供更准确、更专业的解答。

（3）教育辅导：构建智能教育辅导系统，学生可以就教材、习题、课程内容等方面进行提问，该系统可以根据教材内容和相关知识点，为学生提供个性化的辅导和解答。

（4）文档分析与报告生成：RAG 问答系统可以应用于文档分析和报告生成场景，例如分析大量的研报、法律文件、合同条款等，提取关键信息，自动生成摘要、报告、对比分析等。

（5）内容创作辅助：RAG 问答系统可以作为内容创作的辅助工具，例如为写作者提供素材、灵感、知识背景等，帮助写作者更高效、更高质量地创作文章、报告、剧本等。

（6）垂直领域搜索引擎：构建垂直领域的搜索引擎，例如医学知识搜索、法律知识搜索、金融知识搜索等，用户可以更精准地检索到特定领域的专业知识。

3. 生产环境部署的注意事项

在将 RAG 问答系统部署至生产环境时，需要系统性考量以下注意事项。

1）API 密钥安全管理

避免在代码中硬编码密钥(如示例中的智谱 API 密钥)，需要通过环境变量注入或采用 Vault、AWS Secrets Manager 等专业密钥管理工具。针对不同环境（开发/测试/生产）实施密钥隔离策略，并建立定期轮换机制。同时需要监控 API 调用频率，降低密钥滥用风险，例如设置用量阈值警报或自动熔断机制。

2）嵌入模型适配优化

在中文场景下，虽然 BAAI/bge-large-zh-v1.5 表现优异，但需要验证其领域适配性。金融领域可尝试使用 FinBERT-Embedding，医疗领域可尝试使用 BioBERT。在英文场景下优先考虑使用 Cohere Embed 或 OpenAI text-embedding-3-large 的 3072 维向量。另外，还需要监控嵌入漂移（Embedding Drift）现象，建立定期重嵌机制，尤其在知识库文档频繁更新时。

3）大模型选型与推理调优

综合评估成本/性能比：每 1000 个 GLM-4v-flash 的 Token 的使用成本约为 GPT-4 的 1/5，但复杂推理能力较弱。建议采用模型路由策略——简单查询使用轻量模型（如 glm-4v-flash），复杂问题切换至 GPT-4 Turbo。关键参数调优包括：设置 temperature=0.3 平衡创造性/准确性，设置 top_p=0.9 过滤低概率 Token，设置 max_tokens=1500 限制生成内容的长度。另外，还需要实现动态停止（early stopping）机制，当连续生成的 Token 超过阈值时终止生成内容。

4）Prompt 工程体系构建

我们主要通过给 AI 发送"指令"（Prompt）来与其交流。Prompt 写得好不好，直接决定了 AI 给出的答案好不好。Prompt 不是一次就能写好的，需要我们不断地尝试、调整、改进。

虽然 Prompt 工程听起来好像挺复杂的，但其实掌握几个关键点，我们就能写出不错的 Prompt：

（1）让 AI 知道"看哪里"找答案。

如果想让 AI 根据某些特定的资料来回答问题，比如几篇文档、一段文字等，就要明确告诉 AI "答案在这里，你只能看这些地方"。这样 AI 就不会随便"乱说"，答案会更准确、更可靠。

就好比考试的时候，教师标注了重点内容，我们复习的时候就会重点看教师标注的那些内容，而不是漫无目的地看书。Prompt 里的上下文控制，就是给 AI "划重点"，告诉它答案的范围。

如果不告诉 AI "看哪里"，那么它可能会"自由发挥"，答案可能就不是你想要的了。

（2）告诉 AI 答案要"长什么样"。

我们希望 AI 给出的答案是列表形式的，还是表格形式的？还是需要它按要点总结？这就需要在 Prompt 里明确告诉 AI 我们想要的答案结构。结构化的答案会更清晰、更易读，也更方便我们后续使用。

（3）给 Prompt 加一个"安全阀"。

有时候 AI 可能会"跑偏"，回答一些不合适的问题，比如涉及暴力、歧视等。为了避免出现这种情况，我们要在 Prompt 里设置一些"安全策略"，告诉 AI 哪些问题是不能回答的，遇到这些问题要怎么处理。

这就好比给 AI 设置一个"红线"，告诉它哪些行为是禁止的。例如，可以设置 Prompt "如果问题涉及暴力内容，请回复'该问题无法回答'"。在大模型中，这也被称为对齐。

5）异常监控与自愈机制

为了确保 RAG 问答系统稳定可靠运行，并具备在异常情况下自动恢复的能力，我们需要构建一套全面的监控与自愈机制。这套机制采用多维度监控方法，从基础设施层、服务层到业务层，全方位监测系统的健康状态。

在基础设施层，重点监控 GPU 显存占用率，以及向量数据库连接池的健康状态，确保底层资源的稳定供应；服务层则实时追踪大模型的响应延迟（确保 P99 延迟低于 5 秒）和检索召回率（Recall@K），评估核心服务的性能表现；业务层更关注用户体验，通过标注检索失败、生成幻觉、格式错误等错误类型，量化业务层面的服务质量。

为了实现快速自愈，系统还具备自动熔断能力，一旦连续错误率超过 5%，便会立即触发降级策略，例如无缝切换至备用模型，以保障服务的连续性。

针对关键异常，也设计了精细化的处理方案：当向量检索超时时，系统能够智能地启用本地缓存结果，快速响应用户请求；若生成过程意外中断，则系统将自动触发重试机制，尝试最多三次以恢复生成；而当结果校验环节发现错误时，则会立即调用预设的规则引擎进行二次修正，力求在无须人工干预的情况下，最大限度地减少异常对用户体验的影响，确保系统始终保持高效、稳定的运行状态。

基于 LangChain 构建的 RAG 问答系统凭借文档向量化、语义检索和大模型生成相结合的技术优势，有效解决了传统问答系统中信息检索不准确、上下文断裂等问题。通过模块化设计，不仅实现了高效的文档预处理和检索，还支持基于历史对话的多轮交互，能够广泛应用于企业知识库、智能客服、在线教育等领域。在生产环境部署时，需要特别注意文档编码、向量数据库管理、API 密钥安全、资源配置及错误处理等关键环节，确保系统在高并发和大数据量下稳定运行。

通过不断完善和调试，RAG 问答系统已经具备了较高的实用价值，既适用于学术研究，又能满足企业级应用的需求。随着用户交互数据的不断积累，未来可以引入更高级的对话记忆和情感分析机制，使回答更加个性化和贴近用户需求。同时，还可以探索混合使用多模型、多数据源的方式，进一步提高系统的健壮性和智能水平。整体而言，这个 RAG 问答系统不仅展示了 LangChain 在实际应用中的强大功能，也为未来更多基于检索增强生成技术的应用提供了宝贵的实践经验和技术参考。

随着大模型技术的不断成熟和向量化检索方法的不断优化，基于 LangChain 构建的 RAG 问答系统有望在更复杂的场景中发挥更大作用，实现更高水平的智能问答和自动知识服务。

9.7 本章小结

本章围绕 LangChain 的核心概念、架构设计及实际应用进行了深入探讨，重点分析了 LangChain 在标准化接口、任务编排、可观测性、模块化设计和生态系统等方面的优势。通过细致的理论解析和实践案例，我们展示了 LangChain 如何帮助开发者高效构建基于大模型的应用。

首先，我们探讨了为什么需要 LangChain。从现代人工智能应用的需求出发，LangChain 提供了一套标准化的组件接口，使得开发者可以快速集成不同模型，同时具备灵活的任务编排能力。此外，LangChain 提供丰富的可观测性与评估支持，使得开发者能够追踪模型表现并进行优化。例如，在构建聊天机器人时，开发者可以利用 LangChain 的模块化设计，将不同功能（如对话记忆、信息检索等）拆分为独立组件，并通过松耦合的方式进行组合，从而提高开发效率和可维护性。

在架构设计部分，我们深入分析了 LangChain 的核心框架，包括开源开发架构、第三方集成包（如 LangChain-openai）、应用核心层、社区模块、LangGraph，以及生产化与部署工具。LangGraph 的引入使得任务编排更加直观，例如在多轮对话场景下，可以利用 LangGraph 构建复杂的决策流程，实现动态调整模型调用路径。此外，LangChain 提供了丰富的生产化部署工具，支持大模型应用在云端和本地环境中高效运行。

随后，我们通过多个实战案例展示了 LangChain 的实际应用能力。在"有记忆功能的聊天机器人"案例中，我们介绍了如何利用 Firebase 进行身份认证，并通过 LangChain 实现长期记忆功能，使得机器人能够记住用户的历史对话，从而提供更加个性化的交互体验。另外，我们探讨了语义搜索引擎的构建，展示了如何基于 LangChain 实现智能文档检索，并结合文本分割工具优化查询效率。

在 LangGraph Agent 部分，我们分析了智能体的工作机制，并结合知识库问答系统的案例，介绍了大模型在知识问答中的实际应用。我们探讨了传统检索方法的局限性，并通过 LangChain 构建智能问答系统，提升问答精准度。例如，在企业知识管理场景中，可以利用 LangChain 集成多个信息源，使得系统能够自动生成高质量的答案。

最后，我们总结了生产环境部署的注意事项，包括 API 密钥安全管理、嵌入模型适配优化、大模型选型与推理调优、Prompt 工程体系构建，以及异常监控与自愈机制。Prompt 工程的合理设计对于提升模型效果至关重要，例如在法律问答场景下，可以通过优化 Prompt 模板，让大模型生成更加专业和严谨的回答。另外，异常监控与自愈机制的引入，使得系统能够在出现问题时自动调整策略，保障服务稳定性。

通过本章的学习，读者可以全面理解 LangChain 的核心原理，并在实际项目中应用 LangChain 的关键技术，从而构建更加智能、高效的大模型应用。

第 10 章
医疗健康：大模型助力健康革命

人工智能在医疗健康行业的飞速发展，尤其是过去十年中大模型技术的突破性进展，正在深度重塑医疗实践的模式。人工智能的应用已超越了简单的自动化任务，已经参与到复杂的临床决策制定过程中，协助医生实现更精准的诊断和制定更具个性化的治疗方案。正如 Eric Topol 在《Nature Medicine》上所指出的，医疗的未来在于人类智能与人工智能的融合。

2016 年，IBM Watson 肿瘤系统的问世初步展现了人工智能辅助诊断领域的潜力。2021 年，美国食品药品监督管理局批准了首个应用于一线医疗的自主式人工智能诊断设备 IDx-DR 上市，这是一个利用人工智能技术诊断糖尿病视网膜病变的工具。2023 年，GPT-4V 甚至通过了美国医师执照考试，取得了 90.7% 的整体准确率。这些里程碑事件标志着医疗人工智能正从实验室走向临床应用，成为医疗实践中日益重要的组成部分。如今，以 Transformer 为核心的生成式大模型，例如 GPT-4 和 Med-PaLM，正在重新定义医疗服务的边界。它们不仅能够识别 CT 影像中细微的病灶，还能从大量的病历数据中总结诊疗规律，甚至为罕见病提供跨语言的知识支持。例如，Meta 的 NLLB 模型能够翻译 200 种语言的病历，这使得远在卢旺达乡村的医生也能利用全球医学知识库，将疟疾的误诊率显著降低了 37%。在这项技术快速发展的背后，一场深刻的医疗变革正在悄然发生。

借助大模型技术，人工智能能够迅速处理海量的医学数据，深入分析患者的病历信息，并生成基于证据的治疗建议。这种能力使得人工智能不仅能够辅助医生进行常见病的治疗，还能在急症处置和多学科复杂疾病的诊断中发挥关键作用，从而推动个性化医疗进入新的时代。医生可以根据患者的既往病史和实时数据，制定更精准的治疗方案。此外，大模型在疾病的早期筛查方面也展现出了巨大的潜力，尤其是在慢性病管理和心血管疾病预防领域，人工智能能够帮助医生识别潜在的风险因素并采取早期干预措施，从而减轻患者的痛苦并降低医疗成本[1]。

在精准医学和机器人辅助手术中，大模型能够与手术机器人协同工作，实现更精确和安全的手术操作。例如，人工智能可以在术前分析患者的影像学资料，辅助制定最佳的手术方案；在手术过程中，人工智能可以提供实时的反馈，从而提高手术的精准度和安全性。

尽管人工智能在医疗领域展现出广阔的应用前景，但要使其真正成为有效的医疗助手，仍然需要医学专家的持续参与和监督。大模型虽然拥有庞大知识库，但在面对复杂和紧急的医疗决策时，仍然需要依赖人类医生的经验和专业判断。此外，人工智能模型在处理涉及伦理和情感的问题时，也无法完全取代人类医生的判断和人文关怀。因此，人工智能与医生的深度协作将是未来医疗变革中不可或缺的关键环节。

随着人工智能技术的不断成熟，未来的医疗行业将更加依赖智能化的决策支持系统，从而推动医疗服务向更精准化、个性化和高效化的方向发展。在这个过程中，人工智能将成为医生的得力助手，为患者提供更优的治疗方案，并协助医疗工作者提升工作效率，最终促进全社会健康水平的提升。

医疗人工智能的真正价值并非在于取代人类，而是在于拓展医疗领域的可能性。对于医生而言，它是处理海量数据的"超级外脑"；对于患者而言，它是提供全天候预警的"健康哨兵"；对于社会而言，它是弥合医疗资源差距的"基础设施"。技术的最终目标始终是服务于人。坚持"以人工智能为工具，以人为本"的原则，便能够乘着技术的浪潮，抵达我们曾经憧憬的未来——无论地域和贫富差异，每个人都能享有精准、温暖且可及的医疗服务。

10.1 医疗健康行业概览

医疗健康是全球经济中最具活力和持续增长的领域之一。其中，快速增长的部分包括数字健康、智能设备、个性化医疗及基因工程等领域。

医疗健康行业的增长与人口老龄化、慢性病高发及技术进步密切相关。随着全球人口寿命的延长，老年人日益增多，医疗需求逐步增加，尤其是慢性疾病（如糖尿病、心血管疾病等）患者的快速增长给全球医疗健康系统带来了巨大的压力。

随着健康意识的提升，患者对健康管理和疾病预防的需求逐步增加，数字化、智能化和个

---

1 参考：*Applications of artificial intelligence in the medical domain*。

性化的医疗服务也得到快速发展,其中智能健康设备、远程医疗等新的医疗服务形式在全球范围内得到更多的重视和推广。

10.1.1 医疗健康行业面临的主要挑战

尽管医疗健康行业在全球范围内快速发展,医疗技术日新月异,医疗服务水平不断提升,但依然面临许多挑战。这些挑战不仅来自传统的医疗资源分配不均、疾病负担加重等问题,还涉及技术应用、医疗效率和质量等方面。以下是医疗健康行业面临的四大主要挑战,分别是人口老龄化、慢性病负担、医疗资源不均衡,以及医疗服务质量与效率问题。

1. 人口老龄化

人口老龄化是当前全球医疗健康行业最为严峻的挑战之一,特别是在许多发达国家及一些新兴经济体,随着寿命的延长,老年人口比例日益增加。根据联合国的数据,到2030年,全球60岁及以上人口将占到总人口的30%以上,这意味着老年人群体将对医疗系统造成前所未有的压力。

老年人通常患有多种慢性疾病,如高血压、糖尿病、心血管疾病等,这些疾病不仅需要长期治疗,还涉及多学科的综合治疗。例如,老年患者通常不是单一疾病,还常常存在慢性病并发症的风险,导致治疗过程复杂且时间较长。因此,人口老龄化对医疗服务提出了综合管理和个性化治疗的需求,迫切需要医疗系统和医务人员为患者提供个性化、全面的健康管理方案。

此外,老年人的生理特点也使其更容易受到药物副作用的影响,且认知功能的衰退可能会影响患者的依从性。因此,提供精准医疗(Precision Medicine)和长期健康管理方案成为全球医疗服务的重要发展方向。

2. 慢性病负担加剧

慢性病负担加剧是全球医疗健康行业的另一大挑战。心血管疾病、糖尿病、癌症、慢性呼吸系统疾病等慢性疾病在全球范围内的患病率持续上升,尤其在发达国家,慢性病已成为最常见的疾病类型。

慢性病的治疗通常需要长期的药物管理、定期的检查、生活方式的调整及心理支持等多方面的综合治疗措施。这不仅给患者带来了巨大的经济负担,也使得医疗资源的消耗非常大。以心血管疾病为例,全球每年因心脏病、脑卒中等引发的死亡人数居高不下,治疗和康复过程非常复杂,通常需要多个医疗专业团队的协作,且治疗周期长,费用高昂。

对于糖尿病患者,除了常规的药物治疗,还需要长期的血糖监测、饮食管理和运动方案,这些均需要较为复杂的医疗服务和健康管理。随着慢性病患病人数的不断增加,如何提高疾病管理的效率、降低治疗成本,成为世界各国医疗系统面临的重要问题。

3. 医疗资源分布不均

全球医疗健康行业面临医疗资源分布不均的严峻挑战，这种不均衡主要体现在发达国家与不发达国家之间。发达国家通常拥有先进的医疗技术、现代化的医疗设施和充足的专业医疗人才，而许多不发达国家却面临医疗资源的严重匮乏。世界银行的统计数据显示，许多低收入国家的人均医疗资源极度不足，难以满足民众的基本医疗需求。

不发达国家基础设施建设的滞后严重制约了医疗服务体系的发展，医疗机构的数量和质量往往难以满足民众的需求，且分布不均。即使在一些大的城市，医疗机构往往也难以提供足够的医疗服务，而乡村和偏远地区的医疗服务则更加薄弱。医疗人员的短缺，特别是专科医生和技术人员的匮乏，已经成为这些国家医疗健康服务供给的关键瓶颈。例如，在非洲和亚洲的部分地区，医生和护士的数量远低于世界卫生组织推荐的最低标准。

医疗资源的不均衡也体现在国家内部的区域差距。一些经济发达的城市往往拥有先进的医疗设施和高水平的医疗服务，而偏远或贫困地区则缺乏基本的医疗保障。这种差距导致了大量患者因无法及时获得治疗而增加疾病的治愈难度，甚至因延误治疗而面临生命危险。

4. 医疗服务质量和效率问题

尽管医疗技术与服务模式在不断创新和进步，医疗质量和效率问题仍然广泛存在。许多地区的医疗工作负担过重，特别是不发达国家和地区的基层医疗机构，医生和护士的数量严重不足，导致了工作压力巨大。此外，医疗服务过程中往往存在信息流通不畅、诊疗效率低下等问题，影响了整个医疗体系的运行效率。

许多患者在就诊时需要经历长时间的排队等待，而且就诊流程烦琐，导致患者的就医体验差。日常医疗服务中的信息流转、患者管理等也常常面临瓶颈，尤其是在急诊救治和重症监护等紧急情况下，医疗服务的响应速度和处理效率直接关系到患者的生命安全。此外，医疗信息系统不健全、各系统间数据孤岛现象严重，医生往往不能充分利用已有的医疗数据，导致诊疗决策滞后，治疗方案的制定和实施效率低，增加了医疗事故的风险。

为了应对这些深层次的挑战，全球医疗系统需要不断进行结构性改革，推进医疗资源的合理分配，提升医疗服务的质量与效率，尤其是通过技术创新（如人工智能、大数据、远程医疗），推动医疗健康行业向更加智能化、精准化、普及化的方向发展。这既是医疗健康行业发展的必然趋势，也是应对全球健康挑战的必由之路。

10.1.2 医疗健康数据的特点与价值

1. 医疗健康数据的种类

医疗健康数据的种类繁多，涵盖了从患者的日常健康监测数据到复杂的医学影像与基因数据等多种形式。主要的医疗健康数据的种类如下。

1）电子病历

电子病历（Electronic Medical Record，EMR）是医疗健康数据的基础，是医生在诊治过程中记录患者信息的电子化档案。电子病历通常包括患者的基本信息（如姓名、年龄、性别）、诊断历史、药物使用记录、治疗过程及效果等。通过病历的电子化，病历管理变得更加高效，同时便于数据的存储、查询和分析。

2）医学影像

医学影像包括 X 射线、CT 扫描、磁共振成像（Magnetic Resonance Imaging，MRI）、超声波等影像数据。这些数据主要用于诊断疾病、规划手术方案、评估治疗效果等。在医学影像分析中，通过深度学习技术，可以自动识别并标注病灶位置，大大提高了诊断速度和准确度。

3）基因数据

基因学的快速发展为医疗健康行业带来了革命性的变化。通过对患者 DNA 的测序，基因数据可以揭示患者的遗传信息，为疾病预测、个性化医疗和精准医疗提供支持。例如，癌症患者的基因信息可以帮助医生选择最适合的治疗方案，提高治疗效果。

4）传感器数据

随着可穿戴设备的普及，越来越多的健康数据来自智能手表、血糖监测仪、血压计等传感器设备。这些传感器数据实时记录患者的生理状态，特别有利于慢性病管理和远程医疗。通过数据的实时传输，医生能够远程监控患者的健康状况，并根据数据变化及时调整治疗方案。

2. 医疗健康数据的特点

（1）海量性：随着医疗健康数字化进程的推进，全球医疗数据量呈指数级增长，每天都在生成大量的病历、影像、基因数据等。这些数据不仅来自医院、诊所，还包括患者自我监测数据、健康设备记录等。

（2）异构性：医疗健康数据的来源分散，数据格式多样。不同的医疗机构、设备和系统采用不同的数据标准和存储格式，因此数据整合与处理成为一大挑战。AI 可以通过自然语言处理和数据融合技术，帮助医生整合和分析异构的医疗健康数据。

（3）隐私性：医疗健康数据涉及个人健康和隐私，必须严格遵守隐私保护的相关法律（如《中华人民共和国个人信息保护法》）。因此，如何在保证患者隐私的同时高效地使用医疗健康数据，是 AI 应用中的一个重大挑战。

3. 医疗健康数据的价值

医疗健康数据的价值不仅体现在改善患者治疗效果方面，还在加速疾病预防、药物研发等多个领域发挥着重要作用。

1）疾病诊断

通过对大量病历、影像和基因数据的分析，AI 可以帮助医生做出更精准的诊断。例如，AI 已经在乳腺癌、肺癌、眼科疾病的早期诊断中取得了显著成果。AI 可以通过学习大量病例数据，发现疾病的潜在规律和早期迹象，提高诊断的准确率和效率。

2）药物研发

医疗健康数据分析能够为药物研发提供巨大的帮助。AI 可以通过对患者数据和药物反应的分析，筛选出潜在的药物分子，并模拟药物的效果。医疗健康数据还可以用来预测药物的副作用，降低临床试验中的风险。

3）个性化医疗

个性化医疗基于患者的独特数据，包括基因数据、病历、生活习惯等，可以为患者提供量身定制的治疗方案。AI 通过对这些数据的分析，可以预测患者对不同治疗方案产生的反应，帮助医生制定最合适的治疗计划。

10.1.3 医疗健康行业的智能化转型

1. 传统医疗体系的痛点与转型需求

传统医疗体系面临三重结构性挑战，这些挑战在人口老龄化和疾病谱系变化的双重压力下愈加显著。

首先，数据孤岛已成为制约医疗信息化深入发展的首要障碍。世界卫生组织 2022 年度报告指出，全球医疗数据的绝大部分仍然处于彼此割裂的状态。其根本原因在于医疗机构之间缺乏统一的数据接口标准，加之隐私保护法规的限制，以及利益分配机制的不健全，导致数据共享的难度不断增加。这种信息的孤立不仅大幅削弱了临床决策支持系统的效能，还阻碍了在重大疾病科研方面跨机构合作的深入开展。

其次，医疗资源配置在空间和时间两个维度均呈现出显著的不平衡性。相关统计数据显示，优质医疗资源过度集中于大城市和核心区域，造成边远地区医疗资源的严重短缺[1]。与此同时，

---

[1] 参考：国家卫生健康委员会 2021 年中国卫生健康统计年鉴。

在时间维度上，医疗资源的配置效率也存在明显问题。例如，部分高水平医院的门诊患者需要排队等待较长时间，而基层医疗机构的设施设备则存在较高的闲置率。这种结构性矛盾使得医疗服务质量与效率难以协调提升，基层医疗机构的潜力也未能得到充分发挥。

再者，传统诊疗流程中的效率低下的问题同样亟待解决。相关医疗研究显示，从患者初诊到最终确诊，通常需要较长的时间。在诊疗过程中，信息的重复采集率较高，且在复杂病例的诊断中，误诊率依然较高。尤其在急诊救治、肿瘤诊疗等对时效性要求极高的领域，这些效率瓶颈尤为突出，直接影响患者的治疗效果。

2. 大模型驱动医疗变革：构建智能化医疗生态体系

面对上述传统医疗体系的痛点，为了最终实现"治愈疾病"这一根本目标，亟需构建一个深度融合人工智能技术的医疗技术生态体系。该生态体系应以"治愈疾病"为核心目标，并围绕多层次、多维度的技术创新进行系统性构建，从根本上提升医疗服务的质量与效率。

"治愈疾病"目标的实现，将带来多重积极效益。这不仅意味着病患痛苦的减轻、寿命的延长和生活质量的提高，也涵盖了更富人文关怀和精神支持的医疗服务，以及就医体验的优化。最终目标是实现医疗服务的及时性、优质化和可负担性，这些构成了医疗技术生态体系所追求的核心价值体现。

为了达成"治愈疾病"的目标，需要医药技术、医疗理念及制度流程等多方面要素的协同发力。在医药技术层面，药物研发、医疗器械创新、生物技术、分子诊断、精准医学及仿真等技术突破至关重要，可以共同驱动疾病诊疗水平的提升。在医疗理念层面，应强调主动健康管理、以人为本的患者关怀、个性化与精准医疗的实践，并逐步推动全场景和全人群医疗的覆盖，以确保医疗服务能够更精准地贴合患者的个体化需求。在制度流程层面，则需要通过构建医联体、推行分级诊疗、优化 DRG 支付体系、大力发展远程医疗，并持续完善医疗保险体系等举措，全方位优化医疗资源的配置与利用效率。

注意：DRG（Diagnosis-Related Group）的中文翻译为诊断相关组，是一种医疗支付分类系统，它将住院患者根据其诊断结果、治疗方式、年龄、性别等因素划分到不同的组别，用于确定医院的支付标准。

具体而言，现代药物研发领域涌现的 ADC 药物、双特异性抗体、CAR-T 疗法、双抗药物和单抗药物等，为疾病治疗提供了开创性的新方法。而在医疗设备领域，诊断设备、治疗设备、康复设备、医疗机器人和生命体征监测设备的智能化升级，则直接提升了医疗操作的精准度和效率。所有这些技术的进步，最终都需要一个强大的系统平台作为数据汇聚与信息处理的核心枢纽，支撑整个生态体系的高效运转。

注意：ADC 药物（抗体偶联药物）是一种靶向抗癌疗法，它将高特异性的抗体与强效的细胞毒性药物连接起来，以精准地将药物递送到癌细胞。

CAR-T 疗法（嵌合抗原受体 T 细胞疗法）是一种免疫疗法，通过基因工程改造患者自身的 T 细胞，使其表达能特异性识别癌细胞的嵌合抗原受体，从而增强 T 细胞的抗癌能力。

支撑上述关键要素的是一系列坚实的底层技术。比如信息技术，如人工智能、5G 通信、物联网及医疗信息化等，为海量医疗数据的传输、处理和智能化应用提供了坚实保障。再比如工程技术，包括手术机器人、医学成像、人工器官以及其他医学工程领域的新技术研发与应用，极大地拓展了医疗干预的手段和可能性。还有新材料的突破，例如合成生物用材料和生物医用材料的创新，为医药和医疗器械的持续创新提供了重要的物质基础。此外，AR/VR/MR（Augmented Reality/Virtual Reality/Mixed Reality）等前沿技术的引入，也有望彻底革新医疗培训、精准手术导航及患者康复等关键领域。特别需要指出的是，依托新一代人工智能技术的医疗大模型，将来为破解上述难题提供极具潜力的创新解决方案。

10.2 AI 重塑医疗服务价值链

10.2.1 AI 医疗的关键能力

大模型正在迅速改变医疗行业，为提升诊断效率、优化治疗方案和增强患者体验带来革命性突破。然而，在医疗领域应用 AI 仍面临许多复杂挑战。以下从关键能力及其应对的挑战展开讨论，并结合具体应用场景，剖析 AI 在医疗服务中的潜力与实现路径。

1. 安全与可控

AI 系统在医疗领域的应用对安全性和可控性的要求极高，数据隐私保护和算法透明性是其中的核心问题。在处理电子健康记录、基因数据等敏感信息时，AI 系统需要严格遵守国际和区域医疗法规，如《中华人民共和国网络安全法》和《中华人民共和国个人信息保护法》。

为了应对这些挑战，先进的技术手段被广泛应用。例如，联邦学习通过在本地设备上训练模型并共享参数，确保数据不离开患者端，有效平衡了隐私保护与算法性能。此外，差分隐私技术通过对数据添加噪声，进一步增强了隐私保护能力。在算法透明性方面，解释性人工智能的应用使模型的决策逻辑更清晰易懂，帮助医护人员更好地信任和使用 AI 系统。

例如，采用深度学习技术的影像识别模型可以对肺癌或乳腺癌的 CT 图像进行早期诊断，但必须经过严格的验证流程以确保结果的准确性和可靠性。某些医疗机构还采用区块链技术对模型更新进行记录和溯源，进一步增强系统的可控性。

2. 推理与规划能力

在复杂病例的诊断和治疗中，多学科团队的合作尤为重要。AI 系统的推理与规划能力能够整合来自多领域的数据和知识资源，为疑难杂症的诊疗提供支持。例如，在癌症治疗中，AI 系统可以结合临床指南、病历数据和最新的医学研究成果，帮助医生生成个性化的治疗方案。

强化学习是一种在此场景中表现突出的技术。它通过动态调整模型的决策策略，优化患者的治疗过程。例如，AI 系统可以在药物剂量选择中使用强化学习，实时调整方案以达到最佳疗效。此外，基于贝叶斯网络的因果推理技术，可以帮助医生分析复杂疾病的病因，为诊疗提供科学依据。

例如，IBM Watson for Oncology 是一个被广泛应用于肿瘤治疗领域的 AI 系统。通过结合患者病历、病理报告和全球医学文献，该系统能够为患者提供治疗建议，例如化疗或靶向药物选择，帮助医生提升决策效率。

3. 长期记忆能力

AI 系统的长期记忆能力使其可以存储和分析患者的全生命周期数据，包括 EHR、基因数据和生活习惯记录等。通过将这些信息整合，AI 系统能够提供从预防、早期检测到后期管理的全流程支持。知识图谱是一项重要技术，可将分散的医疗数据转化为可视化网络，为医生提供全面的患者健康视图。

此外，时间序列模型能够分析患者病情的历史数据，预测疾病的未来发展趋势，为医生提供动态干预建议。例如，在糖尿病管理中，AI 系统可以实时监测血糖水平，并根据患者的历史数据和生活方式提出个性化的干预措施。

4. 多模态数据处理能力

医疗领域的数据来源多样，包括影像数据（如 CT、MRI）、生物数据（如基因数据、蛋白质数据）和文本数据（如临床报告）。AI 系统需要具备多模态数据处理能力，才能有效融合和分析这些异构数据。Transformer 是一种前沿技术，可以同时处理多种数据形式。例如，Vision Transformer 结合影像与文本信息，为复杂疾病诊断提供更全面的支持。多模态技术的应用使诊断结果更加精确，可以帮助医生制定更可靠的治疗方案。

5. 类人交互能力

在医疗服务中，良好的医患沟通是提升患者体验的关键。AI 系统通过自然语言处理和情感计算技术，可以模拟类人互动，与患者进行高效的沟通交流。例如，AI 聊天机器人可以帮助患者完成预约管理、健康教育和随访提醒，减轻医护人员的工作负担，同时提升患者的治疗依从性。

某些医院已部署 AI 客服系统，用于患者的术后随访和用药提醒。这些系统通过实时语音识别与生成技术（如 Whisper 和 GPT），为患者提供准确的健康建议。此外，情感分析功能能够帮助 AI 系统识别患者的情绪状态，动态调整沟通策略，提供更加人性化的服务。

通过在这些关键能力上的技术突破，AI 系统正逐步成为医疗服务的重要工具，为人类健康事业注入了新的动能。

10.2.2　AI 医疗自动化的不同阶段

为了更直观地理解 AI 技术在医疗领域的发展阶段，我们可以借鉴无人驾驶技术的分级模式，从 L0 到 L5 描述 AI 医疗自动化的不同阶段，如表 10-1 所示。

表 10-1　AI 医疗自动化的不同阶段

级别	定义	功能	示例
L0	无自动化	所有医疗操作完全依赖医务人员，无技术支持	手工书写病历，诊断依靠传统手动设备（如血压计、显微镜）
L1	辅助自动化	提供基础技术支持，最终决策由医务人员完成	心电监护仪实时记录数据，医学影像简单增强处理
L2	部分自动化	系统可执行特定任务，但需实时监督	CAD（医学影像辅助诊断），自动药物分配系统
L3	条件自动化	系统在特定条件下可独立完成部分操作，必要时医生介入	AI 系统生成初步诊断报告，机器人在医生监控下完成复杂手术
L4	高度自动化	系统可在大多数场景中独立完成操作，复杂情况须医生参与	自动完成高难度手术的机器人，智能医疗平台端到端诊断与治疗支持
L5	完全自动化	全场景自主医疗操作，无须人工干预	无人智能医院，从抢救到治疗都由急诊机器人独立完成

从无自动化逐步发展到完全自动化，体现了 AI 技术对医疗流程自动化的逐步升级。

以当前大模型技术为基础，结合深度学习、强化学习、联邦学习等先进方法，AI 系统在医疗领域是有可能实现 L3 的。在特定场景或大部分场景中，AI 系统能够自主进行长程判断和决策。然而，在关键时间点和复杂案例中，医生的专业判断仍然是不可或缺的。

10.2.3　AI 赋能诊前、诊中、诊后环节

1. 诊前环节

在诊前环节，AI 技术主要体现在患者自助服务、健康监测与教育，以及智慧体检与导诊方面，如图 10-1 所示。

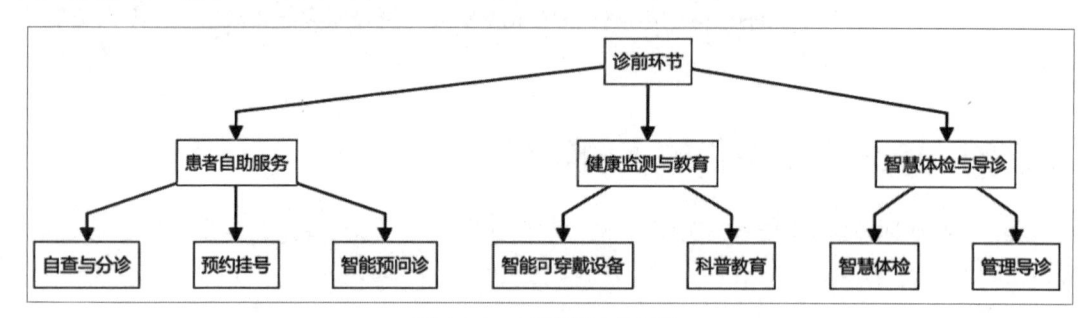

图 10-1　AI 赋能诊前环节

患者可以根据症状通过 AI 系统进行初步的自查与分诊，AI 系统根据患者输入的信息自动分析并提供建议。预约挂号也可以通过 AI 系统完成，患者可以自主选择就诊时间，并有效避免排队等候。智能预问诊功能则引导患者填写症状、病史等信息，帮助医生在诊前就获取患者的基本情况，从而提高就诊效率。

在健康监测方面，通过智能可穿戴设备实时监测患者的心率、血压等生理数据，不仅为医生提供了诊前评估的依据，还能帮助患者了解自己的健康状态。AI 系统推送的疾病预防、健康管理等科普教育内容，可以增强患者的自我管理意识，促进健康行为的养成。

在智慧体检环节，AI 系统根据患者的需求制定个性化的体检方案，帮助患者在体检过程中得到精准的服务。同时，AI 系统能够根据患者的情况，引导其前往相关科室或检查区域，确保体检各环节流转顺畅。

2. 诊中环节

在诊中环节，AI 技术的主要应用体现在辅助诊断与检查、治疗与手术，以及病历管理与质量控制方面，如图 10-2 所示。

在辅助诊断方面，AI 系统通过分析影像和检验数据，帮助医生更快速、准确地定位患者问题。例如，AI 系统在影像分析中能够自动检测异常区域并提醒医生进行进一步检查，从而提高诊断效率和准确率。

智能预警诊断系统可以实时监测患者的体征，如心率、呼吸频率等，若发现异常则立即发出预警，确保医生能够及时干预，避免突发状况的发生。通过这些技术，诊中环节的风险得到

有效控制，医生可以集中精力在决策和治疗上。

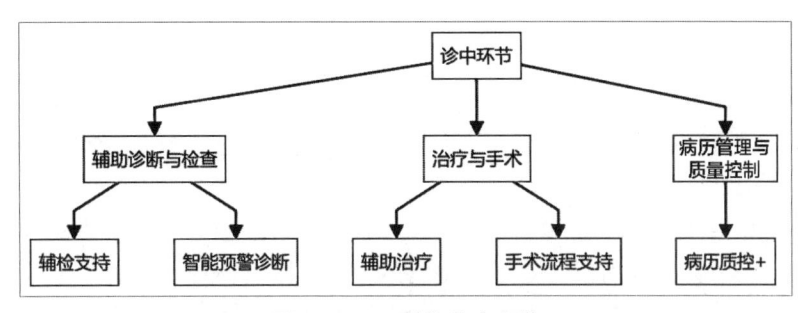

图 10-2　AI 赋能诊中环节

在治疗环节，AI 系统可根据患者的具体情况提供个性化的用药和治疗建议，帮助医生制定更精准的治疗方案。在手术过程中，AI 系统结合机器人技术，能够协助医生完成精细操作，提高手术的成功率。

在病历与质控方面，AI 系统能够自动核查病历的完整性与规范性，减少人为疏漏。这不仅提升了病历质量，也为后续的临床决策和数据分析奠定了基础。

3. 诊后环节

在诊后环节，AI 技术的应用主要体现在康复与随访、远程监测与反馈，以及病案管理与科普等方面，如图 10-3 所示。

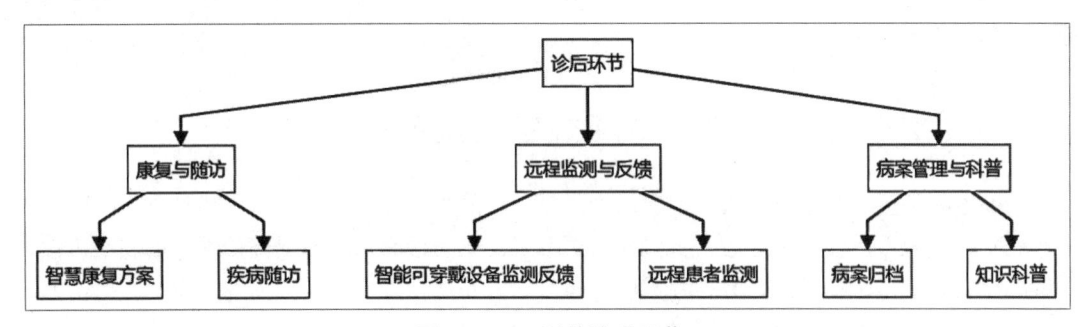

图 10-3　AI 赋能诊后环节

针对术后康复，AI 系统能够根据患者的临床评价和治疗进展，制定个性化的康复方案，帮助患者恢复健康。在康复过程中，AI 系统结合康复机器人，辅助患者进行康复训练，提升康复效率。

在疾病随访环节，AI 系统通过定期跟踪患者的康复进展，提醒患者复诊或调整治疗方案。通过与患者的持续互动，AI 系统帮助医生保持对患者健康状况的实时掌控，确保患者得到及时、有效的治疗。

在远程监测方面，智能可穿戴设备持续监测患者的生理数据，并在异常情况发生时，自动通知医生。对于居家康复的患者，AI 系统通过远程传输监测数据，提供远程问诊服务，确保患者即使在家中也能获得及时的医疗服务。

病案管理与科普也不容忽视，AI 系统将患者的诊疗数据进行存储，便于后续的质量控制和科研工作。AI 系统推送的术后护理、慢性病管理等科普知识内容，帮助患者更好地了解疾病并遵循医嘱，从而提升治疗效果和患者的依从性。

整个医疗过程充分利用了 AI 技术，实现了"防、诊、治、管"全闭环，贯穿了诊前、诊中、诊后三个阶段。AI 技术的应用不仅提升了医疗效率，还极大地改善了患者体验，推动了智能化医疗服务的全面发展。

10.3 大模型在医疗健康行业的核心应用场景

近年来，大模型技术取得了突破性发展，并在自然语言处理、图像识别、语音交互等多个领域展现出强大的能力。医疗健康作为关乎人类福祉的重要领域，也正在积极探索并拥抱大模型技术带来的变革机遇。凭借其强大的数据理解能力、知识学习能力和推理预测能力，大模型有望解决医疗健康行业长期存在的痛点，例如辅助医生提升诊断效率、加速新药研发、实现个性化健康管理等。

本节将深入探讨大模型在辅助诊断、药物研发、健康管理等医疗健康关键领域的深度应用，分析其技术原理、应用场景等，旨在为读者呈现大模型赋能未来医疗的清晰图景，并为相关从业者提供有价值的参考。

10.3.1 辅助诊断：提升诊断效率与准确性

辅助诊断是医疗健康行业大模型应用中最受瞩目的方向之一，它利用大模型强大的数据分析和模式识别能力，辅助医生进行更快速、更准确的疾病诊断，从而提高诊断效率与准确性，缓解医疗资源紧张，实现更好的患者预后。

1. 医学影像智能分析："火眼金睛"识病灶

医学影像（如 X 光、CT、MRI、超声波、病理切片等）是疾病诊断的重要客观依据。传统医学影像分析高度依赖人工阅片，耗时费力且易受主观经验影响。大模型可以解决这些问题，在医学影像分析中表现出卓越性能，能够模拟甚至超越资深医生的阅片能力，还能够自动识别和分析影像数据中的病灶特征，辅助医生进行疾病诊断，大幅提升诊断效率与准确性。例如，在肺结节早期筛查与良恶性判别、骨折/骨密度检测、肿瘤分割与淋巴结转移识别、眼底病变检测等场景中，大模型能够快速定位病灶区域，提供病灶大小、形状、密度、纹理等量化分析结果，并给出诊断建议和风险评估，降低人为误差，提高诊断一致性。

例如，Vision Transformer 等模型通过自注意力机制能够捕捉影像的全局信息，更有效地建模病灶与周围组织的关系，提升分类和判别任务的性能。XrayGLM 是一个基于 Transformer 的中文多模态医学大模型，由澳门理工大学应用科学学院发布，是首个能够解读胸部 X 光片的中文多模态医学大模型。它采用了多模态融合技术，能够同时处理影像信息和文本报告，实现更全面的胸部疾病诊断，如图 10-4 所示。

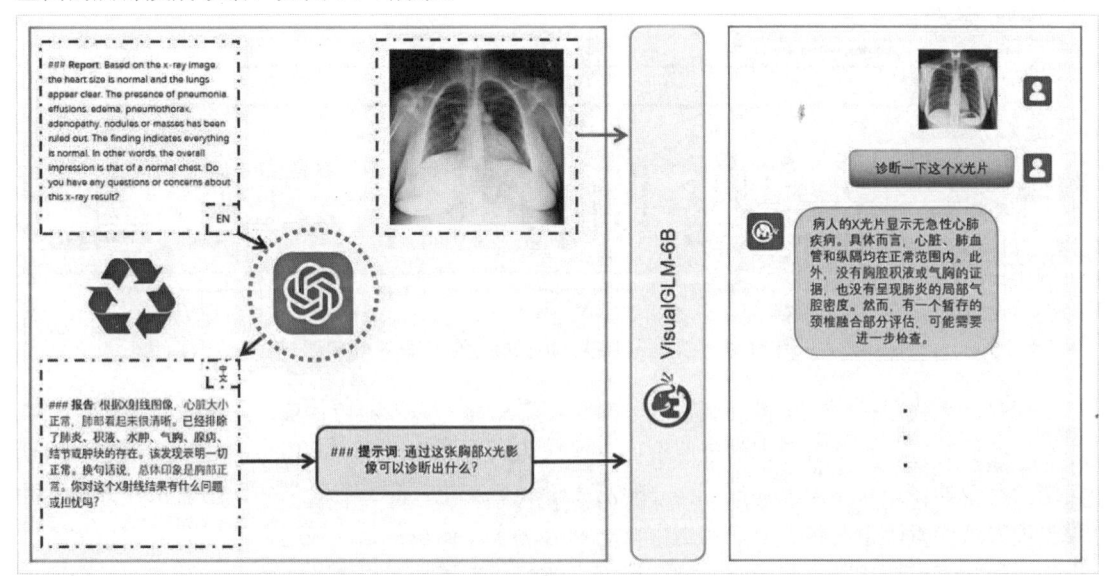

图 10-4　XrayGLM处理影像信息[1]

2. 电子病历语义理解：洞悉病史病因

电子病历记录了患者从入院到出院的完整诊疗过程，蕴含着极其丰富的病史信息和诊疗记录，是宝贵的临床数据资源。然而，电子病历数据通常信息分散且冗余，传统方法难以高效利用。大模型能够利用强大的自然语言处理能力，从海量非结构化电子病历数据中自动提取关键信息，如主诉、现病史、既往史、家族史、症状体征、检查检验结果、影像学报告、用药信息、手术记录等，进行疾病风险预测、相似病例检索、辅助诊断、治疗方案推荐、预后评估、临床路径优化、合理用药建议等多种临床决策。

电子病历语义理解中常用的大模型技术包括 Transformer、BERT 等自然语言处理模型。具备双向上下文编码能力的大模型（如 BERT）能够深入理解文本的语义信息，在自然语言理解任务中表现出色。ClinicalBERT、BioBERT、PubMedBERT 等模型在通用 BERT 的基础上，利

---

[1] 参考：*Evaluating Large Language Models for Radiology Natural Language Processing*。

用大规模临床文本数据或生物医学文献进行预训练，使其更适应医学领域的专业术语和语言特点，在电子病历分析任务中能够取得更优的性能。

患者在住院期间不同时间点可能产生不同的临床记录，例如放射学报告、护理进展、医师报告、超声报告、出院总结和药房记录等。如果这些记录被输入 ClinicalBERT 模型，就可以动态预测病人 30 天内再入院的概率，如图 10-5 所示。

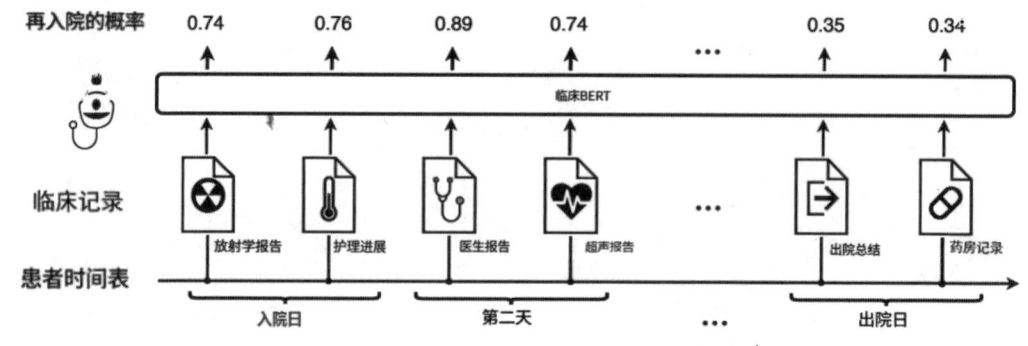

图 10-5 ClinicalBERT模型辅助生成电子病历 [1]

此外，大模型在病历质量控制、医学知识图谱构建、患者随访管理、医学教育与培训、临床数据挖掘等方面也具有巨大的应用价值。在病历质量控制方面，大模型能够自动识别和纠正病历书写中的错误和不规范之处，提高病历质量和标准化程度。在医学知识图谱构建方面，大模型能够从海量医学文献和电子病历中自动抽取医学实体与关系，构建大规模医学知识图谱，为智能问答、疾病诊断、药物研发等应用提供知识库支撑。在患者随访管理方面，大模型可以根据患者病情和治疗阶段，自动生成个性化的随访计划和健康指导内容，提升患者依从性和管理效果。

3. 多模态融合：诊断更精准

单一模态的医疗数据往往信息有限，例如医学影像主要提供形态学信息，电子病历反映病史和临床表现，基因数据揭示遗传易感性。多模态数据融合能够整合来自不同来源、不同类型的数据，提供更全面、更立体的患者信息，从而更准确地把握疾病的本质，提升诊断的精准度。大模型具备强大的多模态数据融合能力，可以将医学影像、电子病历、基因数据、蛋白质学数据、代谢学数据、可穿戴设备数据、环境因素数据等多源异构数据进行整合分析，实现更精准、更个性化的疾病诊断和风险预测。例如，在肿瘤精准分型、复杂疾病（如自身免疫性疾病、神经退行性疾病）的诊断与预后、罕见病诊断等复杂场景中，多模态数据融合诊断能够弥补单一模态数据的不足，提供更全面的证据支持，提高诊断的准确性和可靠性。

---

[1] 参考：ClinicalBERT——Modeling Clinical Notes and Predicting Hospital Readmission。

多模态数据融合常用的大模型技术包括跨模态Transformer、多模态表示学习、图神经网络、深度神经网络与知识图谱融合等。跨模态Transformer通过注意力机制实现不同模态数据之间的信息交互和融合，有效学习多模态数据的联合表示。多模态表示学习旨在将不同模态的数据映射到统一的特征空间，从而进行有效的融合和分析。图神经网络擅长处理结构化数据，可以将来自不同模态的数据构建成异构图，利用图卷积等操作进行信息融合。深度神经网络与知识图谱融合可以将医学知识图谱作为经验知识融入深度学习模型，提升模型在多模态数据融合和复杂推理任务中的性能。

10.3.2 药物研发：加速新药发现与优化

药物研发是一个高投入、长周期、高风险的复杂系统工程。传统药物研发模式面临周期长、成本高、成功率低等难题，而大模型有望解决这些难题。它可以大幅缩短研发周期，降低研发成本，提高研发成功率，加速创新药物的问世，解决未被满足的临床需求。

1. 药物分子设计与虚拟筛选：智能设计候选药

新药研发的首要环节是发现和设计具有特定生物活性的先导化合物。传统药物分子设计主要依赖高通量筛选、组合化学、计算模拟等方法，效率较低且成本高昂，而大模型在药物分子设计和虚拟筛选中可以发挥关键作用。它能够学习分子结构与生物活性的复杂关系，建立精准的预测模型，从海量化合物库中快速筛选出潜在的候选药物分子，并辅助研发人员设计具有更优性质（如活性更高、毒性更低、选择性更好）的新分子结构，加速先导化合物的发现和优化进程。例如，在靶向特定疾病的新药分子从头设计、苗头化合物优化、老药新用筛选、基于结构的药物设计、基于配体的药物设计等药物发现的各个环节，大模型都能够发挥关键作用，显著提升研发效率，降低研发成本，并提高苗头化合物的质量和成药性。

药物分子设计中常用的大模型技术包括图神经网络、Transformer模型、生成对抗网络、变分自编码器（Variational Autoencoders，VAE）、扩散模型（Diffusion Model）等。图神经网络擅长处理分子图结构数据，能够有效学习分子的原子连接、化学键、三维构象等信息，并预测分子的生物活性、理化性质和毒性。Transformer模型在药物分子生成方面也展现出潜力，可以用于序列化的分子表示学习和生成。生成对抗网络和变分自编码器等生成模型能够从头生成具有特定性质的新分子结构，为创新药物设计提供新思路。近年来，扩散模型在图像生成领域取得突破后，也被应用于药物分子生成领域，表现出更强的生成能力和多样性。

Insilico Medicine是一家利用人工智能加速药物研发的生物科技公司，其开发的PandaOmics、Chemistry42和InClinico等平台，利用大模型技术覆盖了药物发现和临床试验的多个环节。该公司利用GAN生成模型从头设计并快速合成了治疗纤维化疾病的候选药物，并将该药物快速推进到临床试验阶段，大幅缩短了药物研发周期[1]。

2. 临床试验优化：加速验证促上市

临床试验是新药上市前验证药物安全性和有效性的关键环节，通常耗时数年、投入巨大且成功率极低。传统临床试验的设计和执行效率低下，患者招募困难、数据管理复杂、试验周期漫长等问题突出。大模型能够应用于临床试验方案设计、患者精准招募、数据管理与分析、疗效和安全性预测、生物标志物发现、临床试验终点预测等环节，优化临床试验流程，提高试验效率和成功率，降低试验成本，加速新药上市进程。

临床试验优化中常用的大模型技术包括时间序列预测模型、生存分析模型、自然语言处理模型、强化学习模型、因果推断模型等。时间序列预测模型用于预测患者的病情发展趋势和临床试验终点事件，如疾病进展、生存期等。生存分析模型用于分析患者的生存时间和影响生存时间的因素，评估药物的疗效和安全性。自然语言处理模型用于处理临床试验方案、病例报告、医学文献等非结构化文本数据，实现自动化数据提取、信息整合和知识发现。强化学习模型用于优化临床试验方案设计和患者动态分配策略，提高试验效率。因果推断模型用于分析药物与疗效之间的因果关系，更准确地评估药物的治疗效果。

10.3.3 健康管理与公共卫生：构建智能健康防线

健康管理与公共卫生是关乎全民健康的重要领域。传统健康管理和公共卫生服务模式面临资源有限、效率不高、个性化不足、主动性不强等挑战。大模型在健康管理与公共卫生领域的应用，能够帮助人们更主动、更有效地管理自身健康，预防疾病的发生和发展，提升公共卫生的服务水平和响应速度，构建智能化的健康防线，实现从"以疾病治疗为中心"向"以健康促进为中心"的模式转变。

1. 慢性病管理与个性化健康干预：贴身管家助健康

慢性病已成为全人类主要的健康威胁，其具有患病率高、病程长、并发症多、医疗负担重等特点。传统慢性病管理模式主要依赖医生定期随访和患者自我管理，个性化程度低、管理效果有限。大模型能够对数百万、数千万甚至更大规模的慢性病患者进行连续性、多维度、智能化的健康监测和管理，分析患者的生理数据、生活习惯、环境因素、基因信息、电子病历信息等，构建个体化的健康风险画像，预测疾病的发生和发展趋势，提供个性化的生活方式指导、饮食运动建议、用药指导、复诊提醒、心理疏导等健康管理方案和干预措施，帮助患者更有效地控制病情，延缓疾病进展，预防并发症发生，改善生活质量。

---

[1] 参考：*An AI-Driven Platform for Therapeutic Target and Biomarker Discovery*。

强化学习模型用于优化个性化健康干预策略，例如，根据患者的实时生理数据和行为反馈，动态调整运动和饮食建议，实现最佳的干预效果。个性化推荐模型用于向患者推送个性化的健康教育内容、健康管理工具和社区支持服务，提高患者的参与度和依从性。

2. 流行病预测与公共卫生决策：防微杜渐护健康

流行病传播速度快、影响范围广、危害性大，对公共卫生安全和经济发展构成重大威胁。传统流行病监测和预测方法存在数据滞后、精度不高、响应速度慢等局限性，难以有效应对突发的公共卫生事件。大模型能够处理和分析海量、多源、异构的流行病相关数据（如病例报告、病毒基因数据、人口流动数据、交通出行数据、社交媒体数据、搜索引擎数据、气象数据、环境监测数据等），构建高精度的流行病传播模型，预测疾病传播趋势、疫情发展规模、高风险区域和人群，辅助公共卫生部门进行疫情早期预警、风险评估、防控策略制定、资源调配、疫苗接种策略优化、公共卫生干预措施评估等公共卫生决策，实现流行病的智能化、精细化防控，提升公共卫生体系的响应速度和防控能力，最大限度地降低流行病对社会经济和人民生命健康的影响。

传播动力学模型（如SEIR模型）可以结合大模型进行参数估计和模型优化，提高流行病的预测精度[1]。深度学习模型与传统流行病学模型的融合可以充分利用深度学习模型的强大数据驱动能力和传统流行病学模型的可解释性，构建更健壮、更可靠的预测模型。迁移学习可以将历史疫情数据上训练的模型迁移到新的疫情预测任务中，提高模型在新的疫情暴发初期的预测能力。

除了提升诊断效率和准确性，加速新药研发进程，构建智能健康防线，大模型在新兴医疗健康行业也展现出巨大潜力，例如在心理健康领域，大模型可用于抑郁症、焦虑症等心理疾病的早期筛查、风险评估、个性化心理干预和心理疏导；在康复医学领域，大模型可用于个性化康复方案制定、运动功能评估与指导、康复机器人控制和人机交互。

10.4 大模型技术在医疗健康行业的创新实践

大模型与多个医疗场景的有机结合，为医生提供了更全面的支持，协助他们为患者提供更优质的治疗体验。

10.4.1 Google 医疗 AI 模型 Med-Gemini

2024 年 5 月，Google 发布了 Med-Gemini 系列多模态医疗模型，包括 Med-Gemini-2D、

---

[1] 参考："基于真实世界数据的修正 SEIR 模型应用于疫情防控研究"一文。

Med-Gemini-3D 和 Med-Gemini-Polygenic。Med-Gemini 系列模型由 Google 与 DeepMind 团队联合开发，基于先进的 Gemini 架构，结合自我训练与网络搜索集成的能力，能够动态获取外部信息，持续提高推理能力和准确性。这些模型专注于放射学、病理学、皮肤学、眼科学和基因学的应用，在医学文本总结、转诊信息生成、医学视频问答等复杂任务中展现出了卓越的能力，为医疗领域带来了显著的技术进步。

Med-Gemini-2D 能够在传统的 2D 医疗影像（如胸部 X 光、CT 切片、病理切片等）上执行分类、视觉问答和文本生成等任务，为医生提供更高效的影像解读能力。Med-Gemini-3D 则针对 3D 医学影像，能够理解并生成头部 CT 等复杂放射学报告，拓展了医学影像的处理维度。Med-Gemini-Polygenic 通过整合基因信息，能够预测疾病风险和健康状态，在个性化医学领域发挥着重要作用。

1. Med-Gemin 的核心能力

Med-Gemini 在复杂的临床推理任务中表现出色，尤其是在评估 USMLE 风格问题时，达到了 91.1% 的回答准确性。这一成绩展示了其在高级文本推理方面的强大能力。该模型能够处理多种数据类型，包括文本、图像、视频等，实现对医疗信息的全面分析和解读。尤其是在放射学、病理学、皮肤病学、眼科学和基因学等领域，经过微调后，Med-Gemini 在特定任务中表现十分出色[1]。

注意：USMLE（United States Medical Licensing Examination）风格问题是指模拟美国医学执照考试中的问题类型。这些问题通常用于评估医学专业人员，特别是医学学生和医师在临床推理、诊断、治疗方案选择等方面的能力。

USMLE 风格问题一般包括以下特点：

（1）情境描述：题目通常给出一个复杂的临床场景，描述患者的症状、体征、历史背景等信息。

（2）推理分析：需要结合题目提供的临床信息进行综合推理，选择最合适的诊断或治疗方案。

（3）多选项问题：题目通常会提供多个答案选项，其中一个是最优的，其他是干扰项。

（4）临床决策能力：这些题目不仅考查医生对医学知识的掌握程度，还考查医生如何在实际医疗情境中做出合理决策。

在长上下文处理方面，Med-Gemini 能够有效处理大量信息，特别适用于复杂的 EHR 数据和冗长的医疗文本。在自我训练和网络搜索集成方面，Med-Gemini 通过自我训练方法和实时网

---

[1] 参考：*Capabilities of Gemini Models in Medicine*。

络搜索结果的结合，增强了推理能力，不断吸收最新的医学知识，从而保持其应用的前沿性。

Med-Gemini 还可以微调不同医疗领域的数据集，使其在报告生成和疾病风险预测等任务中表现突出，极大地提升了医疗诊断的准确性。

2. Med-Gemini 的处理流程

Med-Gemini 旨在高效且准确地利用多模态数据，辅助医生进行诊断、决策，以及执行各项医疗任务，如图 10-6 所示。其处理流程主要包含以下几个关键步骤。

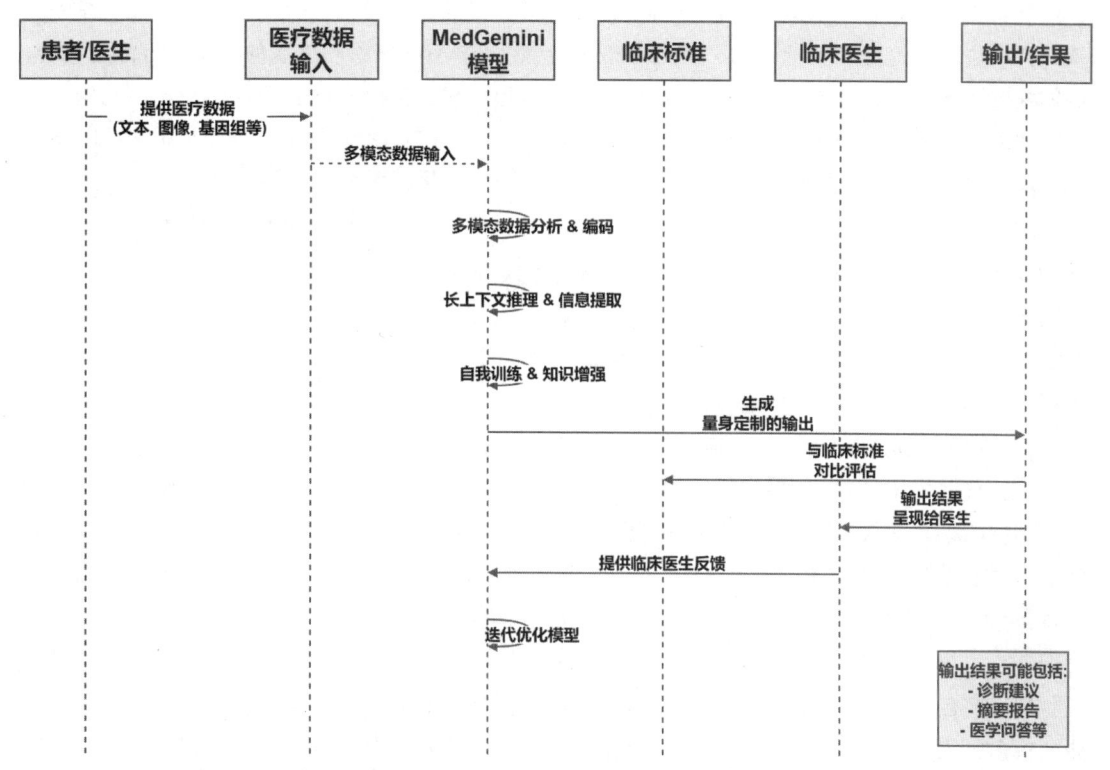

图 10-6　Med-Gemini的处理流程 [1]

首先是多模态数据输入阶段，Med-Gemini 能够接收来自多种来源和形式的医疗数据，以适应不同的临床场景和需求。这些输入数据的类型非常广泛，包括文本数据，例如患者的病历记录、医生输入的文本查询信息、医学文献和报告等；图像数据，涵盖了二维和三维医学影像，如 X 射线、CT、MRI、超声图像，以及组织病理学、眼科、皮肤病变等不同来源的图像；基因数据，主要为基因序列数据，用于疾病风险预测和个性化医疗；其他模态数据。

---

[1] 参考：*Advancing Multimodal Medical Capabilities of Gemini*。

接下来进入多模态数据分析与编码阶段。Med-Gemini 的核心优势在于其强大的多模态处理能力。Med-Gemini 能够同步处理和理解来自不同模态的数据，例如将医学影像与其对应的文本报告进行整合分析。为了实现高效的图像数据处理，Med-Gemini 采用了专用的视觉编码器，针对不同类型的图像数据进行了优化处理，包括处理二维医学图像的 2D 视觉编码器、处理三维医学图像的 3D 视觉编码器，以及处理基因数据的基因数据编码器。通过这些编码器，不同模态的数据被转化成模型可以理解的向量，为后续的数据融合和推理奠定坚实的基础。

在长上下文推理与信息提取阶段，Med-Gemini 基于 Gemini 1.5 变种，继承了其长上下文窗口的优势。这意味着 Med-Gemini 能够处理和分析海量的医疗数据，包括长篇病历和医学文献等，并从中高效地提取关键信息。Med-Gemini 会将来自不同模态和来源的信息进行深度融合，例如整合影像信息、文本报告及患者病史等，从而形成对病情的全面且深入的理解。此外，模型内部或外部连接着庞大的医学知识库，在处理医疗问题时，会主动检索并整合相关的医学知识，以此来辅助模型的理解和推理过程，确保最终输出结果的专业性和准确性。

随后进入自我训练与知识增强阶段。Med-Gemini 采用了一种精妙的自我训练机制，通过系统性地分析过往的互动记录，以及从网络搜索中获取的最新医学知识，持续增强其对医疗信息的理解和处理能力。这种机制保证了 Med-Gemini 的知识库能够保持实时更新，并与最新的医学进展同步。通过这种自我训练，Med-Gemini 能够不断学习最新的医学知识，优化自身的模型参数，从而在性能上实现持续的提升。

在完成信息处理和知识增强后，进入内容生成阶段。Med-Gemini 能够根据收到的不同输入和具体的任务需求，灵活生成多种类型的输出结果，以满足多样化的临床需求。输出形式包括基于图像的诊断建议、EHR 数据摘要报告和医学问答。例如，对于医学影像输入，Med-Gemini 能够提供初步的诊断意见、病灶精确定位及疾病风险评估等专业建议。对于病历数据输入，Med-Gemini 可以自动生成病历摘要及病情进展报告等。Med-Gemini 的输出结果通常以自然语言的形式呈现，保证了医生能够轻松理解和有效使用。

为了确保输出结果的质量，Med-Gemini 会进行临床标准对比评估与验证。Med-Gemini 生成的输出结果会与既有的临床标准、医学指南及权威专家意见进行细致的对比评估，以确保结果的准确性和可靠性。评估过程会采用多种指标，包括 RadGraph F1 分数（用于评估报告生成质量）、VQA（视觉问答）准确率（用于评估视觉问答性能），以及专家进行的人工评估等。

流程结束前至关重要的一环是临床医生反馈与迭代优化。临床医生的反馈被视为 Med-Gemini 优化过程中不可或缺的关键环节。通过系统收集医生对模型输出结果的反馈，研发团队能够深入了解模型的优势与不足，并据此进行针对性的改进。基于临床医生的反馈，研发团队会对模型进行持续的迭代优化，例如调整模型参数、改进核心算法，以及扩充医学知识库等，从而不断提升模型的整体性能，使其更加贴合实际临床需求，并更好地符合临床实践的各项标准。

Med-Gemini 的处理流程清晰地展现了该模型如何有效地利用多模态数据、先进的模型架构和持续学习机制，最终在医疗健康行业实现了强大的功能。从最初的数据输入到最终的结果输出，再到持续的反馈优化，整个流程都充分体现了以临床需求为核心导向，并始终追求结果的准确性、可靠性及实用性的目标。

3. Med-Gemini 的应用场景

Med-Gemini 在医疗应用中展现了巨大的潜力。在放射学领域，Med-Gemini 能够自动生成胸部 X 光报告，且在 MIMIC-CXR 数据集上取得了较高的 F1 分数，部分 AI 生成的报告与人类放射科医师生成的报告被认为等效或更优。在视觉问答任务中，Med-Gemini 能够根据视觉数据回答临床问题，超越现有的胸部 X 光和 CT 扫描任务的基准。

Med-Gemini 也能够高效总结复杂的医学文本，帮助临床医生快速获取冗长报告中的关键信息，极大提高了医生的工作效率。此外，在基因数据处理方面，Med-Gemini 通过分析基因数据，比传统方法更准确地预测疾病风险，展示了其在未涵盖的相关疾病上的泛化能力。

在患者诊断方面，Med-Gemini 能够根据患者提交的图像进行诊断，并与患者进行对话，从而提高诊断的准确性和治疗建议的质量。

尽管 Med-Gemini 在多个医学任务中取得了显著的成绩，但其实际应用仍需进行严格的研究与评估。Google 强调，在将这些模型部署到实际医疗环境之前，需要确保其安全性和有效性。此外，未来 Med-Gemini 的发展方向包括整合多种能力，构建能够执行复杂跨学科任务的综合系统，从而最大限度地提升临床疗效并改善患者的治疗结果。

Google 还计划将负责任的人工智能原则融入模型开发过程，包括公平性、隐私、透明度和问责制等。这将确保 Med-Gemini 不仅具备高效能，还能在伦理和社会责任上符合医疗行业的标准。

10.4.2　清华大学智能体医院

清华大学智能产业研究院于 2024 年 5 月发表的论文 *Agent Hospital: A Simulacrum of Hospital with Evolvable Medical Agents* 提出了一种基于大模型的医疗虚拟世界"Agent Hospital"（智能体医院），这一创新成果被国内外媒体称为"清华 AI 医院"或"虚拟医院小镇"。该研究通过构建闭环式医疗模拟系统，实现 AI 医生的加速进化，为医疗人工智能领域开辟了全新路径。论文的核心在于建立了一个覆盖 21 个科室、300 余种疾病的数字孪生医院环境，其中包含超过 50 万个高度拟人化的 AI 患者和 42 位具备持续进化能力的 AI 医生。AI 医生在虚拟世界中的训练速度可达现实世界的 100 倍，通过海量病例的诊疗实践，其诊断准确率在呼吸系统疾病测试中达到 93.06%，较传统 AI 模型提升 12.4%。这一突破性进展不仅验证了"模拟环境驱动 AI 能力进化"的理论假设，而且通过孵化企业紫荆智康的"紫荆 AI 医生"系统实现了技术落地，目前只面向定向邀请的专业人士，计划 2025 年逐步向社会开放。

Agent Hospital 的技术架构包含三大支柱：首先，超拟真医疗环境通过整合 5000 余份权威医学指南和 10 万篇文献，精确模拟从分诊到康复的完整诊疗流程；其次，动态进化机制利用大模型的自我反思能力，从成功案例中提取诊疗路径，从失败案例中生成改进策略，形成无须人工标注数据的 MedAgent-Zero 训练范式；最后，智能体交互网络构建了包含患者、医生、护士的多角色协作体系，每个 AI 患者均具备地域、年龄、病史等个性化特征。实验数据显示，当 AI 医生完成约 1 万名 AI 患者的诊治后，其疾病诊断准确率的波动小于 5%，展现出强健壮性。特别是在跨地域适应性方面，系统通过差异化知识模块设计，使 AI 医生能同时遵循中国和美国的标准，实现"全球知识本地化"的诊疗决策。

1. Agent Hospital 的关键技术

Agent Hospital 的核心在于构建一个医疗领域的虚拟世界，利用大模型驱动各种智能体模拟真实的医疗流程，并实现智能体的自我进化[1]。以下是其关键技术构成：

（1）大模型驱动的智能体：大模型是 Agent Hospital 中所有智能体的"大脑"，赋予智能体理解自然语言、生成文本、推理和决策的能力。不同的大模型智能体扮演不同的角色并具有不同的功能，例如患者智能体模拟疾病发生和进行症状描述，护士智能体进行分诊和辅助工作，医生智能体进行诊断、治疗和学习。患者智能体并非被动执行指令，而是基于大模型的推理能力自主行动，决定何时就医、选择检查项目和治疗方案。

（2）Simulacrum-based Evolutionary Agent Learning（SEAL）范式：构建具有真实场景的虚拟世界（Simulacrum），让智能体通过互动和实践进行进化学习，无须人工标注数据。SEAL 的两大组成部分包括 Simulacrum 构建和智能体进化。在虚拟医院环境中，医生智能体通过不断治疗患者智能体，从成功和失败案例中学习，积累经验，提升医疗技能。

（3）MedAgent-Zero 智能体进化方法：这是一种基于虚拟医院环境的智能体自主进化方法，依赖虚拟世界自动生成的医疗数据进行训练，无须人工标注。通过病例库和经验库，医生智能体不断学习并改进自己的诊断和治疗方案，并且不断在治疗中积累经验，持续进化。

注意：MedAgent-Zero 中"Zero"的意思是它不使用任何手动标记的数据。相反，它仅依赖虚拟世界生成的合成医疗数据。

患者智能体的生成始于疾病类型的选择（如带状疱疹、风湿性心脏病）。基于疾病特征，大模型结合医学知识库动态生成患者的个性化信息。首先，大模型根据疾病高发人群特征（如年龄、性别偏好）生成患者的人口学数据，例如，55 岁男性患者更易患带状疱疹。然后，结合疾

---

[1] 参考：*Agent Hospital——A Simulacrum of Hospital with Evolvable Medical Agents*。

病关联因素（如"水痘病史增加带状疱疹风险"）生成患者的既往病史（如高血压、糖尿病）及当前症状（如皮肤红肿、疼痛）。接着，依据医学指南，自动生成符合疾病特征的检查结果（如血常规异常、影像学表现）。为了确保生成数据的医学合理性，质量控制智能体会校验逻辑一致性，过滤不合理数据，例如，确保5岁患者不会生成前列腺疾病症状。

在模拟治疗疾病的环节中，患者智能体是由大模型与医学知识库相结合自动生成的，如图 10-7 所示。

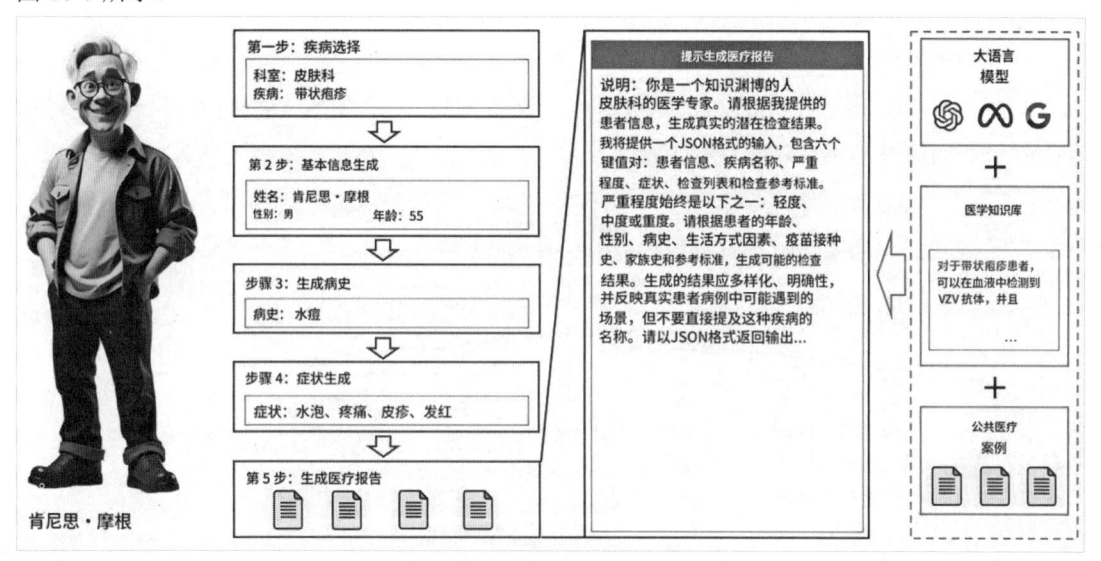

图 10-7　患者智能体的生成过程[1]

在选择疾病后，首先生成患者的基本信息、病史及症状，然后通过这些信息生成详细的医疗报告。这一过程模拟了医生在临床中进行诊断和治疗时的基本流程，并且这种方法有助于加速医疗智能体的训练与发展。

医生智能体的进化依赖治疗患者智能体的反馈闭环。当医生智能体正确诊断并治愈患者后，该病例的完整诊疗流程会被存入医疗案例库，供未来相似病例参考。例如，一名60岁女性患者因胸痛被诊断为心绞痛，其案例可为医生智能体诊断后续类似症状患者提供决策依据。如果患者未康复（如误诊为普通皮疹而非带状疱疹），那么医生智能体触发反思机制。系统提供该患者的真实疾病标签，由大模型分析失败原因并提炼规则（如"忽视高龄患者的带状疱疹风险"），然后将规则应用于后续病例，若有效则存入经验库，若无效则淘汰。医生智能体在问诊时，实时检索案例库（匹配相似症状的历史成功案例）与经验库（应用规则过滤错误决策），结合大模型的医学知识生成诊疗方案。此外，医生智能体还会通过"阅读医学图书"事件主动学习教科

---

[1] 参考：*Agent Hospital——A Simulacrum of Hospital with Evolvable Medical Agents*。

书知识，进一步巩固理论。虚拟环境的时间加速机制（如一天模拟数年）使得医生智能体能在短期内处理数万个病例，远超人类医生的经验积累速度。例如，呼吸科医生智能体通过连续诊断 20000 例虚拟肺炎患者，诊断准确率从 66% 提升至 92%，且其在真实世界 MedQA 测试中诊断呼吸科问题的准确率也在同步增长，验证了虚拟训练成果向现实场景的迁移可行性。

（4）耦合大模型与医疗知识库：利用医疗知识库指导大模型生成医学相关数据，确保虚拟世界产生的数据符合医学常识和规律，从而提高生成数据的质量和医学相关性。

2. Agent Hospital 的核心流程

Agent Hospital 模拟病人从发病到康复的完整就医流程，以及医生智能体的学习和进化过程。Agent Hospital 的核心流程如图 10-8 所示。

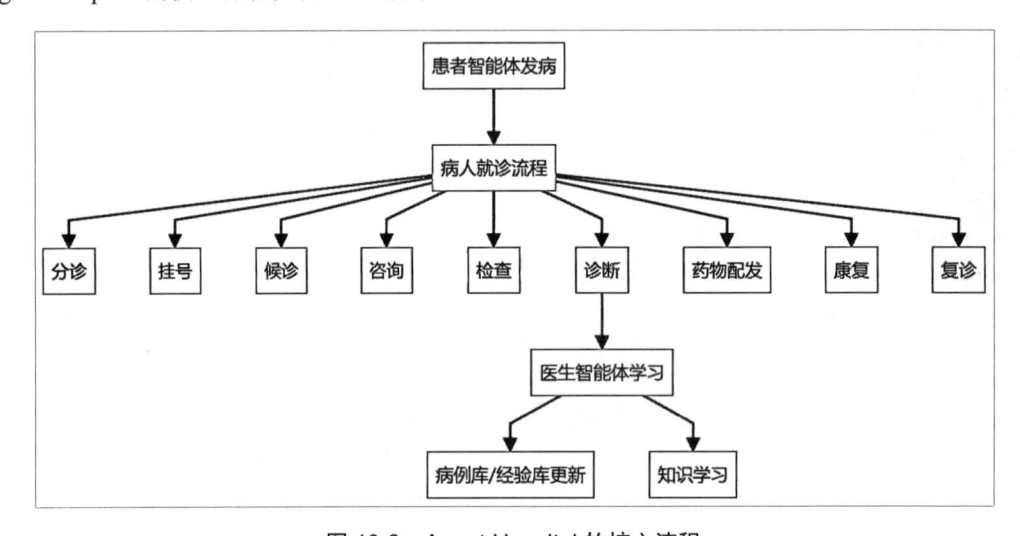

图 10-8 Agent Hospital 的核心流程

（1）患者智能体发病：患者智能体出现疾病症状，决定前往 Agent Hospital 就医。

（2）病人就诊流程：患者智能体经历一系列就医环节，模拟真实医院就医流程——分诊、挂号、候诊、咨询、检查、诊断、药物配发、康复和复诊。

（3）医生智能体学习：医生智能体在诊疗过程中不断学习并进化，通过治疗患者智能体，更新病例库与经验库，不断提升诊断和治疗能力。

3. Agent Hospital 的优势

Agent Hospital 是一个创新的医疗 AI 范式，利用虚拟世界和大模型驱动的智能体，模拟真实医院的运作，并通过独特的进化学习机制训练高素质的医生智能体。其核心优势如下：

（1）自动化数据生成，降低标注成本：通过虚拟世界自动生成训练数据，显著降低数据获取和标注成本。在 Agent Hospital 中，医生智能体可以通过无监督的进化机制积累大量病例数据，无须人工标注，从而实现大规模数据生成和高效的训练。

（2）加速智能体进化，提高学习效率：虚拟世界的时间流逝速度远快于现实世界，医生智能体可以在短时间内处理大量病例，从而加速其学习进程。基于 MedAgent-Zero 策略，医生智能体能够在几天内处理数万个病例，而现实中的医生可能需要几年才能积累类似的经验。

（3）可控的实验环境，便于深入研究：虚拟世界的环境高度可控，可以调整疾病类型、病例分布及其他环境因素，进行多种医学实验，如模拟不同疾病爆发、评估治疗方案等。这为深入研究医学问题提供了理想的平台。

（4）虚拟世界经验可迁移到真实世界：实验结果表明，医生智能体的医学技能能够有效迁移到真实世界，甚至在真实的医学考试（如 MedQA）中表现出色。通过在虚拟环境中的进化，医生智能体能够在现实世界医学问题上取得优异的成绩。

（5）通用性强，可扩展到其他领域：SEAL 范式不仅限于医疗领域，还可扩展至虚拟法庭、智能客服、教育培训等多个领域。通过模拟复杂的社会与业务场景，大模型驱动的智能体能够在这些领域中进行自我进化。

（6）潜在的社会价值：患者智能体不仅能用于疾病建模、医生培训，还能在隐私保护等领域发挥作用。医生智能体也有很大的发展潜力，可以通过提高医疗效率、降低成本、提升医疗公平性等方式来革新医疗行业，尤其是在资源匮乏地区。

这些优势表明，Agent Hospital 不仅能加速智能体的学习与进化，还能广泛应用于医学教育、科研及实际医疗场景中，为未来医疗 AI 的发展提供了可行的路径。

Agent Hospital 的实践证明，大模型不仅是技术工具，更是重塑医疗生产关系的基础设施。当 50 万 AI 患者与 42 位 AI 医生在虚拟世界中持续演化时，一场静默的健康革命已然开启。这场健康革命的核心，是通过机器的"超大规模实践"突破人类认知边界，让优质医疗资源如空气般触手可及。

4. Agent Hospital 的应用落地：紫荆 AI 医生

紫荆智康公司于 2024 年 9 月成立后，迅速推进 Agent Hospital 的技术产业化。其开发的"紫荆 AI 医生"系统在 2024 年 11 月上线内测版本，首批涵盖 21 个科室的 42 位 AI 医生（每个科室配备国内与国际双版本）已通过定向邀请的医学专家完成 10 万例测试，常见病诊断准确率达 96.2%，如图 10-9 所示。

该系统设置游客、患者、医生三种模式，现阶段重点开放诊断能力测试功能。用户可创建 AI 患者并选择最多三位 AI 医生进行对比诊断，专业人员对生成的诊断意见进行多维度评估。测试结果显示，AI 医生在肺癌微小结节（<5 mm）识别、多并发症联合诊断等复杂任务中，方案与指南符合度达 89.5%，意图识别准确率达 91.2%，展现出不亚于人类专家的临床推理能力。

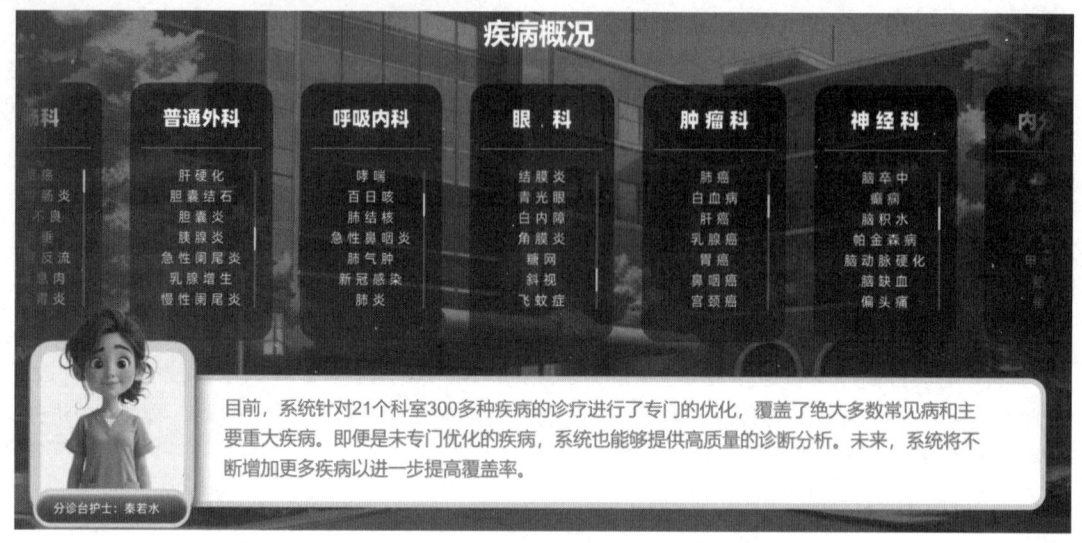

图 10-9 "紫荆 AI 医生"系统[1]

"紫荆 AI 医生"在闭环式设计、海量数据收集和分析、持续改进和专业评估等方面展现出远比真实世界医生更加强大的能力：在数据收集和分析方面，紫荆智康建立了一个超拟人、广分布、多样化的 AI 患者数据库，这些 AI 患者在虚拟世界中通过大量诊疗实践进行进化，这种大规模的数据收集和分析能力是传统医生难以匹敌的。通常真实世界的医生只能依赖有限的患者反馈，医生看完病之后，经常再也没有了这个患者的消息，而 AI 医生可以通过虚拟患者的海量数据进行深度学习和优化。"紫荆 AI 医生"的一个核心理念是建立"闭环式"医疗虚拟世界，整个医疗过程从发病、分诊、问诊、检查、诊断、治疗、取药到康复都被完整覆盖，并且每个环节都能及时反馈给 AI 医生。这种闭环式的设计确保了 AI 医生能够持续获取患者的治疗效果反馈，从而不断优化和改进诊疗方案。这种持续改进的能力使得 AI 医生在诊疗效果上可能比真实世界的医生更精准和高效。

在患者模式中，该系统对专业人士定向开放了"AI 医生能力测试"功能，其中 AI 医生的核心能力分为三个类别：

（1）诊断能力：AI 医生能够在患者提供的基本信息、主诉、既往病史及检查结果的基础上，准确判断患者所患疾病。通过丰富的病患数据及其与虚拟环境的交互，AI 医生能够不断优化其诊断模型，提高诊断的准确率和效率。

（2）治疗能力：在诊断结果的基础上，AI 医生根据患者的个体情况（如年龄、病史、诊断结果等），提出个性化的治疗方案。AI 医生通过多次模拟和反馈，能够逐渐掌握更复杂的治

---

1 引用自"紫荆 AI 医生"系统。

疗方案，提升其临床决策的质量。

（3）对话能力：AI 医生通过自然语言与患者或用户进行有效沟通，能够完成复杂的诊疗任务流程。通过对话，AI 医生不仅能提供症状分析和治疗建议，还能解释治疗方案，增强用户体验和医疗服务的互动性。

"紫荆 AI 医生"在医疗领域的价值主要体现在三个方面。首先是资源普惠化，单个 AI 医生的日接诊量达到 2000 例，相当于人类医生的 50 倍，能够显著缓解基层医疗资源短缺的问题。其次是成本革命，相较于传统漫长的医生培养周期，AI 医生的模型训练过程更为高效，能在相对较短的时间内完成。同时，在特定应用场景下，AI 系统的运维成本也可能低于传统的医疗信息系统，这有望为医疗机构节省显著的运营开支。最后是知识普及化，AI 医生通过患者模式的症状自查功能，帮助试点地区的民众提高了正确用药率（从 61%提升至 79%），这在一定程度上推动了公众健康知识的普及。

"紫荆 AI 医生"虽然在推动医疗发展方面取得了显著成果，但仍然面临数据真实性争议和责任界定的难题。合成病例与真实电子病历之间的差异可能导致"模拟偏差"，而 AI 医生误诊的法律责任归属问题仍然需要依靠政策和法规的进一步完善。为了应对这些挑战，研究团队构建了联邦学习数据安全架构，确保患者数据的脱敏处理率达到 100%。此外，研究团队还通过区块链技术实现了诊疗全流程的存证，从而增强了系统的透明性和数据的安全性。

10.5 本章小结

本章的核心在于阐述大模型正以前所未有的速度和深度重塑医疗健康行业，以应对人口老龄化、慢性疾病负担加剧和医疗资源分布不均等挑战。传统医疗模式的局限性日益凸显，而大模型技术的出现为解决这些难题提供了新的路径，预示着医疗服务模式的深刻变革。

大模型在医疗健康行业展现出强大的力量，不仅保障了医疗服务的安全性与可信度，更具备复杂的推理与规划能力，能够构建患者长期健康档案以进行持续追踪与管理。其卓越的多模态数据处理能力，涵盖医学影像、电子病历文本和基因序列等多元信息，最终实现更自然、更富有人情味的智能交互，赋能医疗服务的各个环节，使其更加精准，并以患者为中心。

大模型在医疗健康行业的应用场景广泛。在辅助诊断领域，大模型显著提升了诊断效率和准确性，尤其在医学影像智能分析方面表现卓越，能够精准识别病灶并提供量化指标。在电子病历的语义理解方面，大模型有效解决了信息分散和结构化程度不高的问题。多模态融合诊断技术通过整合多重信息，更全面地评估患者健康状况。在药物研发领域，大模型显著加快了研发速度，高效筛选和优化候选药物分子。在临床试验优化方面，大模型提高了试验效率和成功率。在健康管理与公共卫生领域，大模型能够提供个性化健康建议，降低患病风险，并预测疾病传播趋势，辅助医务人员制定防控策略。

行业内的创新实践案例展示了大模型的巨大潜力。Google 的 Med-Gemini 模型在复杂医疗数据分析、疾病精准预测和诊断流程优化方面表现出色。清华大学的智能体医院及其"紫荆 AI 医生"系统在辅助诊断和个性化健康管理方面取得了显著的临床应用成果。

Anthropic 的 CEO Dario Amodei 预测，AI 驱动的生物学和医学研究将在未来五到十年内取得相当于人类科学家数十年甚至上百年的进展，加速基因编辑、先进显微镜和基因测序等领域的科学发现，推动临床试验效率的提升。他认为，AI 将如催化剂一般，加速科学发现，如同不知疲倦的"虚拟生物学家"自主设计实验、开发新的研究方法，大幅提升临床试验效率，推动科学研究以前所未有的速度向前发展。

总而言之，大模型正驱动医疗健康行业的深刻变革，未来的医疗系统将更加智能化、高效化和个性化，如同为每位患者配备了一位智能健康医师，推动全球医疗资源的优化配置，促进健康服务的普及化。

第 11 章
教育革新：大模型重塑学习体验

  当前，我国教育体系正经历着数字智能时代的深度重构。传统教育始终困囿于"个性化—高质量—规模化"的不可能三角：小班制教学虽能实现精准指导，却受限于师资配置与运营成本；大班化授课虽可覆盖广泛群体，却难以解决"标准化输出"与"差异化需求"的矛盾；早期人工智能辅助工具虽尝试技术介入，但受制于机器学习算法的有限性，始终无法复现教师的情感共鸣与认知引导能力。在这场持续多年的教育困局中，以 Transformer 为核心的大模型技术，凭借其万亿级参数的语义理解与生成能力，正在开辟人机协同的认知革命新路径。

  基于海量教育数据训练的大模型，通过知识图谱与认知诊断技术的深度融合，实现了对学习者思维过程的可视化解析。在数学学科中，采用大模型+知识图谱的混合架构系统，可实时追踪学生的解题路径，通过多轮苏格拉底式对话引导其发现逻辑断层。例如，当学生误用三角函数公式时，系统不会直接纠正错误，而是生成渐进式追问："你为何认为 $\sin^2\theta+\cos^2\theta$ 在此处适用？当前问题中的能量守恒方程是否需要引入矢量合成？"这种符合建构主义学习理论的引导模式，使机器从"答案提供者"转变为"认知脚手架搭建者"。

  注意：建构主义源自教育学，是作为改进教学模式而提出的学习理论，主要目的在于了解发展过程中的各式活动如何引发孩童的自主学习，以及在学习的过程中，教师如何适当地扮演支持者的角色。

在语言类教学中，大模型展现出更具颠覆性的变革潜能。基于 Transformer 的智能对话系统，通过语境感知与情感计算模块，可模拟真实课堂的思辨氛围。大模型引发的教育变革远不止于教学界面革新，更驱动着教育生态的系统性重构。在作业批改环节，结合过程性评价算法的智能系统，可精准识别学生错误背后的认知偏差类型：将"粗心失误"与"概念误解"进行分层标注，并为教师提供干预策略建议。

当大模型开始理解学生的困惑眼神，机器能捕捉到课堂中的灵感火花时，我们不得不重新审视教育的本质。技术带来的不仅是工具革新，更是对"教"与"学"关系的根本性颠覆：教师角色正从知识权威转变为认知教练，评价体系从结果度量转向过程诊断，教育目标从知识积累上升为思维进化。

但技术"狂飙"必须伴随冷静思考。除却算法幻觉、数据隐私等技术风险，更需要警惕认知窄化的潜在危机：当学习路径过度依赖系统推荐时，是否会导致学生批判性思维的萎缩？当情感计算精确模拟师生互动时，是否会造成教育人文精神的消解？这些问题的答案，将决定这场变革是滑向技术乌托邦，还是抵达教育真谛的新彼岸。

这场由大模型驱动的教育革新，本质是人类认知与机器智能在数字空间的交响共鸣。它既不是简单的效率工具，也非取代教师的替代方案，而是催生出了一个"人类教师—智能系统—学习者"的三元认知生态。在这个新范式中，教育正在回归其最本真的使命——不是填满知识的容器，而是点燃思想的火焰。

11.1 教育技术的发展：机遇与挑战

教育技术的发展经历了多媒体辅助、在线课程，到现今人工智能大模型、大数据等新技术深度融合的演进历程。传统教育技术虽曾极大地推动教学手段的多样化和资源共享，但在满足个性化学习和提升教学效率等多方面仍存在明显局限。近年来，随着大模型的快速发展，新一代教育技术正呈现出智能化、个性化和高效化的崭新局面，同时面临技术成本、数据安全、教师培训等多方面挑战。接下来从传统教育技术局限、大模型带来的机遇，以及教育技术发展面临的挑战三个方面展开论述，旨在为教育现代化探索新的路线。

11.1.1 传统教育技术的局限

在信息技术迅速普及的早期，多媒体教学和在线课程成为教育改革的重要手段。借助投影仪、录播视频、互动课件等工具，教师可以将抽象知识直观化，使课堂内容更生动。然而，传统的技术手段主要依赖固定资源和标准化教学内容，难以针对每个学生的具体学习需求进行个性化设计。在线课程虽然打破了地域限制，使优质教育资源得以广泛传播，但由于缺乏实时互动和个性化反馈，其效果往往受限于学生自主学习能力和平台的辅助功能。例如，一项针对大规模在线开放课程（MOOC）的研究表明，学生的学习完成率普遍偏低，很大程度上与缺乏个性化支持和互动有关。此外，传统系统在数据分析和教学监控方面存在不足，无法及时捕捉学生学习过程中的薄弱环节，从而影响教学效率和质量。近年来，一些早期的人工智能辅助教学系统开始尝试通过固定模板、预设问答等方式进行课堂辅助教学，但由于模型参数规模有限和数据采集的局限性，其在问题解答、作业批改、个性化辅导等方面与真人教师相比仍有较大差距。例如，早期的智能批改系统在处理开放性问题和作文批改时，往往只能进行简单的关键词匹配，难以理解学生的深层思维和表达，导致批改质量不高。由此，传统教育技术在应对大规模个性化教学需求、提高教学互动性和及时反馈能力方面，面临着"个性化、高质量、大规模"三者难以兼顾的困局。

11.1.2 大模型带来的机遇

随着深度学习、大数据和云计算等技术的不断成熟，教育领域迎来了新的变革机遇。大模型作为人工智能的重要分支，通过先进的算法架构和海量数据的训练，具备了自然语言处理、逻辑推理和多模态交互等强大功能，为教育领域提供了全新的技术支撑和应用场景，如图11-1所示。

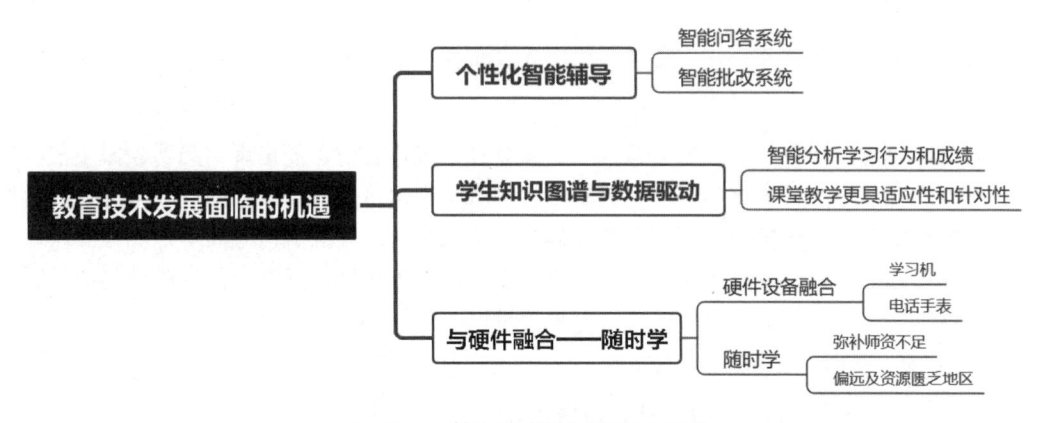

图 11-1　教育技术发展面临的机遇

首先，大模型技术可以实现高度个性化的智能辅导。例如，在数学、语文等科目的教学过程中，基于大模型的智能问答系统能够针对学生在解题过程中遇到的疑难问题进行分步骤讲解，并提供类似苏格拉底式启发的互动问答，使得每个学生都能获得量身定制的学习方案。例如，科大讯飞星火认知大模型驱动的个性化学习平台，能够根据学生的知识掌握情况和学习习惯，智能推荐学习内容和习题，实现千人千面的精准教学。此外，智能批改系统通过自动分析作业错误和知识掌握情况，能够快速生成个性化反馈，既减轻了教师工作的负担，又提升了学生对自身不足的认知和改进效果。例如，学而思的九章大模型在智能作业批改方面进行了深入探索，其研发的作文智能批改系统，能够从内容、结构、语言等多个维度对学生作文进行评价，并提供详细的修改建议，有效提升了写作教学的效率和质量。

其次，利用大模型和大数据技术构建的学生知识图谱，可以精准刻画学生的知识结构和学习轨迹，从而为内容推荐、学习路径规划提供数据支持。在教学过程中，通过智能分析学生的学习行为和成绩变化，系统能够实时调整教学策略，使课堂教学更具适应性和针对性。同时，开放平台战略的推广使得不同教育机构可以共享优质技术与资源，实现全产业链的协同创新。例如，一些教育企业将解题、讲题和自动批改能力开放给行业内其他伙伴，共同推动教育现代化进程。

最后，基于大模型的教育工具不仅体现在软件系统上，还与硬件设备深度融合。像学习机、电话手表等智能终端产品，搭载了大模型技术，使得"随时学"场景成为现实。学生可以通过智能设备随时获取个性化辅导，实现时间与空间上的无缝衔接，为教育公平和资源优化配置提供了全新路径。特别是在偏远地区和教育资源匮乏地区，智能学习终端可以有效解决师资不足的问题，为学生提供更公平的学习机会。

11.1.3　教育技术发展面临的挑战

尽管新兴技术为教育现代化带来了前所未有的机遇，但在实际推广过程中，依然面临不少挑战，如图 11-2 所示。

（1）技术本身尚存在"幻觉"问题，即大模型在生成内容时可能出现信息错误或不准确的情况。这不仅可能误导学生的学习，还会给教师的教学评价带来干扰。因此，如何通过搜索增强、外部校验等手段提升模型的可靠性和准确性，成为当前研究的重点方向。例如，引入知识库检索增强生成技术，可以有效减少模型幻觉，提升内容可靠性；同时，开发教师辅助校验工具，帮助教师快速识别和纠正模型生成内容中的错误。

（2）数据壁垒问题也严重制约教育技术的发展。这主要体现在以下几个方面：难以构建高质量的知识图谱，阻碍了个性化教学模型的性能提升；数据采集和标注效率低下，影响了模型的训练效果；同时，数据获取成本高昂，限制了技术在更广泛范围内的应用。

（3）数据安全和隐私保护问题也引起了广泛关注。学生信息与学习记录涉及敏感数据，如何在技术创新的同时确保数据安全与合规，已成为教育技术普及过程中不可忽视的重要环节。在技术层面，需要加强数据加密、差分隐私等技术的应用；在制度层面，需要建立完善的数据安全与隐私保护的法律法规，明确数据使用规范和责任。

教育技术发展面临的挑战

- 教育技术发展面临的挑战
  - 技术本身的"幻觉"问题
    - 信息错误或不准确
    - 误导学生学习
    - 干扰教师教学评价
  - 数据壁垒问题
    - 制约个性化教学模型提升
    - 构建高质量知识图谱困难
    - 数据采集和标注低效
    - 数据获取成本高
  - 数据安全和隐私保护问题
    - 学生信息与学习记录敏感
    - 确保数据安全与合规
  - 技术成本和应用门槛
    - 高性能计算设备成本高
    - 云服务费用高
    - 系统维护成本高
    - 限制欠发达地区普及
  - 教师培训与转型
    - 教师核心作用不可替代（情感引导、创新思维培养）
    - 人工智能难以企及教师人文关怀（价值观、批判性思维、复杂问题解决）
    - 教师快速掌握新技术和转变教学理念的挑战

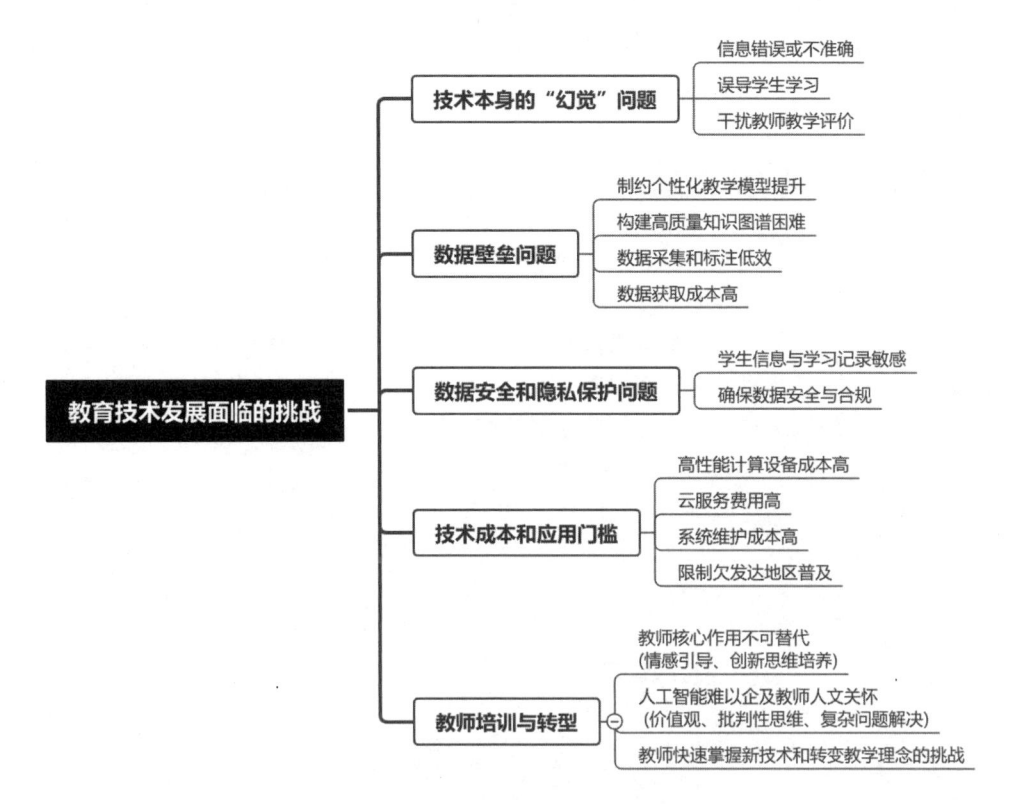

图 11-2 教育技术发展面临的挑战

（4）技术成本和应用门槛也是制约部分地区与学校使用先进教育技术的重要因素。虽然大模型的通用性和跨学科应用能力逐步提升，但高性能计算设备、云服务费用和系统维护等方面的成本仍然较高，限制了其在部分经济欠发达地区的普及。未来需要在技术层面持续优化算法和模型架构，降低算力需求，减少部署成本；在商业模式层面，探索更多样化的服务模式，例如云服务、订阅制等，降低学校和用户的初期投入；在政策层面，政府可以加大对欠发达地区教育技术普及的财政支持。

（5）教育技术的普及还面临教师培训与转型的现实挑战。大模型技术虽能辅助完成批改、答疑等重复性工作，但教师在情感引导、创新思维培养等方面的核心作用仍不可替代。尤其在价值观塑造、批判性思维培养，以及解决复杂问题的能力培养等方面，教师的人文关怀和启发引导作用至关重要，这是人工智能技术目前难以企及的。如何帮助教师快速掌握新技术、转变教学理念，实现人机协同的最佳效果，需要政策制定者、学校和技术提供者三方面的密切合作。当前，国家和地方部门纷纷出台了教育数字化战略，鼓励产学研合作，共同推动技术与教育的深度融合，这为应对挑战提供了政策支持和实践指导。各级教育部门应加大教师培训力度，开展针对新兴教育技术的专题培训，帮助教师提升技术素养和应用能力；学校应积极探索人机协同的教学模式，鼓励教师将技术融入教学实践，发挥各自优势；技术提供者应开发更易用、更友好的教师端工具，降低教师使用门槛。

11.2　大模型赋能教育：个性化学习与教学辅助

尽管近年来教师队伍不断壮大，但优质教师资源长期短缺且分布不均的结构性问题仍是教育面临的挑战。大模型技术的涌现，为破解这一困境带来了全新的希望。

与以往技术路径不同，大模型凭借其强大的认知能力和类人思维特性，在处理复杂思维活动、理解自然语言、逻辑推理等方面展现出前所未有的优势，能够有效提升"教"与"学"的效率，从而被教育界普遍认为是具有颠覆性创新潜力的技术，如图11-3所示。

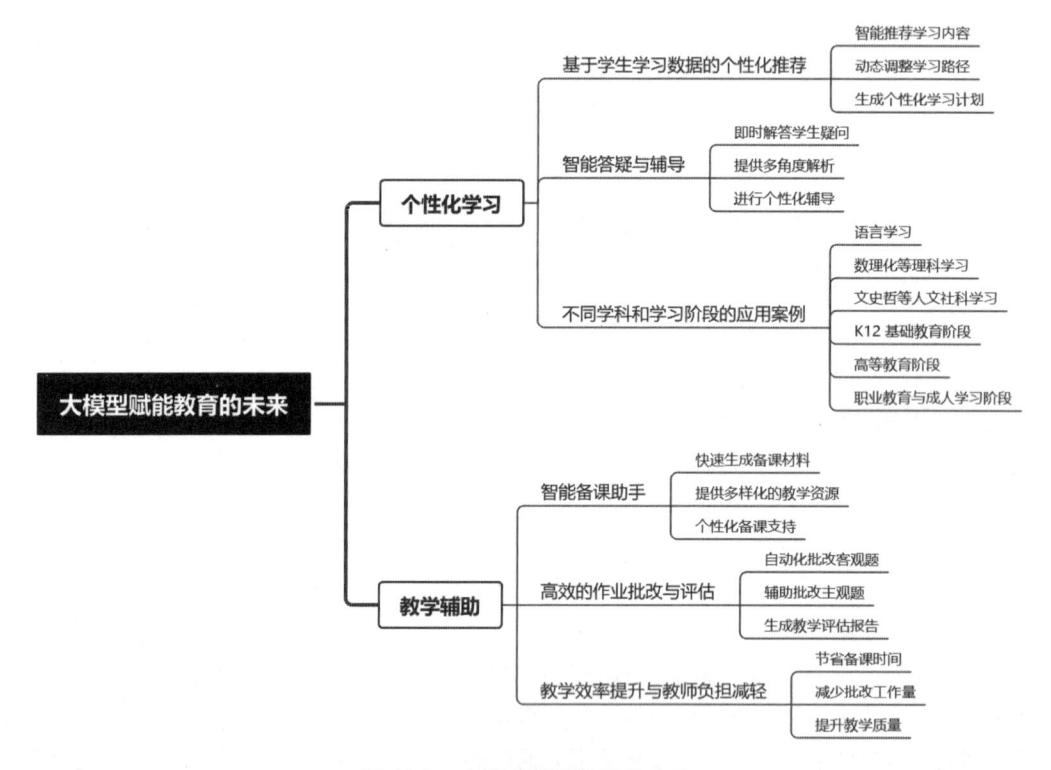

图 11-3　大模型赋能教育的未来

大模型正在深刻地赋能教育的未来，尤其在个性化学习方面展现出巨大潜力。通过分析学生的学习数据，大模型能够智能地推荐学习内容，动态调整学习路径，并生成定制化的学习计划，从而实现真正的因材施教。此外，大模型还能提供即时的智能答疑与辅导，针对学生提出的问题进行多角度解析和个性化指导。这种个性化学习的应用已覆盖语言、数理化、人文社科等多个学科,并适用于 K12 基础教育、高等教育、职业教育与成人学习等不同阶段,全面提升学生学习的效率和效果。

在教学辅助领域,大模型同样发挥着关键作用。大模型能够作为智能备课助手,快速生成教案、课件和习题等教学资源,并提供多样化的教学素材和个性化的备课支持,极大地减轻了教师的备课负担。同时,大模型还能实现高效的作业批改与评估,自动批改客观题,辅助批改主观题,并生成教学评估报告,为教师提供更全面的教学反馈。最终,这些智能化工具的应用能够显著提升教学效率,减少教师的工作量,并有助于整体教学质量的提升。

大模型在个性化学习和教学辅助方面展现出的巨大潜力,正在不同的教育场景中逐步落地和应用。

学校场景:AI 系统被定位为"教学助手",助力教育信息化升级。在传统教育信息化建设的基础上,大模型不仅仅是信息呈现和传递的工具,而是深度融入教学流程,成为教师备课、教学答疑、作业批改等环节的智能助手。例如,大模型可以辅助教师快速生成教案、课件、习题集等备课资源,根据学生学情推送个性化学习内容,即时解答学生提出的各类学习问题,并辅助教师进行客观题自动批改和主观题智能评分。目前,市场上已涌现出一批面向学校场景的大模型教育应用,是对传统教育信息化业务的迭代升级,旨在构建更加智能、高效、便捷的智慧校园。

家庭场景:AI 系统被定位为"家庭教师",满足个性化的教育需求。在家庭教育领域,大模型主要面向 C 端家长群体,特别是对子女教育投入意愿和消费能力较强的家长。AI 家庭教师能够根据孩子的学习特点和需求,提供定制化辅导方案,进行学业规划、升学指导、志愿填报等服务。同时,AI 家庭教师可以智能督促孩子学习进度,及时反馈学习情况,帮助家长更好地了解孩子的学习状态。家庭教育场景蕴藏着巨大的市场潜力,AI 家庭教师有望成为家长实现孩子个性化教育的重要帮手,满足家长对优质教育资源的迫切需求。

自学场景:AI 系统被定位为"学习伙伴",提升学生的自主学习能力。自学场景面向 C 端学生群体,强调以学生为中心,培养学生的自主学习能力。大模型技术可以赋能传统的学习 App 和学习硬件,升级学习体验。例如,AI 学习 App 可以为学生提供个性化学习路径规划、智能题库练习、AI 互动答疑、学习进度追踪等功能,帮助学生更高效地自主学习。一些学习硬件,如智能学习笔、智能教育平板电脑等,也开始集成大模型技术,提供 AI 错题分析、知识点讲解、口语练习等智能化服务,提升学生的自主学习效率和学习兴趣。此外,部分产品还尝试融入情感陪伴功能,将 AI 学习 App 打造成学生的"学习伙伴",缓解学习压力,提升学习过程的趣味性和互动性,从而更好地提升学生的自主学习能力和学习体验。

11.2.1 大模型在个性化学习中的应用：千人千面，因材施教

个性化学习是教育发展的必然趋势，也是提升教育质量和公平性的重要途径。每个学生都是独特的学习个体，在学习风格、学习进度、知识基础、兴趣偏好等方面存在显著差异。传统的"一刀切""填鸭式"教育模式难以兼顾学生的差异化需求，容易造成"优生吃不饱，差生跟不上"的局面。大模型技术的出现，为真正实现大规模个性化学习提供了强有力的技术支撑。借助大模型强大的数据分析能力和智能推荐算法，教育系统能够深入了解每个学生的学习特点，并据此提供量身定制的学习内容、学习路径和学习计划，从而实现"千人千面"的个性化教育，最大限度地激发学生的学习潜能。

1. 基于学生学习数据的个性化内容推荐：精准画像，智能推送

个性化内容推荐是实现规模化个性化学习的关键环节。大模型能够深入分析和挖掘学生的多元学习数据，构建精细化的学生学习画像。这些数据包括但不限于：

（1）学习行为数据：学生的学习时长、学习频率、学习路径选择、学习资源偏好、题目作答习惯、互动参与度等，反映了学生的学习习惯、学习偏好和行为模式。

（2）学习成果数据：学生的考试成绩、作业质量、知识点掌握程度、技能掌握水平、学习能力评估结果等，体现了学生的学习水平、知识掌握情况和优/劣势。

（3）学习偏好数据：学生对不同类型的学习内容（如视频、文字、互动练习等）的偏好，对不同学科领域的兴趣程度，对不同教学风格的适应性等，反映了学生的兴趣倾向和个性化需求。

基于对海量学习数据的深度分析和融合，大模型可以精准描绘学生的学习画像，全面了解学生的知识掌握情况、学习习惯和个性化需求。在此基础上，大模型可以为每个学生：

（1）智能推荐个性化学习内容：突破传统"一刀切"的课程体系，不再是所有学生学习相同的课程内容，而是根据学生的学习进度、知识掌握情况和兴趣偏好，智能推送难度适宜、形式多样、内容丰富的学习资源，例如个性化的练习题、难度分层的阅读材料、精选的视频课程、互动性学习游戏等。例如，对于擅长图像化思维的学生，可以多推荐视频课程和信息图表；对于喜欢挑战的学生，可以推送难度较高的拓展练习；对于对某个知识点掌握薄弱的学生，可以推送补充讲解和例题解析。这种个性化内容推荐，能够有效提升学习内容的针对性和有效性，激发学生的学习兴趣和学习动力。

（2）动态调整个性化学习路径：传统的学习路径通常是预先设定的、静态不变的，难以适应学生动态变化的学习状态。大模型能够根据学生的学习反馈，实时动态地调整学习路径。例如，当大模型检测到学生对某个知识点的掌握程度比较薄弱时，会自动推送补充学习资源，提供更详细的讲解和更多的练习机会；当学生对某个知识点的掌握程度较好时，可以加快学习进

度，或者推荐拓展性学习内容，引导学生进行更深入的学习。这种动态调整学习路径的方式，能够确保学习内容始终与学生的学习能力和学习状态相匹配，避免学生在学习过程中感到过于吃力或过于简单，从而保持学生的学习热情和学习效率。

（3）生成个性化学习计划：传统的学习计划往往是通用模板，难以充分考虑学生的个体差异和个性化需求。大模型可以根据学生的学习目标、时间安排、学习能力、兴趣偏好等因素，为学生量身定制个性化的学习计划，并进行智能提醒和督促。例如，在制定学习计划时，大模型会综合考虑学生的考试目标、可支配学习时间、各学科学习能力、兴趣爱好等因素，合理安排各学科的学习时间和学习内容，并根据学生的学习进度和完成情况，动态调整学习计划，确保学习计划的可行性和有效性。同时，大模型还可以通过智能提醒、学习报告、激励机制等方式，督促学生按计划执行，培养学生的自主学习习惯和时间管理能力。

2. 智能答疑与辅导：即时响应，深度解析

传统的答疑方式主要依赖教师的人工解答，受限于教师的时间和精力，难以做到及时、全面地解答每个学生的疑问，尤其是在班级规模较大或者在线教育场景下，答疑效率和质量难以保证。大模型技术的引入，使得智能答疑成为可能，为学生提供了更加便捷、高效、个性化的答疑辅导服务。

即时解答学生疑问：学生可以通过文字、语音、图片、公式等多种方式向大模型提问，大模型能够快速理解问题的语义，并在海量知识库中检索相关信息，提供即时、准确的解答。相较于传统的搜索引擎，大模型智能答疑系统能够更精准地理解学生的提问意图，并直接给出答案，无须学生在搜索结果中自行筛选和判断。一些先进的大模型甚至可以进行多轮对话，引导学生更清晰地表达问题，更准确地理解答案。这种即时响应的智能答疑服务，极大地提升了学生解决问题的效率，降低了学生的学习障碍。

提供多角度、多层次的解析：对于较为复杂或需要深入理解的问题，大模型不仅提供标准答案，还能从不同角度、不同层次对问题进行解析，帮助学生真正理解问题背后的原理和逻辑。例如，对于数理化习题，大模型可以提供详细的解题步骤、解题思路、所用知识点、考点分析、易错点提示等，并可以针对学生的具体情况，提供个性化的解题技巧和方法指导。对于文史哲问题，大模型可以提供背景知识介绍、多角度观点解读、材料分析方法、评价标准等，引导学生深入思考，提升批判性思维能力。这种多角度、多层次的解析，能够帮助学生从"学会"到"会学"，提升学生的深度学习能力。

进行个性化辅导：当学生在学习中遇到困难、感到迷茫或者失去学习动力时，大模型可以充当"虚拟辅导教师"，进行人性化的引导和辅导。例如，当学生遇到难题时，大模型可以提供解题思路提示、分步骤引导、例题讲解等，帮助学生逐步克服困难；当学生学习状态不佳时，大模型可以进行心理疏导、学习方法指导、目标激励等，帮助学生调整心态、重燃学习热情。

这种个性化辅导，不仅关注学生的知识学习，更关注学生的情感需求和心理健康，有助于提升学生的学习信心和学习动力，培养学生的积极学习态度和健全人格。

3. 大模型在不同学科和学习阶段的应用案例：百花齐放，各擅胜场

大模型技术在各个学科和学习阶段都展现出广阔的应用前景，不同的学科和学习阶段对大模型的需求和应用侧重点有所不同，呈现出百花齐放、各擅胜场的局面。

（1）语言学习：语言学习是天然适合大模型发挥优势的领域。大模型具备强大的自然语言处理能力和生成能力，可以作为优秀的语言学习伙伴，为学生提供口语练习、语法纠错、写作指导、情景对话等服务。例如，有道 Hi Echo、可汗学院的 Khanmigo 等应用，都利用大模型技术提升语言学习体验。Khanmigo 能够与学生进行自然流畅的英语口语对话练习，并提供实时反馈和个性化指导；Duolingo 利用大模型进行语法规则解释和写作批改；Speak 则专注于提供沉浸式口语练习环境。这些应用表明，大模型在语言学习领域具有巨大的应用潜力，能够有效提升学生的语言运用能力和学习兴趣。

（2）数理化等理科学习：数理化等理科学习强调逻辑推理和问题解决能力，传统上被认为是人工智能难以突破的领域。然而，近年来，大模型在数理逻辑推理能力方面取得了显著进展，开始在理科学习中发挥重要作用。例如，有道的小 P 教师全科答疑、学而思的九章随时问、微软的 Math Solver 等应用，都尝试利用大模型辅助学生进行解题、习题讲解、知识点串联、公式推导等。Math Solver 能够识别手写数学公式并提供解题步骤；小 P 教师和九章随时问则提供拍照搜题、难题讲解、个性化辅导等功能。尽管目前大模型在复杂数理逻辑推理方面仍有提升空间，但其在辅助学生理解概念、掌握解题技巧、提高解题效率等方面已经展现出初步的应用价值。

（3）文史哲等人文社科学习：人文社科学习强调知识积累、材料分析、观点解读、批判性思维等能力。大模型在知识问答、文本生成、材料分析、逻辑推理等方面具有优势，可以帮助学生进行历史事件分析、文学作品鉴赏、哲学思想理解、论文写作辅助等。例如，一些研究机构正在探索利用大模型构建智能历史知识图谱，以帮助学生更系统地学习历史知识；利用大模型自动分析和解读文学作品，辅助学生进行文学鉴赏和写作；利用大模型分析哲学文本并梳理思想脉络，帮助学生理解复杂的哲学概念和理论。此外，大模型还可以作为论文写作助手，辅助学生进行文献检索、资料整理、观点提炼和论文润色等。

（4）K12 基础教育阶段：在 K12 基础教育阶段，大模型主要应用于课后作业辅导、知识点巩固、个性化练习、学习兴趣培养等方面。例如，通过智能作业批改系统，减轻教师的批改负担；通过个性化练习推荐系统，为学生提供差异化练习；通过 AI 互动课程，提升学生的学习参与度和趣味性；通过学习数据分析，帮助教师了解学情并进行精准教学。总的来说，大模型在 K12 基础教育阶段的应用目标是帮助学生打牢基础、培养学习兴趣、提升学习效率，为未来的发展奠定坚实基础。

（5）高等教育阶段：在高等教育阶段，大模型可以作为大学课程助教，辅助学生进行课程学习、论文写作、科研资料查找、学术前沿跟踪等，提升大学生的自主学习和科研能力。例如，利用大模型构建智能课程问答系统，解答学生在课程学习中遇到的问题；利用大模型进行学术文献推荐和综述生成，辅助学生进行科研选题和文献调研；利用大模型进行实验数据分析和模型构建，提升学生的科研效率和创新能力。此外，大模型还可以应用于个性化职业发展规划、就业指导、创业咨询等，帮助大学生更好地适应社会发展和职业需求。

（6）职业教育与成人学习阶段：在职业教育和成人学习阶段，大模型可以根据职业技能需求和行业发展趋势，提供个性化的技能培训内容和辅导，帮助职场人士提升职业竞争力，适应快速变化的就业市场。例如，针对 IT 行业，可以提供编程技能培训、软件开发实战演练、行业前沿技术解读等；针对金融行业，可以提供金融知识培训、投资策略分析、风险管理技能提升等；针对教育行业，可以提供教学技能提升、课程设计指导、教育技术应用培训等。通过大模型的个性化技能培训，可以有效提升职业教育和成人学习的效率和质量，助力终身学习型社会的构建。

11.2.2　大模型在教学辅助中的应用：解放教师，提质增效

大模型不仅可以赋能个性化学习，在教学辅助方面也具有重要的应用价值，能够有效提升教学效率，减轻教师负担，使教师能够从烦琐的事务性工作中解放出来，将更多精力投入到更具创造性的教学活动中，从而整体提升教学质量和教育温度。智能备课、自动化批改、智能答疑是当前大模型在教学辅助方面的主要应用方向，未来还将拓展到更广泛的教学环节，例如课堂互动、学情分析、家校沟通等。

1. 智能备课助手：高效便捷，资源丰富

传统的备课方式往往耗时耗力，教师需要查阅大量的教学资料，手动设计教学内容和教学活动，备课效率较低，且备课资源相对单一。大模型可以作为智能备课助手，辅助教师进行高效备课，大幅提升备课效率和备课质量。

快速生成备课材料：教师只需输入教学主题、教学目标、教学对象等关键词，大模型即可快速生成教案、课件、教学 PPT、练习题、导学案、微课视频脚本、教学案例等多种形式的备课材料。例如，教师可以输入"小学三年级语文《Unit 1 My Family》新授课"，大模型即可在几分钟内生成一份包含教学目标、教学重难点、教学步骤、教学活动设计、板书设计、家庭作业等要素的详细教案，并配套生成精美的 PPT 课件和练习题。这种快速生成备课材料的能力，可以极大地节省教师的备课时间，让教师有更多时间进行教学设计和反思，提升备课的效率和质量。

提供多样化的教学资源：大模型能够连接互联网海量教育资源，根据教学内容和教学目标，

智能推荐相关的教学视频、教学图片、拓展阅读文章、互动式教学活动、虚拟实验、3D模型等多种类型的教学资源，并支持教师根据教学需求进行筛选和定制。例如，在讲解"日食"现象时，大模型可以推荐相关的天文科普视频、日食形成原理动画、日食图片、虚拟天文实验等资源，帮助教师更生动形象地呈现教学内容，提升课堂的趣味性和吸引力。多样化的教学资源可以丰富教学内容，拓宽教师的教学视野，满足不同学生的学习需求。

个性化备课支持：大模型可以分析学生的学情数据和班级特点，为教师提供个性化备课支持。例如，针对不同层次的学生，大模型可以推荐差异化的教学内容和练习题；针对不同学习风格的学生，可以推荐不同类型的教学活动；针对知识掌握程度薄弱的学生，可以推荐补充学习资源和个性化辅导方案。教师可以根据大模型提供的个性化备课建议，灵活调整教学策略，设计更符合学生实际情况的教学方案，实现因材施教。个性化备课支持能够帮助教师更好地关注学生的个体差异，提升教学的针对性和有效性。

2. 高效的作业批改与评估：智能辅助，精准反馈

作业批改和教学评估是教师工作中耗时较多的环节，特别是主观题的批改，需要教师花费大量的时间和精力，且容易受到主观因素的影响，批改效率较低，反馈周期较长。大模型可以辅助教师进行高效的作业批改与评估，提升批改效率和评估的客观性。

自动化批改客观题：对于选择题、判断题、填空题等客观题，大模型可以实现自动化批改，秒级完成批改任务，大幅提升批改效率，节省教师大量的批改时间。自动化批改不仅速度快，而且准确率高，避免了人工批改可能出现的疏漏和错误。教师可以将更多的时间和精力投入到主观题批改和个性化反馈上。

辅助批改主观题：对于作文、简答题、论述题等主观题，大模型可以辅助教师进行智能评分，例如提供评分参考、给出评价建议、分析学生答案的优缺点、识别答案中的关键词和核心观点等，减轻教师的主观题批改负担，提升批改效率和客观性。目前，一些大模型在作文批改方面已经达到较高的水平，可以从立意、结构、语言、文采等多个维度进行综合评价，并给出详细的修改建议。虽然大模型在主观题批改方面还不能完全替代教师，但其辅助作用已经非常显著，可以大幅提升教师的批改效率和评估质量。

生成教学评估报告：大模型可以自动分析学生的作业数据、考试数据、学习行为数据等，生成多维度、多视角的教学评估报告，帮助教师全面了解学生的学习情况，及时发现教学中的问题，并根据评估报告调整教学策略，进行精准教学和个性化指导。教学评估报告可以包括班级整体学情分析、学生个体学习情况分析、知识点掌握情况分析、能力发展情况分析、学习习惯分析等，为教师提供全面、客观、数据驱动的教学决策支持。教学评估报告可以帮助教师更科学地进行教学反思和改进，提升教学的针对性和有效性。

通过智能备课、自动化批改和智能答疑等教学辅助功能，大模型可以显著提升教学效率，

并有效减轻教师的非教学负担,使教师能够从烦琐的事务性工作中解放出来,将更多精力投入到更具创造性和情感交流的教学活动中,例如课堂互动、启发式教学、探究式学习、个性化指导、学生心理辅导、家校沟通等,从而实现教学效率和教学质量的双重提升,构建更加高效、优质、有温度的教育体系。

大模型技术在教育领域的应用仍处于早期探索阶段,但其展现出的巨大潜力已经令人瞩目。展望未来,随着技术的不断发展和应用场景的深入拓展,大模型将在教育领域发挥更加关键和深远的作用,为构建更加公平、普惠、优质的教育体系注入强大动能。同时,我们也必须正视大模型技术在教育应用中可能带来的伦理风险和挑战,积极探索负责任的 AI 教育发展路径,确保技术向善,促进教育公平与可持续发展。

11.3 教育领域的大模型技术创新案例

EduChat 是一个教育领域对话大模型,由华东师范大学计算机科学与技术学院的 EduNLP 团队研发,旨在助力实现因材施教、公平公正、富有温度的智能教育,服务于广大教师、学生和家长群体 [1]。作为一个专门为教育领域设计的大模型,它的核心理念是将心理学和教育学深度融合,从而提供更精准、更个性化、更人性化的教育服务。它就像一位全能的教育助手,具备多项核心功能。

11.3.1 EduChat 的核心功能

1. 检索增强的开放问答:知识"活水"的引入

想象一下,我们平时遇到不懂的问题会立刻上网搜索,EduChat 的"检索增强开放问答"功能就像给模型装上了一个超级强大的搜索引擎。它不再仅仅依靠模型自身记忆的知识,而是能够实时连接互联网,获取最新的信息。这样做的好处是显而易见的。首先,解决了知识过时的问题。例如,如果问它"最新的高考政策是什么?"EduChat 会立刻上网搜索教育部或者各地教育考试院的最新文件,确保给出的答案是最新的,而不是去年的旧政策。其次,减少了模型"胡说八道"的可能性。模型会自主判断检索到的信息是否可靠,例如优先采用官方网站、知名学术机构的信息,就像我们平时搜索信息也会优先查看权威来源一样。然后,它会将这些可靠的新知识和自己原有的知识融合起来,生成答案。这样一来,EduChat 在回答问题时,就更像一位知识渊博又消息灵通的教师,能够给出既准确又与时俱进的解答。

举个例子,如果问 EduChat:"最近有什么新的科学发现吗?"它可能会告诉你:"根据最

---

[1] 参考:*EduChat——A Large-Scale Language Model-based Chatbot System for Intelligent Education*。

新的《自然》杂志报道，科学家们最近在火星上发现了液态水的证据，这对于我们探索火星生命的可能性具有重要意义。"这样的回答是不是既新鲜又权威呢？

2. 细粒度作文评估：像资深教师一样批改作文

批改作文一直以来都是非常耗时耗力的工作，而 EduChat 的"细粒度作文评估"功能就像一位经验丰富的作文批改教师，能够从多个维度对学生的作文进行评价，并给出具体的改进建议。它不仅是简单地打个分数，而是会从内容、表达、结构等多个方面进行细致分析。在内容方面，它会考察作文是否切题、论点是否明确、论据是否充分、逻辑是否严密、思想是否有深度；在表达方面，它会考察语言是否流畅准确、用词是否生动多样、修辞手法运用是否恰当、有没有语法错误；在结构方面，它会分析文章段落是否清晰、过渡是否自然、布局是否合理。更厉害的是，EduChat 还能自动识别作文中的亮点和不足。例如，它可能会指出"你这篇文章的开头第一段写得非常精彩，简洁明了地概括了文章的主题"，也会指出"但是第三段的论证略显薄弱，建议补充一些具体的例子来支撑论点"。针对不足之处，EduChat 还会提供个性化的改进建议，就像面对面辅导一样，告诉我们哪里可以改得更好，甚至推荐一些优秀的范文给我们参考学习。

想象一下，当你写完一篇关于环保的作文后，EduChat 可能会告诉你："你的作文主题把握准确，环保意识很强，但可以尝试从更具体的角度，例如生活垃圾分类、减少塑料使用等方面展开论述，会使内容更充实。另外，文章的结尾略显仓促，可以增加一些总结性的语句，深化主题。"这样的反馈是不是比简单的分数更有价值，更能帮助你提升写作水平呢？

3. 苏格拉底式教学引导：启发学生深度思考

我们都有这样的体验，面对难题，教师直接给出答案，我们往往只是"知其然"，而 EduChat 的"苏格拉底式教学"功能就像一位擅长启发式教学的教师，它不会直接给出答案，而是通过不断地提问、反问、追问，引导你一步步思考，最终自己找到答案。例如，当你问 EduChat 一道数学题时，它不会直接告诉你答案是多少，而是会先问你："这道题的题型是什么？""你觉得应该从哪个知识点入手？""你尝试过哪些解题方法？"通过这些问题，引导你回忆相关的知识，梳理解题思路，然后鼓励你自己尝试解答。在这个过程中，EduChat 就像一位耐心的引导者，帮助你从"学会解题"到"学会思考"。更进一步，EduChat 还能通过辩论式对话，帮助你更深入地理解问题，培养批判性思维和创新能力。例如，在学习历史事件时，EduChat 可能会扮演不同的历史人物和你展开辩论，让你从不同的角度分析历史事件，从而更全面、更深刻地理解历史。

比如，你问 EduChat："为什么秦始皇要统一六国？"它可能会反问："你觉得当时战国七雄混战的局面有什么弊端？""统一六国对于当时的社会发展有什么好处？"通过这些问题，引导你思考统一的必要性和积极意义，而不是简单地背诵历史书上的结论。

4. 基于心理学的情绪支持：成为你的"心理顾问"

在日常学习生活中，我们难免会遇到各种各样的压力和情绪困扰，EduChat 的"基于心理学的情绪支持"功能就像一位专业的心理咨询师，能够在你需要的时候，给你提供情感上的支持和心理上的疏导。它不仅仅是简单地安慰你"加油""没关系"，而是会运用专业的心理学理论，例如理性情绪行为疗法（REBT），来分析你的情绪状态，帮助你认识到不良情绪背后的非理性想法，并引导你建立更积极、更理性的认知模式。例如，当你因为考试焦虑而感到压力巨大时，EduChat 可能会运用 ABC 理论来引导你。它会先帮你识别 A（诱发事件），也就是让你感到焦虑的事情，比如"期末考试要来了"；然后帮你分析 B（非理性信念），也就是你对于考试的一些不合理的想法，比如"我必须考满分，考不好就完了"；接着让你意识到这些 B（非理性信念）可能会导致 C（情绪和行为后果），比如过度焦虑、失眠、学习效率下降。最后，EduChat 会引导你质疑这些非理性信念，帮助你建立更理性的想法。例如"尽力就好，一次考试不能决定一切"。除此之外，EduChat 还会根据你的具体情况，提供个性化的建议，例如，教你一些放松训练的方法，帮助你缓解焦虑，重拾信心。

想象一下，你因为考试失利而感到沮丧，向 EduChat 倾诉："这次考试没考好，我感觉自己太笨了，努力也没用。"EduChat 可能会这样回应你："我理解你现在的心情，但是'考不好就觉得自己笨'这可能是一种非理性的想法哦。考试成绩只是对你某个阶段学习情况的反映，并不能完全代表你的能力。而且，一次考试失利，并不意味着你的努力是失败，也许只是学习方法需要调整，或者复习还不够充分。我们一起来分析一下，这次考试失利的原因，然后一起制订一个更有效的学习计划，好吗？"这样的回应是不是更专业，也更能给你带来实际的帮助呢？

EduChat 的这四大核心功能，就像一位全能的教育助手，既能解答你学习上的各种疑问，又能批改你的作文，启发你的思考，还能在你情绪低落的时候，给你提供心理上的支持。它的目标就是让学习变得更高效、更个性化、更温暖。

11.3.2　EduChat 的构建过程

EduChat 的构建过程主要分为三个核心环节：数据构建、模型训练和系统优化，如图 11-4 所示。

1. 数据构建：教育知识的"原材料"

数据就像模型的"粮食"，高质量的数据是训练出优秀模型的基础。EduChat 在数据构建方面下了很大的功夫，就像厨师为了做出美味佳肴，精心挑选各种优质食材一样。EduChat 的数据构建主要分为两个部分：预训练数据和微调数据。

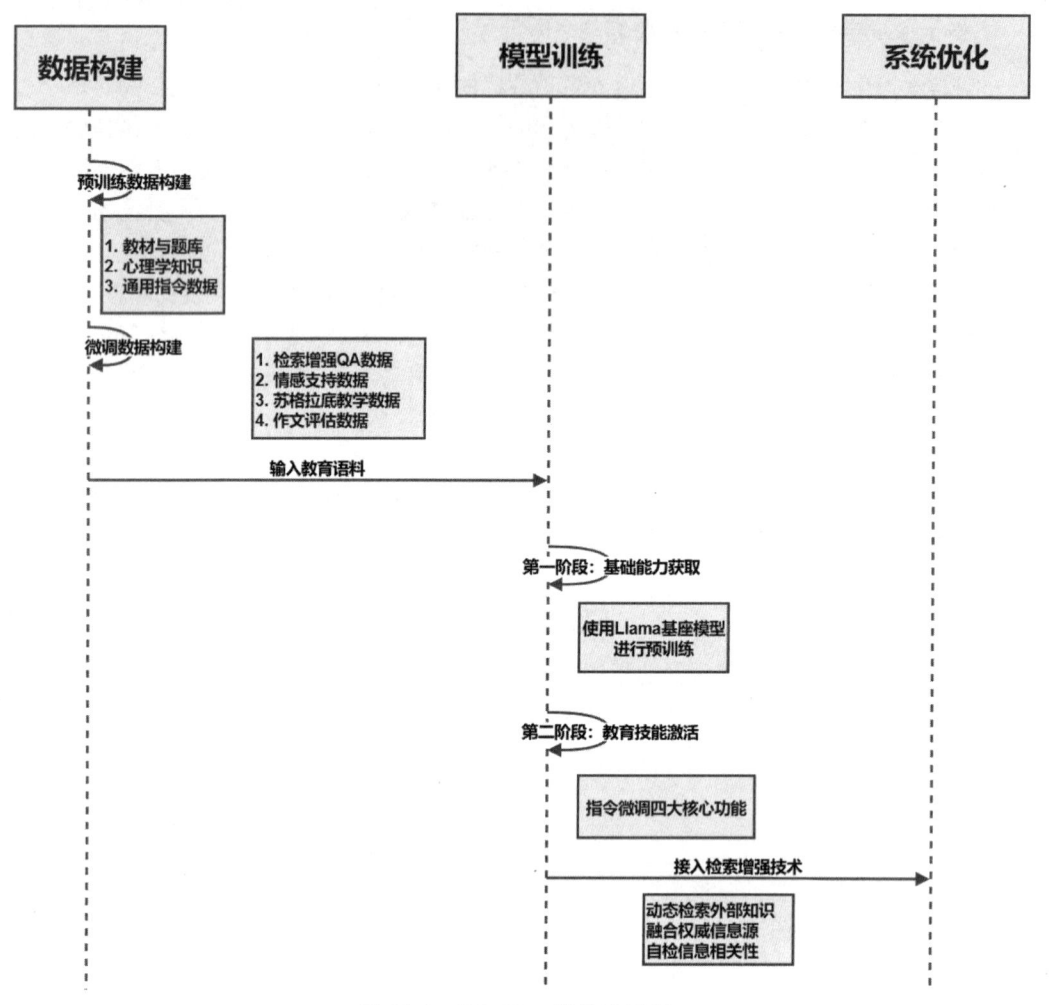

```
┌──────────┐              ┌──────────┐              ┌──────────┐
│ 数据构建 │              │ 模型训练 │              │ 系统优化 │
└────┬─────┘              └────┬─────┘              └────┬─────┘
     │ 预训练数据构建          │                         │
     │ ┌─────────────────┐    │                         │
     │ │1. 教材与题库    │    │                         │
     │ │2. 心理学知识    │    │                         │
     │ │3. 通用指令数据  │    │                         │
     │ └─────────────────┘    │                         │
     │ 微调数据构建            │                         │
     │ ┌──────────────────┐   │                         │
     │ │1. 检索增强QA数据 │   │                         │
     │ │2. 情感支持数据   │   │                         │
     │ │3. 苏格拉底教学数据│   │                         │
     │ │4. 作文评估数据   │   │                         │
     │ └──────────────────┘   │                         │
     │   输入教育语料          │                         │
     │────────────────────────>│                         │
     │                         │ 第一阶段：基础能力获取   │
     │                         │ ┌─────────────────┐     │
     │                         │ │使用Llama基座模型│     │
     │                         │ │进行预训练       │     │
     │                         │ └─────────────────┘     │
     │                         │ 第二阶段：教育技能激活   │
     │                         │ ┌─────────────────┐     │
     │                         │ │指令微调四大核心功能│   │
     │                         │ └─────────────────┘     │
     │                         │   接入检索增强技术      │
     │                         │────────────────────────>│
     │                         │                         │ ┌──────────────┐
     │                         │                         │ │动态检索外部知识│
     │                         │                         │ │融合权威信息源│
     │                         │                         │ │自检信息相关性│
     │                         │                         │ └──────────────┘
```

图 11-4　EduChat 的构建过程

1）预训练数据

预训练数据就像模型的"通用知识"储备，让模型先打好基础，掌握通用的语言能力和广泛的知识。EduChat 的预训练数据主要包括以下三个方面：

（1）教材与题库（系统的学科知识）：EduChat 收集了中小学各科权威教材、各种考试题库，还有大量的古诗词资料，这些数据就像学生课本和练习册的总和，为模型提供了系统的学科知识。例如，它学习了人民教育出版社出版的语文教材，了解了各种数学公式定理，背诵了《五年高考三年模拟》的各种题型，还熟读了唐诗三百首，可以说是博览群书，学富五车。

（2）心理学知识（专业的心理学理论）：EduChat 精选了 60 多本心理学经典著作，涵盖了发展心理学、咨询心理学等 15 个分支，这些数据就像心理咨询师的专业教科书，让模型掌握了专业的心理学理论，能够进行情感支持和心理疏导。它学习了弗洛伊德的精神分析理论，了解了认知行为疗法，研究了积极心理学，可以说是一位"科班出身"的心理咨询师。

（3）通用指令数据（基础的对话能力）：EduChat 还整合了 Alpaca、BELLE 等开源的通用指令数据集，这些数据就像日常对话语料，让模型具备了基本的对话能力，能够进行日常交流，理解用户的指令。它学习了如何进行日常聊天，如何回答简单的问题，如何理解用户的意图，可以说是一个"善于沟通"的助手。

2）微调数据

微调数据更像"专项训练数据"，在模型掌握了通用知识的基础上，针对 EduChat 的核心功能进行专门的训练，让模型掌握各种"教育技能"。EduChat 的微调数据主要包括以下四个方面：

（1）检索增强 QA 数据（高质量的问答示例）：为了让 EduChat 更好地进行检索增强问答，研究人员利用 ChatGPT 筛选了大量高质量的问答数据，并引入了自检机制，过滤了那些检索内容不相关的提问，确保模型学习到的是高质量的问答范例。这些数据就像教师给学生展示的优秀问答案例，让模型学习如何进行高质量的问答。

（2）情感支持数据（真实的心理咨询对话）：为了让 EduChat 更好地进行情感支持，研究人员翻译并扩展了英文的情感支持数据集 ESConv，还结合真实的心理咨询案例，构建了中文的对话数据，这些数据就像心理咨询师的对话记录，让模型学习如何进行有效的情感交流和心理疏导。

（3）苏格拉底教学数据（引导式对话的示范）：为了让 EduChat 掌握苏格拉底式教学法，研究人员模拟了多步引导式的对话，并由人工审核对话的逻辑性和连贯性，确保模型学习到的是高质量的引导式对话范例。这些数据就像优秀教师的课堂实录，让模型学习如何进行启发式教学，引导学生思考。

（4）作文评估数据（专家批改的作文范例）：为了训练 EduChat 的作文评估能力，研究人员利用 ChatGPT 生成了初步的作文评语，然后邀请教育专家手动优化这些评语，确保评语的专业性和准确性。这些数据就像专家批改的作文范例，让模型学习如何进行专业的作文评估。

2. 模型训练：打造强大的"教育大脑"

有了高质量的数据"原材料"，接下来就是模型训练这个关键环节，就像厨师用食材烹饪美味佳肴一样，研究人员利用这些数据来训练 EduChat 模型，打造强大的"教育大脑"。EduChat 采用了两阶段训练策略，就像"先打基础，再练技能"的过程。

第一阶段：基础能力获取。首先，研究人员首先选择了一个强大的"基座模型"Llama，这个模型就像一个聪明的"毛坯房"，具备了基本的语言理解和生成能力。然后，研究人员用海量的教育语料对 Llama 模型进行预训练，就像给"毛坯房"进行基础装修，让模型先掌握学科知识，熟悉教育领域的术语和表达方式，为问答输出积累坚实的知识基础。

第二阶段：教育技能激活。在模型具备了基础能力之后，研究人员针对 EduChat 的四大核心功能，利用微调数据对模型进行指令微调，就像给"装修好的房子"配置各种家具家电，让模型掌握各种"教育技能"，例如检索增强问答、作文评估、苏格拉底教学、情绪支持等，使得模型能够真正胜任教育助手的角色。

除了两阶段训练策略，EduChat 还采用了检索增强技术，这项技术就像给模型安装了一个"外脑"，让模型在回答问题时，能够自动联网搜索信息，并将检索到的信息融合到答案中，从而减少模型"胡说八道"的发生概率，并确保答案的时效性和准确性。模型会像一位负责任的研究者一样，自动判断检索到的信息是否与问题相关，并优先选择那些可信的外部知识来源，例如权威网站、学术机构等。

3. 系统优化：提升用户体验，拥抱开源社区

模型训练完成之后，还需要进行系统优化，就像房子建好之后，还需要进行精装修和家具摆放，才能真正入住。EduChat 的系统优化主要包括以下两个方面：提示词设计和开源部署。

（1）提示词设计（精细化控制模型行为）：提示词就像人和模型交流的"暗号"，通过精心设计的提示词，可以引导模型更好地理解用户的意图，并产生更符合预期的输出，EduChat 在提示词设计方面下了很多功夫。比如，为了增强模型的专业可信度，在提示词中明确标识模型的身份，例如"我是华东师范大学开发的对话模型 EduChat"；再比如为了提高系统的灵活性和安全性，设计了动态工具控制机制，可以根据对话情境，灵活地开启或关闭网络搜索、计算器等工具；还有为了方便用户使用各种功能，通过系统提示词，用户可以轻松地调用模型的特定功能，例如"启用苏格拉底教学模式""启动作文评估功能"等。

（2）开源部署（共同建设教育智能化社区）：EduChat 团队非常具有开放精神，他们将 EduChat 的代码、模型、数据都开源在 GitHub 和 Hugging Face 等平台上，就像将房屋的设计图纸和建材都公开出来，供大家免费使用和改进。这样做的好处非常多，一方面促进了学术界和产业界的合作，让更多的人可以基于 EduChat 进行研究和开发，共同推动教育智能化技术的发展；另一方面推动了教育智能化社区的共建，吸引了更多的开发者、研究者、教育工作者参与到 EduChat 的改进和完善中，共同构建一个开放、协作、繁荣的教育智能化生态。

11.3.3　EduChat 效果验证

EduChat 究竟好不好用，效果怎么样呢？就像新产品上市，需要进行各种评测和用户体验一样，EduChat 也进行了严格的效果验证，并展现出了显著的优势，如图 11-5 所示。

	STEM	Social Science	Humanities	Others	Avg(hard)	Avg
GPT-4	67.1	77.6	64.5	67.8	54.9	68.7
ChatGPT	52.9	61.8	50.9	53.6	41.4	54.4
Baichuan-13B	47.0	66.8	57.3	49.8	36.7	53.6
InternLM-7B	48.0	67.4	55.4	45.8	37.1	52.8
ChatGLM2-6B	48.6	60.5	51.3	49.8	37.1	51.7
WestlakeLM-19B	41.6	51.0	44.3	44.5	34.9	44.6
Baichuan-7B	38.2	52.0	46.2	39.3	31.5	42.8
Chinese-Alpaca-33B	37.0	51.6	42.3	40.3	30.3	41.6
Chinese-Alpaca-13B	31.6	37.2	33.6	32.8	27.3	33.3
EduChat	36.2	50.7	42.9	37.7	28.3	40.7
EduChat (w Retrieval)	43.5	59.3	53.7	46.6	33.1	49.3

图 11-5　EduChat效果验证[1]

为了科学地评估 EduChat 的性能，研究人员采用了中文评估基准 C-Eval，这个基准就像"高考"，能够全面考查模型的知识水平和推理能力。测试结果显示，EduChat（13B 参数）在 C-Eval 上的得分，比同等规模的开源模型 Chinese-Alpaca-13B 高出了 7 分以上，这就像考试成绩，实实在在地证明 EduChat 在教育领域的知识掌握和应用能力方面超越了同类模型。更令人惊喜的是，EduChat 的检索增强版本（w Retrieval）在 C-Eval 上的平均分更是提升到了 49.3 分，比原版提高了 8.6 分，这就像使用了"秘密武器"，让模型的知识水平和应试能力都得到了显著提升，有力地证明了检索增强技术在提升模型知识准确性和时效性方面非常有效。

EduChat 就像一个教育领域的创新典范，它通过面向教育的深度定制、任务导向的精细微调，以及创新的检索增强技术，实现了教育场景下的精准知识服务和人性化智能交互。它不仅为大模型在垂直领域的应用提供了可借鉴的样板，更以其开放共享的精神，推动着教育智能化技术的进步，以及教育公平化和个性化的发展，让每个人都有机会享受到更优质、更公平、更个性化的教育资源。

11.4　大模型在教育中的应用前景

大模型正展现出在教育领域内多维度的应用潜力。首先，作为学习辅助工具，大模型能够充当互动式对话伙伴，帮助学生以自己的语言阐释复杂概念。在这一过程中，学生不仅能发现并弥补知识盲点，还能通过反复解释与自我纠正，进一步巩固所学内容。

此外，大模型在辅助教学与备课方面也展现出显著优势。它可以减轻教师在备课、教学资料生成、习题设计、测试构建及学生反馈等环节的负担，从而提升整体教学效率和质量。然而，在肯定大模型应用前景的同时，其潜在的伦理问题与挑战同样不容忽视。具体而言：

（1）认知卸载风险：过度依赖大模型可能使学生逐渐失去自主探究与思考的动力，从而引发批判性思维和问题解决能力的退化。

---

[1] 参考：*EduChat ——A Large-Scale Language Model-based Chatbot System for Intelligent Education*。

（2）学术诚信问题：大模型的便捷性可能助长学术抄袭和作弊现象。目前，诸如 ZeroGPT 等 AI 抄袭检测工具在检测 AI 生成文本（尤其是经过翻译处理的文本）时仍存在局限，给学术诚信管理带来挑战。

（3）传统评估模式的局限：传统的评估模式主要侧重于知识的记忆和再现，难以准确衡量学生在大模型环境下所体现出的创造力、批判性思维和解决问题的能力，因此需要探索新的评估模式。

（4）数据隐私、安全及算法偏见：在教育应用中，大模型涉及大量学生数据，数据安全和隐私保护显得尤为重要。同时，模型训练过程中可能存在的偏见问题，也可能导致教育资源分配的不公，要求我们在构建和优化模型时注重透明度和包容性。

展望未来，多模态学习分析将成为教育技术的重要发展方向。未来的大模型不仅能超越纯文本处理，还将整合文本、音频、视频、体感互动等多种数据形式，进而更全面地解析学习过程和学生行为。这将有助于更精准地评估学生的参与度、理解力和学习风格，实现高度个性化和自适应的教学体验。

值得关注的是，2025 年 1 月问世的 DeepSeek-R1 推理大模型凭借其惊人性能、低廉成本和开源精神，在全球掀起了一场技术革命。依托这一突破，边缘设备如智能学习机正焕发出前所未有的发展活力——它们不仅能轻松理解复杂语义，更能深入掌握各学科精髓，化身为智慧导师，为学生提供精准且情境丰富的学科辅导体验。这样的技术飞跃不仅令教育变得生动有趣，也让优质教学触手可及，同时大幅降低了教育成本，预示着未来发展的无限可能。

11.5　本章小结

本章深入探讨了大模型技术在教育领域带来的变革，全面分析了其为教育带来的机遇与挑战，从教育技术发展的宏观视角，到具体的教学应用，再到未来的展望。本章重点展示了大模型技术如何赋能教育，尤其在个性化学习、教学辅助等关键领域的应用，结合"EduChat"案例，具体阐述了其在教育行业中的实践落地，并对其未来发展方向做了探讨。

首先，本章回顾了传统教育技术的局限，并详细论述了大模型技术为教育技术发展带来的前所未有的机遇。大模型不仅推动了教育理念的更新，还在实践中提供了革命性的变革。然而，机遇与挑战并存，数据安全、算法伦理及教育公平性等问题也逐渐显现，需要引起足够重视。

大模型技术的核心应用之一是个性化学习。通过对学生的学习数据的深度分析，大模型能够实现"因材施教"，为每个学生提供定制化的学习路径和内容推荐，提升学习效率，提供个性化支持。智能答疑与辅导系统借助强大的自然语言处理能力，能够快速响应并深入解析学生问题，从而在学习过程中提供高效且个性化的帮助。此外，本章还通过多种应用案例，展示了大模型在各学科和学习阶段的应用潜力。

另外，大模型技术也在教学辅助领域发挥了重要作用。智能备课助手为教师提供了高效便捷的备课资源，极大提升了教师的备课效率和教学资源的多样性。智能作业批改和评估系统不仅减轻了教师的批改负担，还能提供及时且精准的学情分析，帮助教师根据学生表现及时调整教学策略，提高教学质量。

为了更具象地展示大模型技术在教育领域的应用，本章详细剖析了"EduChat"这一创新案例。EduChat 作为一个大模型应用，解决了教育中的关键问题，展示了大模型技术的教育实践价值。EduChat 的核心功能包括检索增强的开放问答、细粒度作文评估、苏格拉底式教学引导，以及基于心理学的情绪支持，旨在为学生提供更加全面的学习支持和心理关怀。通过数据构建、模型训练和系统优化三个关键环节，EduChat 展现了大模型技术的教育价值。

最后，本章从伦理和应用前景的角度进行了深刻的思考。教育领域中的伦理问题尤其重要，需要在推进技术应用的同时，注重对学生隐私、数据安全和教育公平的保障。

第 12 章
智能驾驶：大模型推动未来出行

当历史的车轮驶入人工智能的新时代时，交通出行领域也迎来了前所未有的变革机遇。正如理想汽车创始人李想富有远见地指出："汽车将不再仅仅是工业时代的交通工具，更将进化为人工智能时代自主移动的空间机器人"。这句话深刻揭示了未来汽车形态的演变趋势，也预示着一场由智能化技术深度驱动的出行革命已然拉开序幕。

早期的 Autopilot 系统主要提供诸如自动泊车、车道保持、自适应巡航等基础辅助驾驶功能。这些功能在特定场景下，如高速公路巡航和泊车入位，可以有效减轻驾驶员的操作负担，但驾驶员仍然需要保持高度警惕，并随时准备接管车辆的控制权，系统的自动化程度较低。

随着技术的持续进步，特斯拉全自动驾驶（Full Self-Driving，FSD）逐渐具备了更高级的功能，例如在高速公路上根据导航指令自动变换车道、平顺地驶入或驶出匝道等。但这一阶段的系统仍然属于 L2 级别的自动驾驶，驾驶员在整个驾驶过程中仍然需要对车辆的安全负主要责任，系统的自动化程度有所提升，但未达到完全自动驾驶的要求。特斯拉 FSD 的终极目标是实现 L4 甚至 L5 级别的完全自动驾驶。这意味着车辆在绝大多数乃至所有驾驶场景下，都能够完全自主运行，无须任何人为干预，真正实现"无人驾驶"的理想状态。

我们正身处激动人心的时代转折点，亲历汽车从单纯代步工具向具备感知、思考、决策能力的智能移动空间跃迁。这场变革，必将深刻重塑人类的生活方式。

12.1 智能驾驶：一个空间机器人的时代

智能驾驶的时代已加速到来，并展现出不可逆转的发展趋势。特斯拉作为全球智能驾驶产业的领军企业，凭借其卓越的技术实力和前瞻性战略布局，引领着产业浪潮。特斯拉在高阶自动驾驶技术上不断取得突破，特别是 FSD V13（Full Self-Driving version 13）的问世，标志着自动驾驶技术从依赖人工预设规则到"端到端自动驾驶"的重大飞跃。这项技术的意义在于，它模拟了人类驾驶员的思维模式，通过深度学习海量真实驾驶数据，自主理解并应对复杂多变的交通环境，大幅提升了系统的智能化水平和泛化能力。特斯拉已于 2024 年 10 月正式推出 Robotaxi 服务，这一举措将有望将无人驾驶出租车从前沿概念转化为触手可及的现实，真正开启智能出行的崭新篇章。

放眼全球，在这场波澜壮阔的智能驾驶浪潮中，中国市场正迸发出前所未有的活力与潜力。智能驾驶在中国市场迎来了政策支持、技术供给、用户需求"三重拐点"，预示着产业发展的黄金时期已经来临。在政策层面，国家及地方政府陆续出台 L3 级自动驾驶道路测试政策，以及全无人自动驾驶汽车商业化运营管理办法，为行业的健康发展奠定了坚实的政策基础，扫除了商业化落地的政策障碍。在供给端，像"萝卜快跑"这样的 Robotaxi 厂商已经在多个城市开展载人测试运营，并积极扩大无人驾驶出租车队的规模，力争在商业模式上取得突破。同时，包括华为、小鹏、理想、小米等在内的中国科技巨头也在 2024 年加速推出不依赖高精地图的城市 NOA（导航辅助驾驶）功能，显著提升了智能驾驶在复杂城市环境下的实用性和普及性。值得关注的是，特斯拉 FSD 也有望在 2025 年引入中国，为消费者带来更先进的智能驾驶体验。

在需求侧，随着智能驾驶技术的不断成熟及媒体的广泛传播，社会公众对全无人自动驾驶汽车的认知度和接受度不断提高。智能驾驶功能已经逐渐成为消费者购车决策的重要影响因素。越来越多的消费者认识到，智能驾驶不仅能显著提升驾驶的便捷性和安全性，还能创造更加舒适、高效的出行体验，满足人们对美好出行的更高期待。

展望 2026 年，我们有理由相信，智能驾驶将进入产业化加速发展阶段。具备 NOA 功能的汽车的市场渗透率将稳步攀升，无人驾驶出租车也将逐步走向商业化运营，智能驾驶技术将更深入地融入日常生活，切实改变人们的出行方式。在这一深刻变革的进程中，大模型等先进人工智能技术无疑扮演着关键角色。强大的数据支撑与先进的算法模型为高阶智能驾驶系统提供了精准的环境感知、智能决策规划和自然人机交互的基础。DeepSeek 和其他大规模预训练模型凭借其卓越的学习能力与泛化性能，赋能智能驾驶系统突破技术瓶颈，推动性能跃升。可以预见，大模型的深入应用将加速智能驾驶技术的迭代升级，引领未来出行向着更加安全、高效、便捷、舒适的方向持续演进。

展望未来，我们所驾乘的汽车，将不再是冰冷的钢铁机器，而将演变为拥有高度智慧、能够与人类进行自然情感交互的智能出行伙伴。它们将成为我们移动的办公室、个性化的休闲娱乐空间，甚至是温馨舒适的"移动之家"，为未来生活带来无限想象。智能驾驶的未来，蕴藏着前所未有的发展机遇与变革潜力，而以大模型为代表的人工智能技术，将成为开启未来智能出行之门的关键"钥匙"。

12.2　智能驾驶与大模型

智能驾驶技术的演进是一部从"感知驱动"走向"认知驱动"的创新史。自20世纪末期起步，智能驾驶历经了基础辅助驾驶（如自适应巡航、车道保持）到高阶自动驾驶的跃迁。早期算法主要依赖卷积神经网络，侧重于图像识别和局部环境感知，但在算力、传感器性能及算法自身局限性的制约下，发展进程相对缓慢。随着技术的演进，循环神经网络和生成对抗网络相继引入，模型已具备处理时序数据和增强场景生成能力，然而这些传统模型在应对复杂动态环境时仍显不足。

2020年后，以特斯拉为代表的企业率先将鸟瞰图（Bird's Eye View，BEV）与Transformer创新性地结合，实现了从二维图像感知到三维空间建模的重大突破。这一阶段，端到端（End-to-End）架构日益普及，将感知、决策与规划模块整合为统一的数据驱动系统，显著提升了算法效率与实时性。至2025年，智能驾驶技术步入"无图NOA"（不依赖高精地图的领航辅助驾驶）时代，例如比亚迪"天神之眼"系统，通过无图城市领航功能将高阶智能驾驶技术下探至10万元级别车型，加速了技术的普惠进程。

注意：端到端架构在深度学习中指的是一种模型架构设计理念：从原始输入数据到最终输出结果，整个决策过程完全由单一神经网络完成，无须人工设计中间处理环节。这种设计摒弃了传统分步骤、模块化的处理流程，让模型自主挖掘数据中隐藏的复杂关系。

尽管如此，智能驾驶技术依然面临诸多挑战，尤其在极端天气、罕见路况等长尾场景下的泛化能力，算力需求与成本的平衡，以及安全性和法规适应性等方面亟待突破。而大模型技术的崛起，为解决这些瓶颈问题开辟了崭新的路径。

12.2.1　智能驾驶中的大模型技术

大模型通常指参数规模达数十亿乃至万亿级的深度学习模型。其核心优势在于通过海量数据预训练，获得强大的通用推理与推断能力，例如模型的跨任务迁移能力和小样本学习能力。以Transformer为基石的大模型（如DeepSeek）在自然语言处理领域取得革命性进展，其技术范式迅速扩展至视觉与多模态领域，催生了视觉—语言—动作模型（VLA）等新兴架构。例如，特斯拉 FSD V13 系统完全依赖车载摄像头和深度神经网络，以端到端闭环模式实现了从感知到决策的直接转化，其背后正是大模型技术的广泛应用和能力泛化。下面从感知层、决策层和算力层三个方面详细剖析大模型如何在智能驾驶领域推动技术革新和能力升级。

1. 感知层：从局部到全局的环境理解

传统感知模型依赖大量人工标注数据，面对未曾见过的场景，其泛化能力不足。大模型则通过预训练和微调策略，利用无监督学习从海量无标注数据中提取通用特征，显著提升了对复杂环境（如遮挡目标、动态障碍物）的识别精度。在"预训练"阶段，大模型学习数据中的普遍规律和特征表示；在"微调"阶段，大模型在特定任务的小规模标注数据集上进行精细调整，从而快速适应新任务。例如，占用网络（Occupancy Network）通过三维体素化建模，能够实时预测车辆周围空间的占用概率，有效突破了传统 BEV 在处理立体场景时的局限性。

注意：占用网络是一种利用神经网络技术，将车辆周围环境构建成三维空间模型，并预测空间中每个位置被物体占据概率的技术，从而帮助自动驾驶系统更好地理解和感知周围环境。

简单来说，可以把占用网络想象成给自动驾驶汽车构建一个 3D 的"透视眼"，这个"透视眼"不仅能看到周围有什么物体，还能预测空间中哪些地方可能被物体占据，哪些地方是空的，即使有些地方被遮挡了也能进行概率估计，从而让汽车更安全地行驶。

为了提高占用预测的准确度，有专家又引入了 Partial Voxel FPN[1] 模块，优化多尺度特征融合。Partial Voxel FPN 和传统的 Voxel-FPN（体素特征金字塔网络）有很大区别，传统的 Voxel-FPN 会在所有层级融合多尺度的体素特征，而 Partial Voxel FPN 只在部分高度层融合多尺度特征。这样既能达到和完整 FPN 类似的多尺度特征融合效果，又能减少计算开销。也就是说，新的 Partial Voxel FPN 结构更高效。

占用网络的工作流程如图 12-1 所示。

（1）占用网络的工作流程从多视角图像输入开始。这意味着输入的数据是来自多个摄像头的图像，比如安装在汽车周围的多个摄像头拍摄的图像。

（2）这些多视角图像首先进入主干网络。主干网络的作用是从这些图像中提取特征。

（3）提取特征之后，会进行视图转换。这一步的目的是把从不同视角图像中提取的特征转换到一个统一的 BEV 空间，也就是鸟瞰图空间。BEV 是一种从上方俯视场景的视角，对于自动驾驶这种需要理解周围环境空间结构的应用来说非常有用。

---

[1] 参考：*Fast Occupancy Network*。

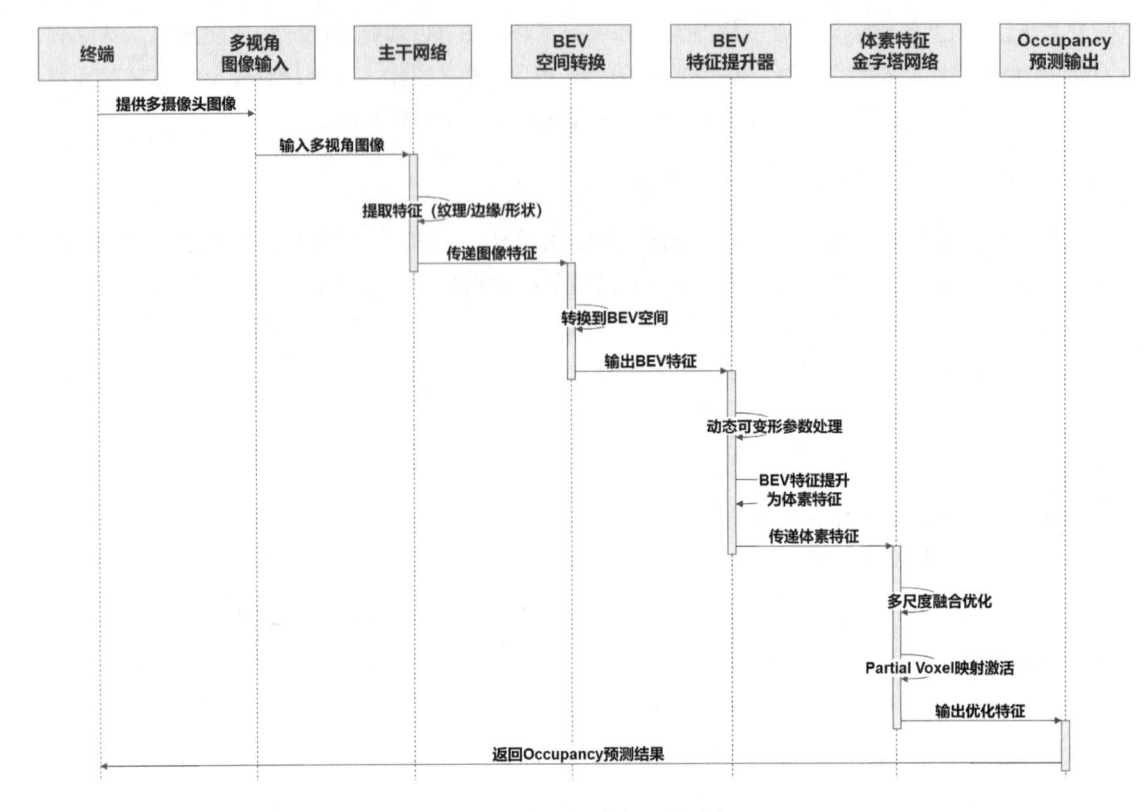

企业大模型实战：核心技术与行业赋能

```
终端    多视角      主干网络   BEV      BEV        体素特征    Occupancy
        图像输入              空间转换  特征提升器   金字塔网络   预测输出

 ├─提供多摄像头图像─→│
            ├─输入多视角图像─→│
                        ├─提取特征（纹理/边缘/形状）
                        ├─传递图像特征──→│
                                    ├─转换到BEV空间
                                    ├─输出BEV特征──→│
                                                ├─动态可变形参数处理
                                                ├─BEV特征提升
                                                  为体素特征
                                                ├─传递体素特征──→│
                                                              ├─多尺度融合优化
                                                              ├─Partial Voxel映射激活
                                                              ├─输出优化特征──→│
 ←────────────────返回Occupancy预测结果───────────────────────────────┤
```

图 12-1　占用网络的工作流程

（4）将特征转换到 BEV 空间后，我们就得到了 BEV 特征。接下来，这些 BEV 特征会进入 BEV 特征提升器（BEV Lifter）。在这一步中，会使用可变形卷积，在 BEV 空间中把二维的 BEV 特征"提升"到三维的体素特征。

（5）经过 BEV 特征提升器，我们就得到了体素特征。体素可以理解为三维空间中的像素，用来表示场景的三维结构信息。

（6）体素特征进入金字塔网络进行处理。它的作用是在部分高度层进行多尺度特征融合。

（7）流程的终点是"Occupancy"，也就是占用率预测。Occupancy 预测任务的目标是预测场景中的三维空间哪些部分是被物体占据的，哪些是空旷的。

该技术突破了传统三维检测的边界框限制，直接预测每个体素的占据概率和语义标签，可识别异形障碍物（如倾覆车辆、建筑残骸）并处理 87% 的未知类别物体。在计算效率方面，通过分层特征压缩和硬件感知优化，在 AMD MI250 平台实现了每秒 24 帧的实时推理，较 OccNet 提速了 3 倍。实际路测显示，在遮挡场景下其体素补全准确率达 91%，显著优于传统 BEV 检测模型的 68%。未来可通过融合时序信息与神经辐射场（NeRF）技术，进一步提升动态场景建模精度，为自动驾驶决策规划提供厘米级的三维环境认知能力。

2. 决策层：从规则驱动到认知驱动

大模型的核心优势在于其强大的推理与决策能力。通过引入视觉语言模型，智能驾驶系统能够模拟人类驾驶员的认知过程，进行"认知驱动"的决策。在面对突发场景（如道路施工、交通标志冲突等）时，系统不再仅依赖预设规则，而是能够结合历史驾驶数据与实时感知信息，进行推理和判断，并生成更具适应性的动态决策。例如，在面对"断头路"情景时，系统可以结合历史导航数据和实时传感器信息，推理出最佳绕行路线，而非仅仅触发预设的"停止"或"后退"规则。

Waymo 发布的 MotionDiffuser 是一种创新的基于扩散模型的多智能体运动预测方法。它旨在预测复杂环境中多个智能体未来轨迹的联合分布，从而捕捉未来运动的多样性和相互影响。与传统方法不同，MotionDiffuser 擅长学习高度多模态的轨迹分布，能够预测多种可能的未来情景，更能体现真实世界中运动预测的不确定性。该方法尤其适用于自动驾驶等场景，预测车辆、行人等多个交通参与者在未来一段时间内的运动轨迹，并考虑到它们之间的协同与避让关系。

MotionDiffuser 的工作流程中的核心在于扩散和逆扩散过程。MotionDiffuser 首先通过扩散过程在真实的轨迹数据中逐步加入噪声，再通过学习逆扩散过程，从噪声中逐步还原出逼真的未来轨迹。训练过程仅需简单的 L2 损失函数，无须复杂的技巧。为了处理多智能体场景，MotionDiffuser 采用了置换不变性设计，保证其能够有效分析智能体间的相互作用，而无须区分个体顺序。此外，MotionDiffuser 还利用 PCA 进行轨迹压缩，提升计算效率和性能，并引入约束采样框架，实现基于规则、物理先验等条件的可控轨迹生成，满足多样化的应用需求。

MotionDiffuser 展现出多项显著优势。它能够捕捉多模态的未来轨迹分布，预测结果更加丰富和真实；训练过程简单高效，易于实现和优化；置换不变性设计使其天然适合多智能体场景；PCA 压缩提升了模型效率；约束采样框架则赋予了 MotionDiffuser 强大的可控性和灵活性。实验证明，MotionDiffuser 在 WaymoOpenMotionDataset 等数据集上取得了顶尖的运动预测性能，代表了多智能体运动预测领域的最新进展。

此外，为了提升决策的可靠性和安全性，研究人员也在探索大模型决策的可解释性，并尝试将强化学习、模仿学习等方法融入大模型训练，以学习更优的驾驶策略。

3. 算力层：从通用 GPU 到专用 ASIC 芯片

大模型部署面临性能与成本的双重挑战。早期智能驾驶系统依赖通用图形处理器（GPU）进行大规模计算，但专用集成芯片（ASIC）在能效方面展现出巨大优势，正逐渐成为行业主流选择。特斯拉 FSD 芯片就是定制化 ASIC 芯片的典范，通过硬件层面的优化设计，以更低的功耗高效支持大模型推理任务。ASIC 芯片针对智能驾驶应用中的矩阵运算、卷积运算等核心操作进行了专门优化，大幅提升了计算效率和能效比。

早期智能驾驶系统为了快速验证算法和功能，通常依赖通用 GPU 强大的并行计算能力进行大规模的数据处理和模型运算。然而，GPU 在设计之初并非完全为智能驾驶应用量身定制，其在能效比方面的劣势逐渐显现，尤其是在对功耗和成本都极为敏感的汽车行业，这种劣势变得尤为突出。

相比之下，ASIC 芯片凭借其定制化的硬件设计，在能效方面展现出巨大的优势，正逐渐成为智能驾驶行业部署大模型的首选方案。ASIC 芯片的核心优势在于其高度的定制化，它能够针对智能驾驶应用中频繁出现的矩阵运算、卷积运算等核心操作进行专门的硬件加速设计。这种定制化的设计理念极大地提升了计算效率，并显著降低了能耗，从而实现了更高的能效比。例如，在执行相同的深度学习推理任务时，ASIC 芯片的能耗可能仅为通用 GPU 的几分之一，这对于降低智能驾驶系统的总体功耗，延长电动汽车的续航里程，以及减少热管理系统的复杂性和成本都具有重要意义。

业界普遍预测，随着 ASIC 技术的不断成熟和规模化应用，到 2027 年，ASIC 芯片的广泛应用将使高阶智能驾驶系统的硬件成本降低约 30%。这一预测并非空穴来风，其背后有着深刻的行业发展逻辑。首先，随着智能驾驶技术的日益普及，对高性能、低功耗计算芯片的需求将持续增长，这将推动 ASIC 芯片的生产规模扩大，从而降低单位芯片的制造成本。其次，越来越多的芯片设计公司和汽车制造商开始投入到智能驾驶 ASIC 芯片的研发中，市场竞争的加剧也将进一步推动芯片价格的下降。此外，随着芯片制造工艺的进步，例如更先进的制程工艺和 3D 封装技术，也将在提升芯片性能的同时，降低制造成本。硬件成本的显著降低，无疑将加速高阶智能驾驶系统的普及，使其能够惠及更广泛的消费者，而不再是少数高端车型的专属配置。

除了硬件层面的优化，软件层面的优化技术也在不断进步，这为大模型在算力受限的边缘设备（智能驾驶系统）上部署提供了更多的可能性。模型压缩、剪枝和量化等技术，作为降低模型复杂度和计算量的有效手段，受到了业界的广泛关注。模型压缩旨在通过减少模型的参数量和计算量，缩小模型体积，降低模型对硬件资源的需求。剪枝技术通过移除模型中不重要的连接或神经元，减少模型的冗余信息，从而实现模型瘦身。量化技术则通过降低模型参数的数值精度，例如将浮点数转换为定点数，减少模型的存储空间和计算复杂度，同时尽可能保持模型的性能。这些软件层面的优化技术，可以在不显著降低模型精度的前提下，大幅降低模型的计算和存储需求，使得大模型能够在算力受限的边缘设备上高效运行，为智能驾驶系统的低成本、低功耗部署提供了强有力的支撑。

12.2.2 大模型成为智能驾驶技术突破的核心力量

1. 技术突破：解决长尾问题与提升安全性

大模型通过数据合成与增量学习等技术，有效缓解了长尾场景下数据稀缺的难题。云端仿真引擎能够生成极端天气（如暴雨、冰雪、雾霾等）、罕见路况（如施工现场、临时交通管制等）等合成数据，并与真实路况数据融合进行混合训练，显著提升模型对未知场景的感知能力。增量学习使模型能够不断吸收新数据，持续优化性能，以应对日益复杂的驾驶环境。同时，安全推理框架，如冗余感知系统和多传感器融合系统，通过冗余设计与实时验证机制，增强智能驾驶系统在关键决策环节的可靠性与安全性。形式化验证、对抗攻击检测等技术也为提升大模型的安全性提供了有力保障。

2. 商业价值：从"技术溢价"到"普惠标配"

大模型的技术经济学效应正在深刻重塑智能驾驶产业格局。以 DeepSeek 等开源模型为代表，通过算法优化等手段，将模型训练成本大幅降低，据测算可降至闭源模型的 1/10 左右，这使得 L2+ 级别智能驾驶功能迅速从高端车型向大众市场渗透。行业预测显示，到 2026 年，15 万元级别量产车型有望普遍搭载无图城市领航功能，L2+ 级别智能驾驶的渗透率预计将从目前的 14% 快速提升至 30%。此外，大模型还催生了数据服务、模型服务、云服务等新兴商业模式，为产业发展注入新的活力。各大车企纷纷加速在大模型领域的战略布局，市场竞争日趋激烈。

3. 社会影响：推动交通智能化与城市协同

大模型与"车路云平台"的深度融合，正推动交通系统迈向全局优化。"车路云平台"基于"通感算一体化"架构，能够协同数百万辆自动驾驶汽车进行全局路径规划，实时优化交通信号灯控制，从而显著减少交通拥堵，提升道路通行效率。智能驾驶保险等创新业务的兴起，利用风险评估模型为用户提供个性化保险方案，进一步降低了技术普及的门槛。更宏观来看，智能驾驶技术的普及应用，将有助于构建更安全、高效、绿色的未来交通体系，并在城市规划、基础设施建设、节能减排、社会效率提升等方面产生深远影响。

注意：通感算一体化是指将通信、感知和计算能力深度融合，使网络能够同时进行信息传输、环境感知和智能数据处理。借助通感算一体化，车辆能够实时处理海量感知数据，进行快速决策，例如预测行人意图、优化行驶路径、避免碰撞等。

大模型技术不仅是智能驾驶发展的"加速器"，更是重塑未来出行生态的"基石"。从算法创新到硬件变革，从商业落地到社会协同，大模型正引领智能驾驶从"功能叠加"走向"认知革命"。展望未来，随着多模态世界模型（Multimodal World Model）的日臻成熟，车辆有望真正具备类人的环境理解与决策能力，最终实现"全场景智驾"的宏伟愿景。在这个充满变革的进程中，技术进步与伦理考量、创新探索与安全保障的平衡，将是智能驾驶行业持续探索的核心命题。

12.3 智能驾驶案例：特斯拉 FSD 系统

特斯拉 FSD 系统代表汽车工业领域划时代的创新成果，预示着出行方式即将发生的颠覆性变革。它不仅仅是传统驾驶辅助系统的升级迭代，而是一套高度复杂、深度集成的自动驾驶生态系统，凝聚了先进的环境感知技术、强大的车载计算平台，以及基于海量数据驱动的深度学习算法。

12.3.1 特斯拉 FSD 系统的技术基石：端到端神经网络架构

特斯拉FSD系统的核心创新在于其端到端神经网络（End-to-End Neural Network）[1]的深度应用。该架构突破性地将传统自动驾驶系统中分离的感知、规划与控制模块整合为统一的计算框架，通过直接学习传感器数据与车辆控制信号之间的隐式映射关系，实现了从原始输入到最终决策的端到端优化。特斯拉FSD系统以摄像头采集的连续视频流作为主要输入，经多任务神经网络处理后直接输出转向、加速和制动等控制指令，显著降低了传统方法中手工设计特征提取器与规则引擎的工程负担。

这一技术路径的灵感源于对生物认知机制的研究，类比人类驾驶员通过视觉感知直接生成操控行为的学习过程。区别于传统模块化架构需要分别构建车道检测、障碍物分类、路径规划等独立子系统，端到端架构通过时空卷积网络与 Transformer 的混合建模，使模型能自主解析像素级时空关联，在复杂道路场景中实现类人的驾驶策略。例如，在处理无车道线乡村道路的问题时，系统不再依赖预设的几何规则，而是通过数据驱动的隐式学习生成适应性的轨迹规划。

特斯拉 FSD 系统的技术优势主要体现在三个方面：首先，系统复杂性得到结构性简化，传统方法中因模块间接口协议造成的累计误差被消除，模型通过梯度反向传播实现全局优化；其次，数据驱动的学习范式减少了对人工规则编码的依赖，使得系统可通过数亿千米的真实驾驶数据持续进化；最后，感知决策的深度融合提升了系统响应速度，将突发场景下的操控延迟降低至毫秒级。值得关注的是，该架构仍面临可解释性挑战，特斯拉通过构建多摄像头 BEV 空间感知网络与离线仿真验证系统来增强决策透明度。

在 FSD V12 向 V13 的演进中，特斯拉进一步扩展了神经网络的规模与训练数据维度。模型参数量突破百亿级别，训练数据集涵盖全球超过 1000 万车辆采集的长尾场景视频，并引入基于

---

1 参考：*End-To-End Planning of Autonomous Driving in Industry and Academia*。

物理引擎的合成数据增强技术。这使得车辆在应对极端天气、异形障碍物等边缘案例时，展现出接近人类专家的场景泛化能力。公开技术报告显示，特斯拉 FSD 系统的代码量相比传统架构减少约 90%，而城市道路干预频率同比下降 40%，标志着端到端架构在工程实践中的重要突破。

12.3.2 视觉感知核心：BEV+Transformer

特斯拉在全自动驾驶系统的构建方式上，做出了一个具有前瞻性和挑战性的重大决策——坚定地选择纯视觉路线。这与当时行业内普遍依赖激光雷达等多传感器融合的自动驾驶方案形成了鲜明对比。特斯拉坚信，人类驾驶员主要依赖视觉感知即可安全高效地驾驶，那么通过深度模仿这种模式，自动驾驶系统同样能够实现甚至超越人类的驾驶水平。为了实现这一宏伟目标，特斯拉创新性地研发并采用了名为 BEV+Transformer 的深度神经网络架构，这套架构不仅是特斯拉 FSD 系统的核心驱动力，更是特斯拉纯视觉自动驾驶方案得以实现的关键。

BEV 技术是这套架构的"点睛之笔"，它巧妙地解决了传统视觉感知系统难以构建全局环境认知的难题。车辆周围安装了多个摄像头，如同人类的眼睛从不同角度观察世界，但这些摄像头捕捉到的都是二维图像数据，如何将这些分散的、局部的二维信息整合起来，形成对周围环境完整、统一的理解，是自动驾驶感知系统的核心挑战之一。BEV 技术应运而生，它能够将来自多个摄像头、不同视角的二维图像数据，创造性地转化为统一的三维空间信息。这种转化如同为车辆开启了"上帝视角"，使得系统能够从全局的高度俯瞰和理解周围环境，更精准地把握车辆与周围物体之间的空间位置关系。例如，系统能够清晰地识别前方车辆的精确位置、道路的边界线，以及行人相对于车辆的空间方位，从而为后续的路径规划和决策制定提供了更可靠和精确的空间信息基础。相较于传统的单目视觉感知，BEV 技术极大地提升了环境感知的全局性和空间精度，为自动驾驶系统构建了更接近真实世界的数字孪生环境。

Transformer 是一种功能强大的神经网络架构，最初在自然语言处理领域取得了巨大成功，尤其擅长处理序列数据和捕捉数据之间的长距离依赖关系。特斯拉工程师极具创新性地将 Transformer 引入自动驾驶的视觉感知领域，并应用于处理 BEV 特征。通过精妙的自注意力机制，Transformer 能够高效地从 BEV 特征中识别出在当前驾驶场景下至关重要的信息。例如，在复杂的交通路口，Transformer 能够迅速识别并关联交通信号灯的状态、道路标志的指示，以及其他车辆和行人的精确位置及潜在意图。更进一步，系统甚至能够理解驾驶场景中的上下文信息，例如，通过自注意力机制，系统可以判断前方车辆是否正在减速并线，从而预测其未来的行驶轨迹，并提前做出相应的驾驶决策。这种聚焦于关键信息的能力，使得系统能够如同庖丁解牛般迅速抓住问题的核心，优化决策过程，显著提高驾驶策略的合理性和安全性。Transformer 的应用，赋予了特斯拉 FSD 系统在复杂动态交通环境中进行高效、精准决策的关键能力。

BEV+Transformer 的卓越优势，使其在众多自动驾驶感知方案中脱颖而出。首先，环境感知的精度实现了跃升。BEV 技术将来自多视角的二维图像融合成三维空间信息,从根本上克服了传统单目视觉感知的局限性,极大地提升了环境感知的精度。系统不再依赖单一视角的图像信息,而是能够综合利用来自多个摄像头的信息,相互印证、互相补充,从而更准确、稳定地"看到"周围的世界,即使在光照条件不佳、遮挡严重等复杂环境下,依然能够保持高水平的感知性能。

其次,信息处理效率得到了显著提升。Transformer 的自注意力机制赋予系统高效处理复杂场景下海量信息的能力。在瞬息万变的交通环境中,感知系统需要处理来自多个摄像头的大量图像数据,并从中提取出有用的信息。Transformer 如同一个高效的"信息过滤器",能够快速定位关键信息,忽略冗余信息,从而显著提升了决策效率和响应的实时性。这种高效的信息处理能力,确保车辆在复杂交通环境中能够迅速做出反应,例如,在高速公路上快速识别前方急刹的车辆并做出紧急制动,或者在拥堵路况下灵活应对加塞车辆。

最后,场景理解能力得到了质的增强。Transformer 强大的学习能力使得系统能够深入学习和理解驾驶场景中的上下文信息。自动驾驶不仅仅是识别道路、车辆和行人,更重要的是理解交通规则、人类驾驶习惯,以及隐含的交通潜规则。Transformer 使得系统能够从海量的驾驶数据中学习和提炼出这些复杂的规则与习惯,并将其融入驾驶决策中,从而做出更加符合人类驾驶逻辑的决策。这种场景理解能力的增强,使得自动驾驶行为更加自然、流畅,更易于被人类接受,也为最终实现安全、可靠的全自动驾驶奠定了坚实的基础。

12.3.3 深度学习与强化学习在特斯拉 FSD 系统中的深度应用

特斯拉 FSD 系统的另一大技术特色,在于其强大的自我学习和持续优化能力。特斯拉巧妙地融合了两种主要的学习方法,即深度学习和强化学习,以不断提升特斯拉 FSD 系统的性能,使其如同一个不断进化的智能体。

深度学习是特斯拉 FSD 系统的核心驱动引擎。特斯拉充分利用其庞大车队所收集的海量真实世界驾驶数据,对神经网络进行持续不断的训练。这些数据如同源源不断的"养料",涵盖了各种驾驶场景、复杂的天气条件和多样的交通状况,使得系统能够在实践中不断学习和进步,显著提高了系统对复杂多变环境的适应能力。

强化学习是一种通过奖励和惩罚机制来训练智能体的有效方法。在特斯拉 FSD 系统中,强化学习被创造性地应用于驾驶策略的优化。例如,系统可以通过模拟各种不同的驾驶操作,并根据模拟结果(例如,驾驶行为是否安全、是否高效、是否舒适)来精细调整驾驶策略,从而在不断试错和学习中,逐步掌握更优的驾驶行为,如同一个在虚拟环境中不断磨炼驾驶技艺的 AI 驾驶员。

深度学习与强化学习带来的显著优势,主要包括以下几个方面:

（1）系统性能的持续优化：通过源源不断地接收和学习真实世界驾驶数据，特斯拉 FSD 系统能够持续优化其在感知、决策和控制等方面的能力，如同一个永不懈怠的学生，不断提升自身的驾驶技能，实现性能的持续进化和提升。

（2）复杂环境的卓越适应性：强大的深度学习能力使得特斯拉 FSD 系统能够更好地适应各种复杂多变的道路条件和交通环境，包括不同城市的道路布局差异、不同地区的交通规则细微差别，以及各地驾驶习惯的迥异等，展现出卓越的环境适应性和本地化能力。

（3）类人驾驶行为的模拟：通过强化学习的精细调校，特斯拉 FSD 系统能够逐步掌握类似于人类驾驶员的驾驶技能和策略，使得自动驾驶行为更加自然流畅，乘坐舒适性得到显著提升，同时更容易被人类驾驶员和乘客所理解和信任，提升了整体的安全性与用户体验。

12.3.4　大模型驱动的技术飞跃：特斯拉 FSD 系统的进化之路

早期版本的特斯拉 FSD 系统主要依赖预设的规则和算法进行驾驶决策，在很大程度上仍扮演着高级驾驶辅助系统（ADAS）的角色，智能化程度有限。随着深度学习和大模型的逐步引入，特别是端到端神经网络和 BEV+Transformer 的应用，特斯拉 FSD 系统的自动化水平实现了质的飞跃，真正迈向了完全自动驾驶的新纪元。

我们来设想这样一个交通场景：你的车辆在右转车道正常行驶，准备进行右转操作。此时，位于中间车道的车辆突然快速变道，试图抢在你的车辆前方进行右转。在这个情景（Cut-in，插队）中，我们将深入探讨 Transformer 模型和特斯拉 FSD 系统如何协同工作，以应对此类突发状况，如图 12-2 所示。

首先，在感知阶段，特斯拉 FSD 系统如同车辆的"眼睛和耳朵"，通过车载的多种传感器，包括摄像头、雷达等，全方位采集周围环境信息。Transformer 模型在此阶段扮演着至关重要的角色，它能够高效处理这些多模态数据并进行深度分析。具体而言，Transformer 模型能够：

（1）分析视觉数据，精准识别与追踪周围车辆：利用图像识别技术，Transformer 模型能准确辨识道路上的车辆，并持续追踪其动态。

（2）理解道路布局，识别车道线与转弯路径：Transformer 模型能够解析摄像头捕捉的图像，识别车道线，判断道路的曲率和走向，从而理解当前的道路结构。

（3）估算其他车辆的速度与位置：结合摄像头和雷达数据，Transformer 模型能够精确估算周围车辆的速度、距离和方位，为后续的预测和决策提供关键参数。

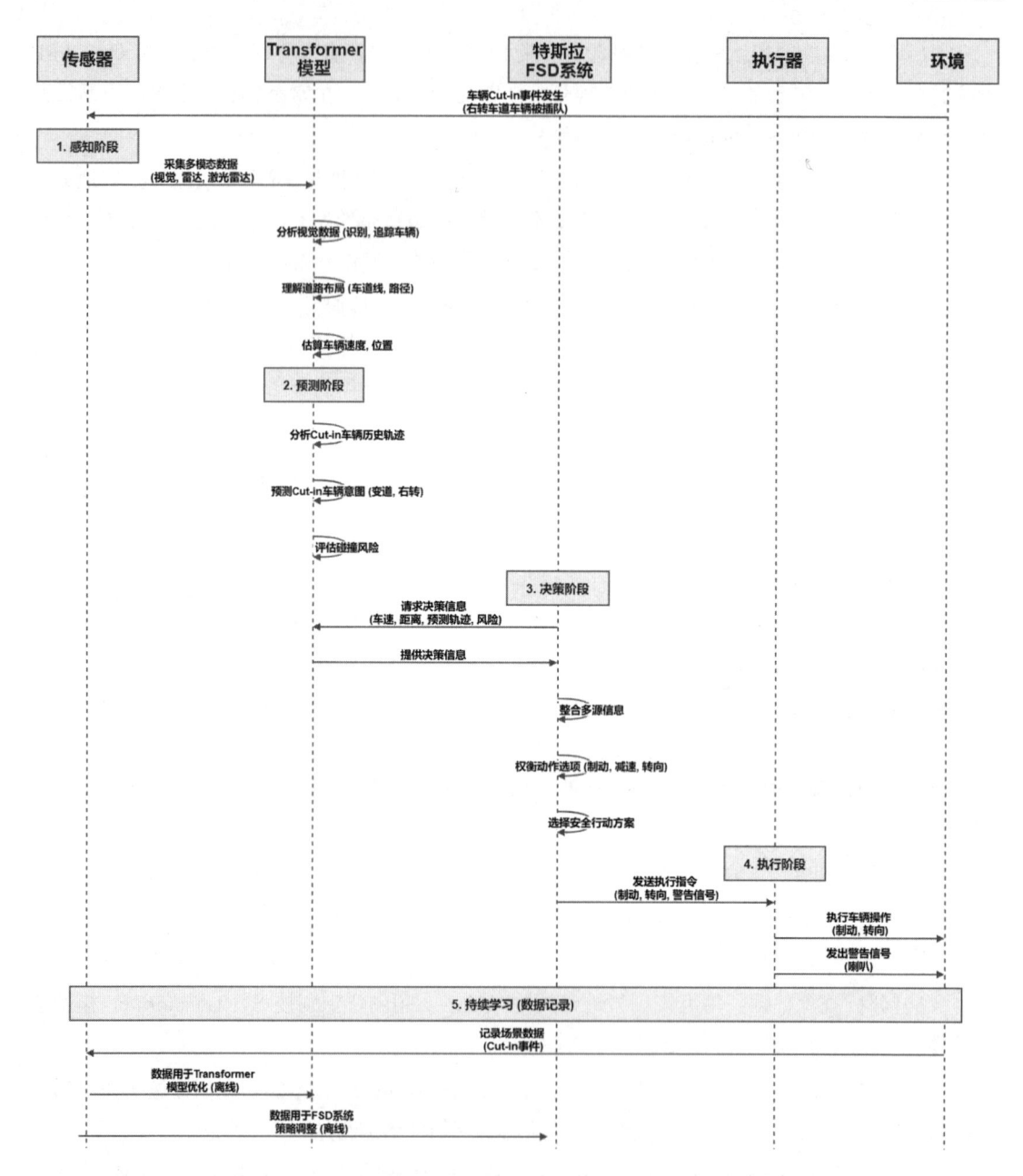

图 12-2 Transformer 模型和特斯拉 FSD 系统协同工作流程

接下来，进入预测阶段，Transformer 模型的注意力机制开始发挥核心作用，如同特斯拉 FSD 系统的"思考中枢"。通过注意力机制，Transformer 模型能够：

（1）分析中间车道车辆的历史行驶轨迹：回顾该车辆在过去一段时间内的行驶数据，例如速度变化、转向角度等，从而捕捉其行为模式。

（2）预测该车辆潜在的意图：基于历史轨迹分析，结合当前的车速、位置等信息，Transformer 模型能够预测该车辆的意图，例如车辆是准备继续直行、变道还是转弯。在这个场景中，模型需要重点预测"插队车辆"是否真的准备强行右转。

（3）评估潜在的碰撞风险：综合考虑我方车辆和"插队车辆"的速度、距离、相对位置，以及预测的行驶轨迹，Transformer 模型能够量化碰撞发生的风险等级，为后续决策提供风险评估依据。

在决策阶段，特斯拉 FSD 系统需要根据感知和预测的结果，迅速做出安全合理的驾驶决策。Transformer 模型在此阶段如同特斯拉 FSD 系统的"决策大脑"，负责整合多源信息，权衡不同的操作选项，并选择最优方案。具体来说，Transformer 模型能够：

（1）整合多源信息：全面整合车辆自身的速度、与"插队车辆"的距离、Transformer 模型预测的"插队车辆"轨迹、碰撞风险评估等关键信息。

（2）权衡不同的操作选项：综合考量各种可能的驾驶操作，例如紧急制动、减速避让、保持当前车道、轻微转向避让等。

（3）选择最优的安全行动方案：Transformer 模型会基于安全性和效率原则，从众多选项中选择最合适的驾驶策略。例如，当碰撞风险较高时，系统可能会选择紧急制动以避免事故的发生；当风险可控时，系统可能会选择减速并轻微调整方向以保持安全距离。

一旦决策方案确定，便进入执行阶段，特斯拉 FSD 系统将精确执行决策指令，如同车辆的"神经系统和肌肉"。例如，在上述场景中，特斯拉 FSD 系统可能会：

（1）启动紧急制动系统：如果系统决策需要紧急制动，那么执行机构会立即启动制动系统，使车辆迅速减速。

（2）调整转向以规避碰撞：如果系统决策需要转向避让，那么执行机构会精确控制方向盘，调整车辆行驶轨迹，以避免与"插队车辆"发生碰撞。

（3）发出警告信号：在必要时，特斯拉 FSD 系统还可以通过鸣笛等方式发出警告信号，提醒周围车辆和行人注意安全。

最后，虽然在车辆实际行驶过程中不会进行实时的模型学习，但这类"插队"场景会被系统详细记录下来，用于支持系统的持续学习和迭代优化。通过对大量类似场景数据的分析，Transformer 模型可以不断优化其预测能力。例如，提升对"插队"意图的预测准确率，降低误判率。特斯拉 FSD 系统也可以基于这些数据分析结果，持续调整其决策策略。例如，优化各种"插队"场景下的制动距离、避让策略等。这种持续学习机制是提升特斯拉 FSD 系统在复杂交通环境中的安全性和可靠性的关键。值得一提的是，未来可以通过模仿学习或强化学习等方法，进一步提升模型的学习效率和优化效果。

在这个典型的"右转车辆被插队"的场景中，Transformer 模型犹如特斯拉 FSD 系统的核心决策引擎，它负责接收、理解和预测周围复杂多变的交通状况，特别是能够有效识别"插队车辆"的潜在危险行为，并准确预测可能产生的后果。特斯拉 FSD 系统如同训练有素的驾驶员，它基于 Transformer 模型提供的全面信息，迅速做出判断并精准执行操作，从而最大限度地保障行车安全，有效避免交通事故的发生。Transformer 模型与特斯拉 FSD 系统的协同工作，体现了先进的人工智能技术在提升自动驾驶安全性和智能化水平方面的巨大潜力。随着技术的不断发展，我们有理由相信，基于 Transformer 模型的特斯拉 FSD 系统将在构建更安全、更高效、更便捷的未来交通出行体系中扮演越来越重要的角色。

12.3.5　迈向完全自动驾驶：FSD 的挑战

尽管特斯拉的 FSD 技术已经取得了举世瞩目的成就，但要最终实现真正意义上的完全自动驾驶，仍然面临诸多挑战。

1. 监管与安全的挑战

在全球范围内，自动驾驶汽车的法规监管和安全责任问题是推广与应用 FSD 等先进技术的关键障碍。由于各国在道路测试、商业运营和事故责任认定等方面尚未形成统一完善的法律框架，这给自动驾驶技术的发展带来了不确定性。以下从监管政策的相对滞后、安全责任的界定争议及公众接受度的提升方面进行探讨。

（1）监管政策的相对滞后：目前，许多国家和地区对于 L4/L5 级别自动驾驶汽车的监管政策尚不明晰。例如，自动驾驶汽车在哪些类型的道路上可以合法行驶？是否允许进行完全无人驾驶的商业运营？一旦发生交通事故，责任应该如何划分和承担？这些问题都缺乏明确且具有法律效力的规定，亟待政府、行业和社会各界共同探讨和解决。

（2）安全责任的界定争议：一旦自动驾驶汽车不幸发生交通事故，责任的归属问题将变得异常复杂。究竟应该由汽车制造商承担责任？还是由技术提供商承担责任？或是由车主或乘客承担责任？这些复杂的法律和伦理问题，都需要法律界、保险界、汽车行业和伦理学家等各界人士共同深入探讨和寻求解决方案。

（3）公众接受度的提升：尽管自动驾驶技术展现出巨大的发展潜力，但公众对于自动驾驶汽车的安全性和可靠性仍然普遍存在疑虑。如何有效地提升公众对自动驾驶技术的信任度，消除潜在的安全隐患，将成为推广和广泛应用 FSD 技术的重要挑战之一。

2. 道路场景复杂性的挑战

真实世界道路场景的极端复杂性是自动驾驶技术面临的巨大挑战，即使是先进的特斯拉

FSD系统也难以完全应对。这种复杂性主要体现在极端恶劣天气的影响、复杂交通状况的应对，以及极端情况的处理等方面。

（1）极端恶劣天气的影响：雨、雪、雾、霾等恶劣天气条件会对传感器的感知能力造成严重影响。例如，摄像头镜头可能会被雨水或雾气遮挡，雷达可能会被雨雪颗粒散射，这些都会显著降低环境感知的准确性和可靠性，对智能驾驶系统的安全运行构成威胁。

（2）复杂交通状况的应对：城市交通中常见的拥堵、突发事故、道路施工、临时交通管制等复杂交通状况，需要智能驾驶系统具备快速反应和灵活应变的能力。例如，在交通高度拥堵的路段，智能驾驶系统需要像经验丰富的人类驾驶员一样，频繁地进行加减速、变道、调整车距等精细操作，以适应不断变化的交通流，保持行驶的平稳和安全。

（3）极端情况的处理：指的是那些极少发生，但在特定条件下一旦发生，就可能导致系统运行失效或引发交通事故的情况。例如，突然横穿马路的行人或动物、突发的道路施工情况，以及其他驾驶员的违规驾驶行为等。如何使智能驾驶系统能够有效、可靠地应对这些极端情况，将是未来智能驾驶算法优化的一个重要研究方向和技术攻关难点。

12.4　本章小结

智能驾驶技术正以前所未有的速度发展，深度学习、大模型和强化学习是其核心驱动力。大模型在提升感知、决策、安全性和算力效率方面发挥着关键作用，预示着全自动化交通时代的到来。

智能驾驶的技术框架涉及感知、决策、控制和执行的协同工作，大模型的引入至关重要。感知层需要全面理解复杂的交通环境，决策层根据感知数据做出最优决策，而算力层直接影响系统响应速度。深度神经网络和自我学习模型使系统能在实时动态环境中做出更精准的决策。

大模型不仅是技术突破，也推动了智能驾驶的商业化进程。它正将智能驾驶从高端市场向大众市场扩展，低成本、高效率的应用使其从高价产品转化为普惠性技术，促进大规模商业化应用。技术和产业链的成熟使得智能驾驶系统逐渐成为普通消费者可接受的产品，带来巨大的社会效益。同时我们也要意识到，智能驾驶不仅是技术问题，更是涉及交通、城市规划、法律法规和伦理等多个层面的系统性社会问题。

特斯拉FSD系统展示了大模型实际应用案例，其端到端神经网络架构和先进视觉感知技术能在复杂道路情况下进行自主决策。然而，特斯拉FSD系统仍面临监管、安全和道路场景复杂性等挑战，需要有更大的技术突破，以及全球范围内的政策配合。

智能驾驶的未来充满挑战与机遇。随着技术的进步和模型的优化，未来的系统将更自主化、智能化和人性化。这将引发交通行业的深刻变革，彻底改变人类的生活方式和城市的发展格局。

第 13 章 科研探索：大模型加速科学发现

科学研究的本质是探索未知，发现新知，推动人类文明的发展。然而，随着科技的不断进步，数据出现了爆炸式增长，使得科研人员获得了丰富的研究素材，但同时带来了前所未有的数据处理与分析压力。传统的科研方式已难以匹配满足日益增长的数据处理需求，如何从海量数据中提取有价值的信息，如何加速实验设计与结果验证，如何促进跨学科的协作和创新，成为摆在科研人员面前的重大课题。

在此背景下，大模型技术作为人工智能领域的革命性突破，为科研领域带来了前所未有的变革。大模型不仅在数据处理、特征提取和复杂系统模拟等方面展现出强大的能力，还能够帮助科研人员突破学科界限，促进跨学科的知识融合。通过自动化的数据清洗、智能化的预测推理、深度的知识图谱构建等应用，大模型技术正在加速科研的创新进程，推动新的科学发现。

本章将深入探讨大模型技术在科研领域的应用，分析它在解决科研领域面临的核心挑战、提升科研效率、加速科学发现等方面发挥的重要作用。我们还将通过具体案例，展示大模型在天文学、化学、生物学、数学、地球科学、神经科学等多个领域的成功应用，展望大模型技术如何为未来科研带来更加深远的影响。

13.1 科研领域的创新需求与挑战

科学研究一直以来都承载着推动人类社会进步的重任。随着科技和社会的快速发展,科研工作面临前所未有的机遇,同时需要应对前所未有的挑战。

13.1.1 数据洪流:机遇与挑战并存

进入 21 世纪以来,数据量的急剧增加已成为一个显著的全球性现象。数据产生的速度、种类和复杂度都在以前所未有的规模发展,特别是在生物医学、物理学、环境科学等领域,数据的爆炸性增长显得尤为突出。例如,在基因学领域,随着基因测序技术的不断进步,每天都有成千上万的基因数据被生成。在医学领域,随着电子健康记录的普及,医疗数据的规模呈现指数级增长。此外,随着物联网技术的广泛应用,各种传感器产生的大量实时数据也为科研提供了前所未有的素材。然而,数据的增多并不意味着科研的进展,反而给科研人员带来了严峻的挑战。

数据过载(Data Overload)成为科研领域亟待解决的问题。海量的数据既是科研创新的资源宝库,又是数据存储、处理、分析的巨大负担。面对如此庞大的数据量,如何高效地存储、清洗、处理和分析数据,成为科研人员需要面对的一大挑战。

传统的数据处理方法通常依赖人工分析和简单的计算工具,但随着数据的多样性和复杂性的增加,传统方法的局限性日益显现。例如,生物医学数据不仅涉及基因信息,还包括病理图像、临床数据等多维数据,人工处理和传统的分析方法无法高效地挖掘其中的关联与规律。因此,如何利用智能化工具从海量数据中提取有效信息,成为提升科研效率的关键。

大模型技术,尤其是深度学习和机器学习,在这一过程中展现了巨大的潜力。深度学习的多层神经网络能够对复杂数据进行自动化的特征提取和模式识别,极大地提高了数据分析的效率和准确性。通过大模型,科研人员能够自动化地处理大量的非结构化数据(例如文本、图像、视频等),并从中提取出有价值的科学信息。此外,大模型还能够进行数据的预处理与清洗,去除冗余数据、处理缺失值、进行数据归一化和标准化,从而为后续的数据分析提供高质量的输入。

例如,在医学影像学领域,深度学习模型能够自动分析 CT 图像、MRI 图像等医学影像,识别出病变区域,提供准确的诊断信息。这不仅节省了医生的时间,还能提高诊断的准确率,减少人为误差。而在基因学领域,深度学习模型能够通过分析基因数据、表型数据等,识别基因之间的复杂关联,预测基因突变对疾病的影响,帮助科研人员发现新的疾病靶点。因此,深度学习和其他大模型技术已经成为科研人员应对"数据洪流"的重要工具,推动了科研工作的高效开展。

然而,数据洪流所带来的挑战并不止于数据的处理和分析。在数据存储和管理方面,如何确保数据的安全性、可访问性,以及数据的高效存储,也是科研人员必须解决的问题。大模型的引入不仅要求更高效的数据处理能力,也对数据存储和管理提出了更高的要求。例如,如何设计更智能的数据库系统以支持大规模数据的存储与管理，如何提高数据传输和处理的效率，如何保护科研数据的隐私和安全，都是需要进一步解决的问题。

13.1.2 跨学科研究的瓶颈

随着科学研究的不断深入，学科之间的界限逐渐模糊，跨学科研究成为推动科学进步和创新的重要途径。尤其是在当今复杂的科研环境中，许多前沿领域需要多学科的交叉合作。例如，生物医学的研究不仅需要生物学家的参与，还需要计算机科学家、工程师、统计学家等跨领域人才的共同努力。不同学科的融合与交叉为科研开辟了新的方向，如图 13-1 所示。

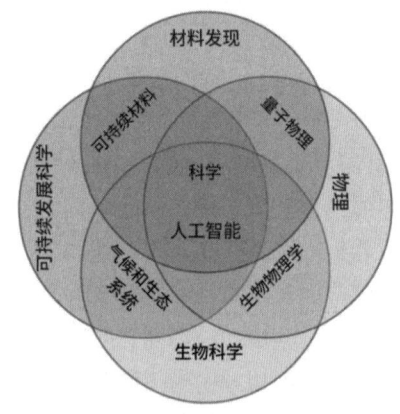

图 13-1　人工智能与科研的融合与交叉[1]

许多重要的科学发现，往往发生在学科交叉的"灰色地带"。然而，尽管跨学科合作具有巨大的潜力，但由于不同学科之间的语言、方法、工具和思维方式的差异，跨学科研究往往面临巨大的难题。学科之间的"语言障碍"是跨学科研究中最常见的难题之一。每个学科都有自己独特的术语、研究方法和分析工具，这些差异使得不同学科的科研人员在沟通和合作时常常感到困难。例如，物理学家和生物学家讨论复杂的生物与物理现象时，双方可能因为不同的数学模型和研究框架而无法达成共识。在这种情况下，即使跨学科合作潜力巨大，科研人员的实际合作效果也会受到这些"语言障碍"的制约。

大模型技术为解决这一难题提供了新的解决方案。通过自然语言处理和机器学习技术，大模型可以帮助科研人员突破学科间的"语言障碍"。例如，大模型可以自动翻译不同学科的专业术语，帮助物理学家和生物学家理解彼此的研究内容和方法。此外，大模型还能够自动提取各学科的研究方法，生成标准化的跨学科研究框架，避免了传统的人工翻译和方法整合的烦琐过程。这种标准化和自动化的工具，使得不同学科的科研人员能够更加高效地进行合作，推动跨

---

[1] 引用自康奈尔大学人工智能科学研究所发布的研究报告。

学科的深入交流与合作。

大模型技术不仅能够帮助科研人员克服学科间的语言障碍，还能够通过智能化的工具促进跨学科研究的协作。比如，大模型可以帮助化学家、物理学家和生物学家设计综合实验方案，自动进行数据分析，识别不同学科之间的相互联系，从而实现更高效的科研合作。借助大模型的强大计算能力，科研人员可以将多个学科的知识和数据整合在一个统一的平台上，进行综合分析和建模，推动跨学科研究的深入开展。

跨学科研究的推进，不仅有助于提升科研效率，还能够加速科学发现。例如，大模型与生物学的结合，推动了新药研发的速度；计算机科学与环境科学的结合，提升了气候变化模型的精准化程度；物理学与材料科学的结合，推动了新型材料的开发。大模型的引入，为科研工作提供了强大的计算和分析能力，打破了学科间的壁垒，推动了跨学科合作的快速发展。例如，人工智能驱动的方法可用于优化材料的识别、设计和性能预测，涵盖超导材料、磁性材料、热电材料、碳基纳米材料、二D材料、光伏材料、催化剂材料、高熵合金及多孔材料等多种类别。通过利用大规模数据集和先进的计算技术，人工智能实现了更高效的筛选和预测，从而显著加快了材料发现的速度。图13-2中的示例仅代表了人工智能在材料研究转型的一部分应用。

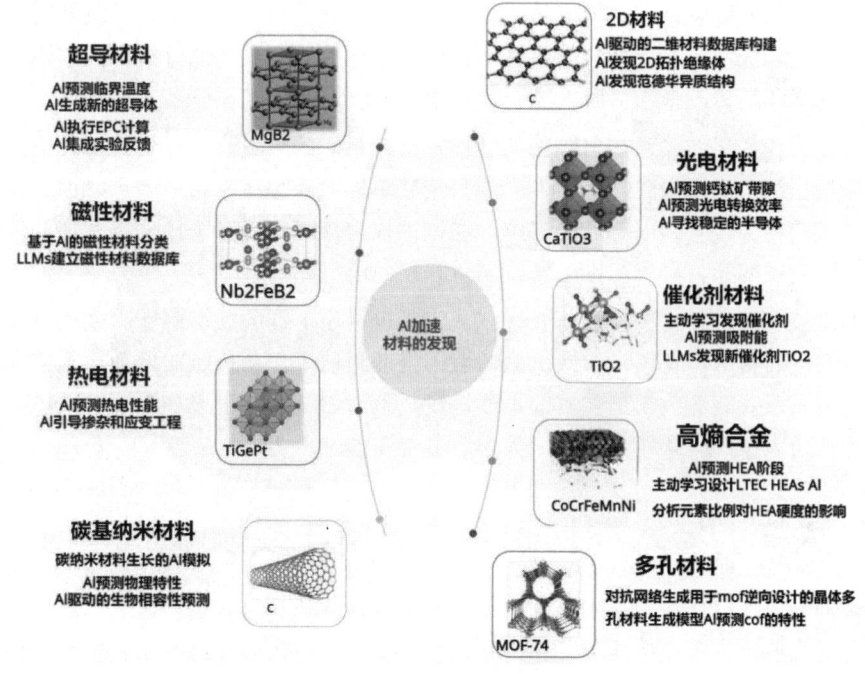

图13-2 人工智能驱动的材料发现[1]

---

[1] 参考：*AI-driven inverse design of materials:Past,present and future*。

13.1.3 科研效率亟待提升

传统科研模式下，科研人员往往需要经过漫长的实验设计、数据收集、分析、验证等多个环节，且每个环节都可能存在较大的不确定性和不高效的因素。例如，实验设计阶段需要科研人员根据理论模型进行大量的实验规划，实验结果往往需要经过多次验证；数据收集阶段需要科研人员依赖传统的手工录入和分析方式，效率较低；数据分析阶段则依赖烦琐的手动计算和程序编写，往往耗费大量时间。这些环节都可能导致科研进度缓慢，甚至影响科研结果的准确性和可靠性。

在现代科研中，效率提升已成为突破科研瓶颈的关键因素。大模型技术在这一方面展现了巨大的潜力。通过智能化的实验设计、数据分析和结果验证，大模型可以帮助科研人员快速设计出最优的实验方案，自动收集和处理实验数据，分析和验证研究结果。这不仅能够节省大量时间，还能够提高实验设计和数据分析的精确度与可靠性。

例如，在药物研发领域，大模型可以自动分析已有的化合物数据，筛选出潜在的药物分子，并通过模拟和预测推理，预测这些药物的效果和副作用，进而帮助科研人员设计实验和进行临床试验。在材料科学领域，大模型可以帮助科研人员分析材料的性能，预测新材料的特性，减少实验的次数和成本。在社会科学领域，大模型通过大规模数据的分析，能够迅速发现社会现象背后的规律和趋势，帮助科研人员制定更精准的政策建议。

此外，大模型还能够通过自动化的过程，帮助科研成果更快地转化为实际应用。例如，大模型可以根据科研成果生成技术报告、撰写论文草稿，减少科研人员的重复性工作，帮助科研人员将更多的精力投入到创新性研究中。通过大模型技术，科研工作变得更加高效，能够更好地应对快速发展的社会需求，推动科技创新和社会进步。

数据洪流、跨学科研究和科研效率已成为当今科研工作的关键问题。大模型作为人工智能领域的重要创新技术，正逐步解决这些问题，推动科研工作从传统的低效模式向高效、智能、协作的方向发展。随着大模型技术的不断进步，科研领域将迎来更加深远的变革，加速科学发现，提升科研人员的创新能力和工作效率。

13.2 大模型技术在科研数据分析与模拟中的应用

大模型技术在科研数据分析中的应用主要体现在高效处理复杂、多维、海量的数据上。现代科研领域的数据不仅规模庞大，还常常包含大量的噪声，并且具有不确定性，传统分析方法往往难以应对。大模型基于深度学习的强大能力，能够从海量数据中提取有价值的信息，从而加速科学发现。

除了数据分析，大模型在科研模拟中的应用同样具有重要意义。在许多科学领域，科研模拟是研究复杂现象和推导科学理论的重要手段。传统模拟方法通常需要大量的计算资源和时间，而大模型通过高效的学习能力和强大的计算能力，能够处理更加复杂的模拟任务，节省了大量的时间和计算成本。

13.2.1　天文学：大模型助力天文图像分析

天文学是大模型技术应用的典型领域之一，尤其是在天文观测数据的处理上。现代天文学依赖大量的观测数据和高精度仪器，如望远镜、射电望远镜等，这些仪器每年都生成海量数据。通过这些数据，天文学家不仅要寻找新天体，还需要研究天体的运动、变化等。

以天文图像处理为例，天文观测常常生成大量高维度的图像数据，这些图像中包含星系、行星、恒星等天体的信息。传统的天文数据处理方法通常依赖人工分类和基于规则的算法，但这些方法不仅费时费力，而且准确性不高。

近年来，卷积神经网络被应用于天文图像的分析。通过在大量标注数据上进行训练，卷积神经网络可以识别图像中的特征，如星系、行星等。例如，美国天文台的"维基天文"项目（Zooniverse）利用卷积神经网络分析哈勃太空望远镜拍摄的图像，成功发现了许多以前未被注意到的天体。卷积神经网络能够根据图像的不同特征层次进行有效的特征提取，帮助科学家识别微弱的天体信号，从而加速新天体的发现。

更进一步，大模型技术也在黑洞和宇宙大爆炸等复杂天文现象的模拟中起到了关键作用。例如，科学家利用深度学习模型对黑洞的 X 射线数据进行处理，通过大量历史数据训练模型，发现了黑洞的结构、物理特性，以及其与周围物质的相互作用。这一发现不仅推动了天文学的发展，也验证了爱因斯坦的广义相对论，具有里程碑意义。

2024 年 4 月 14 日，中国科学院国家天文台人工智能工作组发布了新一代天文大模型——"星语 3.0"。"星语 3.0"基于超 30 万专家订正数据完成训练，可实现自主控制望远镜进行观测、分析观测结果，智能地给出下一步观测建议。以往天文观测主要依赖观测助手和科研人员的配合，科研人员往往需要根据观测所在地气象情况修改观测计划，在观测室等待数据返回并实时分析数据，再根据结果修改观测计划。重要观测目标的每个环节都需要人工参与，效率低且难以同时控制多个望远镜。

注意："星语 3.0"基于阿里云通义千问开源模型打造，目前已成功接入国家天文台兴隆观测站望远镜阵列——Mini"司天"。

"星语 3.0"正在尝试解决这一难题。例如，当收到"观测某星体"的任务时，"星语 3.0"首先查询某星体的坐标信息，然后反馈给观测人员；当坐标信息得到确认后，"星语 3.0"将按照观测人员输入的计划进行自动观测；单次观测完成后，大模型将回收并处理数据，根据结果判断目标源的观测价值，推荐接下来的观测计划。

13.2.2　化学：大模型赋能下的分子与材料探索

化学领域正经历着由大模型驱动的自动化和智能化转型。传统的化学研究高度依赖人工操作和经验，耗时耗力，而大模型的介入正逐渐改变这一现状。

1. 自动化化学与材料合成

大模型与自动化实验的结合是化学领域科研创新的一大亮点。通过结合预测模型和生成模型，研究人员可以快速设计并合成新的分子和材料。例如，Koscher 等人利用 AI 设计并合成了 303 种未报道的染料类分子。Szymanski 等人开发的自主实验室（A-Lab）在 58 次实验中成功合成了 41 种化合物。Strieth-Kalthoff 等人利用云端平台实现了异地同步的材料设计和合成，发现了 21 种新的激光发射材料。这些案例表明有了大模型的帮助，自动化实验不仅提高了效率，也加速了新材料的发现。

以下一个基于 AI 的分子设计和合成流程，用于开发具有特定性质的染料或其衍生物。该流程结合了分子生成器、计算机辅助综合规划、预测属性及实验设计，形成了一个闭环的迭代优化过程，如图 13-3 所示。

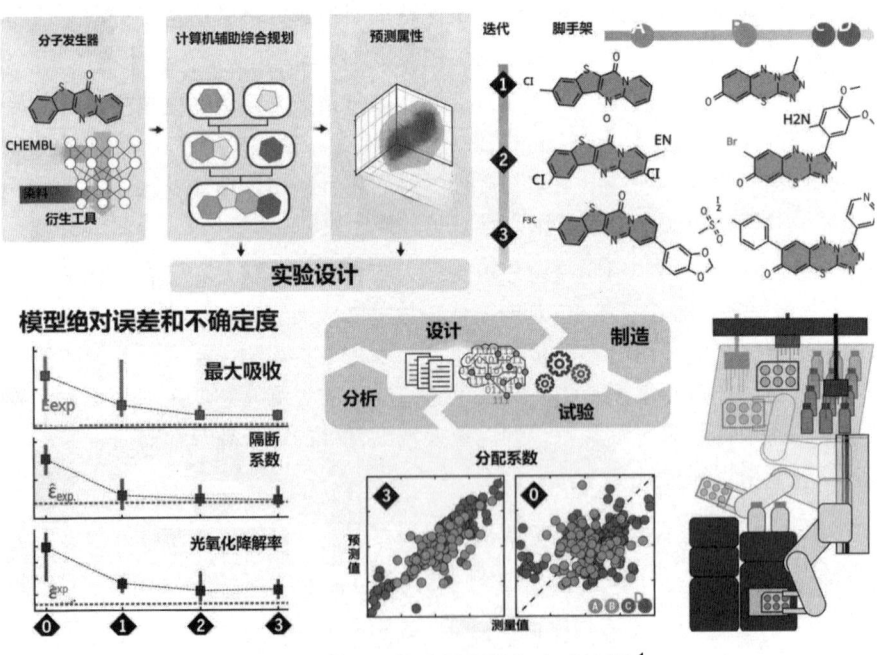

图 13-3　基于AI的分子设计和合成流程[1]

1　参考：*Autonomous，multiproperty-driven molecular discovery——From predictions to measurements and back*。

1）AI 驱动的分子设计与预测

整个流程的核心是利用 AI 进行分子设计和性质预测。首先，使用分子生成器（例如基于化学数据库训练的模型）生成一系列潜在的分子结构。这些分子结构可以看作"候选药物"或"候选染料"。然后，利用计算机辅助综合规划分析这些分子结构的合成路线，评估其合成难度和成本。这个步骤可以帮助研究人员筛选出更易于合成的分子。

接下来，利用 AI 模型预测这些分子的关键性质，例如最大吸收波长、辛醇—水分配系数（衡量分子亲水性和亲脂性的指标），以及光氧化降解速率（衡量分子稳定性的指标）。这些性质决定了染料的颜色、溶解性和稳定性等重要特性。预测结果以三维散点图的形式展示，每个点代表一个分子，其在三个轴上的位置分别对应三种性质的预测值。

2）实验验证与模型优化

AI 的预测结果需要通过实验进行验证。图 13-3 的左下角展示了模型绝对误差和不确定度，以及实验测量的性质值（Eexp）与模型预测值的对比。可以看到，随着迭代次数的增加（从 0 到 3），模型预测的准确性不断提高，模型绝对误差和不确定度逐渐降低。这意味着 AI 模型通过不断学习实验数据，变得越来越"聪明"。

图 13-3 的中间部分展示了实验流程，包括设计、制造（合成目标分子）、分析、试验。这个过程形成了一个闭环，实验数据反过来用于优化 AI 模型，使其预测更加准确。例如，图 13-3 中的两个散点图展示了辛醇—水分配系数的预测值和测量值之间的关系。随着迭代的进行，预测值和测量值越来越接近，表明模型的预测能力得到了提升。

3）迭代优化与实际应用

整个流程是一个迭代优化的过程。每一轮迭代都包括 AI 驱动的分子设计和预测，以及实验验证和模型优化。通过不断迭代，可以设计和合成出具有更优性质的染料分子。图 13-3 中的右上角部分展示了迭代过程中分子结构的变化。可以看到，随着迭代的进行，分子的骨架和侧链不断调整，以达到更好的性质。

图 13-3 的右下角展示了一个自动化实验平台，机械臂正在进行实验操作。这表明该流程可以实现自动化和高通量，大大提高了分子设计和合成的效率。

2. 大模型化学研究助手

随着大模型的兴起，AI 开始扮演"研究助手"的角色。Coscientist 和 ChemCrow 等项目利用大模型作为"规划者"，能够与互联网、模型和实验设备互动，自动执行实验流程。大模型不仅能够规划实验，还可以搜索互联网上的信息，编写和执行代码，查找实验设备的使用说明，甚至控制实验室中的仪器。这种能力使得科学家可以将精力更多地投入到实验的设计和结果的分析中。

ChemCrow 结合了大模型的推理能力和各种化学工具，能够像化学家一样思考和操作，从而实现自主实验，如图 13-4 所示。

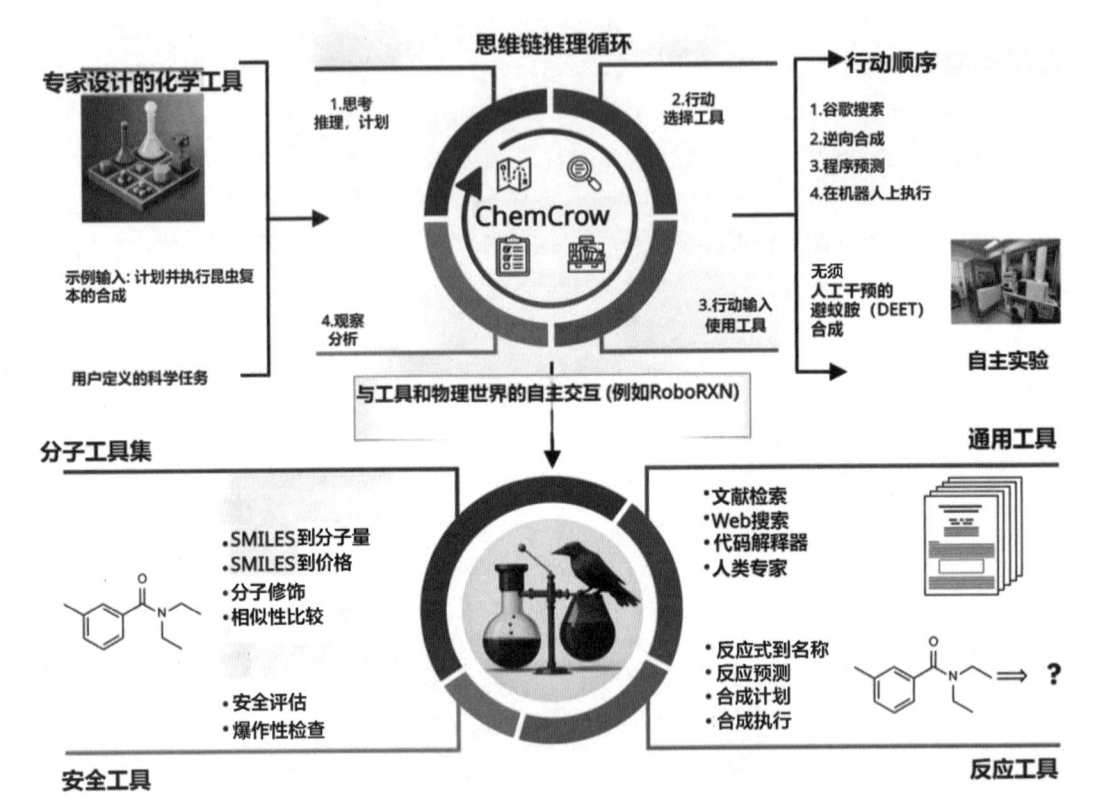

图 13-4　利用大模型和化学工具自动执行化学任务的ChemCrow[1]

1）ChemCrow 的工作流程

ChemCrow 的核心是一个"思考回路"，它模拟了人类进行实验的思考过程。这个回路包含四个步骤。

（1）思考和计划：用户输入一个科学任务，例如"计划并执行一种驱虫剂的合成"。ChemCrow 首先理解这个任务，并制定一个实验计划。这个过程类似于人类化学家查阅文献、思考化学反应的路线的过程。

（2）行动和选择工具：根据实验计划，ChemCrow 选择合适的化学工具来完成任务。这些工具包括分子工具、通用工具、安全工具和反应工具。例如，如果需要查找某个分子的性质，

---

[1] 参考：*ChemCrow——Augmenting large-language models with chemistry tools*。

那么 ChemCrow 可以选择 "SMILES to Weight"（SMILES 到分子量）工具。

（3）行动输入和使用工具：ChemCrow 将实验计划转化为工具可以理解的输入。例如，如果需要进行逆合成分析，那么 ChemCrow 会将目标分子的结构以 SMILES（Simplified Molecular Input Line Entry System，简化分子线性输入系统）格式输入逆合成工具。

（4）观察和分析：ChemCrow 观察工具的输出结果并进行分析。例如，如果逆合成工具给出了多条合成路线，那么 ChemCrow 会根据成本、安全性等因素选择最优路线。

这个回路不断循环，直到完成整个实验任务。通过这种"思考回路"，ChemCrow 能够像人类一样逐步解决复杂的化学问题。

2）ChemCrow 的工具箱

ChemCrow 拥有一个丰富的工具箱，涵盖了化学实验的各个方面。这些工具可以分为四类。

（1）分子工具：用于处理分子结构和性质，例如 "SMILES to Weight"（SMILES 到分子量）、"SMILES to Price"（SMILES 到价格）、"Similarity"（相似性比较）、"Modify Mol"（分子修饰）等。

（2）通用工具：用于执行通用任务，例如 "Literature Search"（文献检索）、"Web Search"（网络搜索）、"Code interpreter"（代码解释器）等。这些工具帮助 ChemCrow 获取信息、计算和执行其他通用操作。

（3）安全工具：用于评估化学品的安全性，例如 "Safety Assessment"（安全评估）、"Explosive Check"（爆炸性检查）等。这些工具确保实验过程的安全性。

（4）反应工具：用于预测和执行化学反应，例如 "RXN to Name"（反应式到名称）、"RXN Predict"（反应预测）、"Synth Plan"（合成计划）、"Synth Execute"（合成执行）等。其中，"Synth Execute" 可以与机器人平台（例如 RoboRXN）连接，实现自动化合成。

通过这些工具，ChemCrow 能够完成包括文献检索、逆合成分析、反应预测、安全性评估和自动化合成等一系列化学实验任务。

3）ChemCrow 的应用和优势

ChemCrow 旨在实现"自主实验"，即在没有人为干预的情况下，自动完成化学实验。图 13-4 的右侧展示了一个例子：ChemCrow 自主合成了驱虫剂 DEET。ChemCrow 通过"思考回路"自主完成了从计划到执行的整个过程，无须人工操作。

ChemCrow 是一个结合了大模型和化学工具的 AI 系统，它通过模拟人类化学家的思考过程，可以 24 小时不间断地进行实验，大大提高了实验效率，减少了人为操作带来的误差，也可以快速探索大量的实验方案，加速科学发现的进程，实现了化学实验的自主规划和执行，有望在药物发现、材料科学等领域发挥重要作用。

13.2.3　生物学：大模型加速生命科学的理解与设计

生物学是一个复杂而庞大的学科，涵盖了从分子到细胞，再到整个生物体的各个层面。大模型在生物学领域的应用，帮助研究人员更深入地理解生命现象，并加速新技术的研发。

研究人员正在尝试开发适用于不同生物模态的基础模型，例如蛋白质语言模型、DNA 模型、RNA 模型和单细胞模型。这些模型通过自监督学习，从大量的生物数据中学习到通用的特征，然后将其迁移到各种下游任务中。BioBridge 模型利用生物知识图谱，学习跨模态转换，为解决多模态生物学问题提供了新的途径。

大模型不仅在自然语言处理领域表现出色，在生物学领域也展现出了巨大的潜力。WikiCrow 项目利用大模型从海量的公共文献中提取信息，将人类蛋白质基因数据生成维基百科风格的摘要，展示了大模型作为科研助手的能力。

WikiCrow 构建于 PaperQA 之上，PaperQA 是一种检索增强生成智能体，如图 13-5 所示。

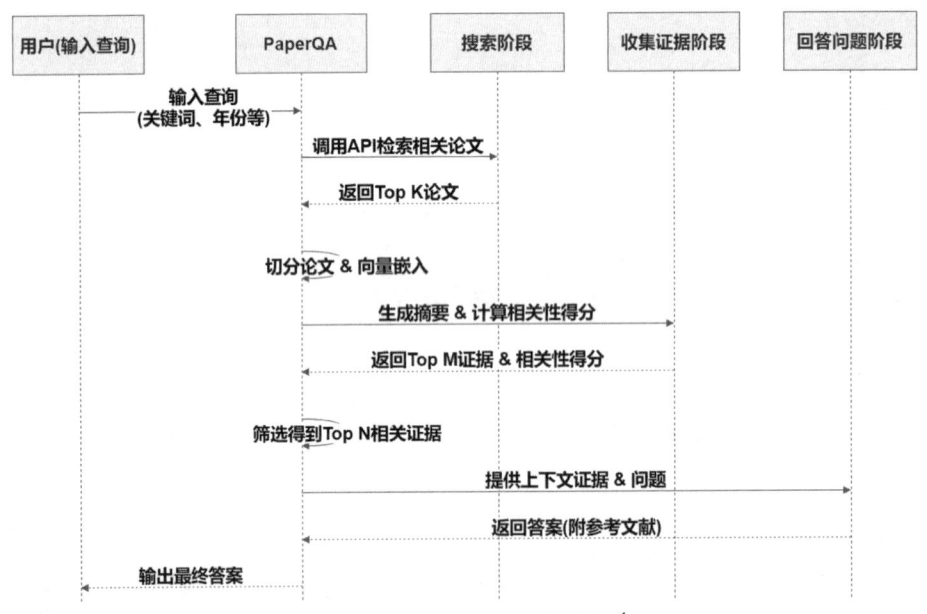

图 13-5　Wikicrow的工作流程[1]

测试表明，它在回答科学文献相关问题方面的表现优于其他大模型。PaperQA 旨在减少幻觉，提供答案生成过程的背景和参考，其速度比人类快几个数量级，并保持与专家相当的准确性。PaperQA 不仅是一个搜索工具，更是一个自适应系统，它会依据当前的问题与研究进展来

---

[1] 参考：*WikiCrow——Automating Synthesis of Human Scientific Knowledge*。

选择和使用相应的工具，包括搜索（从 Arxiv 和 Pubmed 等在线数据库查找相关论文）、GATHER_EVIDENCE（解析并总结论文中的文本）及答案（对收集到的上下文的相关性进行排序，并将信息综合成最终答案）。

PaperQA 使用非线性推理来回答用户提出的问题。整个流程可以概括为三个主要阶段：搜索、收集证据和回答问题。

首先是搜索阶段。用户在搜索界面输入关键词和年份等信息，这些信息被传递给智能体的大模型，大模型通过谷歌学术 API 在学术论文库中进行搜索，检索出相关的论文（Top K 论文）。然后，这些论文会被分割成更小的文本块，并进行向量嵌入，以便进行后续的语义分析。

接下来是收集证据阶段。智能体将嵌入的文本块与用户的问题进行比较，选取最相关的证据（Top M 证据）。然后，使用 SummaryLLM（摘要大模型）对这些证据进行总结，并计算相关性得分，最终筛选出最相关的 N 个证据（Top N 相关证据）。这个过程就像侦探办案一样，从大量的线索中找到最有力的证据。

最后是回答问题阶段。首先智能体会询问 AskLLM（询问大模型）："你对此问题是否有任何潜在的知识？"然后将收集到的相关证据提供给 AnswerLLM（回答大模型），该模型结合自身知识和提供的证据，生成最终的答案，并附上参考文献。这个阶段就像律师在法庭上依据证据进行辩护，最终给出结论。

与标准 RAG 相比，PaperQA 进行了四项关键改进：

（1）将检索和生成过程分解为智能体的工具，使其能够在信息不足时使用各种关键字执行多次搜索。

（2）采用 Map-Reduce 启发的方法进行总结，即首先从各种来源收集（映射）证据，然后压缩（减少）这些信息以提供答案，从而增加了可考虑的来源数量，并使大模型能够在撰写最终答案之前提供初步见解。

（3）使用混合搜索方法处理所有可访问的论文（数量达数亿个），即在语料库级别使用大模型辅助关键字搜索，在文本页面级别使用语义搜索。

（4）实施先验知识提示策略，以访问和利用语言模型中嵌入的底层知识（当需要在科学文献中寻找证据时），并使用得到的答案作为一种后验知识。

13.2.4 数学：大模型推动算法的自我进化

计算机科学和数学是现代科学的基石，大模型在这两个领域的应用正推动算法的自我进化，并为解决更复杂的问题奠定基础。其中 DeepMind 的 FunSearch 项目正是利用大模型和评估器的迭代过程，生成解决组合难题的 AI 应用。

FunSearch 通过将大模型的创造性能力与评估系统相结合，有效解决了大模型输出中的幻觉等常见问题。该过程从种子程序开始，通过多次迭代进行演化。在每次迭代过程中，大模型根据之前迭代过程中的高分候选方案生成新的程序变体。这种演化策略使 FunSearch 能够广泛探索解决方案空间，同时保持多样性并避免陷入局部最优。

FunSearch 的主要特点：

（1）迭代进化：FunSearch 通过反复选择高分方案，促使大模型生成改进版本，并评估这些新方案，从而逐步优化初始解决方案。

（2）程序化输出：与传统方法仅能生成解决方案不同，FunSearch 生成的程序能够解释如何得出解决方案，增强了结果的可理解性和可解释性。

（3）广泛应用：FunSearch 已成功解决了多个长期存在的数学问题，如上限集问题、装箱问题，展示了其在不同领域的强大适应性和多功能性。

FunSearch 展示了大模型在算法发现方面的巨大潜力，为解决复杂的计算问题提供了新的思路，如图 13-6 所示。

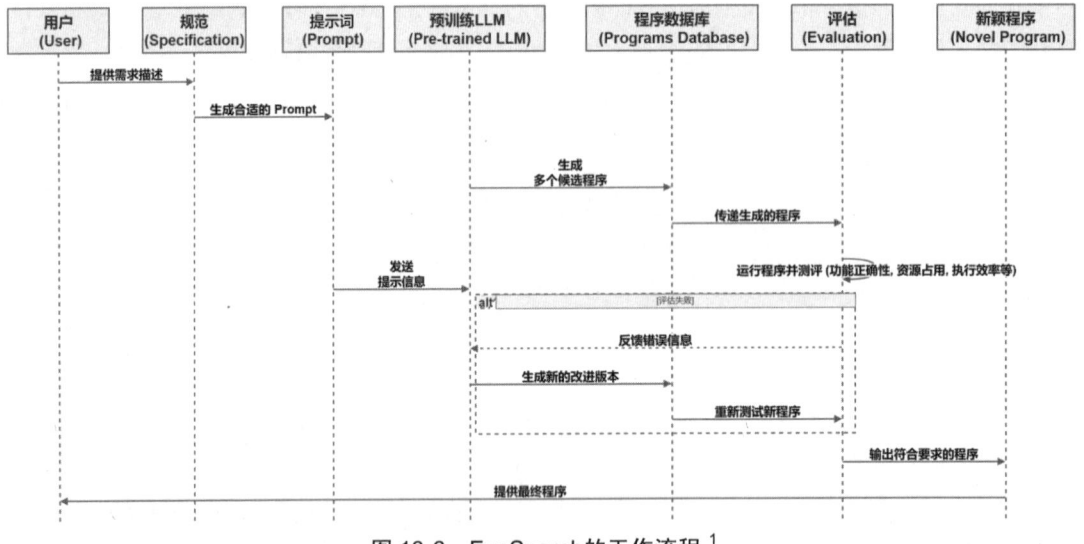

图 13-6　FunSearch的工作流程[1]

FunSearch 利用预训练 LLM（Pre-trained LLM）来生成新颖的程序（Novel Program）。整个流程可以概括为：首先用户提供规范（Specification），系统通过提示词（Prompt）驱动预训练的大模型生成程序，然后对这些程序进行评估（Evaluation），最终输出符合要求的程序。下面详细解释其中的概念。

---

[1] 参考：*FunSearch——Making new discoveries in mathematical sciences using Large Language Models*。

（1）规范：这是用户对所需程序的描述，例如"一个能计算斐波那契数列的程序"或者"一个能对图像进行边缘检测的程序"。这个规范是整个流程的起点，它定义了程序需要实现的功能。

（2）提示词：这是提供给预训练大模型的输入，它基于用户提供的规范构建。除了规范本身，提示词可能还包含一些额外的指令或示例，以引导大模型生成更符合要求的程序。例如，如果规范是"一个能计算斐波那契数列的程序"，那么提示词可能包含"使用递归方法实现"或者"使用循环方法实现"等指令，或者提供一些斐波那契数列的示例。

（3）预训练 LLM：这是系统的核心，它是一个在大量文本数据上训练过的深度学习模型。大模型收到提示后，会根据其在训练过程中学习到的知识和模式，生成一系列可能的程序。这些程序可能包含不同的算法、不同的编程语言或者不同的实现方式。

（4）程序数据库：系统生成的程序会被存储在这个数据库中，以便后续的评估和分析。这个数据库可以看作一个"程序池"，其中包含了各种各样的程序，等待被筛选和优化。

（5）评估：系统会对生成的每个程序进行评估，以判断其是否符合规范的要求。评估的方式可以有很多种，例如：

① 功能测试：运行程序并检查其输出是否正确。例如，对于计算斐波那契数列的程序，可以输入一些已知的斐波那契数，然后比较程序的输出是否一致。

② 性能测试：测试程序的运行速度、内存占用等性能指标。例如，比较使用递归方法和循环方法实现的斐波那契数列计算程序的运行速度。

③ 代码质量评估：检查程序的代码是否清晰易懂、是否符合编程规范等。

评估的结果会以某种形式反馈给系统，例如用图/表展示程序的性能，或者用对错符号标记程序是否通过测试。

（6）新颖程序：经过评估后，系统会选择最符合规范要求的程序作为最终的输出。这个程序既可能是全新的，即之前没有在任何地方出现过，也可能是在已有程序的基础上进行了一些改进和优化。

举个例子，假设用户希望生成一个能对图像进行模糊处理的程序。首先，用户提供"一个能对图像进行高斯模糊处理的程序"的规范。然后，系统构建一个提示词，其中包含这个规范，并可能添加一些关于高斯模糊的参数设置。预训练大模型收到提示词后，生成一系列可能的程序，这些程序可能使用不同的高斯模糊算法或者不同的图像处理库。系统对这些程序进行评估，例如比较它们的模糊效果、运行速度等，最终选择一个效果最好、速度最快的程序作为输出。

13.2.5 地球科学：大模型洞悉地球系统的奥秘

地球科学是研究地球的各个圈层及其相互作用的学科，其中大模型正被广泛应用于地球科学中的气象预测、环境监测和资源勘探等多个领域。在天气预报方面，大模型取得了显著的进步。例如，ClimaX、GraphCast 和 Pangu-Weather 等模型利用历史天气数据或数值物理模拟结果，在短程和中程天气预报中实现了重大突破。这些模型不仅提高了预报的准确性，也缩短了预报所需的时间，从而更好地保障了人们的生活和生产。

ClimaX 由微软自主系统与机器人研究小组和微软研究院科学智能中心开发，这是一种灵活且可推广的天气和气候科学深度学习模型，可以使用跨越不同变量、时空覆盖和物理基础的异构数据集进行训练，如图 13-7 所示。

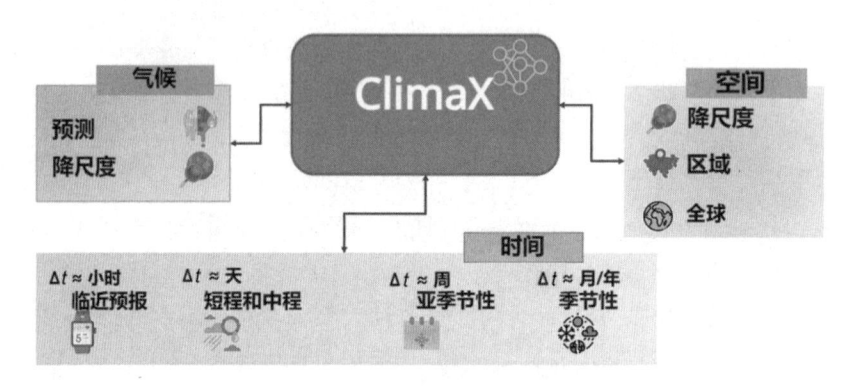

图 13-7　ClimaX的工作流程[1]

ClimaX 创新性地扩展了 Transformer，采用了独特的编码和聚合块，从而能够高效地利用现有计算能力，同时确保模型的通用性。ClimaX 在源自 CMIP6 的气候数据集上使用自我监督学习目标进行了预训练。然后对预训练的 ClimaX 进行微调，以执行广泛的气候和天气预测任务，包括那些涉及预训练期间看不到的大气变量和时空尺度的任务。

ClimaX 整合了气候、空间和时间三个维度的数据和方法，旨在提供更全面、更精细的气候信息。下面详细解释这三个维度，以及它们在 ClimaX 中的应用。

（1）气候：主要关注长期的气候变化趋势和预测。它包括两个主要方面。

① 预测：基于气候模型对未来气候情景的预测，例如未来几十年全球平均气温的变化、海平面上升的幅度等。这些预测通常基于不同的温室气体排放情景进行，以帮助决策者制定应对措施。

② 降尺度：由于全球气候模型的空间分辨率有限，无法直接提供精细的区域气候信息。降尺度技术可以将全球气候模型的输出转换为更高分辨率的区域气候信息，例如某个城市或某个流域的未来降水和气温变化。

---

[1] 参考：ClimaX——*A foundation model for weather and climate*。

（2）空间：关注气候信息在不同空间尺度上的变化。它包括三个主要的空间尺度。

① 降尺度：将全球尺度的气候信息转换为区域尺度信息甚至更精细的局部尺度信息。

② 区域：特定区域的气候分析和预测，例如某个国家、某个省份或某个流域的气候变化特征。

③ 全球：全球尺度的气候分析和预测，例如全球平均气温、全球降水分布等。

（3）时间：关注气候信息在不同时间尺度上的变化。它包括四个主要的时间尺度。

① 即时预报：对未来几小时内的天气或气候状况的预测，例如未来几小时的降雨量、风速等。

② 短期和中期预报：对未来几天到几周的天气或气候状况的预测，例如未来一周的天气预报、未来一个月的降水趋势等。

③ 次季节预报：对未来几周到几个月的气候状况的预测，例如未来一个月的平均气温、未来三个月的降水趋势等。

④ 季节性预报：对未来几个月到一年的气候状况的预测，例如今年冬季的气温偏高还是偏低、明年夏季的降水偏多还是偏少等。

ClimaX 将这三个维度整合在一起，可以提供更全面、更精细的气候信息。例如，它可以提供某个城市未来几十年在不同温室气体排放情况下的气温和降水变化预测，或者预测某个地区未来几个月发生干旱或洪涝的风险。

举个例子，假设我们需要分析某个沿海城市未来海平面上升的风险。首先 ClimaX 利用全球气候模型进行海平面上升的预测（气候维度），然后通过降尺度技术将全球尺度的海平面上升预测转换为该城市所在区域的精细预测（空间维度），并结合不同时间尺度的预测信息，例如未来几十年、未来一百年等（时间维度），最终评估该城市面临的海平面上升风险。

再举一个例子，农业生产者需要了解未来几个月的降水情况。ClimaX 可以提供针对特定农业区域的季节性降水预测（时间维度），并结合该区域的历史气候数据（气候维度），以及周边地区的气候信息（空间维度），为农业生产者提供更准确的降水预测信息，帮助他们制定合理的种植计划。

ClimaX 通过整合气候、空间和时间三个维度的信息，为气候的分析和预测提供了一个强大的平台，可以应用于各个领域，例如城市规划、农业生产、水资源管理、灾害风险评估等。

13.2.6 神经科学：大模型揭示大脑的秘密

神经科学是研究大脑的结构、功能和机制的学科。人工智能正广泛应用于神经科学中的脑电波分析、神经编码和认知建模等领域。

借助大模型，我们可以从大脑活动数据中重建视觉体验。这项技术不仅有助于我们理解大脑如何处理视觉信息，也为脑机接口的研究提供了新的思路。例如，CEBRA（Contrastive Encoding of Behavioral Representations in Animals）算法通过对比学习的方式，将高维的神经数据转化为低维的、可解释的嵌入空间，从而揭示行为背后的神经机制。CEBRA算法为神经科学的研究提供了新的分析工具，有助于我们揭示大脑如何控制行为的秘密。CEBRA算法的执行流程如图13-8所示。

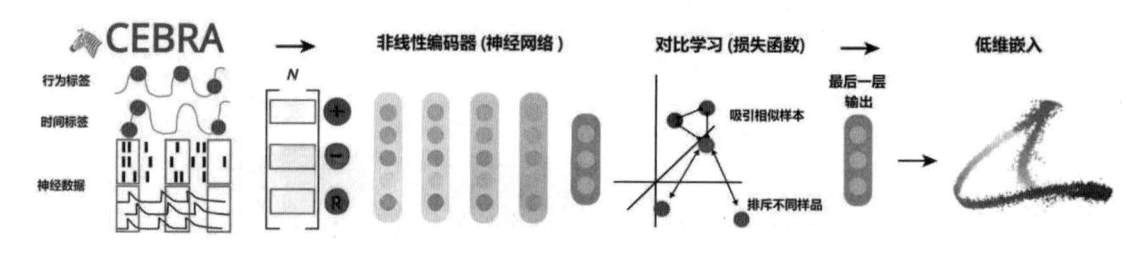

图13-8　CEBRA算法的执行流程[1]

首先，研究者记录动物的行为标签和时间标签，以及相应的神经数据。这些神经数据通常是大量神经元的活动记录，维度很高，难以直接分析。CEBRA算法使用一个非线性编码器（具体实现通常是一个神经网络）将这些高维数据映射到一个低维的潜在空间。

这个编码器的训练方式非常特别，它采用了对比学习。对比学习的核心思想是"物以类聚，人以群分"，即相似的样本在潜在空间中应该彼此靠近，而不相似的样本应该彼此远离。具体来说，CEBRA算法通过一个损失函数来衡量样本在潜在空间中的相似性，并不断调整编码器的参数，使得相似的行为模式对应的神经活动在潜在空间中聚集在一起，形成一个个"簇"。最终，编码器的最后一层输出就得到了一个低维嵌入，这个低维嵌入能够有效地捕捉行为和神经活动之间的关系。这个低维嵌入可以形象地理解为对复杂神经活动的"降维打击"，让我们更容易理解其内在规律。例如，我们可以将原本复杂混乱的神经活动比作一团乱麻，而CEBRA算法就像一把梳子，将这团乱麻梳理得井井有条，让我们能够清晰地看到其中的纹路。

13.3　AI For Science 的代表：AlphaFold

在生命科学领域，了解蛋白质的结构一直是科学家面临的巨大挑战。蛋白质是生命体内执行各种功能的关键分子，蛋白质的结构决定了其功能。然而，长期以来，预测蛋白质的三维结构一直困扰着科学家。过去的几十年，研究人员尝试通过实验方法来解析蛋白质的结构，但这

---

[1] 参考：*Learnable latent embeddings for joint behavioural and neural analysis*。

不仅费用高昂，且时间极其漫长。直到 2021 年，DeepMind 推出的 AlphaFold 2（AlphaFold version 2）模型，才真正解决了这个难题，为科学界带来了前所未有的希望。

13.3.1　AlphaFold 的技术突破

AlphaFold 是一个基于深度学习的蛋白质结构预测工具。蛋白质结构预测的核心问题是"蛋白质折叠问题"，即如何根据蛋白质的氨基酸序列预测其三维空间结构。过去几十年的研究表明，蛋白质的折叠是一个高度复杂的过程，受多种因素的影响，因此难以通过传统方法准确预测。

AlphaFold 2 的突破性成果在于其通过结合深度神经网络和强化学习，利用大规模的生物学数据训练模型，实现了蛋白质结构的预测，并且在预测精度上达到了前所未有的水平。

具体来说，AlphaFold 2 通过对成千上万个蛋白质结构数据的学习，捕捉到了蛋白质折叠过程中的关键规律。它不仅能够准确预测蛋白质的单链结构，还能大幅提升预测速度，相比传统实验方法，预测时间从数月缩短为几天甚至几小时。

AlphaFold 2 的核心技术

AlphaFold 2 基于一个深度神经网络构建，这个网络可以处理蛋白质的氨基酸序列，并通过内在的学习机制，预测该序列折叠成三维结构时的空间排列。

AlphaFold 2 通过以下几个关键步骤实现了技术突破：

（1）多序列比对（MSA）：AlphaFold 2 利用了蛋白质家族中相似的序列信息，通过比对多个相关蛋白质的序列，获得关于折叠的更多信息。

（2）注意力机制：AlphaFold 2 采用了一种基于注意力机制的 Transformer 模型，能够在全局和局部范围内精确地捕捉到序列之间的相互作用。

（3）生物物理学知识的嵌入：AlphaFold 2 还嵌入了大量生物物理学知识，如氢键和疏水相互作用等，这些知识帮助模型在预测过程中保持了生物学上的合理性。

13.3.2　AlphaFold 2 的工作流程

AlphaFold 2 通过多序列比对、结构模板和深度学习（特别是 Evoformer 中的注意力机制）来预测蛋白质的结构。

AlphaFold 2 的预测流程从氨基酸的输入序列开始。该序列被用于执行遗传数据库搜索和多序列比对以收集进化信息，以及通过结构数据库搜索和模板搜索以寻找相似的已知结构。来自多序列比对和模板的组合信息用于构建配对表示，该表示与多序列比对表示一起作为核心 Evoformer 模块的输入。Evoformer 迭代地优化这些表示，其输出随后被反馈到结构模块以生成蛋白质的 3D 坐标。此过程涉及一个循环过程，其中结构模块的输出被反馈到 Evoformer 以进行进一步的细化。最后，AlphaFold 2 还提供了置信度评估，表明预测结构的可靠性。

整个流程是一个高度复杂且精密的计算过程，它将生物学知识和大模型技术巧妙地结合在一起，从而实现了蛋白质结构预测技术的巨大突破，如图 13-9 所示。

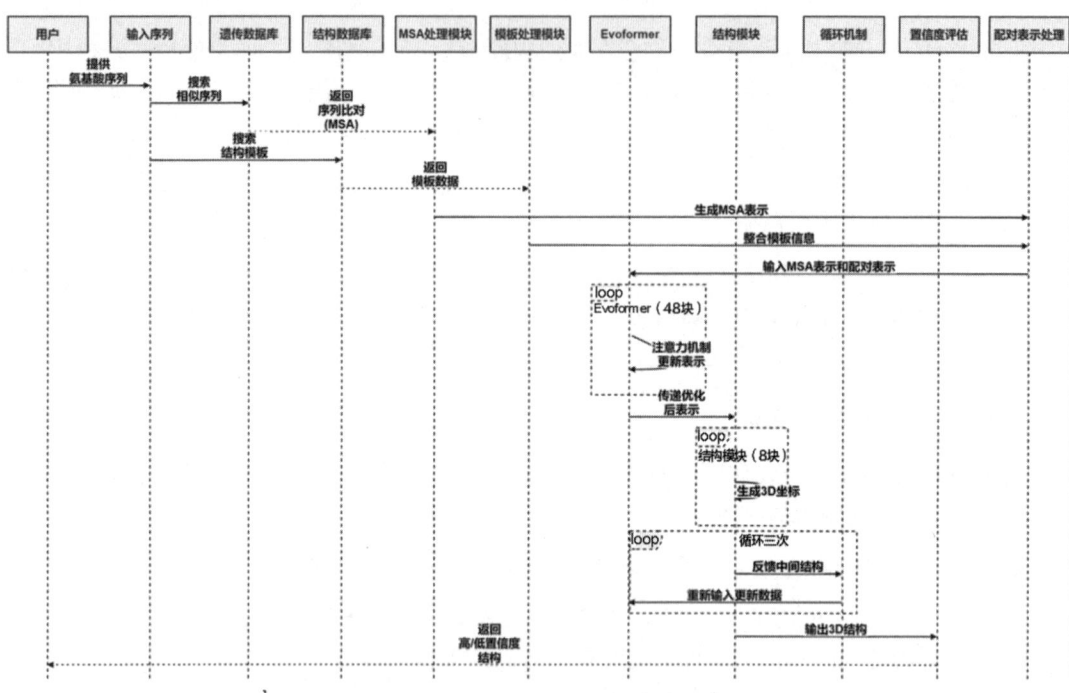

图 13-9　AlphaFold 2 的工作流程[1]

1. 输入序列

AlphaFold 2 预测的起点是输入序列，即待预测蛋白质的氨基酸序列。图 13-9 中左侧的箭头指向输入序列，表示输入的是一个氨基酸序列。例如，一个由特定氨基酸按特定顺序排列的链。

2. 遗传数据库搜索与多序列比对

输入序列被用于在遗传数据库中搜索相似的蛋白质序列。这个过程旨在寻找与目标蛋白质具有共同进化祖先的蛋白质，从而获取进化信息。

搜索到的相似序列会被排列成 MSA。MSA 是一个矩阵，每一行代表一个序列，每一列代表一个氨基酸位置。相同的氨基酸在同一列对齐。MSA 揭示了哪些氨基酸在进化过程中保持不

---

[1] 参考：*Highly accurate protein structure prediction with AlphaFold*。

变（保守区域），哪些发生了变异。这些保守区域往往对应着蛋白质结构中重要的功能区域。

3. 结构数据库搜索与模板

除了遗传信息，AlphaFold 2 还会利用已知的蛋白质结构信息（输入序列）在蛋白质结构数据库（例如蛋白质数据库 PDB）中搜索相似的结构。

如果找到了与输入序列相似的已知结构，就可以将其作为预测的模板。模板可以为 AlphaFold 2 提供初始的结构框架，从而提高预测的准确性。

4. 配对

MSA 信息和模板信息会被整合，用于构建配对表示（Pair Representation）。配对表示捕捉了 MSA 中每一对氨基酸之间的关系，例如它们在进化过程中是否经常一起出现，它们之间的距离和角度等信息。这些信息对于预测蛋白质的折叠方式至关重要。

5. MSA 表示和配对表示

MSA 信息和配对信息需要转换成神经网络可以理解的数值形式，即 MSA 表示（MSA Representation）和配对表示。这些表示方法将生物学信息编码成数值向量或矩阵，作为神经网络的输入。

6. Evoformer

Evoformer 是 AlphaFold 2 的核心模块，它是一个基于 Transformer 的深度神经网络。

Evoformer 接收 MSA 表示和配对表示作为输入，通过多层神经网络和注意力机制进行信息处理和更新。它迭代地优化 MSA 表示和配对表示，从而更好地理解氨基酸之间的相互作用和蛋白质的整体结构。图 13-9 中的"Evoformer（48 块）"表示 Evoformer 由 48 个相同的模块堆叠而成，体现了其深度。Evoformer 内部的箭头表示信息的循环传递和处理。

7. 结构模块

结构模块接收 Evoformer 的最终输出，并将其转换为蛋白质的三维坐标，从而构建出最终的蛋白质结构模型。图 13-9 中的"结构模块（8 块）"表示结构模块由 8 个相同的模块组成。

8. 循环机制

为了进一步提高预测精度，AlphaFold 2 采用了循环机制。结构模块的输出会反馈到 Evoformer，作为下一次迭代的输入。这个过程会重复三次，使模型能够不断优化预测结果。图 13-9 中底部的循环箭头清晰地展示了这个过程。

9. 置信度

AlphaFold 2 还会输出预测结构的置信度，表明模型对预测结果的把握程度。置信度高的区域通常预测得更准确，而置信度低的区域可能存在一定的误差。

13.3.3　AlphaFold 2 的应用领域

AlphaFold 2 成功解决了蛋白质折叠问题，并且其预测结果在准确性上达到了令人惊讶的水平，甚至超越了传统的实验方法。AlphaFold 2 的问世，不仅能够让科学家快速准确地预测单链蛋白质的结构，而且在药物开发和疾病研究等领域有着巨大的应用潜力。

AlphaFold 2 的发布，不仅是一个技术性的突破，也为生物学研究带来了深远的影响。以下是其主要应用领域。

1. 药物研发

蛋白质结构的精准预测，为药物设计提供了巨大的帮助。许多药物的开发依赖对蛋白质的理解，尤其是如何设计小分子与蛋白质结合，从而影响其功能。AlphaFold 2 的成功应用，能够加速药物靶点的筛选和优化，使得药物研发更加高效。例如，在抗癌药物的开发中，AlphaFold 2 能够帮助科学家更精确地识别癌症相关蛋白质的结构，并设计出能与之有效结合的药物分子。

2. 疾病研究与疫苗开发

AlphaFold 2 的另一大贡献是为疾病研究提供了新的工具，尤其是在病毒学和免疫学领域。通过预测病原体蛋白质的结构，AlphaFold 2 帮助科学家更好地理解病原体如何与宿主细胞相互作用。例如，针对 COVID-19，AlphaFold 2 帮助研究人员预测了 SARS-CoV-2 病毒的多个关键蛋白质结构，为疫苗的研发提供了关键线索。

3. 生物工程与合成生物学

在生物工程和合成生物学领域，AlphaFold 2 的出现极大地加速了新型酶的设计和优化。通过预测蛋白质的结构，科学家可以更精确地设计具有特定功能的酶，这对于环境保护、能源生产等领域具有重要意义。比如，通过优化酶的催化能力，AlphaFold 2 可以推动生物降解技术的发展，有助于减少塑料污染。

13.3.4　AlphaFold 3：进一步的突破与挑战

尽管 AlphaFold 2 已取得巨大成功，但在实际应用中仍然面临一些限制。例如，AlphaFold 2 主要解决了单链蛋白质的结构预测问题，对于蛋白质复合物的预测仍存在挑战。此外，

AlphaFold 2 不能有效地预测蛋白质与其他分子（如小分子药物、DNA 或 RNA）之间的相互作用。

为了解决这些问题，DeepMind 推出了 AlphaFold 3，进一步提升了蛋白质结构预测的精度并且扩大了适用范围。AlphaFold 3 不仅可以预测蛋白质与配体、离子或核酸等分子相互作用后的结构，还能够提供更高分辨率的预测结果。通过引入生成性扩散模型，AlphaFold 3 提高了模型的泛化能力，使其能够更广泛地应用于不同类型的生物分子。

注意：AlphaFold 3 于 2024 年 5 月上线，引领生物学预测技术进入下一阶段——构建蛋白质与其他分子（诸如 DNA 或者 RNA）结合的复合体结构。AlphaFold 3 能够实现多种生物分子结构的预测，包括蛋白质、DNA、RNA 及一系列配体等，并且可以生成 3D 结构。此外，AlphaFold 3 还以空前的精确度成功预测生物分子之间的相互作用。与现有的其他预测方法相比，AlphaFold 3 在发现蛋白质与其他分子类型的相互作用中的性能提高了 50%，在一些重要的相互作用类别中甚至能提高一倍。

AlphaFold 2 和 AlphaFold 3 不仅是技术创新的产物，更是科学界在面对复杂问题时不断突破的象征。AlphaFold 的成功展示了大模型技术在生物学领域的巨大潜力，由于大模型给科学发现所带来的巨大贡献，戴维·贝克（David Baker）因蛋白质的计算与设计，杰米斯·哈萨比斯（Demis Hassabis）和约翰·江珀（John Jumper）因蛋白质结构预测，共同获得了 2024 年的诺贝尔化学奖。

随着计算能力的提升和数据资源的不断积累，类似的技术将继续推动生物学研究向前发展。AI 也将为科学家提供更多强大的科研工具，推动人类的科学探索。从药物研发到蛋白质工程，从基因学到化学合成，AI 的应用正在不断突破传统科学研究的边界，加速科学发现的进程，成为人类科学探索的强大力量。

13.4 本章小结

随着数据的爆炸式增长，科研人员面临如何有效管理和分析海量数据的巨大挑战。同时，跨学科研究变得日益重要，但不同学科之间的壁垒也构成了研究的瓶颈。此外，传统的科研方法效率相对低下，急需新的工具和方法来显著提升科研效率。

针对以上挑战，本章重点介绍了大模型技术在科研数据分析与模拟中的应用。大模型凭借其强大的学习和推理能力，在多个学科领域展现出巨大的潜力。在天文学领域，大模型能够帮助天文学家分析海量的天文图像数据，从而发现新的天体和天文现象。在化学领域，大模型赋能分子和材料的探索，加速新材料的发现和设计进程。在生物学领域，大模型加速了生命科学的理解和设计，例如蛋白质结构预测和药物研发等。在数学领域，大模型推动了算法的自我进化，提高了计算效率和解决复杂问题的能力。在地球科学领域，大模型洞悉地球系统的奥秘，例如气候变化预测和地质勘探等。在神经科学领域，大模型揭示了大脑的秘密，帮助科学家理解脑部疾病和认知过程。

本章选取了 AlphaFold 作为 AI for Science 的典型代表应用进行剖析。AlphaFold 的诞生及其技术突破，特别是 AlphaFold 2 的核心技术，展示了 AI 在解决生物学重大难题方面的巨大潜力。本章详细阐述了 AlphaFold 2 的工作流程及其对生物学研究产生的深远影响，还介绍了 AlphaFold 的后续发展，即 AlphaFold 3 及其面临的进一步突破与挑战，表明 AI for Science 不仅能够提高科研效率，还能帮助科学家解决传统方法难以解决的复杂问题，为未来的科学研究开辟了新的道路。

结语

技术的演进往往始于工具革新，终于文明重塑。大模型的崛起，正以超越过往任何技术的速度重构人类生产、协作与创新的底层逻辑。埃里克·布莱恩约弗森在《第二次机器革命》中揭示了一个历史规律：电力的真正价值并非源于其本身，而在于它与流水线、标准化生产的结合。今天，大模型技术的潜力同样需要组织变革、数据重构与人类创造力的深度耦合。当互联网解决了"信息传递"的物理限制时，AI 时代的大模型技术（如 ChatGPT、DeepSeek 等文本生成系统）则直接改写了"信息创造"的规则——从代码生成、跨模态内容创作到科学假设推演，AI 不再是单纯的工具，而是拓展认知边界的"共生伙伴"。

这一变革的核心驱动力在于数据、算法与应用场景的深度融合与相互促进。数据的重要性已超越了传统"资源"的概念，成为驱动智能涌现的关键"生产要素"，其价值在于独特性、结构化程度，以及能否形成有效的反馈闭环。算法也从单纯的工具演变为能够与人类协同工作的主体，通过对海量数据的学习和优化，展现出超越人类能力的潜力。而应用场景的不断拓展，则推动着产业生态的深刻变革与重塑。

在各行各业，我们已经看到价值链条正在被解构和重组。在医疗领域，AI 不仅在辅助诊断、预测分析等领域展现出强大的能力，更在推动个性化治疗、创新药物研发等方面发挥着关键作用。在金融领域，AI 能够极大地提升效率并降低错误率。在文化创意产业领域，AI 正在助力传统工艺的传承与创新。在教育领域，AI 驱动的个性化学习方案正在重新定义教育的内涵。

当大模型能够撰写法律文书、设计新药分子甚至生成哲学思辨时，人类的独特价值正从"技能熟练度"转向更本质的元能力：一是创造性问题定义——从 AI 生成的 100 种产品设计方案中，识别最能满足人性化需求的选项；二是伦理框架构建——在自动驾驶的"电车难题"与医疗 AI 的隐私保护间设定技术边界；三是跨域协同进化——建筑师利用 Midjourney 快速生成概念草图，再注入人文思考，实现"机器效率+人类灵性"的融合。这种进化要求企业从"功能竞争"转向"数据—伦理—体验"的全生态竞争，而个人则需从"技能存量"转向"AI 杠杆化应用"的敏捷思维。

历史的镜鉴始终清晰：19 世纪的蒸汽机解放了体力，却要求人类重塑工厂管理制度；今天的大模型解放了脑力，亦呼唤我们重建人机协作的文明契约。技术爆发的奇点上，我们既要警惕"算法至上"的盲目，也要超越"人类中心"的傲慢。Google Health 的医疗 AI 在提升诊断效率的同时，亦引发患者数据隐私泄露的风险；特斯拉自动驾驶的演进之路，始终伴随着对伦理抉择的公共辩论。这些矛盾提醒我们，AI 的真正挑战并非技术本身，而是如何在效率与伦理、创新与秩序之间找到动态平衡。

站在时代的浪潮之巅，我们必须将技术创新深深锚定于社会责任和人文关怀之上，才能确保 AI 驱动的变革最终导向一个更加美好的未来。本书所探讨的种种企业大模型实战场景，既是对技术潜力的生动展现，也是对未来应用图景的初步描绘。当机器擅长于规律的挖掘和效率的优化时，人类更应专注于价值的判断和创造性思维的飞跃。正如电力革命催生了工业流水线，但并未取代精益求精的工匠精神，AI 时代的真正竞争力，最终将归于人机和谐共生的智慧。

万象更新，正当其时；心之所向，素履以往。